Helmut Seidel
Von Wein zu Wein

Helmut Seidel

Von Wein zu Wein

Ein Reiseführer
zu Winzern und Wirten

Seewald Verlag
Stuttgart

Vierte Auflage 1978
 Gesamtherstellung Wilhelm Röck, Weinsberg. Grundschrift: Linotype Garamond-Antiqua.
ISBN 3 512 00455 5. Printed in Germany.

Inhalt

Vier Vorbemerkungen

Wovon das Buch handelt

Dieses Buch ist geschrieben für Leute, die Bekanntschaft mit dem Wein geschlossen haben und die aus der Bekanntschaft eine Freundschaft machen wollen. Wo aber ließe sich diese Freundschaft besser schließen als dort, wo der Wein gedeiht? Weinlandschaften er-fahren und erwandern, dabei Zeugen vergangener Zeiten entdecken, gutes Essen genießen, echte Gastfreundschaft erleben und mit den Menschen sprechen – über dies, über jenes, vor allem über den Wein . . .

Solchermaßen wurde auch der Autor dieses Buches, das von Entdeckungen im Weinland, von gastlichen Winzern und weinpflegenden Gasthäusern handelt, selber zum Wein-Fan. Die Auswahl ist höchst subjektiv, da sie – gleichwohl nach zahlreichen Anregungen – fast nur Selbsterlebtes, Selbstgefundenes, Selbstgeprüftes umfaßt. Und mag der Kenner den einen oder anderen berühmten Weinnamen wissen – dieses Buch will nebenbei zeigen, daß auch kleine Winzer es verstehen, sich ihrer Kunden so liebevoll anzunehmen wir ihrer Weine, mit Ideen und Phantasie.

Das Buch will kein kompletter Weinführer sein; es kann nur Beispiele bringen. Sie sollen den Weinliebhaber zum Neuentdecken anregen, ihm Blick und Weinspürsinn schärfen. Der Autor würde sich freuen, von solchen Entdeckungen zu hören.

Vom Ausschankwein – vom Weinausschank

Es ist nicht jedermanns Sache, beim Winzer anzuklopfen, seine Weine durchzuprobieren und dann freundlichen »Auf Wiedersehen!« zu sagen – weil einem die Weine nicht zusagen oder weil man auch noch bei anderen Weinbauern vorbeischauen will, um zu vergleichen. Solche Hemmungen fallen weg, wo man für seine Probe zahlt, in Gutsschänken oder bei Gastwirten mit eigenem Weinbau.

Ausschankweine sind die Visitenkarte des Gastronomen wie des weinbautreibenden Gastwirts. Sie zu kosten ist die unauffälligste und preisgünstigste Gelegenheit, deren Weine kennenzulernen. Freilich gibt es auch Wirte, die ihren mäßigsten Wein als Schoppenwein für gerade gut genug halten. Damit mögen jene recht haben, die auf Massenabsatz bauen, bei denen Massenpublikum zu einem feuchtfröhlichen Abend einkehrt, ohne weiter auf Qualität zu achten. Der Wirt hingegen, der für seine Qualitätsweine werben will, kann bei der Wahl seiner Schoppenweine nicht zu hoch greifen.

Nun teilen sich die Gastronomen-Winzer in zwei Lager. Während die einen auf repräsentative Auswahl Wert legen, begnügen sich die anderen mit einem oder zwei Ausschankweinen, oft von durchaus hoher Qualität. Ein häufiges Argument: »Wein in der offenen Flasche ist nicht mehr vollkommen, ist nicht mehr er selbst. Je mehr offene Weine ich führe, desto länger bleibt die einzelne Flasche stehen.«

Ich meine, diese Wirte unterliegen einem Trugschluß. Werden Ausschankweine gebührend herausgestellt, so leeren sich die Flaschen durchaus schnell genug. Das jedenfalls haben mir alle Winzer und Wirte bestätigt, die ihre Weine breitgestaffelt anbieten.

Was man einem Gastwirt – mit spezifischen Schwierigkeiten wie Personalmangel und Stoßgeschäft – noch zubilligen kann, ist beim Ausschank eines Weingutes geradezu sinnwidrig. Der Ausschank soll zum Weinkauf anregen, folglich steht die übersichtliche Präsentation des eigenen Weines im Mittelpunkt. Unverständlich, daß es dennoch Gutsschänken gibt mit nur einem oder zwei offenen Weinen. Sie haben in diesem Buch, das die Freundschaft zum Wein enger gestalten will, keinen Platz.

Vom häuslichen Weinprobieren

Die Weinprobe beim Winzer, beim Weingut, im Gasthaus hat sich gelohnt. Die Weine haben geschmeckt, und eine Bestellung folgt. Man nimmt einige Flaschen gleich mit oder läßt sich einen Karton schicken. Zu Hause wird sofort ein Fläschen entkorkt – und schon ist die Enttäuschung da! Ist das der Wein, den man probiert und sich bestellt hat?

Er ist es, oder besser: Er wird es bald wieder sein.

Wein ist etwas Lebendiges. Er wächst, reift, dabei seinen Geschmack und Duft verändernd durch eine unendliche Vielfalt von Substanzen, die ständig miteinander und mit dem langsam durch den Flaschenkorken hindurchdiffundierenden Sauerstoff reagieren. Immer neue Substanzen bilden sich, die unseren Sinnen immer neue Eindrücke vermitteln.

Diese Duft- und Geschmacksstoffe sind zumeist flüchtig, sonst könnte unsere Nase sie gar nicht wahrnehmen. Sie lösen sich aber in Wasser, besser noch in einem Wasser-Alkohol-Gemisch, wie es ja auch der Wein darstellt. Läßt man den Wein ruhen, so bildet sich ein Gleichgewicht zwischen gelösten und den über der Oberfläche schwebenden Substanzen, ein Gleichgewicht, das den momentanen Charakter des Weines widerspiegelt.

Wird die Flasche nun geschüttelt, so vermischen sich diese Komponenten, und der Charakter des Weines geht verloren. Erst nach einer gewissen Ruhezeit bildet sich wieder das typische Gleichgewicht heraus. Hieraus folgt als oberster Grundsatz für das Wein-Probieren: Niemals frisch geschüttelten Wein trinken. Immer erst abwarten, bis er sich beruhigt hat!

Junger Wein, in dem sich die Reaktionen schneller abspielen, ist empfindlicher als älterer. Nach längerem Transport sollte er wenigstens vierzehn Tage liegen. Bei einem drei bis vier Jahre alten Wein genügen sieben bis zehn Tage Ruhe. Aber dann: Wohl bekomm's!

Vom Wandel der Weinszene (Vorwort zur vierten Auflage)

Weinbau und Gastronomie sind durch ständigen Wandel gekennzeichnet. Weingüter werden vererbt, verkauft, zusammengeschlossen, geteilt, Gutsschänken und Wirtschaften neu verpachtet, geschlossen oder neu eröffnet. Und die Preise in der Gastronomie steigen (wobei die Weinpreise erstaunlich stabil geblieben sind). Kein Wunder also, daß dieses Buch bereits zwei Jahre nach seinem Erscheinen einer gründlichen Neubearbeitung bedurfte. Viele Leser haben dazu mit kritischen Hinweisen beigetragen. Dafür sei ihnen herzlich gedankt. Der Autor ist allen Hinweisen nachgegangen, und das Ergebnis besteht in – neben einigen »Abgängen« – zahlreichen Neuaufnahmen. Darüber hinaus wurden alle Preise auf den neuesten Stand gebracht.

Zu danken habe ich auch meiner Frau; für die tatkräftige Hilfe bei der Abfassung der Manuskripte, vor allem aber auch für das Verständnis und die Geduld, mit der sie meine Abwesenheit während der vielen Wein-Reisen getragen hat.

Frankfurt, im Sommer 1978 Der Autor

Die genannten Preise geben den Stand 1978/1979 wieder.

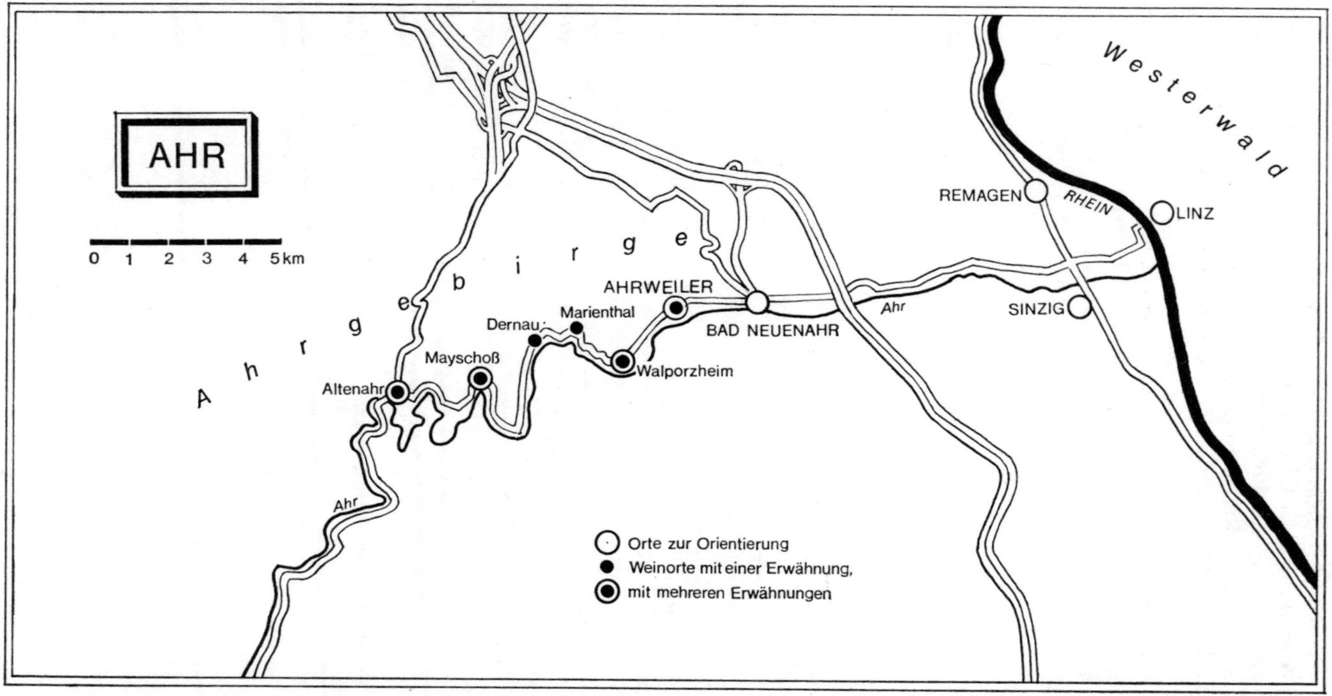
AHR
0 1 2 3 4 5 km
Westerwald
REMAGEN
RHEIN
LINZ
SINZIG
Ahr
BAD NEUENAHR
AHRWEILER
Marienthal
Dernau
Walporzheim
Mayschoß
Altenahr
Ahrgebirge
Ahr
Orte zur Orientierung
Weinorte mit einer Erwähnung,
mit mehreren Erwähnungen

Die Ahr

Auf dem Rotwein-Wanderweg

Genau ein Dutzend Weinorte, nämlich Heimersheim, Lohrsdorf, Heppingen, Bad Neuenahr, Bachem, Ahrweiler, Walporzheim, Marienthal, Dernau, Rech, Mayschoß, Altenahr, umfaßt unser nördlichstes Weingebiet. Ist es auch das kleinste, so steht es doch an Schönheit keinem anderen nach. Tief hat sich der Fluß in das Schiefer- und Grauwackegestein eingegraben. Riesige Basaltrücken, Zeugen vulkanischer Vorzeit, zwingen die Ahr zu abenteuerlichen Windungen.

Es lohnt sich, die Ahr auf Schusters Rappen durch die Weinlandschaft zu begleiten, auf einem der schönsten Wanderwege, die je angelegt worden sind: dem 30 km langen »Rotwein-Wanderweg« hoch über der Ahr – einmal breiter Weinweg, einmal schmaler Bergpfad, vorbei an bizarren Felsen mit immer neuen Blicken ins Tal hinab und auf die Winzerdörfer. Jedes Fleckchen, das nur irgendwie zum Weinanbau geeignet erscheint, wird genutzt. Wein wächst auf der Talsohle, Wein wächst sogar an einem ehemaligen Bahndamm – einer Bahn, im Ersten Weltkrieg zusätzlich zur damals schon bestehenden Ahrtalbahn geplant, aber ein Torso geblieben.

Fast überall herrscht die Meinung, Ahrwein sei ausschließlich Rotwein. Das stimmt nicht. Auf weit mehr als einem Drittel der Rebfläche werden heute weiße Traubensorten angebaut.

Doch der Rote dominiert. Das liegt am typischen Ahr-Klima. Den Boden – Schiefer, Grauwacke, Basalt – gibt es auch anderswo, hingegen kaum die für das Rheintal so charakteristischen Herbstnebel, welche die bei weißen Trauben so begehrte Edelfäule begünstigen. Rotweintrauben brauchen sie nicht, sie wollen einfach nur in der Sonne braten. Im Ahrtal können sie das. Viel Sonne gibt's, wenig Regen, und die kalten Eifelwinde streichen über das tief eingeschnittene Tal hinweg.

Oben auf dem Rotwein-Wanderweg ist man auch jenem Phänomen entrückt, das – jedenfalls für Individualisten unter den Weinfreunden – die weniger schöne Kehrseite des Ahrweingebietes darstellt: dem Massentourismus. Die unwiderstehliche Kombination Landschaft plus Wein liegt hier in unmittelbarer Nähe zum Rhein-

Ruhr-Ballungszentrum. Und so rollen an schönen Wochenenden ganze Omnibuskolonnen durch das Tal, Menschentrauben werden aus den Direktzügen Dortmund-Altenahr gepreßt, lange Autoraupen kriechen die enge Ahrtalstraße entlang.

Die Leute von der Ahr haben sich auf diese Invasion eingestellt. Für den, der sich anschickt, den Ahrwein zu erkunden, hat das gute und schlechte Seiten. Einerseits findet er unendlich viele Angebote, fast jedes Weingut mit eigenem Ausschank oder sogar einer Straußwirtschaft. Fast jeder Gasthof, jedes Restaurant schenkt eigene Weine aus. Doch wenn man nach den Ausschankweinen fragt, kommt meistens die Enttäuschung. »Rot oder weiß?« lautet die Gegenfrage, denn jeweils nur einen gibt es von jeder Sorte. Das mag Gelegenheits-Weintrinkern genügen; kennenlernen kann man auf diese Weise den Ahrwein nicht. Weinhäuser, bei denen man das ganze Sortiment durchprobieren kann, muß man suchen – zwei Beispiele am Ende dieses Kapitels.

Der Stolz des Ahrtales ist sein Spätburgunder (nur der Weinort Bachem hat sich auf Frühburgunder spezialisiert). Aber bei weitem nicht alles, was als Rotwein auf Karten und Preislisten steht, ist Spätburgunder; denn mehr als die Hälfte der Rotwein-Anbaufläche wird mit der Portugieser-Rebe bepflanzt. Allerdings sollte man auch diesen Ahr-Portugieser nicht verachten, einen schönen, kräftigen Kneip-Rotwein, der nur etwas langweilig wird, falls man ihm zuviel Süße beläßt. Aber Vergleiche mit dem Spätburgunder, mit dessen Kraft, samtiger Fülle und Würze besteht er nicht.

Selbstverständlich kostet der Burgunder auch mehr. Am Anfang einer Weinkarte wird man ihn kaum finden. Zumeist ist er auch als Spätburgunder gekennzeichnet. Deshalb als Faustregel (keine Regel ohne Ausnahmen): steht hinter der Lagebezeichnung keine Rebsorte, so dürfte es sich um Portugieser handeln – oder um Spätburgunder mit Portugieser-Zusatz.

Ein Ort, wo man solche Vergleichs-Studien ausgiebieg betreiben kann, ist die Schänke des Weingutes Weilerhof in Ahrweiler. In den Vergleich einbeziehen läßt sich hier auch die Neuzüchtung Domina, eine Kreuzung zwischen Spätburgunder und Portugieser. Alle diese Sorten und ein paar weiße dazu schenkt Heinrich Knieps offen aus. Wurst- und Käsebrote, Strammer Max und andere Deftigkeiten be-

---

Weingut Weilerhof, Gutsschänke
Heinrich Knieps
Bad Neuenahr-Ahrweiler 2 (5483), Bossardstraße 13,
Telefon 02641/34264

Preise: Qualitätsweine ab 3,–; Ausschankweine
von 1,50 bis 3,–; Flaschenweine ab 4,–;
Kl. Gerichte ab 1,70; (Betriebsferien Ende Dez. bis Ende Jan.)

---

grenzen das Wagnis allzu ausgiebigen Hin- und Herprobierens.

Eine zweite Möglichkeit zu gründlicheren Probierfreuden bietet sich im Herzen des Ahrtals, in Mayschoß. Unter acht offenen Mayschossern, roten, weißen und einem Rosé, kann man im Weinhaus Kläs wählen, und die Flaschenwein-Schatzkammer enthält noch ein paar schöne alte Semester. Bei Familie Kläs kann man viel über den Ahrwein lernen – sollte sich dabei ein zu hoher Promillespiegel eingestellt haben, läßt er sich auf der hauseigenen Kegelbahn senken. Oder man legt sich in eines der behaglichen Betten, um ausgeruht und mit einem guten Frühstück versehen den Rotwein-Wanderweg in Angriff zu nehmen.

Jakob Kläs & Sohn, Inh. Vinzenz Kläs,
Weinbau, Weinhandel, Hotel und Weinhaus Kläs
Mayschoß/Ahr (5481), Telefon 02643/257

Preise: Qualitätswein ab 3,–; Kabinett ab 5,–;
Spätlese ab 6,20; Auslese ab 8.50;
Ausschankweine 2,– bis 3,–; Flaschenweine ab 6,50;
Hauptgerichte ab 5,50; Übernachtung m. Fr. ab 20,–
(Ende November bis Mitte Januar geschlossen)

Prüfstand, Vorbild und Helfer: Staatsdomäne Marienthal

»Wo jetzt man übt des Trunkens Kunst,
da beteten die Nonnen sunst.«

Auf solch kurzen Nenner – nachzulesen im Gästebuch – brachte ein Verseschmied die Geschichte der Weinbaudomäne Marienthal, Herzstück des Ahrweinbaus. Vom ehemaligen Augustiner-Kloster existieren noch die gotische Kirchenruine, Teile des Kreuzganges und das entzückende barocke Äbtissinnenhaus. Auch im heutigen Domänengebäude steckt noch altes Gemäuer.

Die staatliche Domäne setzt im Grunde genommen eine alte Tradition fort. Einst waren Klöster der großen Lehrmeister des Weinbaus. Ihnen gehörten die meisten Weinberge, nach den Anweisungen von Mönchen wurden Trauben gelesen, gekeltert und der Wein behandelt.

Durch die Säkularisation 1802 wechselten Kloster und Weinberge mehrfach den Besitzer. Schließlich erwarb der preußische Staat die Anlagen und baute sie großzügig aus. Heute ist die Domäne der rheinland-pfälzischen Landes-Lehr- und Versuchsanstalt für Wein-, Gartenbau und Landwirtschaft in Ahrweiler angeschlossen. Dort wird Weinbau und Kellerwirtschaft gelehrt, dort werden Weiterbildungskurse durchgeführt. Draußen in der Domäne züchtet man neue Rebsorten, ertragreichere, widerstandsfähigere mit neuen Geschmacksnuancen; neue Anbaumethoden werden geprüft, neue Verfahren der Kellerwirtschaft. Kurzum: Lehrmeister ist Marienthal heute wieder.

Als Lehrmeister wirkt Marienthal auch für den Weinfreund. Unzählige Gruppen sind bereits durch die »Schule« einer größeren oder kleineren Weinprobe in der Domäne gegangen. Fast täglich, manchmal sogar mehrmals am Tage, werden Proben für Gruppen, welche sich rechtzeitig anmelden, veranstaltet. Sachkundige Erläuterungen sind dabei selbstverständlich.

Schlägt man das Gästebuch auf, so springt einem die Nähe der Bundeshauptstadt Bonn geradezu ins Auge. Da hat sich das Bundeskanzleramt bei einem Betriebsausflug mit Weinprobe verewigt, da ließ sich die Eherechtskommission samt Familienminister den Ahrwein vorstellen, da beschlossen die Referenten, nachdem sie das neue Weingesetz erarbeitet hatten, ihre Tätigkeit zünftig mit einer Ahrweinprobe. Manch berühmter Name steht zwischen seltsamen Gruppierungen wie der »Gemeinschaft ehemaliger Landtagsabgeordneter«.

Viele, die auf solche Weise mit dem Ahrwein Freundschaft geschlossen haben, bleiben ihrem Lehrmeister treu. So hat sich die Domäne den größten Teil ihrer Privatkundschaft erschlossen. Und jeder Kunde, der diese Domäne wieder mal besucht, kann gewiß sein, daß er gastlich aufgenommen wird.

Wie stark im übrigen die Wirkungen des Ahrweins sein können, auch dafür hat das Marienthaler Gästebuch einen Beleg. Zu den vielen Verhandlungen, die in der Domäne mit einer Ahrweinprobe besiegelt wurden, gehören nämlich auch die diejenigen um den deutsch-tschechoslowakischen Vertrag, bei denen bekanntlich lange um die Nichtigkeitserklärung der Münchner Verträge gerungen wurde. Nach der Paraphierungs-Weinprobe hat ein Mitglied der Verhandlungskommission sein Urteil folgendermaßen zusammengefaßt:

> »Dieser Wein, trinkt man ihn richtig,
> beendet jeden Streit um ›nichtig‹.«

Staatliche Weinbaudomäne Kloster Marienthal/Ahr
p.a. Landes-Lehr-und Versuchsanstalt
Bad Neuenahr-Ahrweiler 2 (5483)
Walporzheimer Straße 48, Telefon 02641/34590

Preise: Qualitätswein ab 4,60,
Kabinett ab 5,20, Spätlese ab 9,50, Auslese ab 18,–,
Beerenauslese 50,–

Kellerführung, Proben, Trubel: die Winzergenossenschaften

Die Ahrwinzer hatten es immer schwer. Terrassierte Steillagen, in kleinste Parzellen zerstückelt, schaffen Arbeitsbedingungen, die so hart sind wie wohl in keinem anderen deutschen Weinbaugebiet. Auch liegen in diesem nördlichsten Weinland die Erträge niedriger als anderswo. Lediglich Qualität hat den Weinbau an der Ahr erhalten.

Ganz schlimm sah es um die Mitte des vorigen Jahrhunderts aus, kaum drei Dutzend Jahre nachdem die klösterlichen Weinberge in Winzerhand übergegangen waren. Krankheiten und Schädlinge verheerten die Rebanlagen. Ein übermächtiger Weinhandel drückte den Preis. Bittere Not allenthalben! Kein Wunder, daß die Idee der Genossenschaftsbewegung an der Ahr besonders früh Fuß faßte. Nicht ohne Einfluß blieb auch, daß Raiffeisen als »Vater der Landwirtschaftsgenossenschaften« im nicht weit entfernten Neuwied wirkte.

So kam es, daß an der Ahr die erste »offizielle« Winzergenossenschaft Deutschlands gegründet wurde. Zusammenschlüsse von Winzern hatte es bisweilen schon an der Mosel und in Württemberg gegeben. Aber die Winzergenossenschaft Mayschoß organisierte sich 1868 als erste nach dem ein Jahr zuvor geschaffenen preußischen Genossenschaftsgesetz. Nach ihrem Vorbild entstanden dann in kurzer Zeit die anderen Ahrgenossenschaften: 1871 Walporzheim, 1873 Dernau, 1874 Rech, und so fort, von Ort zu Ort.

Heute geht eine zweite Welle des Zusammenschlusses durch das Land. Nur vereinigen sich nicht mehr einzelne Winzer, sondern gleich ganze Genossenschaften. So schlossen sich nach und nach zwei Dernauer Genossenschaften mit ihren Partnern in Bachem, Marienthal, Rech und Heimersheim zu den Vereinigten Ahrwinzergenossenschaften zusammen.

Was unsere Marienthaler Domäne dem Individualisten oder der kleinen Gruppe gibt, das stellen die Winzergenossenschaften für die große Masse der Ahr-Touristen dar: Volksschulen des Weins. Am Wochenende wird überall »Offene Tür« praktiziert. Jedermann kann für wenig Geld die Kelleranlagen besichtigen, eine kleine Probe inbegriffen. Überdies kann man um einen Spottpreis praktisch die ganze Weinliste durchprobieren.

Die Genossenschaften haben sich Bauten erstellt, mit denen sie fast jedem Ansturm gewachsen sind. Wer etwa die weiten Katakomben der Winzergenossenschaft Mayschoß mit fünf riesigen Probierkellern durchstreift, den überkommt das Gefühl, daß hier das halbe Ruhrgebiet untergebracht werden könnte. Von gleichen Dimensionen die den Genossenschaften angegliederten Gaststätten!

Natürlich ist es nicht jedermanns Sache, wenn plötzlich am Nebentisch ein ausgewachsener Männerchor, auf einem Weinausflug begriffen, Dankeslieder an den holden Wein losschmettert. Aber wer suchet, der findet auch Keller mit intimeren Charakter, wo man in Ruhe sein Gläschen probieren kann. Und da läßt sich auch manches Kuriose entdecken. Etwa in dem Keller zu Rech, wo sich der Dekorationsmaler von der Muse Kalliope küssen ließ – offenbar nachdem er entweder bereits die ganze Weinliste durchprobiert hatte oder von einem surrealistischen Zipperlein befallen war. Hier zwei Kostproben, über denen man tiefsinnig werden könnte:

»Die roten Teufel im Wein,
die tanz dir ins Herz hinein.

oder gar

»Ein Sheriff ohne Weindorf
ist ein Faß ohne Boden«

Ahrweiler Winzer-Verein eG
Bad Neuenahr-Ahrweiler (5483)
Walporzheimer Straße 19, Telefon 02641/34376

Preise: Qualitätswein ab 3,50;
Kabinett ab 5,60; Spätlese ab 7,80; Auslese ab 10,80

Winzer-Verein Altenahr eG
Altenahr (5481), Telefon 02643/213

Preise: Qualitätswein ab 4,10;
Kabinett ab 5,90; Spätlese ab 8,50

Vereinigte Ahrwinzergenossenschaften eG
Dernau (5481), Telefon 02643/1266/1267

Preise: Qualitätswein ab 3,30; Kabinett ab 6,–;
Spätlese ab 8,80; Auslese ab 10,70;
Beerenauslese 35,–

Mayschosser Winzer-Verein eGmbH
Mayschoß (5481), Telefon 02643/205/1005

Preise: Qualitätswein ab 3,20; Kabinett ab 5,–;
Spätlese ab 8,20; Auslese ab 10,20

Winzer-Verein Walporzheim eG
Walporzheim (5483), Telefon 02641/34763

Preise: Literflaschen-Qualitätswein ab 4,60;
1/1-Flaschen-Qualitätswein ab 3,80; Kabinett ab 5,20;
Spätlese ab 6,50; Auslese ab 8,–; Beerenauslese 42,–

Unter dem Himmelsschlüssel: St. Peter in Walporzheim

Jene Stelle, an der die Ahr ihre windungsreichen Schluchten verläßt, an der das Tal weiter und breiter wird, bei Walporzheim also, muß schon immer ein guter Platz für einen Gasthof gewesen sein. Vor oder nach der mühseligen Reise durch das Felsental war eine Rast wohl angebracht.

So zählt das heutige Weinhaus St. Peter zu den ältesten Anwesen an der Ahr – fest steht jedenfalls, daß 1246 das Gut durch eine Stiftung in den Besitz des Kölner Domkapitels gelangte. Seither steht es unter den Schutze von St. Peter und unter dem Zeichen des Himmelsschlüssels.

Auch nach der Säkularisation, als es in private Hände gelangte, blieb St. Peter, was es Jahrhunderte gewesen war: ein typischer Landgasthof mit Wirtsstube und Stallungen. Erst unter dem heutigen Senior Brogsitter wurde das anders.

Die Brogsitter sind eine alte Weinbau-Familie. Wie das in großen Familien so zu gehen pflegte: Hans Brogsitter litt es nicht mehr im väterlichen Weingut im benachbarten Ahrweiler. Er arrondierte seinen eigenen Weinbergbesitz in Walporzheim durch Stücke der besten Lagen und erwarb schließlich St. Peter.

Und dann unterwarf er das alte Haus einer wunderbaren Metamorphose. Aus dem Pferdestall wurde ein herrlicher Saal, eine »hall« wie in englischen Herrenhäusern. Der Heuboden verwandelte sich zur Empore, mit Treppengeländern und Balustraden aus kostbar gearbeitetem Schmiedeeisen. Hier, am behaglichen, reichverzierten alten Kachelofen, beim Licht des herrlichen Kronleuchters aus einer Weinkirche, gerät man in die rechte Stimmung für alle Genüsse, die Brogsitter-Vater und -Sohn aus Küche und Keller aufzutischen haben.

Das kostbare Gut aus den Spitzenlagen der Brogsitters wird in den Fässern des Brogsitterschen Weingutes »Domherrenhof« sorgsam gepflegt. Kräftig, würzig, aromatisch – solche Attribute liest man auf der Weinkarte. Mit der süßen Welle haben die Kellermeister des Hauses nichts im Sinn – wohl auch die Kunden nicht.

Und die Brogsitters tun noch etwas an der Ahr sonst durchaus Unübliches: Ein Teil der Weine – und nicht der schlechteste – wird im eigenen Haus auf Rotsekt verarbeitet. Die meisten Ahrwinzer lassen arbeiten – wohl auch in renommierten Sekthäusern. Doch geht dabei natürlich die individuelle Note verloren. Daß ihr Rotsekt sie besitzt – darauf sind Brogsitters stolz. Die Köstlichkeiten des Weingutes kann man zwar unter besagtem Kronleuchter probieren, aber nicht glasweise. Immerhin verzeichnet die Weinkarte allein 10 Rotweine in halben und zwei in Viertelflaschen. Fest steht: Wem beim Studium der Weinkarte nicht das Wasser im Munde zusammenläuft, dem ist nicht zu helfen. Und erst die Speisekarte! Eine mittlere Küchenbrigade zaubert verführerische Bissen – unmöglich, alles aufzuzählen. Ein »Muß« sind Ahrforellen: Forelle Ahrtal in Riesling und Butter am Tisch gegart, oder Forelle mit Dillrahmsauce gratiniert, oder Forellenfilet Pariser Art, in Ei gebacken. Ein Soll: in Ahrburgunder gebeizte Rehkoteletts mit Eifeler Schinkensauce.

Das Wunder, daß es im Gästebuch des Hauses wie in dem der Staatsdomäne an Prominenz nur so wimmelt. Hier wie dort ist halb Bonn vertreten, Minister und Diplomaten, Künstler und Professoren. Eine Eintragung fiel mir besonders auf: »Zum 25.« (gemeint war: Gespräch) – und die Unterschrift: »Bahr«. Darunter (von der Hand seines Gesprächspartners Kohl?) die Eintragung: »(50?)«. So entsteht der Verdacht, daß die beiden sich nur deshalb so oft treffen mußten, damit sie eines Tages wieder den Wein und die Küche St. Peters genießen konnten . . .

Weingut/Sektkellerei Zum Domherrenhof
Historisches Weinhaus St. Peter
Walporzheim (5483), Telefon 02641/34031-2

Preise: Literflaschen-Qualitätswein ab 5,50;
1/1-Flaschen Qualitätswein ab 4,–; Kabinett ab 7,–;
Spätlese ab 7,80; Auslese ab 16,–;
Beerenauslese 48,–; Rotsekt 8,50;
Flaschenweine im Weinhaus ab 12,80 (1/2 Flaschen ab 7,50;
1/4 Flaschen ab 4,50); Hauptgerichte ab 13,20

Wein-Oase an der Gucklei: die Lochmühle

Oberhalb von Mayschoß stemmt sich ein langgestreckter Basaltfelsen quer durch das Tal und zwingt den Fluß in einen großen Bogen: die Gucklei. Als im vergangenen Jahrhundert die Ahrtalstraße für regelmäßigen Postkutschenverkehr ausgebaut wurde, wollte man den langen Weg um die Gucklei verkürzen. So sprengte man eine natürliche Kerbe zu einem großen Loch aus, durch welches seither der Verkehr rollt.

An dieser Kerbe liegt die Lochmühle, eine gastronomische Wein-Oase – abseits des Fremdenrummels von Mayschoß.

Mit dem Loch in der Gucklei hat der Name des Hauses nichts zu tun. Die Lochmühle war ursprünglich eine Gerbermühle, eine Lohmühle. Doch schon seit langen, langen Zeiten werden auch Gäste beherbergt und bewirtet. Zu einem gastronomischen Mekka allerdings entwickelten sie erst die Sautmanns, seit mehreren Generationen hier ansässig.

Da die Lochmühle weiter ab liegt von Köln, Bonn oder Bad Neuenahr als etwa Walporzheim, bleibt man bei Sautmanns gern über Nacht. Auch Urlauber fanden sich ein. Leider wurden die ruhesuchenden Gourmets und Weinfreunde in den letzten Jahren zunehmend durch den Lärm des lawinenartig anwachsenden Verkehrs belästigt, und manche blieben aus.

Da entschlossen sich die Inhaber, Nägel mit Köpfen zu machen. Abseits der Straße entstand ein Hotel-Neubau. Ein sehenswerter! Nicht etwa wegen seiner Größe (immerhin 100 Betten) oder wegen seines Komforts (mit allem, was anspruchsvolle Urlauber heute begehren, einschließlich Hallenbad und Sauna), sondern vor allem wegen seiner Architektur. Meisterhaft hat der Architekt das moderne Gebäude in die bewegte Ahrlandschaft eingebettet.

An den Hängen der Gucklei reift ein guter Tropfen. Schon lange gehören beträchtliche Teile der Wingerte zur Mühle. Sogar mit einer eigenen Lage kann sie aufwarten: Mayschosser Lochmühlerlei. Da wächst sanfter, weicher Portugieser, etwas Spätburgunder, bukettreicher spritziger Riesling. Auch an der Mayschosser Spätburgunder-Spitzenlage Mönchberg hat das Weingut Sautmann seinen Anteil.

Allerdings reicht die Weinmenge gerade aus für den Bedarf der Stammkundschaft, die sich den Weinappetit beim guten Essen und beim Probieren geholt hat. Im übrigen haben Sautmanns weder Zeit noch Personal, um die Weine so zu pflegen wie ihre Küche. Daher geben sie jene von der Lese weg sozusagen in Pflege. Nicht ohne genaue Anweisung, versteht sich, wie der Wein ausgebaut werden soll, und mit ständiger Überwachung.

Drei Weine werden im Restaurant im Ausschank geführt. Spitzen gibt es nur in Flaschen. Die große Auswahl garantiert mehrere passende Weine zu jedem Essen. Ja, das Essen! Auffällig die immense

---

Weinbau-Weinhandel Lochmühle
Friedrich Karl Sautmann
Mayschoß (5481), Telefon 02643/345-346

Preise: Qualitäts-Rotwein 3,25 bis 5,50, Spätburgunder 7,50 bis 9,–; Kabinett 8,50 bis 10,20, Spätburgunder 12,50; Spätlese 16,–; Qualitäts-Weißwein 3,25, Riesling 4,95 bis 8,–; Kabinett, Spätlese ab 8,–

Hotel-Restaurant Lochmühle (Anschrift s.o.)

Weinkarte: Flaschen-Rotweine ab 14,–, 1/2 Flasche ab 7,25; Flaschen-Weißweine ab 10,50, 1/2 Flasche ab 7,25; Hauptgerichte à la carte ab 14,50, Übernachtung mit Frühstück ab 29,–

Spannweite der Speisekarte. Nur ein paar Andeutungen: Heringsfilet in Cocktailsauce mit Trauben, Mandeln und Ingwer; Poularde in Ahrburgunder; Orientalisches (Tonki) und Östliches (Hirschsteak Nowgorod).

Es spricht für die Lochmühle, daß ihre Gäste zu Wein-Stammkunden werden. Viele ordern zu Weihnachten Geschenksendungen für Geschäftsfreunde und Bekannte. Das brachte den Patissier des Hauses auf die Idee, ein altes Christstollenrezept hervorzukramen. Er hätte das nicht tun sollen! Die Christstollen schlugen so ein, daß nun jedes Jahr im November zentnerweise Christstollen gebacken werden müssen, was die Küche zeitweise fast völlig blockiert . . .

Zum schwarzen Kreuz in Altenahr

Altenahr ist der geschichtsträchtigste Ort des Tales. Über dem Städtchen steht auf zerklüftetem Felsen die Ruine der Burg Are, uralter Sitz der Ahrgrafen. Berühmtester jenes Geschlechtes war Konrad von Hochstaden-Are, Erzbischof von Köln. Er legte 1248 den Grundstein zum Kölner Dom. Durch Schenkungen – ähnlich wie bei St. Peter in Walporzheim – wurde Altenahr kurkölnisch und erlebte die wechselvolle Geschichte des Erzbistums mit.

Aber auch die Geschichte der Technik setzte in Altenahr einen Markstein – der Bau der Poststraße um 1830, der auch zum »Loch« an der Lochmühle führte, zeigte in Altenahr ein weit kühneres Projekt: Hier entstand der erste Straßentunnel Deutschlands.

All dies hat das älteste Gasthaus Altenahrs miterlebt. Bereits 1166 erwähnt, mehrmals abgebrannt und immer wieder aufgebaut, ursprünglich »Gasthaus an der Brücke« genannt, lebt es jetzt als »Hotel zum schwarzen Kreuz« fort, benannt nach dem schwarzen Kreuz auf dem Felsen gegenüber.

Diese Geschichte Altenahrs hat Karl Gerhards, der jetztige Besitzer, in sein Haus geholt. Die Fenster des Erdgeschosses ließ er außen mit Kupferblenden umgeben, auf denen die markantesten Ereignisse als Treibarbeit von Künstlerhand festgehalten wurden.

Geschichte atmet das ganze Haus, vor allem Gasträume mit ihren Balkendecken, den Stichen an den Wänden und alten Gegenständen auf den Regalen. Und der am rückwärtigen Teil des Hauses ausgebaute Hoteltrakt ist so raffiniert ausgestattet, daß kein Stilbruch entsteht.

Auch das Hobby des Wirtes verraten uns die kupfernen Fensterblenden: den Wein. Eigene Weinberge gehören zum Haus, von Frau Gerhards, einer Winzertochter, eingebracht. Die Trauben werden zwar der örtlichen Winzergenossenschaft zum Ausbau überlassen; dafür setzt das Ehepaar Gerhards seinen Ehrgeiz darein, den Gästen eine möglichst vielseitige Weinkarte zu präsentieren und alle Weine möglichst an Ort und Stelle einzukaufen. Jeder Ahr-Weinort ist mit seinen wichtigsten Lagen auf der Karte vertreten.

Das frühere Gasthaus an der Brücke ist sogar in die Literatur eingegangen. Ernst Moritz Arndt, Professor in Bonn, der gern an die Ahr fuhr, berichtet von seiner Einkehr: »Wir machten den armen Wirt verlegen, als wir etwas vornehm nach einem Braten fragten. Ein Hahn wird geschlachtet, Brot und Käse auf den Tisch gesetzt, ein paar Flaschen Wein dazu und damit gut. Wir waren vergnügt und begnügt mit dem Genügsamen.«

Arndt war genügsamer als die heutigen Gäste. Doch Karl Gerhards kann sie verwöhnen, und er verwöhnt sie gern. Nichts Ausgefallenes auf der Speisenkarte, aber sie ist reichhaltig, und alles was auf den Tisch kommt, ist gediegen zubereitet. Wie wär's mit einer guten Flasche zu einem Wildgericht oder einem »Winzerschmeer« auf Eifeler Landbrot?

So reich die Flaschenwein-Auswahl, im Ausschank gibt's leider nur einen Roten und einen Weißen. Wer mehr probieren will, lasse sich die liebevoll zusammengestellte Weinprobe zu 10 DM kommen. Sie enthält je drei Weiße und Rote von der Ahr, vom Qualitätswein bis zur Spätlese. Dazu gibt's Brot – und Information in Form eines Beiblattes mit Wissenswertem über die Weine (einschließlich der Preise). Wem dies immer noch nicht reicht, den bittet der Hausherr in seinen Probierraum.

Dieser Probierraum dient dem Hotel auch als Foyer. Verbindung zwischen Alt- und Neubau, ist er Aushängeschild und Visitenkarte zugleich. Kunst und Wein treten hier nochmals zusammen. Die Oberlichter hat der mäzenatische Wirt durch Kupferreliefs auskleiden lassen mit Szenen zu den Themen »Der Wein von der Rebe bis zum Faß« und »Der Wein in der Bibel«. Auch in diesem Raum fließt reichlich Weininformation – schriftliche, aber auch in Natura:

Hier hält der Hausherr stets ein paar offene Flaschen aus seinem Sortiment parat. Er mutet dem Gast nicht zu, die Katze im Sack zu kaufen. Aber bei aller Liebe zur Geschichte, zum Wein und zur Gastronomie, ein cleverer Geschäftsmann ist er: Die besseren Restposten bietet er augenzwinkernd als »Wein-Antiquitäten« an.

Hotel zum schwarzen Kreuz, Historisches Weinhaus
Altenahr (5481), Brückenstraße 7, Telefon 02643 1/1534

Preise: Qualitätswein ab 5,–; Kabinett ab 7,–;
Spätlese ab 10,–; Auslese ab 15,–; Beerenauslese 1/2 Flasche ab 30,–; Trockenbeerenauslese 1/2 Flasche 90,–;
Ausschankweine von 3,– bis 4,–; Flaschenweine ab 15,–;
Hauptgerichte ab 10,–; Übernachtung m. Fr. ab 25,–

Der Mittelrhein

Rheinromantik – Weinromantik

Wohl mit keiner deutschen Landschaft verbinden sich Gefühle, Stimmungen, Emotionen so stark wie mit dem Rheintal zwischen Bingen und Bonn. Dieses Stück Deutschland, vom Durchbruch des Stromes durch das mächtige Rheinische Schiefergebirge geprägt, stellt sich als Inbegriff deutscher Romantik dar, einer Strömung, die zeitweise so mächtig war, daß sie verfallene Burgen wieder erstehen ließ.

Zum Bild, das man sich vom Rheintal macht, gehören die Reben. Mehr noch, Weinromantik und Rheinromantik sind eine untrennbare Symbiose eingegangen. Wie der Wein die Rheinlandschaft noch schöner erscheinen läßt, als sie ohnehin ist – so verklärt die Großartigkeit des Rheintals auch den Wein, der dort wächst. Vielen gilt der Wein vom Mittelrhein als der Rheinwein schlechthin. Von da ist nur noch ein kleiner Schritt bis zur Meinung, im Rheintal wüchse der beste deutsche Wein überhaupt.

Die Wirklichkeit sieht etwas anders aus. Wer sich bei einer Bahn- oder Schiffsfahrt die Hänge aufmerksam ansieht, wird zweierlei feststellen: Einmal fehlen auf vielen ehemaligen Terrassen heute die Weinstöcke, zum anderen haben viele Hänge kaum jemals auch nur einen Rebstock getragen; denn so viele gute Süd- und Südwestlagen gibt es im Rheintal gar nicht.

Früher, als menschliche Arbeitskraft noch im Überfluß vorhanden war, wurde am Rhein jedes Fleckchen, das nur halbwegs guten Wein versprach, genutzt. Kaum zugängliche Kleinstparzellen, eingezwängt zwischen Felsen, wurden mit Reben bestockt.

Heute werden diese Nischen mehr und mehr aufgegeben, weil kein Winzer sie rationell bearbeiten kann. Erfahrene Weinfreunde bedauern diese Entwicklung, denn viele dieser oft günstig ausgerichteten Nischen lieferten hervorragende Tropfen. Alte Kenner schwärmen darum voller Wehmut von den köstlichen Nischenweinen.

Die Flurbereinigung, Voraussetzung für rationellen Weinbau, arbeitet mit großen Flächen. Im felsigen Rheintal lassen sich die Hänge nur an wenigen Stellen solcherart umgestalten: bei Kaub etwa, am

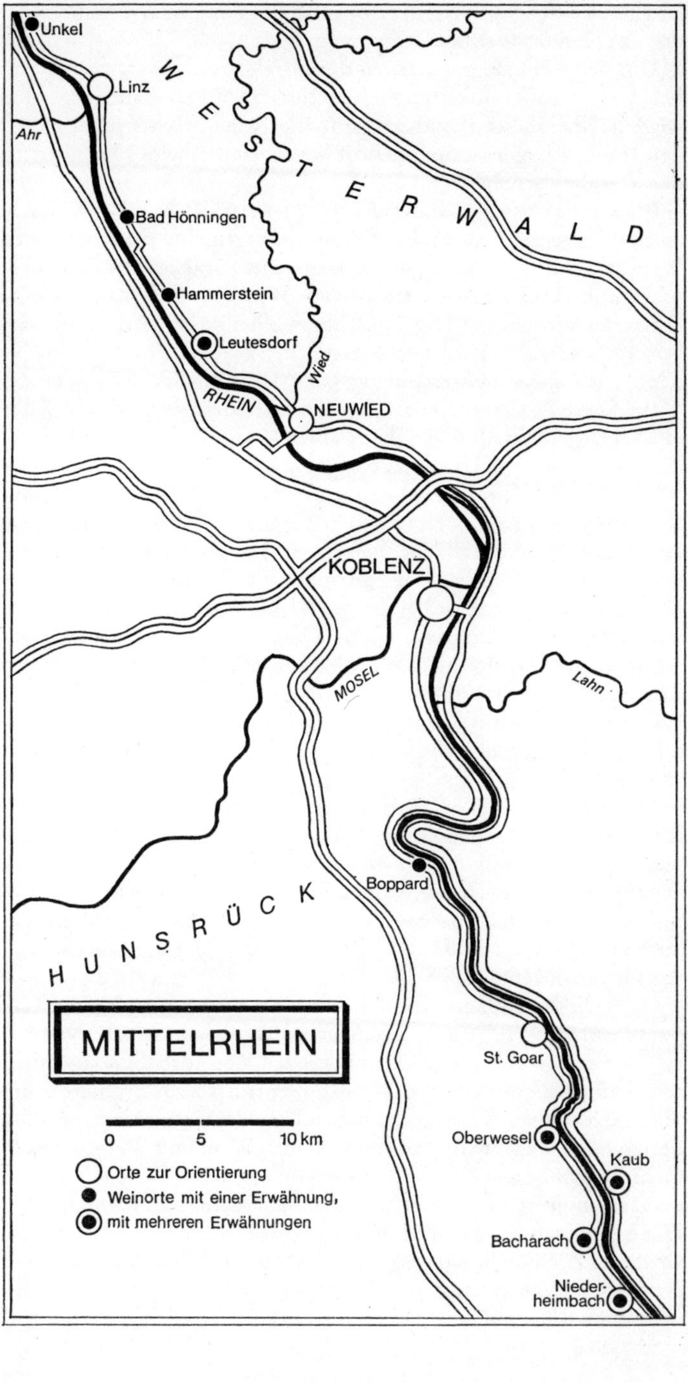

Unkel
Linz
Ahr
WESTERWALD
Bad Hönningen
Hammerstein
Leutesdorf
Wied
RHEIN
NEUWIED
KOBLENZ
MOSEL
Lahn
Boppard
HUNSRÜCK
MITTELRHEIN
St. Goar
Oberwesel
Kaub
Bacharach
Nieder-
heimbach
0
5
10 km
Orte zur Orientierung
Weinorte mit einer Erwähnung,
mit mehreren Erwähnungen

langgestreckten Südhang des Bopparder Hamm, oder weit im Norden, bei Leutesdorf und Hammerstein.

Um den weingeographischen Begriff »Mittelrhein« zu erläutern: Das Gebiet endet linksrheinisch im Süden am »Dreiländereck« um Bingen (Rheinhessen) und Bingerbrück (Nahe), rechtsrheinisch mit den Kauber Lagen. Lorch gehört schon zum Rheingau, jedenfalls der Weinlandschaft nach.

Bis auf die oben erwähnten Ausnahmen hat sich also der Weinbau aus dem eigentlichen Rheintal zurückgezogen. Bei manchem alten Weinort ist die Rebfläche auf ein paar kleine Parzellen zusammengeschrumpft. Daß sie sich nach wie vor Weinort nennen, wer wollte ihnen das verdenken? Die Touristen wollen ihren Rheinwein, also bekommen sie ihn. Und wenn das bißchen Eigenbau nicht ausreicht, dann wird eben munter hinzugekauft, aus Rheinhessen oder der Pfalz. Diese Art Touristen ist ja schon zufrieden, wenn sie zwischen »Pokal herb« und »Pokal mild« wählen kann. Rheinromantik deckt eben manches sehr Unromantische zu.

Ausnahmen bestätigen aber auch im Rheintal die Regel. Mittelrheinwein wächst ja noch in den Seitentälern. Die dem Rhein vom Hunsrück zueilenden Bäche fließen in Ost-West-Richtung, besitzen mithin für den Weinbau gut geeignete Südost-, Süd- und Südwesthänge, an denen dank des günstigen Kleinklimas auch Spitzenweine reifen. Vor allem die Rieslingrebe bringt den chrakteristisch spritzig-fruchtigen Mittelrhein-Wein hervor, leichter als die wuchtigen Rheingauer, gleichsam einen Übergang zur Mosel bildend. Auch Weine aus anderen Rebsorten – Ruländer, Müller-Thurgau, Scheurebe, Huxel, Kerner – entwickeln sich hier leichter, duftiger als beispielsweise in der Pfalz.

In diesen Seitentälern wird Weinbau noch in großem Stil getrieben. Hier ist weitgehend flurbereinigt worden und wenigstens Teilmechanisierung möglich. Verfolgen wir einmal die linksrheinischen Seitentäler von Süd nach Nord: Heimbachtal – Gailsbachtal mit Manubach und Oberdiebach – die Bacharacher Täler, vor allem das Steeger Tal – Engelhöller und Damscheider Täler bei Oberwesel – das Gründelbachtal bei St. Goar.

Gern wird der Wanderfreund diese Täler durchstreifen, durch ein Tal hinauf zum Hunsrück, durch ein anderes wieder hinab. Nur wenige werden von Autostraßen durchzogen, und auch diese sind nicht sehr befahren. Winzer und Weinstuben laden zum Probieren ein, und nicht wenige Weinbauern haben Fremdenzimmer eingerichtet. Ferien beim Winzer! Intensiver kann man Wein und Weinbau wohl nicht kennenlernen.

Gastronomisch ist der Mittelrhein nicht gerade eine Fundgrube. Die Kombination »Eigener Wein + Spitzenküche« habe ich rheinabwärts Lorch nicht entdeckt. Zum Mittelrhein-Riesling paßt aber genausogut eine kräftige Winzervesper. Und eine solche bekommt man überall.

Nördlich von Ehrenbreitstein

Das Mittelrhein-Weingebiet streckt seinen letzten Ast noch über die geographische Breite des Ahrtales hinaus nach Norden vor. Immer wieder drängen hier Ausläufer des Westerwaldes und des Siebengebirges bis an den Strom vor und stürzen als steile Felshänge in den Fluß, Talkessel umgreifend, wo die Sonne die Trauben zu reifen vermag.

In fast jeder dieser rechtsrheinischen Gemarkungen zwischen Koblenz-Ehrenbreitstein und dem Drachenfels wurde früher Weinbau betrieben. Die Zeitläufe haben gründlich damit aufgeräumt. Als echte Weinorte – solche, die überwiegend vom Weinbau leben – kann man eigentlich nur noch die beiden Nachbarn Leutesdorf und Hammerstein bezeichnen.

In allen anderen Gemeinden ist der Weinbau auf einen kleinen Restbestand zusammengeschmolzen. Man muß schon ausgesprochener Liebhaber sein, um diese Weine zu würdigen. Einen Abstecher ist das hoch über Linz gelegene Rotweindorf Dattenberg wert, in dessen beiden Gasthäusern noch selbstgekelterter Spätburgunder ausgeschenkt wird. Spitzenweine wird man allerdings vergebens suchen.

Eine Ausnahme bildet Bad Hönningen. Mit seinem »Schloßberg«, dem Südhang unterhalb des Schlosses Arenfels – im 13. Jahrhundert von einem Isenburger erbaut und im 19. von einem Grafen Westerholt romantisch neugotisiert –, besitzt der Ort eine Lage, die in guten Jahren sehr wohl große Gewächse zu produzieren vermag.

Stadtweingut Bad Hönningen
Bad Hönningen (5462), Postfach 30
(Probierstube Hauptstraße 184), Telefon 02635/2071

Preise: Qualitätswein ab 3,70; Kabinett ab 4,90;
Spätlese ab 5,90; Auslese ab 7,– (Weinprobe
Donnerstags 19 Uhr)

Das Wort »besitzt« gilt auch im Sinne von Eigentum, den ein großer Teil des Schloßberges gehört dem Städtischen Weingut. Es hat hier Riesling, Müller-Thurgau, Ruländer sowie die Neuzüchtung Freisamer und an Rotweinsorten Portugieser und Spätburgunder angepflanzt. Von der Qualität der Weine kann man sich in der mit Faßböden und Faßdauben ausgekleideten Probierstube überzeugen, in der drei offene Weine ausgeschenkt werden (ab 17 Uhr geöffnet).

Fahren oder wandern wir jetzt in die großen Weingärten um Hammerstein und Leutesdorf! Leutesdorfer Wein wurde schon in alten Zeiten hochgeschätzt. Adel und Klöster haben sich hier durch ihre Gutshöfe eingedeckt. Auch die an Rhein und Mosel mächtigen Herren von der Leyen wußten den Leutesdorfer zu würdigen. Ende des 17. Jahrhunderts ließen sie sich ein neues Hofgebäude an das Rheinufer setzen, direkt neben das alte Zolltor. Zauberhaft der Blick aus den Fenstern auf den Rheinstrom und das schräg gegenüberliegende Andernach.

Diese Aussicht kann heute jeder genießen, denn der Leysche Hof wurde zum Hotel. Vor einiger Zeit erwarb ihn Heinrich Maur, Sproß einer alten Hammersteiner Winzerfamilie. Weinbau gehört auch heute noch dazu, obwohl eigener Wein ein paar Jahre lang auf den Weinkarten fehlte; denn nach einer großen Reblandumlegung mußten die jungen Stöcke erst ins Ertragsstadium kommen.

Der Wirt bietet einen guten Überblick über die Leutesdorfer Weine: Dreizehn Leutesdorfer nahezu aller Weingüter zählt die Flaschenweinkarte auf, von zehn offenen Weinen stammen sechs aus dem Ort. Ergänzende Information kann man der Weinkarte entnehmen: Sie enthält neben viel Spruchweisheit eine Übersichtsskizze der Leutesdorfer Weinlagen.

Ein Tip für den Gaumen: Heinrich Maur hat sich eine kleine Räucherkammer gebaut – seine frisch geräucherten Forellen sind eine Köstlichkeit.

Hotel Leyscher Hof
Leutesdorf/Rhein (5451), Telefon 02631/73131

Preise (Weinkarte): Flaschenweine ab 9,80 (bei Mitnahme 30% Nachlaß); Ausschankweine (0,2l) 2,– bis 3,–; Hauptgerichte à la carte ab 8,50; Übernachtung mit Frühstück ab 20,– (Do.Ruhetag.Mitte Dez. bis Mitte Jan. geschlossen)

Wer sich etwas intensiver mit Leutesdorfer Weinen befassen will, mag dem Altdeutschen Weinkeller seinen Besuch abstatten. In diesem rustikalen Rahmen präsentiert Winzermeister Günter Zeus seine Weine. Auch der Magen wird rustikal versorgt – mit Deftigkeiten vom offenen Kamingrill.

Die Flaschenweinkarte dient gleichzeitig als Weinpreisliste; Läßt

---

Altdeutscher Weinkeller, Weingut Günter Zeus
Leutesdorf/Rhein (5451), Telefon 02631/72256

Preise (laut Karte): Qualitätswein ab 5,60
Kabinett ab 6,10, Spätlese ab 9,–, Auslese ab 12,–, Eiswein-Auslese 1/2 Flasche ab 14,–, Beerenauslese 1/2 Flasche ab 16,–; Ausschankweine von 1,60 bis 5,–; kl. Gerichte ab 3,–, Hauptgerichte ab 7,– (geöffnet Fr. bis Sonntag, Ende Dezember bis Anfang Januar geschlossen)

---

man sich etwas einpacken, gibt's einen Abschlag. Rund 16 Weine kann Günter Zeus anbieten. Seit der Flurbereinigung gibt es auch Ruländer und die Neuzüchtungen Kerner und Reichensteiner. Jeweils 5 Weine stellt Zeus zu einem Weinprobierstand auf einem Holzbrett zusammen – ein echter »Orientierungsrahmen«.

Wie ein Riegel sperrt ein steiler Felsen den Leutesdorfer Kessel nach Norden hin. Auf seiner Höhe lag einst die Burg Hammerstein, erst Grafensitz, später Reichsburg, dann kurtrierisch. Der Ruine zu Füßen breitet sich der Weinort Hammerstein aus, dessen kleine romanische Basilika, eine königliche Gründung aus dem 12. Jahrhundert, man sich anschauen sollte.

Hammersteiner Weine gibt's in der Weinstube Zwick. Sie führt zwar nur drei Ausschankweine, doch werden alle besseren Sorten auf halbe Flaschen abgefüllt – immerhin vierzehn Nummern! Die Flaschenweinpreisliste gilt auch in der Weinstube, bei geringem Aufschlag. Etwas Besonderes: Die Zwicks besitzen auch Weinberge an der unteren Mosel, bei Cochem und Valwig, so daß sich interessante Vergleichsmöglichkeiten ergeben.

Weingut, Weinstube J.P. Zwick
Hammerstein/Rhein (5451), Telefon 02625/2579

Preise: Qualitätswein ab 2,50; Kabinett ab 3,60; Spätlese ab 6,–; Auslese ab 9,–; Beerenauslese ab 32,–; Trockenbeeren auslese 48,– (Do.geschl)

Wie das Ahrtal wird auch das nördlichste Mittelrheingebiet von Bus-Karawanen durchzogen. Weinromantik bietet ihnen gleich einer der nördlichsten Weinorte zur Genüge. Unkel als uraltes Weinhandelsstädchen hat alles, was ein romantisch' Gemüt braucht: verwinkelte Gassen, Fachwerkhäuser, wappengeschmückte Gutshöfe und Wein – wenn auch sicher weniger, als dort getrunken wird.

Viele Unkeler Weinstuben haben sich große rebenüberdeckte Weinlauben zugelegt, in denen sich der Unkeler Wein stimmungsvoll verkosten ließe – wenn man nicht gewärtigen müßte, daß im nächsten Augenblick aus angeheiterten Kehlen das Lied vom Sanitätsgefreiten Neumann losbräche.

Dem Publikum und der Bedeutung des Unkeler Weinbaus entsprechend ist auch die Auswahl an offenen Weinen nicht gerade üppig. In einer der schönsten Weinlauben-Weinstuben, dem Weinhaus Im Lämmlein, werden beispielsweise aus eigenem Anbau nur ein offener Wein und zwei Weine in halben Flaschen angeboten. Der Besitzer betreibt auch keinen Versand. Wem der Wein schmeckt, kann sich ein paar Flaschen mitnehmen, zum halben Weinkartenpreis.

Schänken und ein Weinmuseum: Bummel durch Bacharach

Wenn das Mittelrhein-Weingebiet so etwas wie eine Hauptstadt besitzt, dann ist dies Bacharach. Schon im Mittelalter dominierten sein Weinbau und Weinhandel. Es war Hauptstapelplatz nicht nur für Mittelrhein-Weine, sondern auch für Gewächse von der Nahe und aus dem Rheingau. Rechnet man die Steeger Rebberge ein, so liegt Bacharach mit seiner Anbaufläche auch heute weit an der Spitze aller mittelrheinischen Gemeinden.

In zahlreichen Fachwerkhäusern, seiner Peterskirche, der verfallenen Wernerkapelle, auf Burg Stahleck hat sich die Geschichte des ehemals reichen Weinstädchens lebendig erhalten. Wer sich außerhalb des großen Touristenstromes bewegt, wird sich leicht von der geschichtsträchtigen Atmosphäre einfangen lassen können. Bummeln wir durch Bacharach.

Daraus kann hier ein Wein-Bummel werden, denn in Bacharach wird Wein-Gastlichkeit großgeschrieben. Winzer und Weingüter betreiben Schänken, Weinstuben und Straußwirtschaften, in ihrer Mannigfaltigkeit eines eigenen Studiums wert. Da sie zumeist gleich mehrere offene Weine anbieten, dürfte sich ein solches Studium allerdings über einen längeren Zeitraum hinziehen.

Da wäre der Winzerausschank von Roland Heidrich, seines Zeichens gewählter Sprecher der örtlichen Winzerschaft und damit für »amtliche« Auskünfte über Bacharacher Weinbau prädestiniert. Oder der seines Verwandten Karl Heidrich, der über Wein wie ein Conférencier zu plaudern vermag. Vielleicht kehrt man in der Weinstube Jost ein, in der gleich Weine von zwei zum Haus gehörenden Weingütern ausgeschenkt werden – einem Bacharacher und einem Wallufer Gut –, damit interessante Vergleiche zwischen Mittelrhein- und Rheingau-Wein ermöglichend.

Zum grünen Baum heißt die Weinstube des Weingutes Fritz Bastian. An das alte Fachwerkhaus wurde eine Terrasse angebaut, von der aus man auf die vorbeiflanierenden Besucher blickt. Dabei kann man sich stärken: an der kräftigen Wurst aus eigener Schlachtung und natürlich mit Wein. Das Weingut wartet mit einer Besonderheit auf: Wein von einer Rheininsel, dem »Heyles'en Werth«. Die gleichnamige Weinlage gehört ausschließlich den Bastians.

Weingut Roland Heidrich, Bacharach (6533)
Mainzer Straße 1, Telefon 06743/1328

Preise: Qualitätswein ab 4,50; Kabinett ab 5,20; Spätlese ab 7,50; Auslese ab 11,–; Beerenauslese ab 16,50; Ausschankweine von 1,40 bis 2,60; Auslesen und Beerenauslesen 1/10 l von 1,70 bis 2,50

Weingut Karl Heidrich, Bacharach (6533),
Oberstraße 18, Telefon 06743/1476

Preise: Qualitätswein ab 3,80; Spätlese ab 6,50;
Auslese ab 10,–; Ausschankweine 1,40 bis 2,80
(Mittwoch Ruhetag, Dezember bis Februar geschlossen)

Weinstube Jost (Weingüter Toni Jost
Hahnenhof/Bacharach und Mühlenhof/Walluf)
Bacharach (6533), Oberstraße 14, Telefon 06743/1216

Preise: Qualitätswein ab 4,–; Kabinett ab 5,–;
Spätlese ab 6,–; Auslese ab 11,50 (Spezialität
Spätburgunder); Ausschankweine von 1,80 bis 3,–;
Kleine Gerichte ab 2,50

Weingut Erbhof Fritz Bastian
Weinstube Zum grünen Baum
Bacharach (6533), Am Marktplatz, Telefon 06743/1208

Preise: Qualitätswein ab 4,50; Kabinett ab 5,80;
Spätlese ab 6,30; Auslese ab 10,50; Beerenauslese ab 28,–;
Ausschankweine 1,50 bis 3,20; kleine Gerichte ab 2,–

Schlendern wir auf unserem Bacharacher Bummel die Hauptstraße in Richtung Oberwesel entlang, sollten wir nicht zu früh kehrtmachen. Die Gölz'sche Weinkellerei St. Werner, am Ortsausgang gelegen, lohnt einen Besuch. Hans Gölz, der jetzige Besitzer, hat seinen Weinkeller in jahrelanger liebevoller Arbeit zu einem kleinen privaten Weinmuseum ausgebaut. Alte und neue Weingerätschaften, Küferwerkzeuge gibt es da. Schautafeln und originelle Wandmalereien zeigen den Weg des Weines »von der Rebe bis zur Flasche«, und wenn Hans Gölz dies alles vorführt und erläutert, spürt man die Freude, mit der ihn dieser Beruf erfüllt. Zum Schluß dann eine kleine Weinprobe – drei bis vier verschiedene Weine, teils aus eigenen Weinbergen, teils aus zugekauften Mosten, aber alle in den Gölz'schen Kellern ausgebaut.

Der Chef sieht es natürlich am liebsten, wenn ihn größere Gesellschaften aufsuchen. Sein Haus ist aber auch für Einzelpersonen offen. Notfalls schließt er sie zu kleinen Gruppen zusammen.

Führung und Probe kosten 3,– DM – kein Betrag für das, was man geboten bekommt. Hans Gölz baut mit Recht auf die Überzeugungskraft seiner Weine.

Der Bummel durch Bacharach sollte nicht ohne Abstecher ins Steeger Tal enden. Dazu wandern wir die Blücherstraße taleinwärts. Der Name erinnert an den historisch so bedeutsamen Rheinübergang

Gölz'sche Weinkellerei St. Werner
Bacharach (6533), Koblenzer Straße, Telefon 06743/1237

Preise: Qualitätswein ab 4,20, Steeger ab 5,10
Bacharacher ab 5,60; Spätlese ab 6,90, Bacharacher
ab 9,30; Auslese ab 15,–; Beerenauslese ab 26,–

des »Marschall Vorwärts« in der Neujahrsnacht des Jahres 1814. Durch dieses Steeger Tal zog sein Heer gen Westen.

Wie der Bummel durch Bacharach ist auch der Steeger Spaziergang ein echtes Wein-Erlebnis. Rechts begleiten uns die steilen Rebhänge, links rauscht der kleine Bach. Winzerhaus folgt auf Winzerhaus. Die Zahns, Lieschieds, Stiehls, Hermesdorfs und wie sie alle heißen, kleine und mittlere Weinbauern, machen einen köstlichen Wein. Es verlohnt sich, hier »seinen« Winzer zu entdecken.

Kaub und seine Wein-Burg

Die Erinnerung an den Marschall der Freiheitskriege wird natürlich auch auf der anderen Rheinseite wachgehalten. Das Blüchertal führt von den Taunushöhen hinab nach Kaub. Hier zog der Heerbann durch, bevor er über den Rhein setzte, vorbei an der Pfalz.

Wie Bacharach hat auch Kaub vieles von seiner mittelalterlichen Vergangenheit bewahrt. Eingezwängt zwischen Fluß und Bergen, nutzte es beide als Erwerbsquellen: Vom Fluß lebten die Schiffsleute, Fischer und Lotsen, die Berge lieferten Schiefer und Wein. Schiefer als Baumaterial prägt das Bild der Stadt, die praktisch nur aus einer engen, langgezogenen Gasse besteht.

Diese Enge ließ die Kauber auch ins Blüchertal ausweichen, als sie ihr Schwimmbad bauen wollten. Es entstand eines der landschaftlich schönsten Bäder Deutschlands.

Übrigens – schwimmen und in der Sonne braten macht durstig. Da trifft es sich gut, daß nicht weit talabwärts, dort, wo die Weinberge beginnen, ein Gutsausschank dem Durst abzuhelfen verspricht. Reinhold Hillesheim und Frau, Besitzer des Rebstock, haben nach der Flurbereinigung in den letzten Jahren ihr Weinangebot beträchtlich erweitert: Nicht weniger als 10 Kreszenzen werden jetzt offen ausgeschenkt. Dazu gibt es kalte Gerichte in vielen Variationen. Wer alles gründlich auskosten will, kann sich bei den Hillesheims auch einmieten – zu einem Urlaub zwischen Schwimmbad und Wein.

Die rührige Familie hat sich mittlerweile ein richtiges kleines gastronomisches Reich aufgebaut. Der Sohn bewirtschaftet unten im Ort den Winzerausschank »Zur Traube«. Er wird nach den gleichen Gesichtspunkten geführt wie der Gutsausschank im Blüchertal.

Zum Rebstock – Weingut und Brennerei
Reinhold Hillesheim, Kaub (5425)
Blüchertal, Telefon 06774/224

Zur Traube, Winzerausschank
Kaub (5425), Schulstraße 22,
Telefon 06774/226

Preise: Qualitätswein ab 4,–; Spätlese 5,50; Ausschankweine 1,40 bis 2,80; Kalte Speisen ab 5,–; Übernachtung mit Frühstück ab 28,– (Dez. bis Febr. geschlossen)

Auch dem kann geholfen werden, der seinen Wein lieber angesichts des Pfalzgrafensteins trinken möchte, jener alten Zollburg, deren Mauern sich wie ein Schiffsrumpf dem Strome entgegenstemmen. Direkt gegenüber dieser Pfalz, wie der Volksmund sie nennt, liegt das schiefergedeckte Weinhaus zur Pfalz, dem Weingut Bahles angeschlossen.

In der gemütlichen Weinstube kann man unter mehreren Ausschankweinen bis zur Spätlese wählen. Als Spezialität bietet das Ehepaar Bahles nach der Kellerführung seine beiden Weinproben: sechs Weine für DM 8,–; acht Weine für 12,–, und dazu ein kaltes Winzervesper-Buffet. Hierfür sollte man sich allerdings schon zu einer größeren Gruppe zusammenschließen.

Weingut Bahles – Weinhaus zur Pfalz
Kaub (5425), Bahnstraße 10, Telefon 06774/258

Preise: Qualitätswein ab 5,30; Kabinett ab 5,50; Spätlese ab 8,30; Auslese ab 12,–; Ausschankweine 1,40 bis 2,90; Übernachtung mit Frühstück ab 16,– (Mittwoch Ruhetag)

Gleich oberhalb vom Weinhaus zur Pfalz beginnen die Weinberge, sich bis zu einer der schönsten Rheinburgen hinaufziehend. Burg Gutenfels, im 13. Jahrhundert von den Falkensteinern errichtet, dann über lange Zeit kurpfälzische Zollbastion, wanderte im vergangenen Jahrhundert von Hand zu Hand. Dabei wurde die damals verfallene Ruine wiederaufgebaut, zurückhaltend und weitgehend angelehnt an den historischen Befund – im Gegensatz zu manch anderen Restaurierungen der Romantik. Eine Burg der Gastlichkeit wurde Gutenfels 1959, als ihr Besitzer sie zur Europäischen Jugendburg, einer Städte internationaler Jugendbegegnungen, ausbauen ließ.

Mit einer derart altruistischen Zweckbestimmung läßt sich ein solches Bauwerk nur unter größten finanziellen Opfern halten. Das war auf Dauer nicht möglich. Und so wurde Burg Gutenfels »kommerzialisiert«, bewahrte aber seinen Charakter als Stätte der Gastlichkeit. Zunächst beschränkte man sich darauf, die Burg geschlossen für Tagungen und große Festlichkeiten zu vermieten – für einige auserwählte Gäste wurden sogar Luxusappartements mit allem Komfort eingerichtet.

Im Sommer 1977 begann eine neue Aera: die Tore der Burg öffneten sich auch dem »normalen« Gast. Francis Kruck und seine Frau, junge und ambitionierte Franzosen, bewirten ihn jetzt, und sie bewirten ihn auf's köstlichste. Mit ihnen zog die französische Küche auf Burg Gutenfels ein, ja sogar ein Hauch ihrer modernen leichten Version. Ein kleiner Streifzug: Schnecken in Sylvaner – Sole à la Ciboulette (Seezunge mit Schnittlauch) – Meeresfrüchte mit hausgemachten Nudeln – Kalbsnieren mit Gurken – Elsässer Küken in Estragon – Kalbsbries mit Krebsen – Aiguillettes de Magret de Canard »Escoffier« (Ausgelöste Entenbrüstchen mit Gänseleber) – Lamm in vielen Variationen.

Es versteht sich, daß solche kulinarischen Kostbarkeiten der Begleitung durch edelste Weine bedürfen. Soll es Rotwein sein, bieten sich große Gewächse aus dem Bordelais oder Burgund an, von Francis Kruck mit sicherer Kennerschaft ausgesucht. Der Weiße aber wächst vor dem Fenster. Den gesamten Burghang hinunter bis zur Rheinuferstraße ziehen sich die Rebzeilen des Weingutes Burg Gutenfels. Schon der Karaffen-Wein – als ich zuletzt die Burg besuchte, war es ein köstlicher reifer Sylanver – beweist, daß die Tropfen des Gutes den großen Franzosen in nichts nachstehen. Und die im Restaurant gereichte Probenpalette (6 Weine zu 12 DM) wird so manchen veranlassen, sein Reisegepäck um ein paar Flaschen Burg Gutenfelser anzureichern.

Verwaltung Burg Gutenfels,
Weingut, Restaurant, Hotel
Kaub (5425), Telefon 06774/220

Preise: Qualitätswein ab 5,–; Kabinett ab 6,50;
Spätlese ab 7,50; Auslese 16,–; Ausschankwein 2,50;
Flaschenweine ab 18,–; Hauptgerichte ab 15,–;
Übernachtung mit Frühstück (Doppelzimmer) 110,–

Kreuz und quer am Mittelrhein

Kehren wir zur linken Rheinseite zurück, in den äußersten Süden des Mittelrhein-Weingebietes. Hier stoßen wir in Niederheimbach auf ein merkwürdiges Gebäude: offensichtlich neuromanisch, langgestreckt, von basilikalem Querschnitt. Rundbogenfenster, im Erdgeschoß je zwei von einem Blendbogen zusammengefaßt, im Obergeschoß zu Dreiergruppen komponiert, gliedern das um die Jahrhundertwende entstandene Bauwerk. Es birgt heute das Gästehaus des Hotels Weingut Fendel.

Dies war keineswegs der ursprüngliche Zweck. Sein Erbauer legte nämlich all das Geld, das der Weinbau abwarf, in seltenen Pflanzen an – und in dieses luxuriöse Gewächshaus im romanischen Stil. Wer ein Gästezimmer in dem 1965 umgestalteten Gebäude betritt, wird verblüfft sein von der Behaglichkeit, noch mehr, wenn er erfährt, daß hier einstmals Pflanzen hausten.

Die Fendels haben noch mehr zu bieten: einen 65 Meter langen Felsenkeller, hufeisenförmig durch den Felsen gewunden, und eine eigene echte Ruine, Süßkirche genannt, Mauerrest eines früheren Klosters.

Und vor allem ihre Weine! Das Fendelsche Weingut ist nicht nur eines der größten, sondern wohl auch das älteste am Mittelrhein, das sich von Anfang an dem Qualitätswein verschrieb – im 17. Jahrhundert durchaus eine Pionierleistung. Daneben wird noch ein verwandtschaftliches Weingut in Lorch mitbetreut, so daß man bei den Fendels Weine von beiden Seiten des Rheines probieren kann.

Die Weinpreisliste umfaßt mehr als zwanzig Namen, bemerkenswert klar beschrieben. Fünf kann man als offene Weine probieren.

Weingut Hotel Ferd. Fendel
Niederheimbach (6531), Telefon 06743/6829

Preise: Qualitätswein ab 4,20; Kabinett ab 5,30; Spätlese ab 6,40; Auslese ab 11,–; Eiswein 25,–; Beerenauslese 30,–; Trockenbeerenauslese 60,–; Ausschankweine 1,– bis 2,30; Kalte Speisen 2,50 bis 4,–, nur auf Bestellung: Fleischfondue 15,–; Übernachtung mit Frühstück 18,– (Mo.Ruhetag; Jan. u. Febr. geschlossen)

Ein rechter Wein-Spaziergang kann eine Wanderung von Niederheimbach zur Burg Sooneck werden. Beim Anstieg ist der herrliche Blick hinab ins Rheintal ein zusätzlicher Genuß. Auf halber Höhe taucht dann hinter der Wegbiegung das Weingut Schloßberghof auf. Ob man seiner Gutsschänke gleich einen Besuch abstattet, oder ob man ihn sich für den Rückweg vormerkt, vorbeigehen darf der Weinfreund keineswegs. Hier nämlich wird ihm die größte Ausschankwein-Palette des ganzen Mittelrheines präsentiert.

Zwölf Weine zählt die Karte, alle aus der Lage Soonecker Schloßberg, die man bei weiteren Anstieg zur Burg unten links liegen sieht. Zwölf aus einer Lage – aber welche Viefalt! Riesling, Scheurebe, Morio-Muskat, Kerner, Huxel, Weißburgunder, die Neuzucht

Schönberger, Spätburgunder-Weißherbst . . . erstaunlich, welche Nuancen und welche Qualität ein Weinberg hervorzubringen vermag, der im wesentlichen nach Nordosten ausgerichtet ist! Hier helfen der Soonwald als Schutz vor kalten Winden und der Rhein als Wärmespiegel.

Weingut Schloßberghof, Ewald Frickhofen
Niederheimbach (6531), Telefon 06743/6085

Preise: Qualitätswein ab 3,40; Kabinett ab 3,80; Spätlese ab 4,50; Auslese ab 6,–; Ausschankweine 1,20 bis 2,70; kleine kalte Gerichte ab 2,80

Schloßberghof-Winzer Ewald Frickhofen denkt sich stets neue Formen aus, um seine Weine zu präsentieren. So gibt es jetzt auch Weinproben auf dem Holzbrett – jeweils neun Weine zu 9,50 bzw. 11,– DM je nach Zusammensetzung. Die rührige Werbung für den Wein hat die Mittelrhein-Gebietswerbung mit ihrem Güteschild belohnt – was sicher wiederum viele neue Gäste zu Ewald Frickhofen ziehen wird. Dafür hat er sich durch Einrichtung einer neuen zünftigen Weinstube vorbereitet.

Doch weiter flußabwärts, über Bacharach hinaus! Wie dort, lohnen auch in Oberwesel Abstecher in Seitentäler und auf die Höhen. Wie weit reicht der Blick vom Gasthaus Rheingoldschänke hoch oben an der Straße nach Damscheid! Dabei stärkt man sich am Wein des Hauses und an Selbstgeschlachtetem.

Gasthaus Rheingoldschänke, Herm. Jos. Schneider
Oberwesel (6532), Damscheider Straße, Telefon 06744/508

Preise: Qualitätswein ab 4,80; Kabinett 5,–; Ausschankwein 1,40 bis 1,80; Übernachtung mit Frühstück ab 13,–

So einsam wie dort oben ist es auch in Weiler-Boppard, das in einem Seitental des Engehöller-Tales liegt. Wer in völliger Ruhe und Abgeschiedenheit Oberweseler und Engehöller Weine kennenlernen will, sollte die Gutsschänke Vogt besuchen. Ein kräftiges Bauernfrühstück und Vespergerichte aus Hausschlachtung sorgen für eine gute Weingrundlage, Wanderungen durch Wälder und Weinberge für den Durst.

Der letzte große Weinort auf der linken Rheinseite ist Boppard. Hier beginnt der Rhein seine große Ostschleife, dadurch einen riesigen, nur von wenigen Einschnitten unterbrochenen Südhang ausbildend: den Bopparder Hamm. Durch die Flurbereinigung ist rationeller Weinbau in großem Stil möglich.

Auch das neue Weinbaugesetz hat aufgeräumt – unter den Lage-

Gutsschänke Sebastian Vogt
Oberwesel-Weilerboppard (6532), Telefon 06744/458

Preise: Qualitätsweine ab 3,80; Kabinett ab 4,70; Spätlese ab 5,50; Auslese ab 8,50; Ausschankweine 1,30 bis 3,–; Flaschenweine ab 5,50; kl. Gerichte ab 3,50; Übernachtung mit Frühstück ab 11,–; im Winter nur Sa.und So. geöffnet.

---

bezeichnungen. Von den zahllosen Unter-Lagen des Bopparder Hamm blieben gerade sieben übrig.

Der interessierte Weinfreund leidet darunter, daß Boppard sich zu einem Fremdenverkehrsort par excellence entwickelt hat. Zwar trifft man auf viele Gaststätten mit eigenem Weinbau, doch bieten die meisten nur einen Ausschankwein an, etwa mit der Begründung: »Was wollen Sie – unseren Gästen genügt das.«

Wem das nicht genügt, mag sich zur Wein-Oase des Ortes begeben: dem Hotel Baudobriga Weinhaus Ries. Er nehme Platz – im Sommer auf der Rheinterrasse – und lasse sich das Verzeichnis der offenen Weine bringen. Hier kann er aufatmen: Sieben Weine bis zur Auslese und quer durch die Jahrgänge vermitteln alle Feinheiten des Bopparder Hamm und seiner Unter-Lagen. Vergleiche gestatten Zehntelliterglas-Proben: 3 Kabinettweine zu 5, sechs Weine bis zur Beerenauslese zu 10 Mark.

Wem das noch nicht genügt – bitte sehr: Die Versand-Preisliste umfaßt 20 Nummern, und hinter jeder steht ein Wein aus dem Bopparder Hamm, viele mit hohen Auszeichnungen. Der große Weinbergsbesitz – das Weinhaus Ries ist der größte Eigentümer am Ort – ermöglicht eben auch feinste Differenzierung.

Das Hotel Baudobriga ist benannt nach dem römischen Kastell, aus dem Boppard entstand. Grundsolide alles, auch die Küche – nichts Außergewöhnliches, aber mit manchem kleinen Pfiff.

Hotel Baudobriga Weinhaus Ries
Boppard (5407), Rheinallee 43, Telefon 06742/2330

Preise: Qualitätsweine ab 4,–; Kabinett ab 5,–; Spätlese ab 6,–; Auslese ab 10,–; Beerenauslese ab 15,–; Ausschankweine 1,50 bis 8,–; Hauptgerichte ab 7,50; Übernachtung mit Frühstück ab 20,– (Ende Dez. bis Jan. geschlossen)

Zum Weinbaugebiet Mittelrhein gehört auch eine kleine Exklave, die gemeinhin vergessen wird. Hand aufs Herz: Wer hat schon vom Lahnwein gehört, ihn gar getrunken? Zwar wächst an den Hängen um Nassau, Obernhof und Weinähr nur noch wenig Wein, schlecht aber ist er nicht. Wer seinen Goethe kennt, weiß, daß er in die begeisterte Beschreibung seiner Lahnreise im Jahre 1772 auch den Wein eingeschlossen hat.

Wo es nur noch wenig Wein gibt, wird man auch keine große Auswahl antreffen. So muß man sich beispielsweise im Hotel Winzerhaus Treis in Weinähr mit einem einzigen Ausschankwein zufriedengeben. Auch auf der Preisliste des Hauses ist der Weinährer nur einmal vertreten.

Wir werden dem Lahnwein übrigens noch einmal begegnen, im Rheingau, und zwar in Lorch.

Die Untere Mosel

Untere Mosel – besser als ihr Ruf

Nicht Vater Rhein, sondern die Mosel ist der deutsche Weinfluß schlechthin. Rebhänge begleiten sie vom Grenzübertritt bis zur Einmündung in den Rhein bei Koblenz. An der Obermosel wird noch Elbling angebaut, die frühere Volkstraube des Mosellandes. Er liefert leichte Weine vor allem zur Sektherstellung. Zwar wächst hier auch Riesling, aber an die großen Gewächse vom Mittellauf reicht er nicht.

Das ändert sich, sobald der Fluß zur Trierer Senke kommt. Hier empfängt er seine beiden Töchter, Saar und Ruwer, an deren Gestaden Reben wachsen, die das Duftigste hervorbringen, was es an Rieslingwein gibt.

Nach einem kurzen Anlauf beginnt die Kette der großen Namen, deren Berühmtheitsgrad schließlich in jenem gigantischen Weinhang gipfelt, der sich von Bernkastel über Graach und Wehlen bis Zeltingen hinzieht. Auch im weiteren Verlauf treten Weltbekanntheiten auf, wenn auch immer seltener.

Das bedeutet keineswegs, daß auch die Qualitäten absinken. Man hat den Weinen der Unteren Mosel – weingeographisch das Gebiet moselabwärts von Zell – Unrecht getan, sie gar als gerade noch gut zur Sektherstellung bezeichnet.

Die Tatsachen sprechen eine andere Sprache. Fest steht, daß Rieslingweine aus Zell, Bremm, Valwig, Pommern, Hatzenport und anderen Dörfern an der Unteren Mosel bei Weinprämiierungen nicht schlechter abschneiden als ihre berühmten Vettern von Mittelmosel, Saar und Ruwer.

Was hat wohl den Ruf der Unteren Mosel angeschlagen? Sicherlich mit der Umstand, daß sich hier einige Großkellereien etabliert haben, die massenweise Goldene Moseltröpfchen und Silberne Moselgeister für die Regale der Kaufhäuser produzieren. Und gewiß spielt auch eine Rolle, daß große Mengen harmlos-lieblichen Tafelweins hergestellt werden müssen – um die Touristenscharen zu laben, die mit schöner Regelmäßigkeit wiederkehren und nach solchen Weinen verlangen.

Wer über Fremdenströme lächelt, sollte bedenken, daß sie für die

Leute an der Mosel eine wichtige wirtschaftliche Stütze abgeben. Gerade die Untere Mosel ist – mehr noch als die Mittelmosel – eine Domäne der kleinen Winzer. Große Weingüter kann man an den Fingern einer Hand abzählen. Hier herrscht der Familienbetrieb vor, und für viele stellt der Weinbau noch den Haupterwerb dar. Jede zusätzliche Einkommensquelle ist da hoch willkommen.

Und man muß auch gar nicht mit dem Fremdenstrom schwimmen. Die Aktion »Ferien beim Winzer« hat wohl in keinem deutschen Weingebiet so viel Erfolg erbracht wie an der Unteren Mosel. Selbst in den kleinsten verträumtesten Winzerdörfern haben Weinbauern schmucke Fremdenzimmer eingerichtet. Auskunft erteilt jede Gemeindeverwaltung; außerdem gibt der Fremdenverkehrsverband Rheinland-Pfalz e.V., Koblenz, Postfach 1420, alljährlich ein neues Gesamtverzeichnis heraus.

Kostproben

Was im vorigen Abschnitt über die Qualität des Weins von der Unteren Mosel gesagt wurde, bedarf natürlich der praktischen Überprüfung. Dazu begibt man sich am besten nach Cochem. Das reizvolle alte Städtchen mit engen Gassen, romantischer Burg und steilen Rebhängen gilt als heimliche Hauptstadt des Untermosel-Gebietes. Hier wird wirklich viel getan, den Moselwein und besonders die Weine der Unteren Mosel populär zu machen. So werden an zahlreichen Wochenenden Weinkollegs abgehalten, bei denen man in lokkerer Weise praktisch und theoretisch alles über den Moselwein erfahren kann. Für Wanderer werden große Moselwein-Wanderungen organisiert, bis nach Bernkastel hinauf, wobei das Gepäck von Ort zu Ort transportiert wird. Auch bei diesen Wanderungen sind Vorträge, Kellerbesichtigungen und Weinproben eingeplant (zu erfragen beim Verkehrsverein Cochem).

Aber wir wollen ja praktische Vergleiche anstellen. Auf der anderen Moselseite, in Cochem–Cond, erwartet uns die Familie Türk, Besitzer der Weinstuben Hieronimi, direkt am Moselufer gelegen. Bei freundlichem Wetter sitzt es sich besonders angenehm auf der Moselterrasse.

Welche Überraschung, sobald man die Weinkarte aufschlägt! Nicht weniger als 34 offene Weine führt das Haus – in dieser Hinsicht einsame Spitze an der Unteren Mosel. Rund ein Drittel stammt auch von dort: Beilstein, Senheim, Ellenz sind vertreten – und natürlich Cond mit den Lagen Arzlay und Rosenberg.

Hier treibt seit alters die Familie Hieronimi-Türk Weinbau. Bald schon wurden auch zugekaufte Weine ausgebaut. Mit dem Vertrieb von Originalabfüllungen wurde schließlich das Angebot – hauptsächlich für Hotels und Gaststätten – abgerundet. Dann ging die

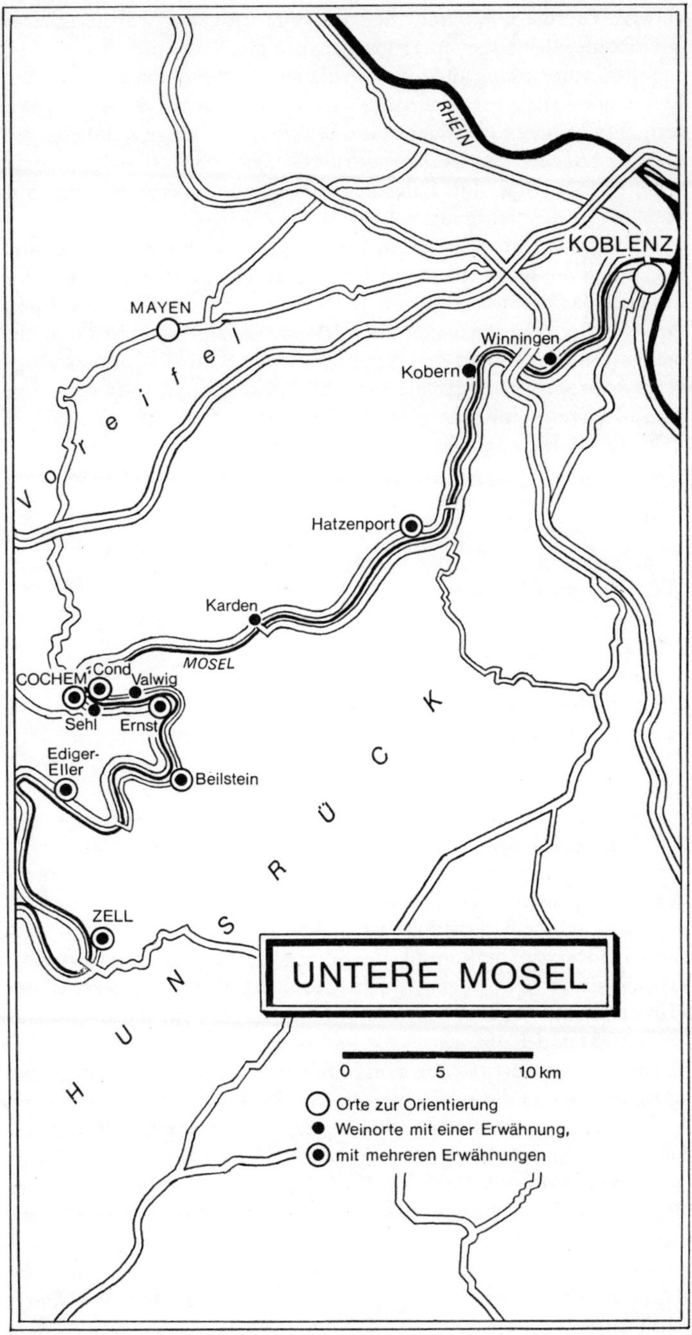

RHEIN
KOBLENZ
MAYEN
Voreifel
Winningen
Kobern
Hatzenport
Karden
MOSEL
COCHEM
Cond
Valwig
Sehl
Ernst
Ediger-
Eller
Beilstein
ZELL
HUNSRÜCK
UNTERE MOSEL
0
5
10 km
Orte zur Orientierung
Weinorte mit einer Erwähnung,
mit mehreren Erwähnungen

rührige Familie noch einen Schritt weiter mit der Eröffnung einer Weinstube, der 1965 ein Hotel garni folgte.

Schon von Anfang an konnte man hier 18 offene Weine probieren. Der große Erfolg veranlaßte die Türks, das Angebot noch zu erweitern. Die höheren Preislagen sind Originalabfüllungen, die von den Gastgebern entkorkt werden, um als Glas oder Karaffenwein ausgeschenkt zu werden. Die Palette reicht hoch bis zu Auslesen und zurück bis in den Jahrgang 1967!

Fleißiges Weinprobieren fördert den Appetit. So wurde nach und nach auch die Karte mit den kalten Speisen erweitert. Deftiges dominiert, das besonders gut zu Wein paßt, darunter Greyerzer und Appenzeller Käse, den sich die Türks direkt aus der Schweiz kommen lassen. Seit einiger Zeit gibt es bei Türks auch Warmes – kräftige Hausmannskost, zu der sie bewußt Salzkartoffeln statt der sonst überall unvermeidlichen pommes frites reichen.

Wer gründlich probiert und verglichen hat, dem wird ein Bett im Hause willkommen sein. Kein Wunder, daß auch die Hotelzimmer fast dauernd belegt sind.

Josef Hieronimi Wwe., Weingut und Weinkellerei
Weinstuben Hieronimi, Hotel garni, Besitzer M. Türk
Cochem-Cond (5590)
Uferstraße 14–15, Telefon 02671/7271

Preise: Qualitätswein ab 4,30; Kabinett ab 4,50; Spätlese ab 6,90; Auslese ab 8,80; Beerenauslese 47,–; Ausschankweine 1,70 bis 4,50, Karaffen (0,25 Liter, gehobene Weine) 3,– bis 6,50; kl. Gerichte ab 3,–; Käseplatte 8,70; Hauptgerichte ab 7,50; Übernachtung mit Frühstück ab 23,50 (Mai bis Okt. geöffnet).

Wem es bei seinen Weinstudien an der Unteren Mosel weniger auf die anheimelnde Atmosphäre einer Weinstube als auf sachlich-nüchterne Information ankommt, der fahre von Cochem moselaufwärts. Gleich hinter dem Weinort Ernst erblickt er ein unübersehbares Hinweisschild der Gebietswinzergenossenschaft für die Kreise Cochem-Zell und Koblenz.

Täglich von 9 bis 18 Uhr, von Mai bis Oktober auch samstags und sonntags, stehen die Kelleranlagen dem Besucher offen. Führungen informieren über Anbau, Keltern, Ausbau und Pflege des Weines. Dazu wird eine dreiteilige Weinprobe gereicht (Qulitätswein, Kabinett, Spätlese), einschließlich Probierglas für etwa 3,– DM. Der Wein ist sorgfältig ausgewählt: Jede Probe ist typisch für ihre Qualitätsstufe.

Die Winzergenossenschaften an der Mosel haben noch nicht die Bedeutung wie etwa in der Pfalz – von Franken, Baden oder Württemberg ganz zu schweigen. Zäh hängt der Moselwinzer am Althergebrachten. Obwohl sich einige Winzer durch die Notzeiten des vorigen Jahrhunderts schon recht früh zu Vereinen und Gemeinschaften zusammenschlossen, konnte die Genossenschaftsidee bis zum heutigen Tag an der Mosel nur recht langsam Fuß fassen. Dabei brächte der Zusammenschluß gerade für den arg zersplitterten Moselweinbau sicher erhebliche Fortschritte.

Allerdings brachte die schleppende Entwicklung auch Positives mit sich: Die Stufe der örtlichen Genossenschaften wurde an der Mosel schnell übersprungen. Heute haben sich die meisten bereits den großen Gebietswinzergenossenschaften angeschlossen, deren es im Mosel-Saar-Ruwer-Gebiet drei gibt: den Saar-Winzerverein in Wiltingen, die Mittelmoselgenossenschaft in Wehlen und eben die Cochem-Ernster Genossenschaft für die Untere Mosel.

GW-Cochem, Gebietswinzergenossenschaft der Kreise Cochem-Zell und Koblenz
Ernst (5591), Telefon 02671/7561

Preise: Qualitätswein ab 3,30; Kabinett ab 3,70; Spätlese ab 5,–; Auslese ab 7,50; Eiswein 45,–; Beerenauslese 48,–

Visitenkarten der Mosel – Winningen und Kobern

Der geballte Fremdenstrom, der sich von Norden ins Moseltal ergießt, wird gleich zu Beginn nicht unwesentlich dezimiert. Jene Orte, die so anziehend wirken, daß viele Touristen gar nicht weiterwollen, sind die alten Weindörfer Winningen und Kobern. Fürwahr, schmuckere Eingangspforten könnten an der Mosel gar nicht aufgestellt werden.

Wer sich im Strom treiben läßt oder gar sich in den Trubel des Winninger Weinfestes – stolz als ältestes Deutschlands bezeichnet –, stürzt, wird allerdings kaum den ganzen Zauber dieses vom Wein geprägten Ortes erfahren. Weinkneipen mit bunten Lämpchen am Fenster und Lärm im Inneren sind eben nur das halbe Winningen.

Man sollte sich einen stillen Tag für Winningen aussuchen. Fachwerkhaus reiht sich an Fachwerkhaus. Weinlaub rankt sich dazwischen und über die Gassen, Girlanden bildend. Die Winninger pflegen ihr Dorf: Selbst zur Lese, wenn an Karrenrädern feuchte Weinbergserde haftet, wirken die Gassen schmuck und sauber. Nicht umsonst verbuchte der Weinort große Erfolge beim Wettbewerb »Unser Dorf soll schöner werden«.

Winningen bemüht sich zwar um den großen Touristenstrom, aber auch um den Weinfreund, der sich in Ruhe etwas näher mit dem

Wein befassen will. Wein-Didaktik wird großgeschrieben. So hat man in vielen mühevollen Arbeitsstunden einen Lehrpfad durch die Weinberge angelegt – Spaziergang zum Weinwissen. Auch ein Heimatmuseum gibt es, und wie es sich für einen Weinort gehört, wurde es ganz auf den Weinbau und seine Geschichte ausgerichtet.

Die Einstellung der Winninger Weinlokale auf Massentourismus macht es nicht leicht, ein Haus zu finden, das auch dem Individualisten zusagt. Das Weinhaus Hoffnung, im Ortszentrum gelegen, wird ihn wohl nicht enttäuschen. Es erweckt zunächst den Eindruck eines behäbigen Dorfgasthauses. Ein Blick auf die Speisekarte läßt jedoch höhere Ambitionen erkennen. Daß wir im Weinland sind, bezeugt ein Filetsteak «Fröhlicher Weinberg« mit Weintrauben, daß wir uns an der Mosel befinden, ein Moselaal in Dillsauce, auf die Nähe des Hunsrücks deuten Wildschweinschinken mit Hunsrücker Bauernbrot und viele andere Wildgerichte. Familie Lang vermeidet es, das Essen auf »Große Küche« zu trimmen, sie setzt vielmehr auf Bodenständigkeit.

Dazu werden eigene Weine angeboten: Sechs Pokalweine bis zur Spätlese stehen zur Wahl. Die Flaschenweinkarte umfaßt nahezu 50 Nummern, darunter 23 Winninger, auch eine Beerenauslese. Alle diese Weine stehen für 20 Prozent weniger auch zum Verkauf.

Trotz des Standards von Küche und Keller vermeidet Familie Lange im Weinhaus Hoffnung jeden Hauch von Exklusivität. Hier sitzen auch die Winzer an ihrem Stammtisch, und der Küfer macht an der Theke seine Schöppchenpause – Winningen kann man auch im Weinhaus kennenlernen.

Weinhaus Hoffnung, E. Lange und Sohn
Winningen (5406), Fährstraße 37, Telefon 02606/257

Preise: Qualitätswein ab 6,50; Kabinett ab 8,50; Spätlese ab 10,–; Auslese ab 14,50; Beerenauslese ab 49,–; Ausschankweine 1,50 bis 4,50; Hauptgerichte ab 7,50 (Mo.Ruhetag, Ende Dez.geschlossen).

Auch der nächste Weinort moselaufwärts, Kobern, zieht den Touristenstrom magisch an. Gipfel des Trubels werden hier in einem »Palast« erklommen, welcher »Tanz auf sechs Etagen« verheißt.

Wem es vor solchem »Labyrinth des Frohsinns« – wie es sich stolz nennt – graust, der fliehe nicht gleich den Ort. Auch dem Weinfreund vermag Kobern Außerordentliches zu bieten. Das verdankt das Moseldorf Familie Hähn, Besitzer der Weinstube Hähn und des angeschlossenen Hotels. Und natürlich gehört eigener Wein dazu: die Freiherr von Schleinitz'sche Weingutsverwaltung, Teil des einstmals berühtem Ravené'schen Weingutes.

Der Hausherr entpuppt sich geradezu als Weinproben-Missionar: Nicht nur, daß er sein gesamtes jeweiliges Sortiment im Offenausschank offeriert – 20 Weine und mehr!, darüberhinaus bietet er zehn verschiedene Proben zu je 3 bis 5 Weinen in 1/10-l-Gläschen an (2,– bis 4,50 DM). Qualitätsstufen können miteinander verglichen werden, auch trockene Weine, jede Probe begleitet von ausführlicher schriftlicher Information. Da werden dem Gast die Koberner Lagen vorgestellt, da werden ihm Preisunterschiede erklärt – Wein-Didaktik, wie sie sein soll.

Freiherr von Schleinitz'sche Weingutsverwaltung
Weinstube Hähn, Inh. KH. Hähn
Kobern-Gondorf 1 (5401), Kirchstraße 15,
Telefon 02607/268

Preise: Qualitätswein ab 2,90; Kabinett ab 3,90; Spätlese ab 5,30; Auslese ab 7,90; Beerenauslese 1/2 Fl. ab 10,–; Ausschankweine von 1,70 bis 10,–; Flaschenweine ab 5,20; kl. Gerichte ab 2,50; Übernachtung mit Frühstück ab 19,–; Weinstube ab 15 Uhr geöffnet, Donnerstag Ruhetag, in den großen Ferien drei Wochen geschlossen

---

Die Ibalde von Hatzenport

Es ist nicht sehr weit von Winningen bis Hatzenport; und doch liegen Welten dazwischen. Hier lauter Trubel weinfroher Bus-Gesellschaften, dort das stille Weindorf. Hier ein Ort, der seine Schönheit stolz präsentiert, dort einer, in dem man sie erst entdecken muß. Gewiß, die alte Dorfkirche mitten in den Weinbergen, halb romanisch, halb gotisch, ist nicht zu übersehen; aber die romantischen Winkel des Dorfes Hatzenport wollen gefunden sein.

Auch die Wein-Originale von Hatzenport bieten sich nicht gleich auf dem Präsentierteller dar. Erst in einem Winkel der Oberstraße stoßen wir auf das Haus des Winzers Ludwig Ibald, das er Winzerwirtschaft zur Althistorischen Weintenne nennt.

Das kling etwas hochtrabend, verbergen sich doch dahinter nur die Kelterhalle und ein ehemaliger Pferdestall. Wer mit der Hoffnung kommt, sie seien zu einem jener so beliebten feudalen »historischen Gasthäuser« ausgebaut worden, wird enttäuscht sein. Der Pferdestall wurde in einen einfachen Weinprobierraum umgewandelt mit Wandmalereien, Fässern als Tischen und einfachen Bänken. Die Kelterhalle wird im Herbst noch benutzt. Auch hier stehen ein paar Fässer herum, an denen man stehend den Wein verkosten kann. Im Sommer kommen hier und im Vorhof noch ein paar Bänke hinzu – fertig ist die Winzerwirtschaft. Ludwig Ibald hat alle Wände mit altem Winzer- und Küfergerät behängt, und er wird es dem Besucher gern erklären.

Das lastet ihn aber bei weitem nicht aus. Zwar wird er schon vom Zipperlein geplagt und muß einen immer größeren Teil der Winzer- und Kellerarbeit zu seinem Leidwesen – er tät's noch so gerne – dem Sohn überlassen. Aber wenn Gäste kommen, fühlt er sich so recht im vertrauten Element. Sie mit Wissenswertem über Wein zu unterhalten ist sein Hauptvergnügen. Es ist auch das der Gäste, denn Ludwig Ibald ist ein Weinconférencier. Allein an die hundert Weinsprüche hat er auf Lager – nicht alle sind zitierfähig. Aber er ist kein billiger Spaßmacher. Nur bevorzugt er das Knackige, Herbe – im Witz wie im Wein.

Winzerwirtschaft zur Althistorischen Weintenne
Ludwig Ibald & Sohn
Hatzenport (5401), Oberstraße 13, Telefon 02605/423

Preise: Qualitätswein ab 3,50; Kabinett ab 5,–;
Spätlese ab 7,–; Auslese 12,–;
Proben im 1/10-l-Glas ab –,80

Noch einen Ibald gibt es in Hatzenport – nicht minder originell als sein Namensvetter. Er heißt Anton H. Ibald. Seine Weinstuben finden wir an der Uferstraße. Tatsächlich, es handelt sich nicht um eine, sondern um mehrere Wein-»Stuben«. Im Hof stehen nämlich drei riesige Weinfässer, die ursprünglich je 10000 Liter Wein faßten.

Jetzt fassen sie je vier Personen auf zwei Bänkchen und einen kleinen Tisch in der Mitte. Bei Anton H. Ibald gibt es also Wein nicht vom Faß, sondern im Faß!

Diese originellen Trinkbehausungen wurden übrigens von Ibald Vater und Sohn in liebevoller Arbeit selbst gefertigt. Beide haben zu ihrem Winzerberuf auch das Küferhandwerk erlernt – und sie verstehen es, für ihre Erzeugnisse amüsant zu werben.

Natürlich gibt es noch eine Weinstube im Haus, und bei großem Andrang werden unter einem Dach Tische und Sessel aufgestellt – alles aus Fässern gemacht, versteht sich. Reich ist der Wein-Tisch gedeckt: Alle Flaschenweine gibt es auch im Ausschank.

Weingut und Weinstuben Anton H. Ibald
Hatzenport (5401), Moselstraße 29, Telefon 02605/2043

Preise: Qualitätswein ab 3,50; Kabinett ab 4,80;
Spätlese ab 6,–; Auslese ab 8,50;
Beerenauslese ab 30,–; Eiswein-Auslese 35,–;
Ausschankweine 1,40 bis 3,50

Weingastronomie als Familienhobby Weinhaus Petry in Karden

Mit dem Eilzug moselaufwärts: Winningen – Kobern – Gondorf – Löf – Hatzenport – Müden – Weindorf um Weindorf. Plötzlich stutzt man! Da war doch etwas – inmitten des Ortes ein richtiges romanisches Haus, bunt bemalt, farbenprächtig restauriert . . .

Es ist einen Aufenthalt wert, der ganze Ort ist es: Karden. Keimzelle des Christentums in den Rheinlanden, Stützpunkt des heiligen Castor, als er in der Völkerwanderungszeit bis weit ins Lahntal hinein missionierte. Karden wurde Sitz eines Chorbischofs, der gleichzeitig Probst des Stifts in Karden war. Die Stiftskirche St. Castor aus romanischer und frühgotischer Zeit beherbergt einen der schönsten deutschen Altäre gotischer Tonplastik. Und im romanischen Haus wohnte – residierte, sollte man sagen – der Stiftspropst.

Noch manches gäbe es in Karden zu erkunden. Wir aber sehen die Weinberge und wollen den Wein probieren. Hoffentlich verspüren wir einen gesunden Appetit, denn das Weinhaus Petry, nicht weit vom Bahnhof, wartet nicht nur auf den Weinfreund, sondern auch auf den, der gutes Essen liebt.

Die Besitzer, Elfriede Vogel und deren Tochter und Schwiegersohn, das Ehepaar Bell, stammen aus alten Winzerfamilien. Das zum Haus gehörende Weingut hat Frau Vogel allerdings an ihren Schwager verpachtet. So kann sich die Familie intensiver ihrem Hobby widmen – dem Hotel und Restaurant.

Welch schönes Hobby, Gäste zu verwöhnen! Daß die Familie daran Spaß hat, merkt man an allem: der gediegenen Einrichtung des Hauses mit manch altem Stück, der herzlichen Atmosphäre, den freundlichen Ratschlägen bei der Zusammenstellung der Speisenfolge und dazu passender Weine – und vor allem der Liebe, mit der das Essen zubereitet wird.

Viele Gäste kommen nur wegen der guten Küche von weither. Das Restaurant ist das ganze Jahr durch geöffnet. Es lohnt sich schon, die Speisekarte recht gründlich zu studieren, bevor man sich beraten läßt.

Dreh- und Angelpunkt der Karte sind natürlich die Moselfische: geräucherter Moselaal, Moselhecht geschmort, Eifelforelle mit Mandeln. Fisch überhaupt in jeder Form. Wen es nach Fleisch oder Wild gelüstet, für den hält Herr Bell ein Filetsteak parat, »nach Art des Hauses«, mit Früchten und Edelgemüsen garniert, oder ein Hirschsteak à la Petry. Fondues zählen ebenso zu den Spezialitäten wie Spargelgerichte in der Saison. Und in der ruhigen Zeit, von November bis April, verwöhnen die Petrys den Gast mit am Tisch zubereiteten und flambierten Genüssen.

Dazu die Weine: Kardener Dechantsberg, Müdener Großlay, Müdener Castorhöhle und vor allem die Kardener Juffermauer – vom einfachen Qualitätswein bis zur Auslese, die meisten aus dem

Petryschen Weingut. Unter vier offenen Weinen, recht charakteristischen, kann der Gast wählen.

Eine Gastronomie auf solch hohem Niveau braucht eine gesunde wirtschaftliche Basis. So geschätzt auch das Haus bei Feinschmekkern ist, von ihnen allein kann man in dieser Gegend nicht leben. Es muß auch etwas getan werden, um an den Touristenstrom heranzukommen, und dafür sorgt der Zwitscherkeller, ein alter Weinkeller, zur Kellerbar umgewandelt. Hier läßt es sich feuchtfröhlich feiern, ohne daß der Gourmet oben bei seinem Schmaus gestört wird. Seit dem Frühjahr 1978 kann sich Familie Vogel-Bell ein größeres Stück vom Touristen-Kuchen herausschneiden: Ein neuer Gesellschaftsraum bietet 200 Tanzlustigen Platz. Ausgleichende Gerechtigkeit für diejenigen Gäste, welche nach gutem Essen und Trinken Ruhe

---

Hotel Weinhaus Petry
Inhaber Elfriede Vogel, Hans-Günther und Marlies Bell
Treis-Karden 2 (5402), Telefon 02672/1212

Preise: Ausschankweine 1,80 bis 2,20; Flaschenweine ab 6,80; Hauptgerichte ab 6,80; Übernachtung mit (reichhaltigem) Frühstück ab 21,–

Weingut Jacob Petry
Treis-Karden (5402), Telefon 02672/1273

Preise: Qualitätswein ab 3,90; Kabinett ab 4,30; Spätlese ab 6,–; Auslese ab 8,–; Beerenauslese 36,–

---

suchen: Zum Weinhaus kam das »Schlößchen«, ein benachbartes, aber abseits liegendes barockes Gebäude, wohl ein ehemaliges Kloster. Wertvolles wurde erhalten – das »Rittersälchen« im Erdgeschoß zum schönen Aufenthaltsraum. Im zweiten Stock entstanden Zimmer mit allem Komfort; Sauna und Liegewiese – letztere wohl das ehemalige Klostergärtchen – spenden Erholung.

Winzer in und um Cochem

Weinberge, alte Burgen, verwinkelte Gassen – von Cochem, Mittelpunkt des Weinbaugebiets Untermosel, war schon an früherer Stelle die Rede, von seinem Weinkolleg und von der Moselwein-Wanderung. Wenden wir uns jetzt seinen Winzern zu.

An der Endertstraße, die zur Metternich-Ruine Winneburg führt, liegt unterhalb des Pinnerkreuzberges das Weingut Winzerhof. Hermann Rademacher und seine Frau unterhalten einen einfachen Gutsausschank. So schlicht das Lokal, so großzügig wird ausgeschenkt. Sämtliche Weine der Versandliste kann man im Schoppen probieren. Nicht weniger als sechs Weine der Lage Pinnerkreuzberg verleiten dazu, Jahrgänge und Qualitätsstufen miteinander zu vergleichen. Dazu noch eine Rarität: die neue Rebsorte Multaner, eine Kreuzung zwischen Riesling und Silvaner.

Weingut Winzerhof, Hermann Rademacher
Cochem (5590), Endertstraße 26–28; Telefon 02671/464

Preise: Qualitätswein ab 4,–; Kabinett ab 5,60; Spätlese ab 7,50; Auslese ab 9,–; Ausschankweine 1,40 bis 5,–

Ein Mosel-Schöppchen beim Mosel-Spaziergang ist eine angenehme Unterbrechung. Ein kleines Weinstübchen an der Moselpromenade lädt dazu ein. Hier schenkt das Weingut Göbel-Schleyer-Erben aus dem 14 km moselaufwärts gelegenen Ernst seine Weine aus. Rund 40 000 Stöcke in Cochem, Valwig, Ernst und Pommern nennt es sein eigen, und fast die gesamte Kollektion wird bereitwillig im Cochemer Probierlädchen aufgetischt.

Gastfreundschaft herrscht auch draußen im Ernster Weingut. Familie Göbel bietet hier eine Kellerbesichtigung nach Moselländer Art, dazu eine Weinprobe mit Lichtbildervortrag (3 Proben + Glas etwa DM 3,–). Und wer sich ganz gründlich informieren und dabei noch erholen will, sollte sich in der Göbelschen Pension Sonnenschein einmieten. Für Abwechslung und »Trimm-Dich« sorgen Sauna, Solarium und Kneipraum. Kneipen am Morgen, kneipen am Abend, vielleicht vor dem offenen Kamin, wäre das nicht ein besonderer Urlaub?

Weingut Göbel-Schleyer-Erben
Pension Haus Sonnenschein
Ernst (5591), Klosterstraße 35, Telefon 02671/7444

Preise: Qualitätsweine ab 3,30; Kabinett ab 4,80; Spätlese ab 5,80; Auslese ab 7,80; Beerenauslese (1/2 Flasche 14,50; Eiswein 1/2 Flasche 20,–

Gutsausschank Cochem, Moselpromenade
Ausschankweine 1,20 bis 5,–

Auch Ernst gegenüber, auf der anderen Moselseite, in Valwig, können wir einen Weinkeller besichtigen. Er gehört zum Weingut Moog-Jobelius, das stolz ist auf seine zahlreichen bei Weinprämierungen errungenen Medaillen (3 Proben + Glas DM 3,–).

Der Besitzer, Herr Moog, hat seinem Weingut ein Hotel-Restaurant, die Gutsschänke, angegliedert. Von den Spezialitäten des behaglich eingerichteten Restaurants wollen wir nur eine herausgreifen: Moselländisches Filet aus der Weinbeize mit Rahmsauce – eine Köstlichkeit. Sieben Ausschankweine bis zur Auslese bieten einen guten Querschnitt durch das Angebot des Weingutes. 12 der über 40 Flaschenweine stammen aus eigenem Anbau.

Weingut Moog-Jobelius, Hotel-Restaurant Gutsschänke
Valwig (5591)
Moselstraße, Telefon 02671/7475 und 7732

Preise: Qualitätswein ab 3,50; Kabinett ab 4,20; Spätlese ab 5,50; Auslese ab 8,70; Ausschankweine 1,80 bis 4,50; Hauptgerichte ab 6,50; Übernachtung und Frühstück ab 18,–; Mitte Nov. bis Mitte Januar geschlossen, bis Ostern nur an Wochenenden geöffnet

---

Vor Cochem zieht die Mosel eine riesige Schleife. Diese Halbinsel, den Moselkrampen, unterfährt die Koblenz- Trierer Eisenbahn im vier Kilometer langen Kaiser-Wilhelm-Tunnel. An seinem südlichen Ende liegt das Doppel-Weindorf Ediger-Eller. Hier bemüht sich die Familie Oster mit aufrichtiger Gastlichkeit, dem Wein neue Freunde zu gewinnen.

Auf die Verbindung zwischen Weingut und Hotel-Weinhaus legen Vater und Sohn Oster gorßen Wert. Dabei kümmert sich der Vater, Winzermeister, vorwiegend um das Lokal, der Sohn, Techniker für Weinbau und Kellerwirtschaft, um das Weingut. Beide verbindet die Sorge um das Wohl ihrer Kunden.

Das fängt bei der sorgfältigen Abfassung der Weinpreisliste an, in der die Weine eingehend beschrieben werden. Das Angebot an Ausschankweinen ist breit gefächert: »Seitdem wir mehr Ausschankweine führen, hat sich unser Weinverkauf stark ausgeweitet«, sagen Vater und Sohn übereinstimmend.

Mit der gleichen Sorgfalt ist die Speisekarte gestaltet. Sie enthält zwar nichts Ausgefallenes – bürgerliche Küche im besten Sinne wird geboten–, aber zu einigen Gerichten gibt es spezielle Weinempfehlungen. Ein aufmerksamer Pfiff!

Moselweingut Petersbergerhof / Hotel Weinhaus Oster
Ediger-Eller 2 (5591), Moselweinstraße 61,
Telefon 02675/232

Preise: Qualitätswein ab 3,80, Kabinett ab 4,80; Spätlese ab 6,90; Auslese ab 8,90; Flaschenweine im Restaurant ab 6,–; Ausschankweine 1,70 bis 5,60; Hauptgerichte ab 6,50; Übernachtung mit Frühstück ab 19,–

Das »Reich« der Landenberger

Im Weinort Ediger-Eller residiert auch die Familie derer von Landenberg. Die Ritter und Edlen von Landenberg, ein uraltes und weitverzweigtes Schweizer Geschlecht, bewohnten zeitweise über dreißig Burgen und Schlösser. Selbst in Schillers Wilhelm Tell ist von einem (unhistorischen) Landenberger die Rede. Doch wie kamen sie nach Ediger-Eller?

Im Grunde genommen ist die Geschichte ganz einfach. Um 1620 wurde ein in österreichischen Diensten stehender Landenberger zum kaiserlichen Gesandten beim Kurfürst-Erzbischof von Trier ernannt. Es gefiel ihm hier so gut, daß er beschloß, sich im Mosellande niederzulassen. Zu seinem Entschluß trugen gewiß auch die hübschen Moselmädchen bei. Jedenfalls ehelichte er eine junge Dame aus dem Geschlecht der Zandte von Merl. Die Heirat zog Erbschaften nach sich, die Kinder heirateten in andere Mosel-Adelsgeschlechter ein, Schenkungen des allergnädigsten Landesherren kamen hinzu – nicht lange, und die inzwischen zu Freiherrn beförderten Landenberger zählten zu den hochbegüterten Familien.

Seit jeher gehörten zum Besitz auch Weinberge. Burgen und Schlösser wurden in den Revolutionskriegen zerstört, die Weinberge blieben. Und nach dem letzten Kriege errichteten sich die Landenberger um diesen Weinbergbesitz ein neues kleines Reich, ein Reich der Gastlichkeit.

Zunächst wurde 1959 in Cochem ein altes Torhaus erworben. Liebevoll und unter weitgehender Wahrung alter Bausubstanz ließ die Familie Landenberg das Haus zu einem Hotel-Restaurant ausbauen, der Alten Thorschenke.

Jeder Winkel, jeder Raum wurde mit vorhandenen oder eigens hinzuerworbenen Kunstwerken geschmückt: französische Truhen, geschnitzte und bemalte Schränke, Kommoden etc. Wer Glück hat, kann in einem 300 Jahre alten Himmelbett schlafen. Selbstverständlich haben die Zimmer jeglichen Komfort.

Auch die Küche der Alten Thorschenke weiß mit Kostbarkeiten aufzuwarten: Wild aus eigener Jagd, Forellen aus eigener Zucht, Weinbergschnecken moselle à la maison und viele andere Spezialitäten stehen auf einer Speisekarte, die so originell gestaltet ist, daß alljährlich einige hundert von begeisterten Gästen als Andenken mitgenommen werden (gegen eine kleine Gebühr).

Ganz anders zeigt sich der zweite gastronomische Stützpunkt, den die Landenberger errichtet haben, das Parkhotel Landenberg in Cochem-Sehl. Dort das alte historische Torhaus, hier eine elegante Parkvilla aus den dreißiger Jahren; dort das Haus inmitten der alten Stadt und des Fremdenstromes, hier gelassene Muße angesichts des Parkes und der vorbeifließenden Mosel.

Ein ruhig-vornehmes Familienhotel, so könnte man das Parkhotel Landenberg charakterisieren. Diesem Genre entspricht auch das Restaurant: keine ausgefallene Speisekarte, gediegene Küche mit stark internationalem Einschlag. Mir fielen unter anderem die Toastgerichte auf, etwa Moselkrüstchentoast (Schweinesteak in Wein mariniert mit Champignons und Sauce hollandaise überbacken) oder Gutsherrentoast (Filetsteak, Speck, verlorenes Ei mit Ketchup und Pfeffer überzogen). Weitere Funde: Schweinekotelette Westmoreland, gefülltes Putenschnitzel nach Clamart, Hammelsteak Minnesota (mit Reis und Käse überbacken, dazu gebackene Banane).

Auf den Weinkarten der Alten Thorschänke wie des Parkhotels Landenberg dominieren natürlich die Weine aus der Landenbergschen Kellerei. An die 30 Nummern umfaßt die Flaschenweinkarte, dazu auch in halben Flaschen. Man schenkt jeweils nur einen offenen Wein aus, doch wird er sorgfältig ausgesucht.

Wer daraus allerdings schließen wollte, daß die Landenberger mit ihren Proben knauserig umgingen, wird bei einem Besuch der Freiherr von Landenbergschen Weinguts-Kellerei in Eller schnell eines Besseren belehrt. Hier, im ehemaligen kurfürstlich-trierischen Hof, schlägt das Herz des »Reiches«. Hier strömen im Herbst die Trauben zusammen, hier werden die Moste zu erlesenen Tropfen ausgebaut, von hier gehen sie an Kunden in ganz Deutschland und weit darüber hinaus. Im zünftig mit Fässer-Tischen eingerichteten Keller werden die Gäste mit den Weinen bekanntgemacht. Ganze Reisegesellschaften kommen hier vorbei, und bereitwillig bekommen sie die ausgedehnten Weinkeller gezeigt. Die ganze Familie hilft mit.

Freiherr von Landenberg'sche Weinguts-Kellerei
Ediger-Eller 2 (5591), Telefon 02675/277

Preise: Qualitätswein ab 3,70; Kabinett ab 4,50; Spätlese ab 6,90; Auslese ab 9,80; Beerenauslese ab 33,–; Eiswein 45,–

Hotel und Weinrestaurant Alte Thorschenke
Cochem (5590), Brückenstraße 3, Telefon 02671/7059

Preise: Ausschankweine 4,–; Flaschenwein ab 9,50; Hauptgerichte ab 12,–
Übernachtung mit Frühstück ab 27,– (16. 1. bis 1. 3. geschlossen)

Parkhotel Landenberg
Cochem-Sehl (5590), Sehler Anlagen, Telefon 02671/7110

Preise: Weine wie Alte Thorschenke; Hauptgerichte ab 12,50; Übernachtung mit Frühstück ab 22,– (10. 1. bis 1. 3. geschlossen.)

Unterhalb Burg Metternich

Etwa zur gleichen Zeit als die Landenberger im Mosellande heimisch wurden, erbte ein Freiherr von Metternich, Sproß aus altem Eifelgeschlecht, zusammen mit der Winneburg bei Cochem auch die Burg Beilstein, die fortan Burg Metternich hieß. Letzter Inhaber dieser Herrschaft war der spätere Fürst Metternich-Winneburg, als österreichischer Kanzler Napoleons grandioser Gegenspieler.

Dieses Beilstein, an der Ostspitze des Moselkrampens gelegen, ist mitsamt seiner Ruine einer der romantischsten Orte ganz Deutschlands. Alte, eng an die Burg geschmiegte Fachwerkhäuser, ineinandergeschachtelt und windschief, verträumte Winkel, die gotisierende Barockkirche des ehemaligen Karmeliterklosters, und über allem die zerfallene Burg – eine Atmosphäre, die alljährlich Tausende von Touristen anlockt. Wer Trubel nicht mag, sollte daher die Hauptsaison meiden. Dem Zauber des stillen Beilstein kann man sich noch weniger entziehen als dem des lauten.

Vom Fluidum der historischen Umgebung inspiriert ist auch das Hotel Haus Lipmann. Die Lipmanns, eine alteingesessene Winzerfamilie, trugen im Lauf der Jahrhunderte herrliche alte Möbel, Zinn, Waffen, Gerätschaften in ihrem Haus, einem ehemaligen Burgmannengebäude, zusammen. Besonders sehenswert der Festsaal.

Der eigene Weinbau mit Lagen in Beilstein und Ellenz schräg gegenüber kann gerade noch neben Hotel und Restaurant bewältigt werden; Versand lohnt nicht. Zum probieren gibt es zwei eigene offene Weine – von denen man auch ein paar Flaschen mitnehmen kann – und eine dazugekaufte Spätlese. 30 Moselweine, darunter vier eigene, stehen auf der Flaschenweinkarte, fünf in halben Flaschen.

Die Speisekarte des Hauses ist wie viele andere dieser Gegend auf Mosel und Hunsrück, Fisch und Wild, abgestimmt. Einige Besonderheiten: Fasanenpastete mit Sauce Cumberland, Weinbergschnecken ragout, Lammbraten mit Mintsauce und köstliche Grilladen.

Hier läßt sich eine Moselfahrt besinnlich enden. Dies wußte auch Konrad Adenauer, der einen der historisch gewordenen Besuche seines italienischen Kollegen De Gasperi, bei denen die EWG vorbereitet wurde, im Hause Lipmann abschloß. Wie tief der italienische Politiker beeindruckt war, bezeugt ein gerahmter Brief.

Hotel Haus Lipmann
Beilstein (5591), Telefon 02673/373

Preise: Ausschankweine 2,– bis 4,–; Flaschenweine ab 6,–; Hauptgerichte ab 7,50; Übernachtung mit Frühstück ab 17,50
(geschlossen von Ende November bis Ostern; Do. Ruhetag)

Zur Burg Metternich gehörte früher auch ein großer Keller unten im Dorf. Im Jahre 1969 wurde er als Weinprobierkeller eingerichtet, und zwar vom Weingut Otto Görgen aus dem nahen Briedern.

Hier im Keller bietet sich nun die einzigartige Gelegenheit, Weine aus dem ganzen östlichen Teil des Moselkrampens zu probieren. Otto Görgen besitzt Lagen in Briedern, Beilstein, Mesenich und Ellenz-Poltersdorf, darunter einen Teil des Briederner Rüberberger Domherrenbergs – mit dem Bremmer-Ellerer Calmont wohl die steilste Lage an der ganzen Mosel.

Otto Görgen bietet nahezu seine gesamte Weinpalette im Beilsteiner Keller an. Vor allem der Ausschank in 0,1-l-Probiergläsern hat sich bewährt. Seit er diese »Weinprobe ohne Kaufzwang« eingeführt hat, konnte er erhebliche Umsatzausweitungen erzielen.

Weingut Otto Görgen
Briedern (5591), Römerstraße 30, Telefon 02673/509
(Weinprobierkeller Beilstein, Beilstein (5591), Bachstraße)

Preise: Qualitätswein ab 3,40; Kabinett ab 4,20
Spätlese ab 5,–; Auslese ab 9,–; Beerenauslese 30,–;
Eiswein 26,– (Probierkeller geöffnet Ostern bis Juli an Wochenenden und Feiertagen, Juli bis Ende Okt. tägl. nachmittags bis 19 Uhr)

Zeller Weinstuben

Neben ihrer heimlichen Hauptstadt Cochem besitzt die Untere Mosel so etwas wie eine offizielle Weinhauptstadt: Zell. Weingeographisch nämlich sind Untere Mosel und der Bereich Zell nahezu identisch. Wie Cochem ist auch Zell ein uraltes Winzerstädtchen, langgestreckt, eingezwängt zwischen Fluß und Weinbergen. Noch älter die eingemeindeten Nachbarorte Kaimt und Merl, letzteres im Mittelalter Sitz der Zandte von Merl, der Vögte im umliegenden Gebiet, und eines berühmten Minoritenklosters, dessen frühgotische Kirche erhalten blieb.

Mit Zell verbindet sich die wohl berühmteste Weinbezeichnung der gesamten Unteren Mosel, die weltweit bekannte Schwarze Katz. Wie mit ihrem Pendant von der Mittelmosel, dem Kröver Nacktarsch, ist mit ihr schon viel Schindluder getrieben worden. Das neue Weingesetz hat etwas Ordnung in die Verhältnisse gebracht, doch können unter diesem Namen noch immer recht verschiedenartige Weine segeln.

Zeller Schwarze Katz ist nach dem neuen Gesetz eine Großlage, welche alle Einzellagen von Merl, Kaimt und Zell umfaßt. Demzufolge kann praktisch jedes Weingemisch, das überwiegend aus jener Gegend stammt, unter diesem zugkräftigen Namen verkauft werden, sofern es die Bedingungen einfachen Qualitätsweines erfüllt.

Zweifelhafte Gewächse diskriminieren leider Weine aus wirklich guten Zeller Lagen. Nicht jeder Winzer hat so viele Stöcke in den verschiedenen Einzellagen, daß er seine Weine getrennt ausbauen kann, um sie unter dem Namen der jeweiligen Einzellage zu verkaufen. Vereinigt er jedoch seine Moste, so darf er nur die Großlagenbezeichnung, also Schwarze Katz, führen. In dieses Dilemma gerät der kleine Winzer erst recht, will er Auslesen gewinnen: Die für wirklich lohnenden Weinausbau benötigte Menge muß er sich aus allen seinen Weinlagen zusammenlesen – außer in Jahrhundertjahrgängen.

So wird der Weinfreund gut daran tun, die Schwarze Katz nicht im Sack zu kaufen, sondern erst einmal unverbindlich zu probieren. Möglichkeiten bietet Zell mehrere. Da wäre zum Beispiel das Weinhaus Meyer, ein gemütliches Lokal mit Moselblick. Hier kann man sich vor und zur Probe auch angenehm stärken, gelegentlich sogar mit Untermalung durch Hammond-Orgelmusik, zelebriert vom Chef persönlich. Der Speisekarte kommt zugute, daß Herr Meyer außer dem Wein und dem Orgelspiel einem weiteren Hobby frönt: der Jagd. Daher sollte man an frischem »Hausgeschossenen« nicht vorbeigehen.

Stolz des Hauses ist die Weinkarte. Etwa 70 Nummern – alles eigene Gewächse – stehen auf der Versandliste. Mit entsprechendem Aufschlag dient sie auch als Weinkarte. Viele offene Weine laden zum Probieren ein, darunter auch alte Jahrgänge, Spät- und Auslesen. Entsprechend sind auf Weinkarte und Versandliste ältere Semester gut vertreten, eine seltene Gelegenheit für alle, die keinen geeigneten Lagerkeller haben.

Weinhaus Heinrich Meyer jr.
Weingut, Weinkellerei
Zell (5583), Balduinstraße, Telefon 06542/4530

Preise: Qualitätswein ab 3,90; Kabinett ab 5,20; Spätlese ab 5,30; Auslese ab 8,50; Eiswein ab 18,–; Beerenauslese ab 32,–; Ausschankweine 1,50 bis 3,–; Hauptgerichte ab 9,–;
Übernachtung mit Frühstück 22,– (Dezember bis März geschlossen)

Auch für jene, die zum Wein eine mehr rustikale Umgebung bevorzugen, ist in Zell gesorgt. Ländliche Gemütlichkeit herrscht in der Weinstube des Weingutes Weis, dem lokalen Treffpunkt. Offensichtlich wollen die Zeller zu keiner Tageszeit ihr Gläschen Wein missen, denn Familie Weis hält ihren Ausschank den ganzen Tag offen.

Mich hat es eines Vormittags zur Zeit der Weinlese dorthin verschlagen, weil auf der aushängenden Karte fast zehn Schoppenweine verzeichnet waren. Ich habe den Besuch nicht bereut. Es herrschte stetes Kommen und Gehen; jedesmal wenn ein Winzer seinen Traubenkarren im Keller geleert hatte, machte er auf dem Rückweg Station, um sich mit »einem Schöppche und einem Schnäps'che« aufzuwärmen und ein kleines Schwätzchen zu halten. Hier habe ich mehr über Zell, seine Winzer und deren Probleme erfahren als aus allen Büchern.

Karlheinz Weis
Weingut, Branntweinbrennerei, Weinstube
Zell (5583), Brandenburg 55, Telefon 06542/4262

Preise: Qualitätswein ab 3,–; Kabinett ab 4,–; Spätlese ab 4,80; Auslese ab 7,50; Ausschankweine (0,1 Liter) 0,60 bis 2,50; Branntweine: Trester, Hefe, Obst

---

Im alten Schloß zu Zell

Aus der Chronik des Hauses: »Das dem Pfalzgrafen bei Rhein unterstehende Gebiet um Zell kam 1144 zum Kurfürstentum Trier. Befestigungen und Burgen wurden errichtet, und der Landesherr Theoderich von Wied gab 1222 dem Ort Zell das Recht, sich mit einer Mauer zu umgeben. 110 Jahre später unter dem Kurfürsten Balduin von Luxemburg, Bruder des Kaisers Heinrich VII., entsteht vor dem Nordtor ein burgartiges Eck- und Bollwerk. Im 16. Jahrhundert, unter den Kurfürsten Richard von Greiffenclau und Joh. von Hagen, wird es umgebaut und ein neuer Flügel an der Straße fertiggestellt. So entsteht der Sitz des trierischen Amtmannes, des Vogtes im Hamm, nachdem die Burg Arras (bei Alf) zerstört war.«

Spätere Generationen haben manches hinzugefügt, vieles verändert. So zeigt sich das Bauwerk heute als Konglomerat; aber was für eines! Wer je vor dem Schlößchen mit seinen wuchtigen Türmen, dem Kleeblattbogenfries, den Blendbögen und dem Maßwerk stand, wird dem Chronisten beipflichten, der das Zeller Schloß als »einen der schönsten Profanbauten im Moseltal« bezeichnet.

Das war nicht immer so. Nach der Säkularisation wanderte das Bauwerk durch viele Hände. Als die Familie Bohn es 1948 im Erbgang übernahm, mit der Absicht, daraus ein Hotel und Restaurant zu machen, stellte das Gemäuer praktisch nur eine leere Hülle dar.

Wie Bohns seitdem diese Hülle wieder gefüllt haben, verdient Bewunderung. In hingebungsvoller Sammlerleidenschaft trugen sie Stück um Stück zusammen: Gobelins, Takenplatten, Winzer- und

Küfergeräte, Zinn, Messing, Kronleuchter, Gemälde, Möbel, Treibarbeiten, Stiche. Die Fülle der Kunstschätze schafft eine einmalige Atmosphäre kultivierter Gastlichkeit.

Auch ein wenig Weinbau hat sich in der Familie vererbt, nicht so viel, daß man einen eigenen Versand aufziehen könnte, doch ausreichend, um auf der Flaschenweinkarte vertreten zu sein.

Dafür hat der Küchenmeister die Speisekarte ganz auf den Wein ausgerichtet. Phantasievoll werden die örtlichen Anreize – Fische, Wild – hineinkomponiert. Nicht in eine internationale Küche nach Art großer Hotels, sondern in eine lokale Weinküche mit Charme und Pfiff.

Ein kleiner Streifzug möge dies belegen: bei den Vorspeisen verlockende hausgemachte Pasteten: Wildpastete in der Teigkruste, Aalpastete warm, getrüffelte Entenpastete. Kulinarische Meisterwerke die verschiedenen Quenelles: Hechtklößchen, Wildklößchen Jäger aus Kurpfalz mit Morellensauce. Dann Fisch: Forelle Moseltal in Rieslingsauce. Oder deftiges Fleisch: Moselländische Sauerkrautplatte mit hausgemachter Wurst, Moselländischer Sauerbraten mit Rosinensauce, Lammragout mit Kräuterbohnen oder gefüllter Schweinerücken Schloß Zell. Schließlich ein Dessertangebot, von dem sich manches renomierte Haus eine Scheibe abschneiden könnte: Weincreme nach altem Hausrezept, Creme Chartreuse, Waldmeistersoufflé und so fort . . .

Nur wer Gastlichkeit als Hobby pflegt, kann seine Gäste so gekonnt verwöhnen. Bei Jakob Bohn spürt man das bei allem. Leider sieht es nicht so aus, als sei jemand aus der Familie interessiert, dieses Hobby weiterzupflegen. So ist zu hoffen, daß Herr Bohn seinen Gästen noch recht lange erhalten bleibt.

Hotel Schloß Zell, Eigentümer Jakob Bohn
Zell (5583), Telefon 06542/4084

Preise: Ausschankweine (Karaffen) ab 4,–; Flaschenweine ab 10,– (viele halbe Flaschen ab 6,–); Hauptgerichte ab 12,–; Übernachtung mit Frühstück ab 38,– (Di. Ruhetag; Mitte Dez. bis Mitte Jan. geschlossen)

Die Mittlere Mosel

Mosel-Adel auf dem Prüfstand

Wer das große Weinbaugebiet um Mosel, Saar und Ruwer weiter unterteilen will, tut sich schwer und macht es nur wenigen recht. »Untere Mosel«, so meinen manche, diskriminiere schon vom inferioren Namen her. Kein Wunder, daß diese Leute bedacht sind, die »Mittlere Mosel« so weit unten wie möglich beginnen zu lassen.

Nirgendwo hält sich einmal erworbenes Renommee so lange wie unter Weinliebhabern. Und natürlich bemüht sich die »Hocharistokratie« zwischen Bernkastel und Erden sehr, den Ruf ihres Gebietes als Schatzkästlein der Mosel zu bewahren. Sicher geschieht damit vielen Gemeinden moselaufwärts, moselabwärts Unrecht – etwa den Trittenheimern, den Piesportern oder den Enkirchern. Doch Weinabsatz ist auch Geschäft, und ein guter Ruf zahlt sich in harter Mark aus. Nachdem wir festgestellt haben, daß auch an der Unteren Mosel gute Tropfen heranwachsen, wollen wir großzügig sein und die Mittlere Mosel von Enkirch bis zu den letzten Weinorten vor Trier ausdehnen.

Je näher dem Zentrum um Bernkastel, desto größer die Eifersucht, mit der man gewinnbringendes Prestige zu wahren sucht. Das kulminiert in der Rangelei um die wohl berühmteste deutsche Weinlage überhaupt, um den Bernkasteler Doctor. Im Zuge des 1971 in Kraft getretenen neuen Weingesetzes wurde diese Renommierlage etwas erweitert und entmonopolisiert – sofort zogen sich Verwaltungsverfahren und Gerichtsprozesse durch viele Instanzen. Der Sinn solchen Tuns wird beim Blick auf die Preislisten sofort klar: Für eine Docter-Spätlese muß man im Durchschnitt 10 Mark mehr hinblättern als für entsprechende Spätlesen aus Nachbarlagen.

Dabei gilt es unter Kennern als ausgemacht, daß der Doctor so viel besser gar nicht ist. Vor allem die flußnahen Lagen zwischen Bernkastel und Zeltingen werden als gleichwertig angesehen.

So geht hier der Gesprächsstoff um den Wein nicht aus, ganz abgesehen davon, daß dieser Wein selbst unendliche Diskussionen auszulösen vermag. Doch wird alles Theoretisieren langweilig, wenn es nicht von der praktischen Prüfung des Objektes begleitet wird. Fragt man im Zentrum der Mittelmosel, in Bernkastel, wo

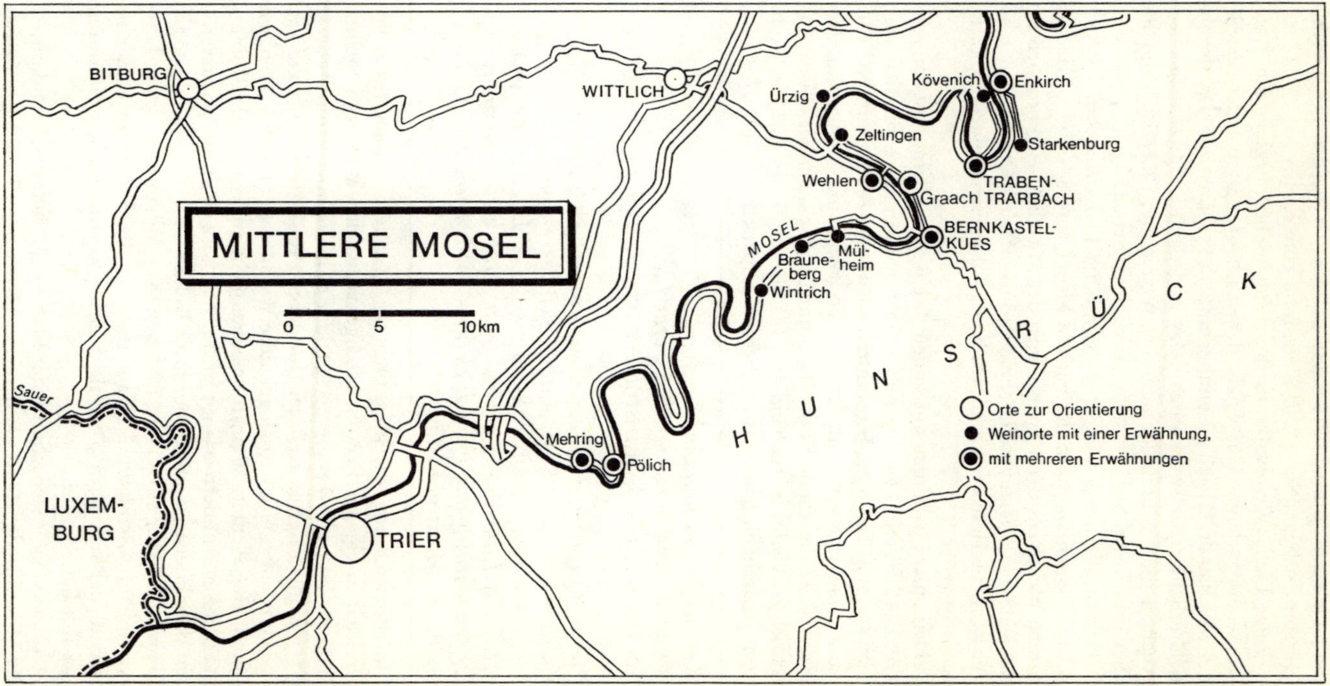
MITTLERE MOSEL
0
5
10 km
BITBURG
WITTLICH
Ürzig
Zeltingen
Kövenich
Enkirch
Starkenburg
Wehlen
Graach
TRABEN-TRARBACH
BERNKASTEL-KUES
MOSEL
Braune-berg
Mül-heim
Wintrich
Mehring
Pölich
TRIER
LUXEM-BURG
Sauer
HUNSRÜCK
Orte zur Orientierung
Weinorte mit einer Erwähnung,
mit mehreren Erwähnungen

denn sich der optimale Prüfstand befinde, so werden Eingeweihte verraten: »Gehen Sie in die Weinstube zum Liell!«

Peter Liells Weinstube am Spitzenhäuschen liegt in der Karlstraße, einer kleinen Gasse nahe dem Rathaus, mitten in der verwinkelten Altstadt. Gleich gegenüber eines der schönsten Beispiele mittelalterlicher Fachwerkkunst, das sogenannte Spitzenhäuschen. Auch in diesem befindet sich eine Weinstube; Peter Liell möchte aber sein Lokal mit ihr nicht verwechselt sehen.

Das ist allerdings kaum möglich, denn Liells Angebot an Ausschankweinen sucht an der ganzen Mosel seinesgleichen: Über 30 offene Weine aus den besten Lagen der Mittelmosel geben sich auf der Karte ein süffiges Stelldichein. Vom einfachen Qualitätswein bis zur Beerenauslese kann man sich hochprobieren und durchdiskutieren.

Denn hier bleibt man mit seinem Wein nicht allein. Fast den ganzen Tag herrscht Hochbetrieb – einen ganzen Tisch für sich wird man kaum bekommen. Bunt durcheinander sitzen da Kurgäste vom Sanatorium in Kues, Einheimische, Touristen und Familien aus dem Hunsrück, die ihren Einkaufsbummel mit einem Glas Wein beschließen, vielleicht auch ein paar Flaschen mitnehmen. Alle Weine vom Ausschank kann man sich auch einpacken lassen.

Weinstube am Spitzenhäuschen
Weinbau und Weinversand Peter Liell
Bernkastel (5550), Karlstraße 1 und 7, Telefon 06531/6690

Preise: Qualitätswein ab 3,–; Kabinett ab 4,20; Spätlese ab 6,40; Auslese ab 7,50; Beerenauslese ab 36,–; Eiswein ab 25,–; Ausschankweine 1/10 Liter von 0,50 bis 6,50, 1/4 Liter von 1,25 bis 16,50, nur kleine Gerichte; Übernachtung mit Frühstück 13,– (Mo. Ruhetag; 14 Tage im Febr./März geschlossen)

Eine Entwicklung, die sonst mehrere Geschlechter dauert, hat Peter Liell in eigener Person durchgemacht: den Weg vom kleinen Winzer (ein paar Weinberge beackert er heute noch) zum Besitzer einer wohlsortierten Kellerei, auf deren Preisliste jeweils rund 130 verschiedene, meist im Faß gekaufte Weine stehen. Die vor wenigen Jahren eingerichtete Weinstube bietet nicht nur eine ideale Probiermöglichkeit, sondern erlaubt auch den Absatz von Restflaschen . . . Ein paar Häuser weiter, über ihrer Kellerei, haben die Liells sogar Fremdenzimmer ausgebaut, in denen man völlig ungestört und ungebunden hausen kann – gerade recht für den bescheidenen Weinfreund, der sich Bernkastel als Ausgangsort für Moselweintouren gewählt hat.

Auch auf genossenschaftlicher Ebene ist Bernkastel Zentralpunkt der Mosel. In der Zentralkellerei der Mosel-Saar-Ruwer-Genossenschaften strömen Weine von Serrig bis Winningen zusammen. Hier wird Gelegenheit geboten, eine Großkellerei zu besichtigen und bei einer anschließenden Weinprobe zu erkennen, daß auch industrialisierte Kellerwirtschaft den Weinen ihren jeweiligen Charakter belassen kann (Führung + Weinprobe mit vier Weinen DM 3,–). Veranstaltet werden Führungen an zwei Wochentagen in der Zentralkellerei, an zwei anderen in der Mittelmosel-Kellerei im benachbarten Wehlen.

Zentralkellerei Mosel-Saar-Ruwer
Bernkastel-Kues (5550)
Gewerbegebiet Telefon 06531/6063
Mit den Kellereien:
Winzergenossenschaft Mittelmosel eGmbH
Bernkastel-Wehlen (5550), Telefon 06531/6065

Ehemalige Kurfürstliche Kellerei
Bernkastel-Kues (5550)
Gewerbegebiet, Telefon 06531/6064

Preise: Qualitätswein ab 2,80; Kabinett ab 3,40; Spätlese ab 5,50; Auslese ab 8,–; Beerenauslese ab 63,–; Auslese-Eiswein ab 45,–

Bernkastel – weinkulinarisch

Bernkastel ist wahrhaftig nicht nur für den Weinfreund – für diesen aber ganz besonders – eine Reise wert. Dieses Zentrum des Moselweines gehört zu den wenigen deutschen Städten, die sich ihren mittelalterlichen Kern fast unverändert erhalten konnten: winklige enge Gassen, malerische Plätze, von Fachwerkhäusern umsäumt, die mit ihren bunten Holzschnitzereien untereinander wetteifern. Wer diese Details richtig auskosten will, sollte sich allerdings für seinen Bernkastel-Besuch nicht gerade die Hauptsaison aussuchen, in der er von einem unaufhörlichen Touristenstrom vorwärtsgeschoben wird.

Der Gourmet mag unbesorgt sein – die Bernkasteler Gastronomie hat ihre Saison so weit ausgedehnt, daß er auch in stilleren Monaten auf seine Kosten kommt. Tatsächlich ist auch die Gastronomie Bernkastels ein näheres Studium wert. Mehrere Hotels, Restaurants, Cafés, Weinstuben und Bars haben sich zum Bernkasteler Gastronomischen Spiegel zusammengeschlossen. Unter diesem Namen veranstalten sie besondere Wochen, so im Frühling jeweils eine Internationale Lukullische Woche, im Sommer Moselspezialitäten-Wochen, im Herbst Bernkasteler Wildwochen.

Natürlich pflegt jedes dieser Häuser seine besondere Note. Wir haben jene ausgewählt, bei denen der Feinschmecker sich zugleich etwas näher mit den Weinen der Mittelmosel beschäftigen kann, weil er sie auch im Ausschank vorgesetzt bekommt.

Etwas ganz Besonderes hat man sich im Hotel-Restaurant Älteste Weinstube einfallen lassen. Der gelernte Küchenchef Heinz Krebs, der seit dem frühen Tod seines Vaters gemeinsam mit Frau und Mutter das Haus führt, hat für seine Gäste eine didaktische Weinkarte entwickelt. Ein Ordner mit Klarsichtfolien, für jeden Wein ein Blatt. Auf das Blatt wurde nun nicht etwa das Etikett geklebt – das hat man schon öfter gesehen –, sondern es enthält einen regelrechten Steckbrief des Weines: Flascheninhalt, Jahrgang, Weingut, Gemarkung, Lage, Qualität, Charakter, Rebsorte (und zwar auch Verschnitt-Zusätze, welche auf dem Etikett nicht angegeben werden müssen), Anbaugebiet, Amtliche Prüfungsnummer, Öchslegrad, Säuregehalt, Restzucker, Preis und Unterschrift des Winzers. Ein den Gästen als Souvenir überlassenes kleines Wein-A-B-C hilft, die Brücke zwischen den Werten und dem Geschmack zu schlagen.

Eine solche »Urkunde des edlen Weines« erhält nicht nur jeder Flaschenwein, sondern auch jeder der vier bis fünf offenen Weine. Vor allem aber bekommen sie diejenigen 6 Weine, die gerade zu einem Weinkarussell zusammengefaßt werden. Diese Moselweinprobe vom Rieslingkarussell kostet je nach Qualität der angebotenen Weine etwa bis DM 17,–. Eine köstliche Art des Lernens: vor sich das Weinkarussell, neben sich als Partitur den Ordner, der für den Gastronomen zudem den Vorteil besitzt, daß er, sobald ein Wein ausgeht, nur das jeweilige Formblatt auswechseln muß.

Eingehendes Studium ist auch die Speisekarte wert. Einige Spezialitäten haben sich über Jahre bewährt, etwa Wilddiebsforelle (mit Kräutern, Weißwein, Gewürzen und Butter in der Folie gegart), das Schweinerückensteak in Honig mit schwarzem Pfeffer oder Apfelkrapfen im Weinschaumsauce. Diese Schöpfungen werden nun nicht einfach aufgezählt, sondern mit »Kulinarischen Erzählungen« angereichert.

Neuerdings folgt Heinz Krebs dem Vorbild mancher (leider noch zu weniger) Spitzenköche und hat sich der »frischen Küche« verschrieben. Ein bis zwei Mal jede Woche fährt er über die Grenze nach Lothringen, um aus dem dortigen reichen Angebot die frischesten Produkte auszusuchen. Leicht und schonend werden sie gegart, um ihren köstlichen Eigengeschmack zu bewahren. Hier kann es kein »Standardgericht« geben; die Angebotspalette wechselt mit den saisonalen Einkaufsmöglichkeiten und daher entsprechend oft. Kulinarisches Kunstwerk ist alles.

Um Essen und Trinken haben Jahrhunderte ihren würdigen Rahmen gebreitet mit einem der schönsten Fachwerkhäuser Bernkastels. Schon lange bewirtet die Familie Dahm-Krebs hier Gäste und hat die Älteste Weinstube durch alte Familienstücke verschönt, wie etwa das ausgestellte älteste Porzellan von Villeroy & Boch von 1820.

Romantik-Hotel Älteste Weinstube
Bernkastel (5550)
Am Kreuz, Telefon 06531/2443 und 6862

Preise: Ausschankwein von 3,– bis 6,–;
Flaschenweine ab 9,50; Hauptgerichte ab 11,–;
Übernachtung mit Frühstück ab 25,– (im Winter Do. Ruhetag)

Wer einen behäbigen Barockbau mittelalterlicher Fachwerkromantik vorzieht, den lädt das 1827 gegründete Hotel zur Post ein, früher mit eigenem Weinbau, doch ist die Winzerei »so nebenbei« heute einfach nicht mehr zu schaffen. Die Weinkellerei hat Familie Rössling behalten, und die meisten der auf der Flaschenweinkarte stehenden Gewächse sind mit entsprechendem Abschlag auch außer Haus zu haben. 5 bis 6 Weine werden offen angeboten, darunter eine Auslese. Weit über hundert Flaschenweine bilden ein wahres Weinkompendium, und zahlreiche halbe Flaschen ermöglichen es, nicht nur einen Wein zu probieren.

Auch die Rösslings wissen mit ihrer Speisekarte den Gast zu kulinarischen Exkursionen zu verlocken: von der kräuterüberbackenen Ochsenessenz bis zu den Kronen des Hauses: Schweinefilet mit Thymian sowie Lammrücken Gascogne.

Hotel-Weinstuben Zur Post, Inhaber B. Rössling
Bernkastel (5550), Gestade 17, Telefon 06531/3001

Preise: Qualitätswein ab 3,80; Kabinett ab 4,50;
Spätlese ab 6,–; Auslese ab 7,50; Beerenauslese ab 35,–;
Trockenbeerenauslese 90,–; Eiswein 45,–; Ausschankweine 2,40 bis 4,70; Flaschenweine ab 6,50, 1/2 Flasche ab 4,–; Hauptgerichte ab 9,–
Übernachtung mit Frühstück ab 18,50 (Dez. bis Jan. geschlossen)

Seit 1974 bewirtschaften Rösslings auch die Doctor-Weinstube, ein wahres Schatzkästlein. Fachwerk aus dunklen Balken gliedert den zweistöckigen Speiseraum. Zahlreiche alte Kostbarkeiten schaffen einen kultivierten Rahmen für genußvolles Speisen und Trinken.

Das Gebäude hat eine wechselvolle Geschichte hinter sich. Im 17. Jahrhundert durch die Grafen von der Leyen als Zehnthaus erbaut, gelangte es nach den Revolutions- und den Napoleonkriegen in Privatbesitz und wurde als Weinstube eingerichtet. Mehrfach wechselten die Inhaber.

Pächter Rössling garantiert auch hier für erlesenen Gaumenkitzel. Den besseren technischen Möglichkeiten der Küche entsprechend, ist das Angebot ausgefallener, exotischer als in der Post. Einige Beispiele: Mongolische Pfeffersuppe im brodelnden Kessel, Käseauflauf in der frischen Artischocke, Steinbutt auf dem Holzbrett gegart, Zitronenpiccata auf Butterspaghetti, Lammkeule kaukasische Art in Kefirsauce, Hühnerbrust Maharani in Mangosauce, die exotische Süßspeise »Mango Kohu Pee«. Daneben entdeckt man auch Rustikales mit überraschender Note: Kalbfleischpastete in der Kruste, knusprig gebratene Blutwurst mit Zwiebel auf Apfelscheiben, gefüllter Schweinefuß im Wurzelsud, Schweinerauchrückensteak in Pumpernickelkruste . . .

Die Rössling'sche Weinkellerei liefert auch für die Schlemmereien in den Doctor-Weinstuben die flüssige Begleitmusik. Viele der Weine kann man an einer Weinboutique mit 30prozentigem Abschlag zum Mitnehmen erwerben.

Beim letzten Umbau wurde im rückwärtigen Bereich des Grundstücks auch ein Hotelbau hochgezogen, der sich mit Fachwerkverkleidung und mächtigem Treppenturm nahtlos in den alten Baukomplex eingliedert und dabei innen alles bietet, was der verwöhnte Gast verlangt.

Hotel Doctor-Weinstuben, B.Rössling
Bernkastel (5550), Hebegasse 5, Telefon 06531/6081

Preise: Qualitätswein ab 4,60; Kabinett ab 5,20; Spätlese ab 8,60; Auslese ab 12,60; Beerenauslese ab 50,–; Trockenbeerenauslese 180,–; Eiswein ab 80,–; Ausschankweine von 2,90 bis 4,60; Flaschenweine ab 6,90
Hauptgerichte ab 7,50
Übernachtung mit Frühstück ab 44,– (Dez. bis Jan. geschlossen)

Wen schließlich weder nach Barock noch Fachwerk verlangt, wer die ruhig-sachliche Atmosphäre eines gediegenen Restaurants vorzieht, dem sei als letztes Beispiel das Hotel-Restaurant Binz empfohlen. Auch Familie Binz sorgt für Weinfreunde, die zum Essen mehr als einen Wein probieren möchten: vier Ausschankweine bis zur Auslese eröffnen schon Variationsmöglichkeiten, und außerdem gibt es natürlich eine reichhaltige Flaschenweinkarte.

Gediegen auch das Speisenangebot, was Küchenchef Binz jun. nicht daran hindert, jedem Gericht einen kleinen Pfiff zu geben. Clou der Karte ist jeweils eine Hausspezialität, die besonders herausgestellt wird und dadurch günstig kalkuliert werden kann, etwa ein Raubritter-Steak: saftige Schweinelendchen mit raffinierten Gewürzen gebeizt, dazu Zwiebeln, Kräuterbutter, Meerrettich, Chilibohnen, Bauernbort und gemischter Salat.

Auch die Hotelzimmer strahlen Gediegenheit aus. Sie sind ein sicherer, ruhiger Hafen, von dem aus man Bernkastel, die Mosel und ihre Weine entdecken kann.

Hotel-Restaurant Binz
Bernkastel (5550), Brückenstraße 1, Telefon 06531/2225

Preise: Ausschankweine von 3,20 bis 3,50; Flaschenweine ab 8,60; Hauptgerichte ab 7,50; Übernachtung mit Frühstück ab 25,– (Dez.bis Jan. geschlossen)

Ankerplatz für Weinkenner

Wer für Enkirch, den nördlichsten großen Weinort der Mittelmosel, den Slogan »Ankerplatz für Weinkenner« fand, hat mitten ins Schwarze getroffen. Denn schon zur Römerzeit ankerten hier die Moselschiffer. Eine Furt zwang sie, ihr Ladegewicht zu verringern, und da guter Wein schon damals an den Enkircher Hängen wuchs, wird der Entschluß, einen Halt einzulegen, ihnen leicht geworden sein.

Ankerplatz blieb Enkirch auch im Mittelalter. Mit einer Kirche hat der Dorfname nämlich nichts zu tun: Ankarach heißt es in alten Chroniken.

Dieses Enkirch gehört zu den zauberhaftesten Orten an der ganzen Mosel. Man könnte hier den rheinischen Fachwerkbau geradezu studieren, so vielfältig sind die Formen. Dazwischen zahlreiche burgartige Steinbauten, befestigte Höfe der Klöster und des Adels. Sie dienten vornehmlich als Weinhöfe, zur Einbringung der Ernte, zum Ausbau der Weine aus den kostbaren Enkircher Lagen, die schon von alters her zu den besten der Mosel zählten.

Zahlreich wie in nur wenigen Weinorten bieten sich in Enkirch Möglichkeiten, diese Weine zu probieren. Wer den Ort durchwandert, wird immer wieder auf ein Plätzchen stoßen, wo dem Gast eine mehr oder weniger breite Auswahl von Gewächsen auch im Pokal vorgesetzt wird.

Mitten im Herzen des Ortes, in einem der schönsten Fachwerkhäuser, liegt die Ratsweinschenke. Sie gehört der Gemeinde selbst. Sechs Pokalweine, von den bedeutendsten Weingütern und der Winzergenossenschaft gestellt, lassen den Weinfreund schon eine gute Übersicht gewinnen. Die Flaschenweine – bald 200 verschiedene! – reichen bis ins große Moseljahr 1964 zurück.

Gleich um die Ecke stoßen wir auf die örtliche Winzergenossenschaft. Auch sie ist in einem schönen Fachwerkbau untergebracht.

Güte und Tradition der Enkircher Weine haben die Mitglieder wohl dazu bewogen, sich noch keiner größeren Gemeinschaft anzuschließen. Von der Weinqualität kann man sich in der Winzerstube bei einer Weinprobe leicht überzeugen.

Den Bummel durch Enkirch sollten wir nicht beschließen, ohne in das stille Seitental hineinzuwandern, das sich ostwärts unterhalb des Steffensberges entlangzieht. Hier draußen stoßen wir auf ein kunstgeschichtliches Juwel, malerisch vor den dunklen Waldhang hingebettet: die alte Wallfahrtskirche, im 15. Jahrhundert neu errichtet, Musterbeispiel reiner gotischer Bauformen.

Selbst hier draußen kann man die Rast mit einer Kostprobe Enkircher Weins verbinden. Sieben Weine im Ausschank führt jetzt Reinhold Sauer im Gasthof Im kühlen Grunde. Außerdem stellt er jeweils fünf Weine zu einer kleinen Weinprobe zusammen – die hauseigenen Probiergläser darf man zum Selbstkostenpreis mitnehmen.

Damit ist unser Wein-Weg noch nicht zu Ende. Ganz weit draußen im Tale stoßen wir auf die Neumühle, wo Familie Huesgen einige Weine der Versandpreisliste auch im Pokal anbietet.

Rats-Weinschenke der Gemeinde Enkrich
Enkirch (5585), Telefon 06541/1052

Preise: Flaschenweine ab 4,50; Ausschankweine ab 1,50 (Di. Ruhetag)

Enkircher Winzergenossenschaft eG
Enkirch (5585), Telefon 06541/9957

Preise: Qualitätswein ab 3,20; Kabinett ab 4,–; Spätlese ab 5,70; Auslese ab 7,50; Ausschankweine 1,40 bis 2,80

Gasthof Im kühlen Grunde, Besitzer Reinhold Sauer
Enkirch (5585), Am Steffensberg 80, Telefon 06541/6867

Preise: Qualitätswein ab 3,70; Kabinett ab 4,80;
Spätlese ab 6,50; Auslese ab 8,–;
Ausschankweine 1,50 bis 3,80; Flaschenweine ab 7,–;
Übernachtung mit Frühstück ab 19,50

Hotel Neumühle, Weingut Peter Huesgen
Enkirch (5585), Neumühle, Telefon 06541/1550

Preise: Qualitätswein ab 3,70; Kabinett ab 4,40;
Spätlese ab 5,80; Auslese ab 11,–, Ausschankwein 1,50 bis 3,50; Hauptgerichte ab 7,50
Übernachtung mit Frühstück ab 21,–

Batterieberg und Anker

In Ankarach würde etwas fehlen, wenn es dort kein Gasthaus namens Anker gäbe. Nun, es existiert tatsächlich, und es verdient sogar ein eigenes Kapitel.

Das Gasthaus, behäbig mitten im Ort an der Hauptstraße gelegen, zeigt nicht auf den ersten Blick, was in ihm steckt. Hinter der Fassade des soliden Dorfgasthofes verbergen sich eine hervorragende Küche und ein noch exquisiterer Keller.

Schon das Bukett an offenen Weinen läßt uns mit der Zunge schnalzen. Vier Standard-Pokalweine führen zunächst in die Gütestufen Qualitätswein, Kabinett, Spätlese ein. Dann geht es erst richtig los: Sieben weitere Ausschankweine, darunter Auslesen, darunter wieder alte Semester, vermitteln gleichsam die Hohe Schule des Weintrinkers.

Noch weiter zurück reicht die Auswahl an Flaschenweinen, eine stolze Garde von rund 40 Sorten in ganzen und etwa 25 Nummern in halben Flaschen. Auffällig hierbei die Dominanz zweier Provenienzen: der Weingüter F.A. Immich und vor allem C.A. Immich-Batterieberg.

Damit hat es seine besondere Bewandtnis. Der Anker ist nämlich altes Familieneigentum der Immichs, der dominierenden Winzerfamilie Enkirchs. Bis ins 14. Jahrhundert läßt sich ihr Stamm zurückverfolgen. Immer wieder neue Verzweigungen und Verästelungen hat er getrieben, denen man ausführlich anhand eines großen gemalten Stammbaumes nachgehen kann, der im Weingut C.A. Immich-Batterieberg hängt.

Dieses Weingut, einst Besitz der Grafen von Esch, domiziliert gleich gegenüber vom Anker in einem der für Enkirch charakteristischen burgartigen Weinhöfe. Älter noch als das wuchtige Schlößchen sind die Keller, unter deren Gewölbe eine römische Syenitsäule als Tragestein sitzt. Stolz zeigt Besitzer Georg Immich alles den Besuchern, und ebenso stolz kann er sein Haus »Reines Riesling-Weingut« nennen.

Dabei kommt er sicher auch auf den Namenszusatz zu sprechen, der sein Weingut von anderen Immich-Häusern unterscheidet. Wo heute (im Alleinbesitz des Weingutes) eine der besten Lagen Enkirchs, der Batterieberg, ist, befand sich noch Anfang vorigen Jahrhunderts ein gewaltiges Schiefermassiv. Georg Heinrich Immich, Vater des Gründers der Weinfirma Carl Aug. Immich und Ur-Ur-Urgroßvater des jetzigen Chefs, meinte, gerade hier müsse eigentlich ein besonders guter Wein wachsen, und ließ kurzerhand das Massiv mit Batterien von Sprengladungen niederlegen. Sein Spürsinn hatte ihn nicht getrogen!

Doch zurück zum Anker. Er wird heute völlig unabhängig von Annemarie und Dieter Kettermann geführt, wahren Meistern ihres Faches, die auch einer großen Enkircher Winzerfamilie entstammen. Was die Speisekarte verspricht, das hält Herr Kettermann!

Im Mittelpunkt der Standardkarte ein Strauß internationaler Gerichte unter dem Motto »Zu Gast bei fremden Völkern« – vom Serbischen Reisfleisch mit gebackenen Früchten bis zum Pariser Pfeffersteak. Zahlreiche Toast-Spezialitäten werden jenen empfohlen, die zu den köstlichen Kreszenzen etwas Kleines, aber Feines essen wollen. Besondere Sorgfalt widmet Dieter Kettermann auch den Fischgerichten und – was ganz besonders erwähnt zu werden verdient – den Desserts.

Die Tageskarte wird natürlich weitgehend von der Jahreszeit bestimmt, doch wird man öfters moselländischen Spießbraten oder Ente Orange entdecken. Während der Saison kann es durchaus vorkommen, daß eine zarte Hand das Wildbret erlegte, welches so trefflich mundet – Frau Immich ist leidenschaftlich dem edlen Waidwerk zugetan.

Weingut Carl Aug. Immich-Batterieberg
Enkirch (5585), Postfach 42, Telefon 06541/9376

Preise: Literflaschen-Qualitätswein ab 5,50;
Kabinett ab 6,15; 1/1-Flaschen Spätlese ab 6,90;
Auslese ab 10,–

Hotel-Pension Restaurant Anker
Dieter Kettermann, Enkirch (5585), Telefon 06541/1014

Preise: Ausschankweine 1,80 bis 8,80; Flaschenweine
ab 7,50; Hauptgerichte ab 7,–; Übernachtung mit
Frühstück ab 19,50 (Dez. geschlossen; Mo. Ruhetag)

Der Anker und die Immichs konnten schon seit jeher Berühmtheiten zu ihren Freunden zählen, so den Maler Hans Thoma und den Dichter Johannes Trojan, der dem Anker sogar ein paar poetische Zeilen widmete:

Zu Enkirch im Anker,
da gibt's einen Wein,
der könnte nicht blanker,
nicht duftiger sein.

Ein Labsal der Kehle,
ein Bad für die Seele.
Zu Enkirch im Anker,
gern kehr' ich da ein.

Der Enkircher Wein verfolgt den Gast bis in die freundlichen Gästezimmer des Hauses. Sie sind nämlich nach den einzelnen Weinlagen benannt: Ellergrub, Zeppwingert und wie sie alle heißen. Auch im Batterieberg läßt sich's wohlig schlafen . . .

Rund um Traben-Trarbach

Wie in Enkirch sich auch die Bewohner der benachbarten Doppelstadt Traben-Trarbach im Gegensatz zur übrigen Bevölkerung des Mosellandes überwiegend evangelisch. Wer sich in der Geschichte auskennt, wird sofort vermuten, daß hier einstmals ein unabhängiges Territorium bestanden haben muß, dessen Herren die Reformation einführten.

Genauso war es. Traben war über lange Zeit Hauptstadt des »Sponheimer Ländchens«, der Grafschaft Sponheim, einer Enklave im weitläufigen Herrschaftsbereich der Trierer Erzbischöfe und Kurfürsten. Sie kam später zu Pfalz-Zweibrücken, das 1563 einen Glaubenswechsel initiierte.

Mehrere Seitentäler münden hier in die Mosel, die selbst eine große Schleife um den Mont Royal dreht, jenen Berg, den Ludwig XIV. mit einer der mächtigsten Festungen der Welt krönte. Der Tälerstern, in dessen Mittelpunkt die Doppelstadt liegt, bietet naturgemäß viele gute Lagen, und es gehört zur Hohen Schule der Weinkennerschaft, die Feinheiten der einzelnen Weine herauszuspüren.

Auf dem Wege zu solcher Kennerschaft ist man amtlicherseits gern behilflich. Die Stadt veranstaltet Weinproben im Kasino (Auskunft über Kurverwaltung), und wer sich noch gründlicher informieren will, kann an den dreimal jährlich veranstalteten Weinkollegs teilnehmen, an Wochenendseminaren mit Weinbergsbegehungen, Vorträgen, Kellerbesichtigungen, einer festlichen Weinprobe und einem kräftigen Keller-Frühschoppen (Auskunft: Weinkolleg Traben-Trarbach, 5580 Traben-Trarbach, Verkehrsamt, Bahnstraße 22).

Wer sich lieber privatim Trabener und Trarbacher Weinen nähern will, dem bieten sich vor allem in Traben mehrere Möglichkeiten. So gehört das Weinhaus Kupferkanne dem Winzermeister Helmut Lahm, der im Restaurant Weine aus seinem Weingut ausschenkt. Zu den vier offenen Weinen schmeckt sicher einer der leckeren Toaste, die Frau Lahm zu bereiten versteht.

Fünf Weine werden auch im Restaurant des Central-Hotels kredenzt, das mit dem Weingut Ochs verbunden ist. Um den Chef an der Theke versammelt sich allabendlich eine muntere Stammtischgesellschaft, in die er schnell auch den fremden Gast integriert. Bei einem Glas Wein wird man hier schnell und prompt über das neueste aus dem Ort informiert. Eine Flaschenwein-Preisliste führt das Weingut nicht; der größte Teil der Ernte wird über das Lokal und an Passanten verkauft.

Und da wären da noch die Szarvasys. In der Nähe des Rathauses, versteckt in einem Straßenwinkel, ziehen uns Weinflaschen im Schaufenster zu einem kleinen Laden, der sich auf den zweiten Blick als Straußwirtschaft entpuppt. Sollte er zu sein, lasse man sich nicht abschrecken und klingle – es ist meistens jemand zu Hause. Dieser

Jemand ist nicht irgendwer; immerhin handelt es sich um Ludwig von Szarvasy, Baron zu Riomfalva (oder um seine Frau). Einer seiner Vorfahren war in den Dienst der Sponheimer getreten, und so hat es den ungarischen Baron nach Traben-Trarbach verschlagen.

Ungarische Gastfreundlichkeit verbindet sich in der kleinen Wirtschaft mit prächtigen Moselweinen, die man alle im Ausschank bekommen kann. Sie und die Herzlichkeit der Gastgeber verleiten zu baldiger Wiederkehr.

Weingut Helmut Lahm, Weinrestaurant Kupferkanne
Traben-Trarbach (5580)
Alte Marktstraße 8, Telefon 06541/9474

Preise: Qualitätswein ab 3,50; Kabinett ab 4,50; Spätlese ab 6,–; Auslese ab 8,–; Beerenauslese halbe Flasche 30,–; Ausschankweine von 1,60 bis 2,80; Hauptgerichte ab 7,50

Weingut Ochs, Central-Hotel
Traben-Trarbach (5580)
Bahnstraße 43, Telefon 06541/6238

Preise: Qualitätswein ab 3,50; Kabinett ab 4,50; Spätlese ab 6,–; Auslese ab 8,50; Ausschankweine von 1,60 bis 4,–; Hauptgerichte ab 7,–
Übernachtung mit Frühstück ab 21,– (Ende Dez. bis Anfang Jan. geschlossen)

Ludwig v. Szarvasy, Baron zu Riomfalva,
Weinbau-Weinversand,
Traben-Trarbach (5580), Neue Rathausstraße 2,

Preise: Qualitätswein ab 4,–; Kabinett ab 5,–; Spätlese ab 6,–; Auslese ab 7,–; Ausschankweine ab 1,50; kl. Gerichte ab 3,50

Die Vielfalt der Landschaft um Traben-Trarbach verlockt zu Spaziergängen und Wanderungen. Keinesfalls auslassen darf man dabei das Dörfchen Starkenburg, hoch oben auf dem Berg zwischen Enkirch und Trarbach. Hier saßen die Sponheimer, bevor sie sich die Grevenburg unmittelbar über Trarbach errichteten. Am berühmtesten von diesem Geschlecht war eine Dame, die Gräfin Lauretta, Frau des Grafen Johann II. von Sponheim-Starkenburg. So schön wie klug, wußte sie sich, früh verwitwet, in der Männergesellschaft des Mittelalters wohl zu behaupten. Sie legte sich sogar mit einem der mächtigsten Reichsfürsten ihrer Zeit an, dem Trierer Erzbischof und Kurfürsten Balduin von Luxemburg. Als dieser während eines

Waffenstillstands per Kahn moselabwärts fuhr, nahm sie ihn kurzerhand gefangen und setzte ihn auf der Starkenburg fest. Neun Monate saß er dort ein, und Lauretta gab ihn trotz päpstlicher Banndrohung erst frei, als er ein hohes Lösegeld bezahlt und Frieden geschlossen hatte.

Solche Geschichten sind so recht für die Fama geeignet, um so mehr, als Balduin nach seiner Befreiung keineswegs mit den Zahlungen aufhörte und weiter fürstliche Geschenke von Trier zur Starkenburg flossen . . .

Darüber läßt sich's herrlich nachsinnen hoch droben über dem Fluß, mit Blick auf den Mont Royal bis weit zu Hunsrück und Eifel. Und mit einem guten Glas Wein vor sich; denn wir befinden uns in einem der schönstgelegenen Weinlokale der ganzen Mosel. Adolf Weingärtner heißt der Wirt, und Weingärtner ist er auch. Schmuck hat er das Weinhaus Schöne Aussicht hergerichtet, und für seine Gäste sorgt er auf vielfältige Weise. Fünf eigene Weine präsentiert er im Ausschank. Dazu gibt es kräftige Winzerkost: Bauernteller und

---

Adolf Weingärtner,
Weinbau-Weinversand
Weinhaus Schöne Aussicht
Starkenburg über Traben-Trarbach (5581)
Telefon 06541/1698

Preise: Qualitätswein ab 3,90; Kabinett ab 5,20; Spätlese ab 6,50; Auslese ab 8,50; Ausschankweine von 1,40 bis 2,50; Hauptgerichte ab 6,–; Übernachtung mit Frühstück ab 14,50

Winzerteller. Spezialität des Hauses sind aber frisch geräucherte Forellen, die man sich nicht entgehen lassen sollte.

Auf jedem Tisch liegt ein Informationsblatt, das dem Gast alles erklärt, was er in Nähe und Ferne erblickt, dazu die geschichtlichen Zusammenhänge (einschließlich der Geschichte von Gräfin Lauretta) und natürlich alles über den Weinbau der Gegend. Unmittelbar unter dem Weinhaus und einer Gedenkplatte für die Starkenburg beginnen die Weinberge, sich den Steilhang bis zum Fluß hinabziehend. Sie liefern köstliche Tropfen.

Nach Kröv – nicht mehr des Nacktarsches wegen

Von Starkenburg aus nicht sichtbar, weil vom Mont Royal verdeckt, liegt einer der berühmtesten Moselweinorte: Kröv. Dem seriösen

Weinfreund galt er und gilt er noch eher als einer der berüchtigsten. Denn mit Kröv besitzt auch die Mittelmosel ihren Weinrummel-Platz.

Das hängt natürlich mit der populärsten Weinlage des Ortes zusammen, dem Nacktarsch. Der Name hat übrigens nichts mit dem menschlichen Körperteil zu tun. Vielmehr spielen keltische und germanische Stammworte herein, nämlich einmal die Silbe nuck, nöck, nock, nack als Bezeichnung für eine felsige, unfruchtbare Erhöhung, und zum anderen die Silbe horst, arst, ersch, welche als Hecke gedeutet wird.

Es muß offensichtlich für die Touristen von besonderem Reiz sein, den Nacktarsch an Ort und Stelle zu trinken. So sind halt zahlreiche Weinlokale entstanden, mit bunten Lämpchen schon am Eingang, Lokale, in denen der Wein kaum eine andere Funktion hat, als Stimmungswogen zu erzeugen.

Kröv vermag sich aber auch von einer anderen Seite zu zeigen. Einmal besitzt der Ort mit Kirchlay, Letterlay, Steffensberg und Paradies weitaus bessere Lagen als den Renner mit dem obskuren Namen. Zweitens finden sich immer mehr Kröver, welche eine Abkehr von den Trubel-Gästen zu den schlichten Weinfreunden befürworten. Leider haben sie gegen solche Wirte, die immer noch mit dem Nacktarsch werben (zum Teil recht unappetitlich werben), keinen leichten Stand. Man sollte ihnen beistehen.

Da wären die vielen Winzer, die ihren Privatgästen nicht nur Unterkunft gewähren, sondern auch theoretischen wie praktischen Wein-Unterricht erteilen. Da wäre auch ein Mann wie Gottfried Stein, an dem man gut den Umbruch studieren kann, in dem Kröv sich befindet. Auf der Werbepostkarte bezeichnet er seine Winzerschenke noch gequält-forsch als »Rebsaft-Laden«, den Wein als »Riesling-Tee«, aber die ambitionierte Sachkunde, mit der er seinen Gästen hervorragende Dia-Serien über Kröv und den Wein vorführt, weist ihn als einen Winzer-Wirt wirklich fortschrittlichen Schlages aus.

Und so wird bei ihm nicht nur das übliche herb-mild-Duo ausgeschenkt, sondern ein schöner fünfteiliger Querschnitt durch sein Angebot. Vorsichtigen serviert er ihn auch als Weinprobe auf dem Holzbrett.

Erfreuliches ist auch vom Hotel Echternacher Hof zu berichten.

Weingut Gottfried Stein,
Winzerschenke »Im Steinkrug«
Kröv/Mosel (5563), Telefon 06541/1420

Preise: Qualitätswein ab 3,20; Kabinett ab 4,–; Spätlese ab 5,50; Auslese ab 7,–; Ausschankweine von 1,40 bis 3,–; Flaschenweine ab 5,–; kleine Gerichte ab 2,50

Nicht nur, daß dieser barocke Zehnthof des Klosters Echternach auf das prächtigste restauriert wurde; mit der Übernahme durch die Familie Römer (»Weinrömer« nennt sich der Erbe des Weingutes Römer-Schetter) wurde auch die traditionelle Bindung des Hauses an den Kröver Wein neu geknüpft. Von den zehn Ausschankweinen des Hotel-Restaurants stammen mindestens vier aus den eigenen Weinbergen in Kröv, Traben, Trarbach, Kinheim, Wolf und Erden, und die Flaschenweinkarte spiegelt die ganze Reichhaltigkeit der Weinguts-Palette wider.

Daß für Römer sein Hotel auch Hobby ist (wie der Wein), zeigt nicht nur der Aufwand, mit dem er auch die Innenräume hat restaurieren lassen. Sich mit der Geschichte des Hauses indentifizierend, hat er Speise- und Getränkekarten in jenem altfränkischem Stil abgefaßt, der zur Barockzeit üblich war. So wird das »Entgelt« nicht nur in D-Mark sondern auch in Thaler und Groschen angegeben. Dieser Stil ist dem Weinrömer mittlerweile derart in Fleisch und Blut übergegangen, daß er ihn auch in den Weinpreislisten verwendet, etwa im postscriptum: »Es herrschet große Theuerung im Lande, auf das die Liste heuer von Hand zu schreiben gewesen sei«.

Weingut M.H.Römer-Schetter, Hof Marienfeld
Kröv/Mosel (5563), Telefon 06541/6232
Hotel Echternacher Hof
Kröv/Mosel, (5563), Telefon 06541/1410

Preise: Qualitätswein ab 2,75; Kabinett ab 3,30; Spätlese ab 5,25; Auslese ab 6,50; Beerenauslese 30,–; Trockenbeerenauslese 1/2 Flasche 35,–; Ausschankweine von 2,20 bis 7,50; Flaschenweine ab 7,–; Hauptgerichte ab 8,–; Übernachtung mit Frühstück ab 36,–

Zu Kröv gehört jetzt auch das stille Moseldörfchen Kövenig. Ehemals lebte hier alles vom Fischfang. Früh morgens ging es aus den Federn, sozusagen mit den Kuckuck. Sei es deswegen, sei es, weil an den Hängen des Mont Royal der Kuckuck besonders früh ruft – jedenfalls verbindet sich mit dem Kövenigern der Kuckuck als Spitzname. Wen wundert es darum, daß es hier die Kuckucks-Weinstuben gibt!

Der Besitzer, Edmund Müllers, hat Weinberge in Kröv und betreibt außerdem eine Kellerei. So führt er mindestens drei Ausschankweine (darunter eine Auslese!) und einige gute Flaschen aus eigenen Lagen. Auf Wunsch schenkt er auch aus diesen Flaschen aus. Außerdem kann er zahlreiche Flaschenweine von Mosel, Saar und Ruwer, vor allem von der Mittelmosel, anbieten. Dazu werden Schnittchen gereicht oder ein Teller mit kräftiger Hausmacherwurst. Im Herbst, wenn's frischen Kohl gibt, sollte man Frau Müllers nach Krautsalat fragen. Einen besseren kann es kaum geben.

Kuckucks-Weinstuben-Pension
Edmund Müllers, Kröv-Kövenig (5563)
Brunnenstraße 3, Telefon 06541/1600

Preise: Qualitätswein ab 3,–; Kabinett ab 4,–; Spätlese ab 6,20; Auslese ab 7,–; Ausschankweine von 1,40 bis 3,–; Flaschenweine ab 5,–; kl. Gerichte ab 2,20; Übernachtung mit Frühstück ab 15,–

Berres, Ehses & Co.

Moselaufwärts von Traben-Trarbach, hinter Kröv und Kinheim, beginnt das Gebiet der großen Namen – große Namen bei Weinlagen und Weingütern. Berühmt vor allem die Lagen, so Erdener Treppchen, Ürziger Würzgarten, Zeltinger Schloßberg. Nun muß ein Wein dieser Herkunft keineswegs besser sein als etwa ein Enkircher Steffensberg oder ein Trarbacher Schloßberg. Doch kommt der Ruf, den die Fama jenen Kreszenzen umgehängt hat, nicht von ungefähr. Hier können eben wahre Spitzengewächse heranreifen. Allerdings wurde durch das neue Weingesetz beispielsweise der Ürziger Würzgarten so ausgedehnt, daß er Tropfen von unterschiedlicher Qualität liefert. Probieren ist daher unabdingbar.

Ein weiteres Dilemma: der Namenssalat bei den Weingütern, von denen immerhin viele weltweiten Ruf genießen. Tradition und Marktchancen halten berühmte Namen am Leben. Dem entgegen stehen ständige Realteilungen durch das traditionelle Erbrecht, ein Überbleibsel des Code Napoleon; Eheschließungen wiederum haben Zusammenschlüsse zur Folge.

So stößt man in Ürzig auf nicht weniger als fünf Weingüter, die den Namen Berres in den verschiedensten Kombinationen führen. In Zeltingen hingegen dominieren die Ehses und die Kappes. Dafür Beispiele: Beucher-Ehses, Geschw. Ehses-Berres, Haubs-Ehses, Kieren-Ehses, Ehses-Geller, Ehses-Hansen, Ehses-Schwaab und sogar Ehses-Ehses; dann Ewald Kappes, Felix Kappes, Kappes-Scheer und natürlich auch ein Weingut Kappes-Ehses. Als letztes Beispiel aus Ürzig Kombinationen mit dem Namen Oster: Oster-Schaaf, Oster-Schwaab, Oster-Hegener, Oster-Scheer, Oster-Dusemond. Komplikationen können bei solchen Verhältnissen nicht ausbleiben, und der Weinfreund tut gut daran, bei der Anschrift äußerste Sorgfalt walten zu lassen.

Genealogie und Besitzverhältnisse bieten dem Weintouristen andererseits immer genügend Gesprächsstoff. So auch beim vereinigten Weingut E.H. Berres, Benedikt Loosen Erben. Der jetzige Besitzer führt den schlichten Namen Müller. Seine Frau ist eine geborene Loskill, ihre Mutter wiederum eine geborene Loosen – über diese weibliche Linie wurde also das Weingut vererbt. Aus einer anderen Linie stammt das Weingut E.H.Berres: Es handelt sich um einen Teil des altrenommierten Weingutes Rich. Jos. Berres sen.; das jetzige Weingut Rich. Jos. Berres besteht aus dem anderen Teil des Stammhauses.

Das alles ist in einer der schönsten Schankstuben der Mittelmosel zu erfahren. Herr Müller hat sich nicht nur auf das (angeheiratete) Weingut verlassen, sondern betreibt daneben noch ein Baugeschäft. Das kommt der Einrichtung des Lokals zugute; besonders hervorzuheben die gediegene Bestuhlung.

Weingut E.H.Berres und Benedikt Loosen Erben
H.Müller-Loskill
Ürzig (5564), Würzgartenstraße 1, Telefon 06532/2203

Preise: Kabinett ab 5,40; Spätlese ab 6,80; Auslese ab 8,60; Beerenauslese ab 28,80; Eiswein 39,–; Ausschankweine 1,40 bis 4,50; Weinkarussell 10,50; Schnittchen 3,50 bis 5,–; Übernachtung mit Frühstück ab 25,– (Ausschank Ostern bis Allerheiligen geöffnet)

Und natürlich die Weine! Welch ein Vergnügen, sich durch die einzelnen Fuder aus dem Ürziger Würzgarten und dem Erdener Treppchen durchzuprobieren! Das wird einem leichtgemacht: Nicht nur stehen vier Weine im Ausschank; Herr Müller hat auch ein Weinkarussell eingeführt, das erste an der Mittelmosel, wie er sagt. Sechs Weine in 0,1-l-Gläschen sind auf einem drehbaren Gestell angeordnet, so daß man bequem hin und her probieren kann. Da all diese Weine zudem noch im 0,2-l-Krug zu haben sind, ergibt sich eine Summe von zehn offenen Weinen. Fürwahr ein stolze Auswahl.

Auch in der großen und weithin bekannten Ürziger Kellerei Peter Nicolay KG stecken die Berres. Carl Hubert Berres heiratete eine Erbin des »alten Nicolay«, der das Haus gegründet hatte. 1968 wurde das hundertjährige Firmenjubiläum gefeiert. C.H. Berres brachte seinen eigenen beträchtlichen Weinbergbesitz mit ein, darunter die von ihm selbst gerodete Südlage Wehlener Klosterberg. Die Bezeichnung erinnert an alten Besitz der Eifelabteien Himmerod und Springiersbach, deren Wappen die Weinetiketten des Hauses zieren.

Die vereinigten Weingüter Berres-Nicolay und die Nicolay-Kellerei gehören heute mehreren Erben des »alten Berres«. Geleitet wird das Unternehmen von Helga Pauly-Berres, ihrem Mann, Dr. Peter Pauly, dem wir noch im nächsten Kapitel begegnen werden, und Alfred Berres jun.

Die Nicolay-Berres-Verwaltung hat schon recht früh damit begonnen, Weinfreunde zu Proben in ihren Keller einzuladen, worauf ein Schild an der Ürziger Uferstraße, der B 53, hinweist. Es lohnt sich, den alten Faßkeller, typisch für die Mosel, zu besichtigen, zumal anschließend vier bis fünf Proben charakteristischer Berres-Nicolay-Weine zum Preis von drei Mark gereicht werden. Läßt man sich dadurch zu einem Weinkauf anregen, wird der Betrag auf die Kaufsumme angerechnet.

Nicolay'sche Weingutsverwaltung, C.H.Berres Erben
Ürzig (5564), Würzgartenstraße 41,
Telefon 06532/2121

Preise: Qualitätswein ab 3,–; Kabinett ab 4,50; Spätlese ab 5,95; Auslese ab 8,95; Beerenauslese ab 36,–

Schräg gegenüber von Ürzig, in Zeltingen, können wir wieder ein Weingut mit eigenem Gutsausschank besuchen, das Weingut Geschw. Ehses-Berres, welches heute Hans Rendenbach gehört. Im Keller des malerischen Gutsgebäudes, direkt am Moselufer gelegen, hat er eine gemütliche Straußwirtschaft eingerichtet. Leider ist sie nur von Juli bis Oktober geöffnet, denn eine – wie ich meine – überholte Regelung gestattet Straußwirtschaften nur eine viermonatige Öffnungszeit. Eine andere, mir ebenso unsinnig erscheinende Vorschrift besagt, daß in Straußwirtschaften nur einfache Speisen verabfolgt werden dürfen.

Und so ist Frau Rendenbach gezwungen, ihre raffinierte Quiche Lorraine als Käsezwiebeleierkuchen zu deklarieren. Auch hinter dem sogenannten Hausmacher-Hering verbirgt sich ein delikates Heringsrezept, ein Zubiß, der vorzüglich zu den herben Weinen paßt. Schließlich fleischerne Köstlichkeiten: Schweineschwenkbraten oder Weinfleisch (Halskotelette in Wein gesotten und im Sud serviert).

Die Wein- Tafel könnte nicht reichlicher gedeckt sein: Alle Weine werden offen ausgeschenkt – bis zur Beerenauslese!

Weingut Geschw.Ehses-Berres
Zeltingen (5553), Uferallee 12, Telefon 06532/2385

Preise: Qualitätswein ab 3,90; Kabinett 4,90;
Spätlese ab 6,50; Auslese ab 8,90; Beerenauslese ab 28,80;
Trockenbeerenauslese 170,–; Ausschankweine ab 1,50

Auch im nächsten Weinort nach Zeltingen, in Graach, taucht der Name Berres auf. Aus der Wein-Gastronomie ist er aber entschwunden, seit Hans Pfeiffer seinem von den Großeltern überkommenen Weingut Kieren-Berres den eigenen Namen »verliehen« hat. Zu diesem Weingut Kieren-Berres, jetzt Weingut Hans Pfeiffer, gehörte auch das Hotel-Restaurant Zur Traube, wo man die Kieren-Berres-Weine probieren konnte.

Die gibt es dort heute noch, und mehr: nämlich auch die des Graacher Weingutes Konrad Pauly. Pauly brachte gleichsam seine Weine mit, als er Pfeiffers Tochter heiratete. Und Hans Pfeiffer hat der jungen Generation Hotel und Restaurant überlassen. Die schon vorher imponierende Flaschenweinkarte hat sich dadurch auf nicht weniger als 90 Gewächse erweitert. Fünf Ausschankweine eröffnen einen ausreichenden Einstieg.

Ansonsten hat die junge Generation vieles beim alten gelassen. Nach wie vor beherrschen deftige Weinspezialitäten die Speisekarte: Holzteller-Gerichte wie Rauchspeck mit Sahnemeerettich und hausgeräucherter Wildschweinschinken, Wildpastete, Spießbraten – die Wälder des Hunsrück liegen eben nicht nur geographisch in der Nähe von Wein.

Hans Pfeiffer und seine Frau lassen es jetzt etwas geruhsamer angehen, sind aber keineswegs müßig. Am Moselufer haben sie sich ein Hotel Garni erbaut und verwöhnen jetzt dort ihre Gäste mit den guten Pfeiffer-Weinen. Vier werden offen ausgeschenkt – darunter eine Auslese –, etwa 40 gibt es in Flaschen. Dazu, sorgfältig ausgewählt, ein paar kleine Gerichte.

Weingut Hans Pfeiffer, vorm.Kieren-Berres
Hotel Garni Weinhaus Pfeiffer
Graach (5551), Telefon 06531/2536

Preise: Qualitätswein ab 4,30; Kabinett ab 4,90;
Spätlese ab 7,30; Auslese ab 8,20; Beerenauslese ab 51,–;
Eiswein-Auslese ab 44,50; Ausschankweine von 2,– bis 5,–;
Flaschenweine ab 5,–; kleine Gerichte ab 3,50;
Übernachtung mit Frühstück ab 30,–

Weingut Konrad Pauly
Hotel-Restaurant Zur Traube
Graach (5551), Telefon 06531/2189 und 8481

Preise: Qualitätswein ab 4,–; Kabinett ab 4,70;
Spätlese ab 7,50; Auslese ab 8,50; Beerenauslese
1/2 Flaschen ab 15,50; Ausschankweine von 1,60 bis 5,–;
Flaschenweine ab 6,60; Hauptgerichte ab 7,50;
Übernachtung mit Frühstück ab 18,– (Montag Ruhetag)

Die Prüms und die Bergweilers

Wie in Ürzig stoßen wir auch im benachbarten Wehlen auf alte Weinbau-Geschlechter, die es im Verlauf der letzten 150 Jahre zu internationalem Ansehen brachten. Allen voran stehen die Bergweilers und die Prüms. Lapidar stellt das angesehene amerikanische Magazin Esquire in einem Artikel über die Weine der Mittelmosel fest: »The name for the maker to look for in the ›Sonnenuhr‹ is Prüm.«

Mit Sonnenuhr ist wohl die Wehlener Lage gemeint, aber wer mit Prüm angesprochen ist, läßt sich nicht so einfach feststellen. Denn mittlerweile gibt es eine ganze Reihe von Weingütern zwischen Ürzig und Brauneberg, welche den Namen Prüm führen – allein oder in Kombinationen, wobei am häufigsten die Verkoppelung mit dem Namen Bergweiler auftritt. Das napoleonische Erbrecht mit seiner Realteilung, aber auch Zusammenschlüsse und Wiederzusammenschlüsse durch Zukauf oder Heirat haben diesen erheblichen Namenssalat angerichtet. Wir wollen ihn wenigstens in groben Zügen zu entwirren versuchen, gehören die meisten dieser Güter doch zur Creme des deutschen Weinbaus.

Der Name Prüm ist urkundlich bis ins 13. Jahrhundert zurückzuverfolgen. Schon immer trieb die Familie Weinbau in Wehlen, aber der Aufstieg setzte doch erst richtig mit der Säkularisation ein, die es erlaubte, sich auch in die besten Lagen einzukaufen, die bis dahin fast ausschließlich in Klosterbesitz waren. Glück hatten die Prüms auch dadurch, daß über mehrere Generationen jeweils nur ein Sohn heiratete und die anderen Geschwister unverheiratet auf dem Gut blieben. Es mußte nicht geteilt werden, und so konnte das Weingut S.A. Prüm zum weitaus mächtigsten an der Mittelmosel heranwachsen. Zwei Denkmale erinnern an diese erste große Zeit: die Wehlener und die Zeltinger Sonnenuhr, welche Jodocus Prüm 1842 errichten ließ – damals besaßen nur wenige Winzer eine Taschenuhr.

Im Jahre 1911 erwischte es schließlich auch die Prüms. Das Gut mußte geteilt werden. An nicht weniger als sieben Erben ging der reiche Besitz, doch selbst die Teilstücke waren immer noch ansehnlich, und die meisten Nachfahren wußten ihr Erbe beträchtlich zu mehren. Würde man die heutigen Besitzungen wieder zusammenlegen, käme wohl eines der allergrößten deutschen Weingüter überhaupt heraus.

Den besten Schnitt bei der Erbteilung machte schließlich Zacharias Bergweiler, dessen Geschlecht auch schon sehr lange in Wehlen Weinbau treibt. Zweimal »prümte« er, wie es damals hieß – zweimal heiratete er eine Prüm-Tochter. Da zudem ein Bruder-Erbteil auf eine der Schwestern gefallen war, vereinigte der alte Bergweiler schließlich drei Prüm-Erbteile auf sich.

Das war ihm noch nicht genug. Er muß einer der geschäftstüchtigsten Weingutsbesitzer der ersten Hälfte dieses Jahrhunderts gewesen sein, denn er vermehrte seine Habe nicht nur um ein bedeutendes

Weingut in Brauneberg, sondern verleibte auch noch das weltbekannte Weingut Anton Thanisch in Bernkastel seinem Besitz ein. 1937 starb er als einer der größten Weingutsbesitzer der Mosel.

Wieder wurde der Besitz geteilt, allerdings in Erbhöfe nach damaligem Recht, so daß die Teilgüter bis heute erhalten sind, inzwischen wieder vermehrt und vergrößert. Zudem sind die Erben übereingekommen, für alle Weingüter den Oberbegriff Zach. Bergweiler-Prüm Erben beizubehalten, was den Bekanntheitsgrad am Markt steigert.

Fünf Weingüter führen inzwischen diese Gemeinschaftsbezeichnung, entsprechend den fünf Kindern des alten Zacharias. Der einzige Sohn erbte das Wehlener Weingut, heute Dr. Zach. Bergweiler. Drei Weingüter bestehen in Bernkastel: Dr. Heidemanns-Bergweiler, Dr. Adams-Bergweiler und Dr. Pauly-Bergweiler. Die Tochter mit dem Brauneberger Weingut heiratete in die Familie Licht ein, so firmiert dieses Weingut unter E. Licht-Bergweiler.

Wir sagten schon, daß sich die beiden Generationen, welche mittlerweile das Erbe verwalteten und verwalten, nicht mit der Erhaltung des Besitzes begnügten. So heiratete die Tochter des Dr. Adams in die Ürziger Familie Loosen ein. Vom St. Johannishof am Moselufer bei Bernkastel aus werden heute daher zwei Weingüter verwaltet: einmal Zach. Bergweiler-Prüm Erben, Weingut Dr. Adams-Bergweiler, und zum anderen Peter Loosen Erben, Weingut Dr. Loosen-Adams, Ürzig. Und mit dem Sohn von Dr. Pauly, Dr. Pauly Junior, erfüllte sich ein Traum des alten Zacharias Bergweiler, dem schon immer eine Verbindung mit dem Ürziger Haus Berres vorgeschwebt hatte. Vor einigen Jahren heiratete dieser Helga Berres: Der Brückenschlag zwischen Pauly-Bergweiler-Prüm und Nicolay-Berres war vollzogen.

Indem wir der Bergweilerschen Linie folgten, haben wir die vier anderen Erbstücke des Hauses S. A. Prüm, die zunächst unter dem Namen S. A. Prüm Erben firmierten, etwas aus den Augen verloren. Ein einziges hat sich komplett bis auf den heutigen Tag erhalten, nämlich das Weingut Joh. Jos. Prüm in Wehlen. Auch das Gut des nächsten Sohnes, der wie sein Vater die Initialen S. A. trug, existiert noch, nämlich als Weingut S. A. Prüm. Erben, S. A. Prüm, doch splitterte sich in der nächsten Generation ein Teil ab. Dieser steckt heute im Ürziger Weingut Christoffel-Prüm – die Ürziger Christoffels wären einer ähnlichen Untersuchung wert. Andererseits wurde der Kern gerade dieses S.-A.-Prüm-Gutes von den Erben durch Zukäufe beträchtlich aufgestockt.

Jetzt verbleiben uns noch zwei Zweige aus dem S.A. Prümschen Erbe: einmal der Zweig des Sohnes Peter Prüm und zum anderen derjenige der einzigen Tochter, die nicht vom alten Bergweiler geprümt wurde. Letztere heiratete einen Dr. Weins; daher Weingut Dr. Weins-Prüm. Heute ist der Name Prüm in diesem Bereich fast völlig verschwunden. Das Erbe des Dr. Weins steckt einmal im

Weingut Willi Weins, das noch den Zusatz Erben Dr. Weins führt, zum anderen beim Weingut Hub. Selbach, welches in seinen Preislisten auch Weine aus dem Weingut Dr. Weins-Prüm Erben aufführt.

Auch das Weingut Peter Prüm existiert nicht mehr als solches. Einen Teil erbte die alte Winzerfamilie Studert, seit 1805 auf dem Maximinhof in Wehlen ansässig, einem ehemaligen Weinhof des Trierer Klosters St. Maximin. Das Weingut Maximinhof Stephan-Studert-Prüm führte bis vor kurzem sogar noch beide Zusätze, die auf den Weg des Prümschen Erbes hindeuten: S. A. Prüm Erben und P. Prüm Erben. Der andere Teil des Gutes Peter Prüm ging durch Heirat an die Familie Engelberting. Heute lautet die korrekte Bezeichnung Weingut Erben Peter Prüm, Frau Marianne Engelberting.

Reichlich kompliziert dies alles. Um so wichtiger wird es für den Weinfreund, hier besondere Sorgfalt auf eine korrekte Anschrift zu legen, um Verwechslungen zu vermeiden.

Die Güter, in denen das Erbe des S.A. Prüm aufging, veranschaulichen die Bandbreite der typischen gehobenen Moselweingüter. Sie erstrecken sich von zwei bis zwanzig Hektar und weisen eine ähnlich große Spannweite in der Einstellung und im Umgang mit dem Markt auf. So bietet das Weingut Joh. Jos. Prüm noch das Musterbeispiel eines konservativen Großgutes, das seine Erzeugnisse fast ausschließlich über Handel und Kommissionare abwickelt, wobei erhebliche Mengen in den Export gehen. Auch Versteigerungen werden noch beschickt, wenngleich diese viel von ihrer früheren Bedeutung als Marktinstrument verloren haben.

Andere Weingüter aus diesem erlesenen Kreise exportieren ebenfalls, zum Teil in bedeutendem Maße, und die meisten wird man auf den Weinkarten führender Restaurants entdecken. Mehr und mehr jedoch sucht man auch den Einzelkunden, den Weintrinker nah und fern. Zögernd sind noch die Schritte, ihn mit dem Weingut zu verbinden: hier und da liest man auf den Preislisten Einladungen zum Besuch im Gut und zu einer Probe vor dem Kauf.

Etwas weiter ist man schon bei S.A. Prüm, S.A. Prüm. Anfang 1975 hieß es erstmals in der Preisliste: »Wir laden Sie ein, uns einmal in unserem Hause zu besuchen und einen Einblick in das Werden des Weines von der Traubenkelter bis zur Flaschenreife zu nehmen.« Die ersten Erfahrungen haben Mut gemacht, sich weitere Schritte zum Kunden zu überlegen.

Vornan auf diesem Weg liegt zur Zeit das Weingut Dr. Pauly-Bergweiler in Bernkastel. Der Keller des schönen Jugendstilhauses umfaßt auch einen Raum, dem der Architekt seinerzeit ein merkwürdiges Gewölbe einzog, das an den Chorschluß einer Kirche erinnert. Dieses »Kapellchen« wurde zu einem heimeligen Probier- und Verkaufsraum ausgebaut. Hier bietet man dem Kunden eine Anzahl von Proben gegen einen Obolus an, der beim Kauf verrechnet wird, ähnlich wie im verbundenen Nicolay-Berres-Weingut in Ürzig.

Joh.Jos.Prüm, Weingut
Bernkastel-Wehlen (5554), Telefon 06531/3091

Lagen: Wehlener Sonnenuhr, Rosenberg, Klosterberg, Nonnenberg; Graacher Himmelreich, Domprobst; Zeltinger Sonnenuhr; Bernkasteler Badstube, Lay, Bratenhöfchen

Preise: Kabinett ab 5,20, Spätlese ab 7,20; Auslese ab 10,20; Beerenauslese ab 72,–

Weingut S.A.Prüm Erben, S.A.Prüm
Bernkastel-Wehlen (5550), Telefon 06531/6210

Lagen: Wehlener Sonnenuhr, Nonnenberg, Klosterberg; Graacher Domprobst, Himmelreich; Bernkasteler Badstube, Johannisbrünnchen, Schloßberg

Preise: Kabinett ab 5,10; Spätlese ab 8,90; Auslese ab 9,30; Beerenauslese 56,–; Trockenbeerenauslese 110,–

Weingut S.A.Prüm Erben, Christoffel-Prüm
Ürzig (5564), Moselufer 1–3, Telefon 06532/2113

Lagen: Wehlener Sonnenuhr, Graacher Domprobst, Erdener Treppchen, Ürziger Würzgarten

Preise: Qualitätswein ab 4,50; Kabinett ab 5,–; Spätlese ab 7,–; Auslese ab 10,–; Beerenauslese 50,–

Weingut Erben Peter Prüm, Marianne Engelberting
Bernkastel-Wehlen (5550), Telefon 06531/221

Lagen: Wehlener Sonnenuhr, Klosterberg

Preise: Qualitätswein ab 4,20; Kabinett ab 6,40; Spätlese ab 7,50; Auslese ab 9,50

Weingut Maximinhof, Stephan Studert-Prüm
Bernkastel-Wehlen (5550), Telefon 06531/2487

Lagen: Wehlener Sonnenuhr, Nonnenberg; Graacher Domprobst, Himmelreich, Zeltinger Schloßberg; Bernkasteler Graben

Preise: Qualitätswein ab 4,–; Kabinett ab 5,–; Spätlese ab 7,–; Auslese ab 8,–; Beerenauslese ab 35,–

Hub.Selbach, Weingut (Dr.Weins-Prüm Erben)
Bernkastel-Wehlen (5550), Telefon 96531/270

Lagen: Wehlener Sonnenuhr, Abtei, Klosterlay; Graacher Domprobst, Himmelreich; Zeltinger Himmelreich; Ürziger Würzgarten, Erdener Treppchen, Prälat; Bernkasteler Johannisbrünnchen; Kestener Paulinsberg; Waldracher Sonnenberg

Preise: Qualitätswein ab 3,50; Kabinett ab 4,50; Spätlese ab 6,–; Auslese ab 10,–; Beerenauslese 78,–

Weingut W.Weins
(Erben Dr.Weins)
Bernkastel-Wehlen (5550), Telefon 06531/598

Lagen: Wehlener Sonnenuhr, Nonnenberg; Graacher Domprobst, Himmelreich

Preise: Qualitätswein ab 3,60; Kabinett ab 4,50; Spätlese ab 5,80; Auslese ab 8,50; Beerenauslese 40,–; Trockenbeerenauslese 80,–

Weingut Zach.Bergweiler-Prüm Erben
Dr.Zach.Bergweiler
Bernkastel-Wehlen (5550), Telefon 06531/2373

Lagen: Wehlener Sonnenuhr, Klosterberg, Nonnenberg, Klosterlay; Bernkasteler Johannisbrünnchen; Kaseler Nies'chen, Herrenberg

Preise: Qualitätswein ab 3,80; Kabinett ab 4,70; Spätlese ab 6,–; Auslese ab 8,–; Beerenauslese 38,–

Weingut St.Johannishof,Dr.Loosen
(Zach.Bergweiler-Prüm Erben, Weingut Dr. Adams-Bergweiler und Peter Loosen Erben, Weingut Dr. Loosen-Adams)
Bernkastel (5550), St.Johannishof, Telefon 06531/3426

Lagen: Bernkasteler Badstube, Graben; Graacher Himmelreich; Wehlener Sonnenuhr; Ürziger Würzgarten; Erdener Treppchen, Prälat

Preise: Qualitätswein ab 4,50; Kabinett ab 5,–; Spätlese ab 6,40; Auslese ab 8,50; Beerenauslese ab 45,–; Eiswein-Auslese 36,–

Zach. Bergweiler-Prüm Erben
Weingut Dr. Pauly-Bergweiler
Bernkastel (5550), Gestade 15, Telefon 06531/3002

Lagen: Bernkasteler Badstube, Doctor, Graben, Lay, Johannisbrünnchen, Matheisbildchen, Schloßberg; Graacher Himmelreich, Domprobst, Abtsberg; Wehlener Sonnenuhr; Verbundenes Weingut Berres-Nicolay: Ürziger Würzgarten, Goldwingert, Erdener Treppchen, Herrenberg; Zeltinger Himmelreich, Deutschherrenberg; Wehlener Klosterberg, Kinheimer Hubertuslay

Preise: Kabinett ab 5,90; Spätlese ab 7,30; Auslese ab 8,95; Eiswein-Auslese 36,–; Beerenauslese ab 39,–; Trockenbeerenauslese ab 107,–

Weingüter Zach. Bergweiler-Prüm Erben
Dr. Heidemanns-Bergweiler
Bernkastel (5550), Gestade 16, Telefon 06531/2352

Lagen: Bernkasteler Badstube, Doctor, Johannisbrünnchen, Graben, Lay, Matheisbildchen, Schloßberg; Graacher Abtsberg, Domprobst, Himmelreich

Preise: Kabinett ab 5,20; Spätlese ab 6,90; Auslese ab 8,90; Beerenauslese ab 30,–; Auslese-Eiswein 30,–

Weingut Kammerhof, Zach. Bergweiler-Prüm Erben
Edmund Licht-Bergweiler
Brauneberg (5551), Telefon 06534/348

Lagen: Brauneberger Klostergarten, Mandelgraben, Hasenläufer, Juffer-Sonnenuhr, Kammer

Preise: Qualitätswein ab 3,90; Kabinett ab 5,50; Spätlese ab 7,20; Auslese ab 10,50; Beerenauslese 40,–; Trockenbeerenauslese 67,–; Eiswein-Spätlese 25,–

Zwischen Bernkastel und Mehring

Konkurrenz hebt nicht nur das Geschäft, Konkurrenz lockert vor allem den Boden für neue Ideen. Das zeigen auch die Bemühungen der Weinerzeuger, ihr Produkt an den Mann zu bringen. Das ist mir nämlich auf meinen Weinfahrten immer wieder aufgefallen: Wo ein Gastwirt dazu übergeht, seine Ausschankweine breiter gefächert anzubieten, wo ein Winzer einen Gutsausschank oder eine Straußwirtschaft eröffnet – flugs folgen andere seinem Beispiel. Offensichtlich sind solche Bemühungen keineswegs erfolglos.

Dies läßt sich auf einer Moselreise von Ort zu Ort zwischen Bernkastel und Mehring trefflich beobachten. Während die Rührigkeit der Bernkasteler befruchtend gewirkt hat, werden die unauffälligen Möglichkeiten, Wein zu studieren, immer dünner gesät, je weiter wir moselaufwärts kommen. Selbst in so bekannten Weinorten wie Piesport, Neumagen-Drohn und Trittenheim herrscht fast völlige »Dürre«.

Gastfreundlich allerdings sind die Trittenheimer, das muß man ihnen lassen. Bei nicht weniger als 50 Winzern kann man übernachten, kann man Ferien auf dem Winzerhof machen. Über 40 Winzer laden zu Verkaufs-Weinproben ein. Aber kaum jemand kommt auf die naheliegende Idee, seinen eigenen kleinen Gutsausschank oder eine Straußwirtschaft einzurichten, um auch solche Kunden anzulocken, die sich nichts schenken lassen wollen und sich durch Gratiproben gehemmt fühlen, auch mal nein zu sagen.

Oberhalb von Trittenheim wird es dann wieder besser. Hier beginnt Mehring auszustrahlen, wo es manche Entdeckung für den Weinfreund gibt.

Bevor wir uns auf die Reise begeben, sollten wir uns in Bernkastel noch etwas stärken. Wir haben nämlich noch ein Lokal zu besuchen, mit eigenem Weinbau, in dem diese Weine auch stolz präsentiert werden: das Gast- und Weinhaus Burkard in der Burgstraße. Die Gaststube macht nicht viel von sich her. Aber was gilt's: Familie Burkard schenkt dafür nicht weniger als sechs offene Weine aus! Bis zur Auslese kann man sich durchprobieren.

Gast- und Weinhaus Burkard
Bernkastel (5550), Burgstraße 1, Telefon 06531/2380

Preise: Qualitätswein ab 4,–; Kabinett ab 6,–; Spätlese ab 8,–; Auslese ab 9,–; Ausschankweine von 1,80 bis 3,60; Flaschenweine ab 6,–; Hauptgerichte ab 9,–; Übernachtung mit Frühstück ab 18,–; (Mi.Ruhetag, Ende Dez.bis Anfang Jan.geschlossen)

Zunächst kommen wir auf unserer Moselfahrt nur langsam voran, denn gleich im übernächsten Ort nach Bernkastel, in Mülheim, machen wir eine kleine Rast. Paul Speck lädt uns in sein Hotel mit angeschlossener Weinkellerei, das Moselhaus Selzer, ein. Da es unmittelbar am Ufer liegt, können wir – im Sommer auf der Terrasse, bei kaltem Wetter hinter großen Scheiben sitzend – das unverstellte Moselpanorama genießen: rechts Lieser mit seinen Weinlagen Niederberg und Schloßberg, gegenüber das monumentale, im viktorianischen Stil errichtete Schloß der Freiherren von Schorlemer. Es steht nahezu leer; die Schorlemers, früher mit die reichsten Weingutsbesitzer an der Mosel, haben ihren Besitz nach und nach verkaufen müssen.

Weiter links dann der Brauneberg, zur Mosel hin wie mit dem Rasiermesser schräg geschnitten, eine der besten Südlagen an der ganzen Mosel. Früher wurde sie sogar in einem Atemzug mit dem Bernkasteler Doctor genannt: der Brauneberger Juffer. Und wir können gleich die Probe aufs Exempel machen. Ein hauseigener Brauneberger Juffer wird im Pokal ausgeschenkt.

Dazu fünf weitere Weine, aus eigenen Weinbergen in Mülheim, Brauneberg und Dhron, aber auch zugekaufte, denn der Hausherr betreibt nicht nur Weinbau, sondern auch eine Weinkellerei. Geschickt führt er dem Gast vor, wie preiswert seine Weine sind: Auf der Ausschankweinkarte steht gleich neben dem Schoppenpreis, was die Flasche beim Mitnehmen kostet. Dabei kommt natürlich eine verführerisch günstige Relation heraus.

Paul Speck tut aber noch mehr für seinen Weinabsatz. Da er praktisch alle Weine selbst abfüllt, kann er es sich leisten, beinahe sein ganzes Sortiment in halben Flaschen zu führen, was die Probiermöglichkeit über die sechs Schoppen hinaus beträchtlich erweitert. Wer sich mit der Flaschenweinkarte beschäftigt, kann gleichzeitig einen kleinen Weinkursus absolvieren. Eingeschobene Blätter informieren über Geschichte, Anbau und Behandlung des Weines.

Hotel und Weinkeller Moselhaus Selzer
Besitzer Paul Speck
Mülheim (5556), Telefon 06534/707

Preise: Qualitätswein ab 3,20; Kabinett ab 4,50; Spätlese ab 5,40; Auslese ab 9,–; Beerenauslese 55,–; Eiswein-Auslese 100,–; Ausschankweine von 2,– bis 5,–; Flaschenweine ab 6,–; halbe Flaschen ab 3,75; Hauptgerichte ab 8,50; Übernachtung mit Frühstück ab 25,–; (Mitte Nov. bis Febr. geschlossen)

Ganz anders unser nächster Rastplatz, St. Michael, im nur wenige Kilometer entfernten Wintrich. Gewiß, auch diese Hotel-Pension liegt etwas abseits vom Dorf, auch hier kann man auf einer Moselterrasse sitzen und das Panorama genießen: die Kestener und Minheimer Weinberge gegenüber, den See vor der Moselstaustufe, das Wintricher Rebenmeer mit seiner bekanntesten Lage, dem Großen Herrgott.

Aber während mir für das Moselhaus Selzer als Charakteristikum »frisch, modern« einfällt, atmet hier alles alte Weinbautradition. Das Weingut, aus dem Weinstube und Hotel herorgegangen sind, befindet sich schon seit 1602 im Besitz der Familie Quint. Wenn ich Tradition sage, so meine ich damit nicht die vornehme Spielart, sondern das Gemütliche, Anheimelnde: Man fühlt sich sofort wohl beim Betreten der Weinstube.

Dazu trägt nicht zuletzt die schlichte Freundlichkeit bei, mit der sich Familie Quint ihren Gästen widmet. Die junge Generation sorgt dafür, daß der Laden läuft, und Senior Quint weiß unendlich viel zu erzählen, vom Wein und aus der langen Geschichte des Weingutes. Und auch aus der neueren, etwa aus der Zeit des »Tausendjährigen Reiches«, als man die Bauernanwesen in Erbhöfe umwandelte. Auch Quint machte da mit. Aber welch lange Gesichter zogen die Herren, als er darauf bestand, seinen Erbhof St. Michael zu nennen. Man bedrängte ihn, doch den Heiligen wegzulassen, der nicht so recht in ihre Blut-und-Boden-Ideologie passen wollte. Aber Quint blieb hart, und schließlich durfte der Hof doch den Namen behalten.

Gern bittet Winzermeister Quint seine Gäste auch in den Keller zur zünftigen Weinprobe. So manche alte Flasche wird da hervorgeholt. Das meiste, was auf der laufenden Preisliste steht, kann oben als Ausschankwein verkostet werden. Offiziell stehen vier offene Weine zur Auswahl, aber auf Wunsch wird schon noch die eine oder andere Flasche aufgekorkt.

St. Michael – Weingut, Weinstube, Hotel-Pension
Wintrich (5551), Telefon 06534/233

Preise: Qualitätswein ab 4,–; Kabinett ab 4,60; Spätlese ab 6,40; Auslese ab 9,–; Ausschankwein von 1,60 bis 3,20; Flaschenweine ab 5,–; Hauptgerichte ab 6,50; Übernachtung mit Frühstück 17,–

Auf unserer Moselfahrt beginnt jetzt die eingangs erwähnte große Schoppenpause. Genießen wir die herrliche Landschaft: etwa die Moselschleife bei Piesport, wo sich die berühmte Lage Goldtröpfchen wie ein gigantisches Amphitheater um den Weinort legt. Fährt man von Trittenheim aus am jenseitigen Moselhang entlang nach Leiwen, so kommt man sich gar wie in einer überdimensionalen Bobbahn-Kurve vor: Hoch hinauf zieht die Straße, um dann gemächlich nach Leiwen abzusinken.

Erst in Pölich, nicht mehr weit von Mehring, machen wir wieder Rast. Im Hotel Henn bekommt man zwar offiziell nur drei Weine ausgeschenkt, aber es handelt sich nur um die »Empfehlungen für den großen Durst«. Auf Wunsch kann man auch andere Weine, die auf der Verkaufsliste stehen, als Pokalwein probieren. Und wenn Kunden kommen, werden die Hausgäste zur Weinprobe in den Keller gleich mitgenommen.

Hotel Weinhaus Henn, Weingut Philipp Henn
Pölich (5559), Hafenstraße 6, Telefon 06507/3197

Preise: Qualitätswein ab 3,50; Kabinett ab 4,50; Spätlese ab 5,50; Hauptgerichte ab 6,80; Übernachtung mit Frühstück ab 13,– (Febr.geschl.)

Gerade vor Pölich zieht die Mosel eine große Südschleife mit steilem waldbestandenem Nordhang. Ein romantisches Stückchen Natur, dieser Hang und der dahinterliegende Höhenzug, so romantisch, daß der Volksmund die Gegend Mehringer Schweiz taufte. Um den herrlichen Blick so recht genießen zu können, lassen wir uns inmitten einer Blumenpracht auf einer Sonnenterrasse nieder. Sie gehört zum Hotel Pölicher Held, benannt nach der zum Ort gehörenden Weinlage. Den entsprechenden Wein probieren wir dabei in vier Variationen; vier Weine aus eigenem Weingut gibt's in Schoppen. Dazu vielleicht einen kernigen Spießbraten?

Hotel Pölicher Held, Nik. Schu-Bollig
Pölich (5559), Telefon 06507/3317

Preise: Qualitätswein ab 3,50; Kabinett ab 4,–; Spätlese ab 5,–; Auslese ab 7,50; Ausschankwein von 1,60 bis 3,–; Flaschenweine ab 5,–; Übernachtung mit Frühstück ab 16,–(Do.Ruhetag)

Viel Wald, viel Wein: Mehring

Gleich hinter Pölich endet unsere Weinprobierreise moselaufwärts. Der nächste Ort, Mehring, nämlich ist für den Weinfreund schon näheres Studium wert, und danach, zwischen Mehring und Trier, ist es mit Probiermöglichkeiten nicht mehr weit her.

Mehring bietet Natur- und Weinfreunden gleichermaßen viel. Auf der Mosel-Südseite lockt das herrliche Wandergebiet der Mehringer Schweiz mit Wäldern, Wiesen und abwechslungsreichen Ausblicken tief hinab ins Moseltal. Den Ort selbst auf dem Nordufer umgeben die großen Weinlagen: der Zellerberg im Westen, der Blattenberg hinter dem Dorf, und allen voran die Goldkupp, eine Südwest-Steillage am Ostausgang. Die Mehringer sind stolz auf ihre Weine und zeigen sie gerne her – auch in Schoppen.

Den prächtigsten Strauß entfalten die Fassians. Seit 1965 betreiben Franz Fassian und seine Frau neben ihrem Weingut an der Moseluferstraße ein Probierstübchen. Ganz klein fingen sie ursprünglich mit einem Probiereckchen an, doch Erfolg und Andrang zwangen sie zu immer weiterem Ausbau. Richtig schmuck präsentiert es sich heute mit dem Eingang aus einem Weinfaßboden, seinen hellen Fenstern und Schnitzereien an den Wänden.

Doch das ist vergleichsweise nur ein bescheidener Rahmen für ein Weinangebot, das in seiner Breite zwischen Trier und Bernkastel seinesgleichen sucht. Alle Weine sind in der Karaffe zu haben – und zehn bis zwölf stehen immer auf der Karte! Wem die Qual der Wahl zu groß wird, der kann sich ein Weinkarussell zusammenstellen lassen: fünf Weine bis zur Auslese für 3,– bis 4,– DM. Hervorragende Weine übrigens, deren Charakter gut durchkommt, denn Franz Fassian hält nicht viel von Restsüße, die Geruchs- und Geschmacksnuancen verdeckt. Selbst seine Auslese ist fast durchgegoren.

Zum Wein reicht Frau Fassian Käsehappen, Bauernschinken oder Hausmacherplatte. Das paßt vorzüglich und macht nicht viel Arbeit – Weingut und Probierstübchen sind ein reiner Familienbetrieb. Und das Stübchen bringt gerade so viele Kunden, daß der Weinabsatz garantiert ist. Die Werbung für ihren Wein konnten die Fassians inzwischen einstellen . . .

Weingut Franz Fassian
Mehring (5559) an der B 53, Telefon 06502/5579

Preise: Qualitätswein ab 3,10; Kabinett ab 3,40; Spätlese ab 5,–; Auslese ab 7,–; Beerenauslese 1/2 Flasche 12,50; Ausschankweine von 1,20 bis 3,50
(Ostern bis Nov. geöffnet)

Mehring besitzt mehrere gute Hotels. Das Haus Weiler bietet nicht nur überdurchschnittliches Essen, sondern wartet auch mit eigenen Weinen auf. Beim ersten Blick entdeckt man auf der Karte zwar nur das obligate Herb-Mild-Pärchen von Kabinett-Ausschankweinen, doch wandelt weitere Lektüre die Enttäuschung in angenehme Überraschung. Da werden nicht nur zehn eigene Weine in halben Flaschen angeführt; man stößt auch auf zwei weitere offene Weine – eine Spätlese und sogar eine Auslese –, die man übersehen hatte, weil sie nicht im Pokal, sondern im Krüglein kredenzt werden.

Beruhigt wendet man sich der Speisekarte zu. Sie enthält neben Standardgerichten allerlei Fremdländisches. Man sollte aber keinesfalls versäumen, sich nach speziellen Tagesgerichten zu erkundigen. So nämlich kam ich zu einem Moselaal in einer Sauce, die sich als ein wahres Meisterwerk herausstellte.

Die Flaschenweinkarte umfaßt rund 20 eigene und etwa die gleiche Anzahl fremde Weine. Fast alle können, im Preis reduziert, mit nach Hause genommen werden.

Das Haus – mit Moselterrasse, versteht sich – macht einen ruhigen, gediegenen Eindruck. Allerdings spielt in der Saison jedes Wochenende eine Hauskapelle in der Bar zum Tanze. Es wird versichert, daß in den Schlafzimmern davon nichts zu hören sei; nachgeprüft habe ich dies jedoch nicht . . .

Weingut Hotel Weiler
Mehring (5559), Telefon 06502/2237

Preise (laut Getränkekarte, zum Mitnehmen reduziert): Kabinett ab 6,80; Spätlese ab 9,–; Auslese ab 14,–; Ausschankweine von 2,– bis 4,–; Hauptgerichte ab 7,50; Übernachtung mit Frühstück ab 19,–; Dienstag Ruhetag (Mai bis Okt. nur mittags); Mitte Jan. bis Mitte Febr. geschlossen

---

Garantiert ruhig ist's im Weinhaus Molitor. Abseits der Durchgangsstraße, direkt am Zellerberg gelegen, bietet dieses als Hotel garni geführte Haus bemerkenswerte Weinfreuden. In seiner behaglich eingerichteten Weinstube stellt Lothar Molitor drei offene Weine aus eigenem Weingut vor, wozu man sich kleine Wild-Köstlichkeiten wie Gulasch oder Hirschsalami auftischen lassen kann. Der selbstgezogene Wein bildet jedoch nicht den Schwerpunkt des Betriebes; das Haus genießt einen guten Ruf als kleine, aber leistungsfähige Kellerei. Stolz weist der Hausherr auf Weinkartons, denen eine weite Reise nach Louisiana bevorsteht.

Hotel Weinhaus Molitor
Mehring (5559), Telefon 06502/2788

Preise: Qualitätswein ab 3,40; Kabinett ab 4,50; Spätlese ab 5,80; Auslese ab 7,80; Ausschankweine von 2,– bis 3,– je 1/4 Liter; Flaschenweine ab 6,–; Übernachtung mit Frühstück ab 25,– (Mitte Dezember bis Ende Januar geschlossen

---

Trier, Saar und Ruwer

Römermetropole – Weinmetropole

Wer in Trier Baugrund ausschachtet, stößt mit Sicherheit auf altes Gemäuer aus der Römerzeit, auch weit außerhalb des heutigen Stadtkerns. Die steinernen Zeugen der Vergangenheit Triers vergegenwärtigen uns die Monumentalität römischer Baukunst und machen durch ihre weit verstreute Lage deutlich, wie großzügig die einstige Metropole eines Weltreiches angelegt worden war.

Der schöpferische Geist jener kaiserlichen Zeiten verkörpert sich nicht allein in erhaltenen Großbauten. Wer in Trier verweilt, sollte das Landesmuseum besuchen, um anzusehen, was dort aus Trier und dem ganzen Moseltal an Bauplastik, Mobiliar, Gerätschaften und anderen Gebrauchsgegenständen zusammengestellt wurde.

Besonders eindringlich wird uns dabei die große Rolle vor Augen geführt, welche der Wein schon damals an der Mosel spielte. Etwa beim Hildesheimer Silberschatz mit Weinmischgeräten, Würzgefäßen, Schöpflöffeln, Bechern und Tassen; wir sehen sie ferner bei vielen Gegenständen aus Keramik und Ton: Amphoren, Krüge, Töpfe für Weinlagerung und -transport. Und wir bewundern das Grabmal eines Weinhändlers aus Noviomagus, jenes berühmte Neumagener Weinschiff, das mit Fässern vollbeladen moselabwärts fährt, geleitet von einem vergnügten Steuermann, der offensichtlich bereits tüchtig von seiner Ladung gekostet hat.

Eines der schönsten Denkmäler, das die Römer an der Mosel hinterließen, ist aber wohl der Weinbau selbst. Trier blieb eines seiner Zentren, durch das Mittelalter hindurch bis in unsere Zeit. 350 Hektar trierischen Bodens tragen Reben. Zu den älteren Weingemarkungen Olewig und Avelsbach kamen inzwischen durch Eingemeindungen noch die Eitelsbacher Lagen am Ausgang des Ruwertales hinzu.

In Trier wird auch ein beträchtlicher Teil des moselländischen Weinbergbesitzes verwaltet. Vor allem die großen Domänen haben hier ihren Sitz: die Vereinigten Bischöflichen Weingüter mit den Besitztümern der Hohen Domkirche, des Bischöflichen Priesterseminars und des Bischöflichen Konviktes; dann die Weingutsverwaltung Reichsgraf von Kesselstadt, die im schönen barocken Palais

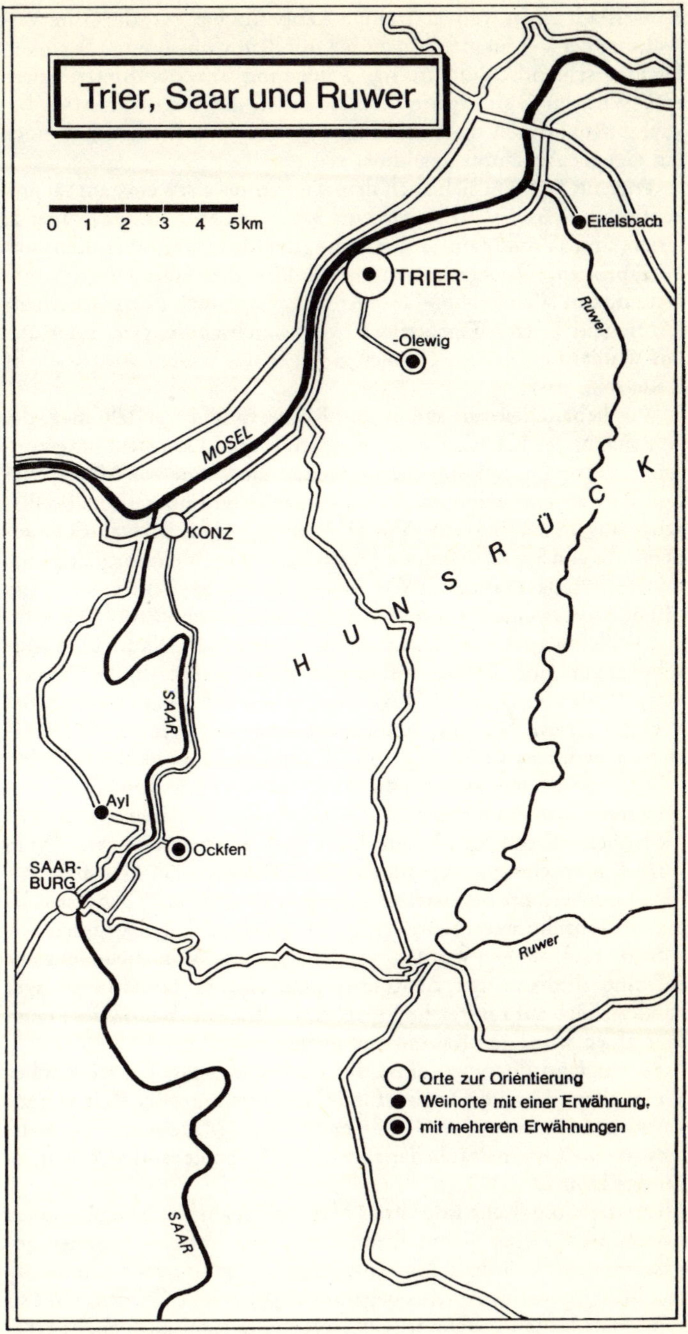
Trier, Saar und Ruwer
0 1 2 3 4 5km
Eitelsbach
TRIER-
-Olewig
Ruwer
MOSEL
KONZ
H U N S R Ü C K
SAAR
Ayl
Ockfen
SAAR-
BURG
Ruwer
Orte zur Orientierung
Weinorte mit einer Erwähnung,
mit mehreren Erwähnungen
SAAR

Kesselstadt einen weitverstreuten Rebbesitz betreut; die Güterverwaltung der Vereinigten Hospitien mit dem wohl ältesten Weinkeller Deutschlands; die Stiftung, welche mit dem berühmten Friedrich-Wilhelm-Gymnasium verbunden ist, das auch Karl Marx besuchte; schließlich die Staatlichen Weinbaudomänen, denen noch ein eigener Abschnitt gewidmet sei.

Trier tut viel, um sich auch dem Tourismus als Weinstadt zu präsentieren. Pauschal-Arrangements »Auf den Spuren der Römer in Trier« und »Vom Main- und Rhein- zum Moselwein« erhalten auch Weinproben. Wochenendseminare bilden den Gast »Vom Weinfreund zum Weinkenner« aus, Anfänger wie auch Fortgeschrittene (Anfragen: Trierer Weinseminar, Volkshochschule, 5500 Trier, Palais Walderdorff). Von »Festlichen Tagen des Weins« wird noch die Rede sein.

Wer lieber allein auf Wein- und Römerspuren wandeln mag, der läßt sich in der Kurtrierischen Weinstube zum Domstein unterweisen. Lektion um Lektion kann man hier die Weine von Mosel, Saar und Ruwer kennenlernen. Rund 80 ganze und über 20 halbe Flaschen aus diesem Bereich zählt die Weinkarte auf, ein wahres Kompendium von Spezialitäten und Raritäten, jeder Wein sorgfältig charakterisiert, das Ganze mit Weinpoesie umkränzt. Und weiter: neun offene Moselweine für den, der Abwechslung beim Probieren liebt. Schließlich wartet das Haus noch mit einem Schnellkurs über Moselwein auf: einer Gebietsweinprobe mit sechs Proben im Probierglas, Probenverzeichnis, Brot und einer Information über das Weinprobieren. Wer hier hinausgeht, ohne ein wenig an Weinverstand gewonnen zu haben, dem ist wohl nicht zu helfen.

Auch der Boden, auf dem die Weinstube steht, ist von besonderer Qualität – historisch gesehen. Bis hierhin nämlich dehnte sich einst die frühchristliche Basilika aus. Unter deren Mauerresten wiederum war »Kaiserliches« zu vermuten. Was Wunder, daß Hausherr Alfons Gracher, ein begeisterter Amateur-Archäologe, behutsam an die Ausschachtungsarbeiten ging, als er sein Lokal erweiterte.

Seine Hoffnungen wurden weit übertroffen. Man stieß nicht nur auf eine alte römische Zentralheizung, eine Hypokaustenanlage, sondern auch auf zahlreiche Einzelfunde. Ihnen beschloß der Hausherr einen würdigen Rahmen zu geben.

So entstand dort, wo einst die Römer heizten, ein Römischer Weinkeller, den die Originalfunde aus Triers großer Zeit zieren, vorwiegend formschöne Gefäße und Gläser. Mittelpunkt des Raumes ist eine Originalsäule der römischen Doppelbasilika, Vorläuferin des Domes.

Der archäologische Eifer ihres Mannes hat auch Küchenmeisterin Rosemarie Gracher nicht ruhen lassen. Sie schuf zum Rahmen gewissermaßen den Inhalt: Nach intensivem Studium des Kochbuches von Marcus Gavius Apicius begann sie römisch zu kochen. Und so kann man heute in ebenbürtiger Umgebung römisch speisen: etwa

»mulsum«, ein Aperitif aus Wein und Honig, dann »gustationes« = kalte Vorspeisen, »mensae primae« = die Hauptgerichte, darunter »aper assus in aprum assum cum iura ferventia« = Frischlingssteak mit süß-saurer Sauce, schließlich »mensae secundae« = die Nachspeisen.

Natürlich ist Frau Gracher auch Expertin für gesunde rheinische Küche. Ihr rheinischer Sauerbraten, ihr Zanderfilet in Riesling, das Soufflé vom Moselhecht oder ein kerniger Eifelschinken, dazu das frischeste je nach Saison auf der täglich wechselnden Mittagskarte machen die Wahl zur genüßlichen Qual. Der Rahmen hierfür ist die Küferstube, ausgeschmückt mit altem Küferwerkzeug.

Küferstube und Römischer Weinkeller werden leider nur in der Saison offengehalten. Doch wird man an einem ruhigen Wintertag auch darauf hoffen könne, daß jemand aus der Familie die Räume zeigt. Sie zählen zu den originellsten der deutschen Gastronomie.

Kurtrierische Weinstube Zum Domstein
Römischer Weinkeller – Küferstube
Inhaber Alfons und Rosemarie Gracher
Trier (5500), Am Hauptmarkt, Telefon 0651/74490

Preise: Ausschankweine 1,95 bis 5,50; Flaschenweine ab 8,90, 1/2 Flasche ab 4,50; Gebietsweinprobe 8,–; Hauptgerichte ab 6,80; römische Hauptgerichte 10,50, römisches Menü ab 28,–

Lehrpfad zu den Olewiger Winzern

Trierischen Wein kann man sich gut erwandern. Dafür hat die Stadt gesorgt, indem sie rund um den Petersberg, quer durch die Lagen St. Maximiner Kreuzberg, Deutschherrenberg, Jesuitengarten und Burgberg einen Weinlehrpfad anlegte.

Am Ausganspunkt nahe dem Amphitheater sollte der Wanderer zunächst aus einem dort aufgestellten Automaten die Faltbroschüre ziehen. So gewappnet, kann er sich getrost auf seinen didaktischen Weinspaziergang machen. Er führt über drei Kilometer an 39 Stationen vorbei. Tafeln informieren den Wanderer über Lagen, Rebsorten, Rebanlagen, Anbautechnik und vieles mehr.

Die reizvollen Ausblicke machen den Lehrpfad auch landschaftlich zu einem Erlebnis. Er endet im alten Winzervorort Olewig. Und welch grandiosen Einfall hat die Stadt hier in die Tat umgesetzt! Acht Winzer und Weingüter konnten dazu veranlaßt werden, einen »Winzer-Bereitschaftsdienst« zu organisieren, gewissermaßen nach dem Vorbild des Apotheken-Sonntagsdienstes.

Und so ist in wöchentlichem Wechsel jeweils ein Weingut verpflichtet, seine Keller täglich von 10 bis 18 Uhr offenzuhalten. Nach einer Besichtigung gibt es Weinproben, für die je nach Zahl der Weine eine entsprechende Gebühr entrichtet wird. Besonders wichtig ist das Gespräch, denn die Winzer erläutern nicht nur bereitwillig alles, was es bei ihnen zu sehen gibt, sondern rekapitulieren auch gerne mit ihren Gästen, was diese auf dem Weinlehrpfad gerade gelernt haben.

Das Angebot wurde in den letzten Jahren ständig ausgeweitet: So wird für Gruppen jetzt auf Voranmeldung auch ein Schwenkbraten-Essen veranstaltet (Anfragen an Weindorf-Touristik, Trier-Olewig, Trimmelter Weg 1, Telefon 0651/32420 und 36886).

Erfrischende Typen findet man unter diesen Winzern, etwa den alten Dostert, der sich über jeden Besucher aufrichtig freut und viele muntere Geschichten um den Wein zum besten geben kann. Ausschankmöglichkeiten finden wir vom einfachen Stehkonvent im Keller über schmucke Probierstuben – wie beim Weingut Terges – bis zu richtigen Weinschänken. Das Weingut Schleimer betreibt eine draußen im Irscherhof, dem alten Weingut des Klosters St. Martin. Dort kann man sich nicht nur Schnittchen und kleine Gerichte, sondern frisch gefangene Bachforellen munden lassen.

Über den Durchschnitt hinaus ragt auch das Weingut Thiergarten Fritz von Nell. Mit rund 16 Hektar gehört es schon zu den größten Gütern an Mosel und Saar. Der Name ist überliefert aus jener Zeit, als die Römer hier wilde Tiere für ihr nahegelegenes Amphitheater hielten. Vor der Säkularisation gehörte das Gut den Benediktinern, daher der Name Benediktinerberg für eine Lage im Alleinbesitz des Gutes.

Die von Nells, eine alte Trierer Familie, spielten im Leben der Stadt eine bedeutende Rolle. Nach Mitgliedern des Geschlechtes sind ein Park und eine Straße benannt. Ein berühmter Sproß der Familie ist der Philosoph von Nell-Breuning.

Die Nells sind bemüht, ihre wunderschönen alten Gutsgebäude zu erhalten und zu nutzen. Der frühere Gutsstall beispielsweise wurde zu einer freundlichen Probierstube ausgebaut, in der die Weingäste empfangen werden.

Ob ein großes Weingut, ob kleiner Winzer, alle wetteifern sie in puncto Gastlichkeit. Und alle sind auch mit der Einführung des Weindienstes zufrieden. Mancher Gast wird zum neuen Kunden, mancher, der nur eben mal dem Weinlehrpfad folgte, kommt immer wieder. Den Weinproben-Wochenplan gibt es beim Verkehrsamt der Stadt Trier, 5500 Trier, An der Porta Nigra.

Bleibt noch der Hinweis auf zwei Weinstuben, die nicht am Weindienst teilnehmen. Beide führen alle Weine aus der Versandliste auch im Ausschank. Die Weinstube Schieben liegt am Ende des Trimmelter Weges oben auf einer Anhöhe. Von hier aus kann man durch das ganze Olewiger Tal bis hinein ins Moseltal und nach Trier blicken. Die Weinstube Trossen treffen wir im Seitental des Thiergarten. Beide Weinstuben bieten sich als Einkehr an, um eine schöne Wanderung mit einem guten Tropfen zu beschließen.

Weingut Georg Fritz von Nell
Trier (5500), Im Thiergarten, Telefon 0651/32397

Lagen: Trierer Benediktinerberg, Kurfürstenhofberg (beide im Alleinbesitz), Thiergarten unterm Kreuz, Thiergarten Felsköpfchen, St. Petrusberg; Wiltinger Braunfels, Klosterberg, Schloßberg; Ayler Kupp; Bernkasteler Graben (Großlage Badstube)

Preise: Qualitätswein ab 3,50; Kabinett ab 4,60; Spätlese ab 6,50; Auslese ab 8,50; Beerenauslese 28,–; Auslese-Eiswein 26,–

Weingut Johann Oberbillig
Trier (5500), Olewiger Straße 139, Telefon 0651/31095

Lagen: Trierer Burgberg, Deutschherrenberg, Jesuitenwingert

Preise: Qualitätswein ab 3,–; Kabinett ab 3,80; Spätlese ab 4,30; Auslese 6,–

Weingut Josef Terges
Trier (5500), Olewiger Straße 145, Telefon 0651/31096

Lagen: Deutschherrenberg, Burgberg, Jesuitenwingert

Preise: Qualitätswein ab 3,–; Kabinett ab 3,50; Spätlese ab 4,50; Auslese 6,–; Beerenauslese 1/2 Fl.ab 15,–

Herbert Oberbillig, Weinbau, Weinstube
Trier (5500), Olewiger Straße 192, Telefon 0651/31118

Lagen: Burgberg, Deutschherrenköpfchen, Longuicher Probstberg, Herrenberg; Mehringer Zellerberg

Preise: Qualitätswein ab 3,50; Kabinett ab 3,50; Spätlese ab 4,50; Auslese ab 6,–; Beerenauslese 50,–

Weingut Deutschherrenhof, Schieben-Oberbillig
Trier (5500), Olewiger Straße 181, Telefon 651/31113

Lagen: Deutschherrenberg, Burgberg, Jesuitenwingert

Preise: Qualitätswein ab 3,–; Kabinett ab 3,50; Spätlese ab 4,50; Auslese 6,–

Weingut May-Theisen, Inhaber R. Becker
Trier (5500), Olewiger Straße 206, Telefon 0651/33781

Lagen: Burgberg, Deutschherrenberg, Jesuitenwingert

Preise: Qualitätswein ab 3,–; Kabinett 3,50; Spätlese ab 4,70; Auslese 7,–

Josef Dostert, Weinbau, Weinstuben
Trier (5500), Im Adel 7, Telefon 0651/31188

Lagen: Deutschherrenberg, Burgberg, Jesuitenwingert, Thiergarten unterm Kreuz

Preise: Qualitätswein ab 3,–; Kabinett ab 3,50; Spätlese ab 5,–; Auslese ab 7,–

Weingut-Weinstube Schleimer, Irscherhof
Trier (5500), Hunsrückstraße 90, Telefon 0651/32547

Lage: Trierer St. Martiner Hofberg

Preise: Qualitätswein ab 3,–; Kabinett ab 3,50; Spätlese ab 6,50; Auslese ab 8,–; Ausschankweine 1,20 bis 5,50; kl. Gerichte ab 2,50, Forelle 7,– (Di. Ruhetag)

Weinstuben Schieben
Trier (5500), Trimmelter Weg 25
Telefon 0651/35127

Lagen: Burgberg, Deutschherrenberg

Preise: Qualitätswein ab 2,50; Kabinett ab 3,50; Spätlese ab 5,–; Auslese 7,–; Ausschankweine 1,10 bis 3,–

Weingut-Weinstube Josef Trossen
Trier (5500), Im Thiergarten 10, Telefon 0651/32079

Lagen: Burgberg, Deutschherrenberg

Preise: Qualitätswein ab 3,50; Kabinett ab 4,50; Spätlese ab 6,–; Auslese ab 7,–; Ausschankweine 1,40 bis 3,80; Spießbraten mit Brot 6,50

Vom Eichwald zum Wingert – die Staatlichen Weinbaudomänen

»Sollten Sie einmal eine kleine Urlaubsreise in das römische Trier beabsichtigen, vergessen Sie bitte nicht, einen Besuch unseres großen Gewölbekellers mit der Fülle von Holzfässern einzuplanen. Wir führen Sie gern, und Sie können auch unsere Rieslingweine probieren« – so schreibt mit freundlichen Grüßen Weinbaudirektor Dr. Sambale, Chef der Staatlichen Weinbaudomäne Trier, in der Einleitung zu seiner Preisliste.

Diese und frühere Einladungen fielen offensichtlich auf fruchtbaren Boden. Mehr als 3000 Besucher pro Jahr zählt die Domänenverwaltung. Man kann sich vorstellen, wieviel zusätzliche Mühe es bereitet, alle Gäste durch die Keller zu schleusen. Deswegen sollte man sich tunlichst in Gruppen zusammenfinden und rechtzeitig anmelden. Ähnliches gilt auch für die anderen großen Trierer Weingutsverwaltungen, soweit sie überhaupt solche Kellerbesichtigungen durchführen:

Vereinigte Hospitien, Güterverwaltung, Trier (5500)
Krahnenufer 19, Telefon 0651/76051

Stiftung Staatliches Friedrich-Wilhelm-Gymnasium,
Trier (5500)
Güterverwaltung, Weberbach 75, Telefon 0651/73849

Die Geschichte der Staatlichen Weinbaudomänen spiegelt die Entwicklung des Weinbaus an der Saar wider. Am Anfang, wie könnte es anders sein, standen die Römer. Auch an den südlich ausgerichteten Hängen der Saar und ihrer kleinen Zuflüsse bauten sie Reben an. Doch mit den Römern verging auch der Weinbau. Wälder überzogen bald die Hänge, nur vereinzelte Parzellen blieben dem Weinbau erhalten.

Die übrigen Südhänge trugen vor allem niedrige Eichenbestände, sogenannte Lohhecken. Aus abgeschälter Eichenrinde wurde früher bekanntlich Gerberlohe gewonnen. Im 19. Jahrhundert begann der Preis dieses Produktes durch Konkurrenz der Chemie zu fallen. Gleichzeitig stieg aber die Nachfrage nach leichtem, duftigem Saarwein, damals noch eine Seltenheit.

Logische Konsequenz: Die großen Waldbesitzer entsannen sich jahrhundertealter Tradition, holzten Süd-, Südost- und Südwesthänge ab und legten wieder Weinberge an. Der Staat hielt sich zunächst noch aus dieser Entwicklung heraus, gab sogar noch Land an Private ab, die damit ihre neuen Weinberge arrondierten, so der Industrielle Hansen aus Trier, der in Serrig das Weingut Schloß Saarfels begründete. Wie eine Kommandobrücke thront die 1902 erbaute Industriellenvilla über den Weinbergen, heute im Besitz der Familie Ebert.

Um 1895 war das meiste in Privathand befindliche Gelände dem Rebbau gewonnen. Nach den guten Erfahrungen des Rheingaus erscholl nun auch an Mosel und Saar immer lauter der Ruf nach einer Staatlichen Weinbaudomäne mit Muster- und Beispielfunktion, um Pionierarbeit bei der Einführung fortschrittlicher und traditioneller Methoden im Weinbau zu leisten.

Über die staatlichen Wälder gebot damals Oberförster Hoepp. Er wandelte nach Genehmigung höherer Stellen geeignete Staatswälder in Rebgärten um. 1896 begann er mit dem großen Ost-West-Höhenzug nördlich des Dorfes Ockfen. Ab 1900 folgen Hänge am Aveler Tal bei Trier und Hänge bei Serrig. Die Domäne Ockfen war zu diesem Zeitpunkt schon in Betrieb. In Avelsbach, wie die zweite Domäne benannt wurde, waren 1911 alle Flächen mit Reben bestockt. In Serrig zogen sich die Arbeiten wegen der vielen Felsvorsprünge, die weggesprengt werden mußten, bis 1938 hin.

Hoepp, der sich vom Forstmann zum Weinbau-Experten mauserte, und seine Mitarbeiter erwiesen sich als Organisatoren erster Klasse. Wer unten in Ockfen steht und die Anlage um die Domäne betrachtet, wird kaum glauben, daß dies alles bereits um die Jahrhundertwende angelegt wurde – so modern mutet das Werk an.

In der Mitte der gesamten Anlage steht das Betriebsgebäude. Von hier aus ziehen regelmäßig angelegte breite Hauptwege in das Gelände, von denen wiederum gleichmäßige Seitenwege abzweigen. Sie waren ursprünglich schmal, um dem Wein möglichst wenig Boden zu nehmen, und mit Gleisen belegt. Nach dem letzten Krieg wurden sie verbreitert, damit Schlepper auf ihnen fahren können.

In Serrig, wo das Gelände steiler ist, hat man die Schienen beibehalten. Wenn man sich in der Domäne rechtzeitig anmeldet und das Bähnchen gerade nicht im Dienst ist, darf man mitfahren, mitten durch die Weinberge, mit weitem Blick auf Wälder und Täler und anschaulicher Information über die Arbeit der Winzer.

Auch in der Domäne Ockfen sind Gäste gern gesehen, und am steinernen Probiertisch, bei einem Gläschen Bockstein oder Herrenberg. läßt sich's gut fachsimpeln.

Zurück nach Trier, in die Zentralkellerei. Wieder haben wir Gelegenheit, die Weitsicht des ersten Domänenchefs zu bewundern. Bereits 1902, als es gerade erst die Domäne Ockfen gab, wurden die weitläufigen Kelleranlagen errichtet, so groß, daß heute noch zwei ganze Ernten aller drei Domänen, etwa 1100 Fuder, eingelagert werden können.

Verwaltung der Staatlichen Weinbaudomänen Trier
Trier (5500), Deworastraße 1, Telefon 0651/75946

Preise: Qualitätswein ab 3,90; Kabinett ab 5,90; Spätlese ab 6,50; Auslese ab 8,90; Beerenauslese ab 60,–; Trockenbeerenauslese ab 120,–; Eiswein ab 40,–

An den Kuppen der Saar

Schon bei erster Bekanntschaft mit dem Weinland an der Saar fällt der Unterschied zum Moseltal auf. Quält sich die Mosel in unzähligen Windungen gleichsam durch einen einzigen großen Gebirgsstock, so stellen sich der Saar die Berge etappenweise in den Weg. Der Hunsrück zerflattert hier, an seinem westlichen Ende, in zahlreiche Höhenzüge und einzelne Bergkuppen, die zumeist in Ost-West-Richtung verlaufen – für den Weinbau geradezu ideal ausgerichtet.

Den hiesigen Weinen rühmt man nach, daß sie in guten Jahren noch zarter, feiner und duftiger seien als die Moselweine. Dafür schmecken sie in mageren Jahren auch herber, um nicht zu sagen sauerer. Dennoch sollte man sich auch ein paar Flaschen mit solchen »Knochen« in den Keller legen. Man vergesse sie für ein paar Jahre. Nach entsprechender Wartezeit entkorkt, vermag ein derartiger ehemaliger »Rachenputzer« dem Weinfreund ungeahnte Freuden zu vermitteln: Überschüssige Säure wurde abgebaut, doch verblieb genug, um die Geschmackstoffe zu konservieren und der Reife einen Schuß Frische beizugesellen.

Wer richtig auskosten will, welcher Nuancen Saarwein fähig ist, der sollte sich einmal bei Familie Lauer in Ayl einquartieren. Es gibt sicher viele Winzer, die ihre Weine mindestens so gut kennen wie Peter Lauer, Inhaber des Weingutes, Weinhauses und Hotels Zur Ayler Kupp. Bei ihm kommt aber noch etwas anderes hinzu: Er besitzt die Fähigkeit, zur Präsentation seiner Weine die adäquate Umgebung zu schaffen. Hell und freundlich ist es bei ihm, klare Luft umgibt das Dorf, weit schaut man hinaus über Weinberge, Wiesen und Felder. Etwas von dieser Leichtigkeit steckt auch in den Weinen des Hauses.

Fein abgestimmt dazu die Speisekarte. Liebevoll bereitet Frau Lauer Spezialitäten, die besonders gut zu den Weinen passen: Fische und Meeresfrüchte, zarte Kalbfleischgerichte, nicht zu vergessen die hauseigene Leberpastete oder das Roastbeef Nelson.

Die Wahl des Weines ist Sache des Chefs. Ein unumgänglicher Rat, denn nicht weniger als 19mal steht die Lage Ayler Kupp auf der Flaschenweinkarte. Zu jeder Kombination von Gast, Stimmung und Speisenfolge wird Peter Lauer aus den vielen Fudern den richtigen Wein herausfinden. Was aus einer einzigen Lage herauszuholen ist, hier wird's demonstriert. Auch die sechs Ausschankweine sind von einer Vielfalt, die einen staunen läßt. Noch am nächsten Morgen, beim Frühstück auf der Veranda, mit Blick auf die in Morgensonne getauchte Ayler Kupp, träumt man von diesen Weinen . . .

Ayl bietet sich auch als idealer Standort an, um das Weinland an der Saar per pedes oder per Auto zu erkunden. Da wäre zum Beispiel das Ockfener Tal unterhalb des gewaltigen Südhangs mit den Lagen Herrenberg, Bockstein und Geisberg. Beim Anblick dieses Reben-

Weingut-Weinhaus-Hotel Zur Ayler Kupp
Besitzer Peter Lauer
Ayl (5511), Telefon 06581/2469

Preise: Qualitätswein ab 5,10; Kabinett ab 6,–; Spätlese ab 7,90; Auslese ab 10,50; Ausschankweine: Qualitätswein 1,80 (0,2 Liter); Kabinett 2,80 (0,25 Liter); Flaschenweine ab 6,10; Hauptgerichte ab 8,50; Übernachtung mit Frühstück ab 20,– (Mo. Ruhetag; Jan. geschlossen)

meeres kann man sich kaum vergegenwärtigen, daß vor hundert Jahren noch große Teile des Hanges mit Lohhecken bedeckt waren. Familienchroniken wissen von uralten Formen des Genossenschaftswesens zu berichten, in denen diese Hecken genutzt wurden, von Lohheckenanteilen als Altersversorgung, aber auch von der anderen Erwerbsquelle des Dorfes, dem Treideln von Mosel- und Saarkähnen.

Seine Familienchronik im Kopf hat auch Walter Gasthauer-Hoffmann, der in Ockfen Weinbau und ein Lokal mit Fremdenzimmern betreibt. Stundenlang kann man sich mit ihm über die Geschichte und den Wein unterhalten. Dabei lernt man auch gleich seine Weine kennen: Alles, was gerade auf der Preisliste erscheint, wird auch im Ausschank angeboten – bis zur Auslese. Allerdings huldigt Walter Gasthauer nicht der Neigung, um jeden Preis eine Auslese machen zu wollen. Er gehört noch zu jenen soliden Winzern, die einen Wein, wenn er gerade an der Spätlese-Auslese-Grenze angesiedelt ist. lieber als Spitzen-Spätlese anbieten.

Walter Gasthauer-Hoffmann, Weingut-Weinhaus
Ockfen (5511), Telefon 06581/2458

Preise: Qualitätswein ab 3,–; Kabinett ab 3,90; Spätlese ab 5,50; Auslese ab 6,80; Ausschankweine von 1,20 bis 3,20; Hauptgerichte ab 7,50; Übernachtung mit Frühstück 17,– (Mo. Ruhetag)

Schon mancher Weinfreund, der in das Ockfener Tal wollte, blieb gleich am Eingang hängen. Hier steht die ehemalige Mühle eines kleinen Klosters, eines Ablegers der Trierer Abtei St. Martin. Das Anwesen gehört zum Weingut Klemens Minn, erweitert um ein Weinhaus und eine Pension. Auch hier kann man alle Weine im Ausschank probieren. Köstlich munden sie zu Forellen, frisch aus dem am Hause liegenden Weiher gefangen und blau, gebacken oder in Mandelhülle serviert.

Von einer der aromatischen Auslesen könnte man dagegen die

Wildgerichte begleiten lassen, welche neuerdings auf der Speisekarte erscheinen. Sachkundige Beratung ist dem Gast auf jeden Fall gewiß – auch und gerade, wenn die Tochter des Hauses serviert. Denn man wird nicht Weinkönigin, wenn man nicht ein gründliches Wein-Wissen nachweist. Und bis Ende 1978 trägt Regina Minn die Saar-Krone.

Weingut-Weinstube-Pension Klostermühle Klemens Minn Ockfen (5511), Telefon 06581/2628

Preise: Qualitätswein ab 4,–; Kabinett ab 4,20; Spätlese 6,–; Auslese ab 7,80; Ausschankweine von 1,30 bis 5,40; Flaschenweine ab 5,–; Hauptgerichte ab 6,50; Übernachtung mit Frühstück 16,– (Di. Ruhetag)

Kartäuser, Trakehner und ein Präsident

Auch an der Ruwer, diesem kleinen Mosel-Nebenflüßchen, wurde der Weinbau einstens von Mönchen beherrscht. Lagebezeichnungen wie Dominikanerberg und zahlreiche alte Klosterhöfe erinnern an diese Zeit, so Schloß Grünhaus bei Mertersdorf, einstmals Hof der Trierer Reichsabtei St. Maximin, im vorigen Jahrhundert Besitz der Freiherren von Stumm-Halberg, heute der Familie von Schubert gehörend. Dieser St.-Maximin-Grünhäuser, immer noch unterteilt in Brudersberg, Herrenberg und Abtsberg, zählt zu den berühmtesten Ruwerweinen.

Wie auch der Kartäuserhofberger. Die Kartäusermönche waren zu Beginn des 14. Jahrhunderts vom Trierer Kurfürsten Balduin von Luxemburg ins Trierische geholt worden, das der Orden bald zu einem Schwerpunkt seiner Tätigkeit entwickelte. Als wirtschaftliche Grundlage erhielt er unter anderem einen ausgedehnten Hof bei Eitelsbach, in einem kleinen Seitentälchen der Ruwer, der fortan Kartäuserhof hieß. Zu ihm gehören Ackerland, Wiesen, Weiden und als kostbarster Besitz ein großer Weinberg an einer Bergnase, die weit in das Ruwertal vorkragt.

Da der Höhenzug nach Süden weist, sind die Weinbergshänge nach Westen, Südwesten, Süden und Südosten ausgerichtet. Ein faszinierendes Vergnügen, die einzelnen Kartäuserhofberger aus den Unter-Lagen Orthsberg, Kronenberg, Stirn, Sang und Burgberg miteinander zu vergleichen.

Mönche allerdings kredenzen uns den Wein nicht mehr. Zu Beginn des 19. Jahrhunderts beschlagnahmte zunächst der französische Staat den gesamten Klosterbesitz in den von seinen Truppen besetzten Landen. Als er 1811 das säkularisierte Klostergut wieder veräußerte, um die letzten Napoleonischen Kriege zu finanzieren, kam es in den Besitz der Familie Rautenstrauch.

Heute gehört es Werner Tyrell, der eine Rautenstrauch geheiratet hat. Nach und nach entwickelte er das Anwesen zum landwirtschaftlichen Musterbetrieb, in dem sich Tradition und Fortschritt auf das glücklichste miteinander verbinden. Dies gilt natürlich auch für den Weinbau, der nach wie vor das wirtschaftliche Rückgrat des Gutes ausmacht. Gewiß bedient sich der Gutsherr in Weinberg und Keller aller modernen Techniken, die menschliche Arbeitskraft entlasten, doch setzt er ihnen dort Grenzen, wo sie den Charakter des Kartäuserhofbergers verändern würden.

Zum Kartäuserhof gehören noch je etwa 30 Hektar Wald, Ackerland sowie Wiesen und Weiden. Der Wald, in den letzten Jahren systematisch aufgeforstet, gewährt den Weinbergen Klimaschutz. Felder, Wiesen und Weiden dienten ursprünglich einer intensiven Milchviehhaltung, die später der Fleischviehproduktion Platz machte. Aber bald gefährdeten Arbeitskräftemangel und Preisverfall auch deren Rentabilität. Und so entschloß sich Werner Tyrell dazu, sein eigenes Hobby stärker auszubauen, gleichsam als Rückgriff auf die Tradition seiner preußischen Heimat. Er weitete die Zucht edler Pferde aus.

Heute zählt der Kartäuserhof zu den Stützpunkten der Trakehnerzucht im Westen. Neben mehreren Deckhengsten bevölkern über 30 Mutterstuten, Junghengste und Fohlen das Gestüt. Weite, lichte Stallungen dienen ihrem Wohlbefinden, eine offene Reitbahn und eine große Reithalle ihrer Ertüchtigung. Schließlich hilft der Gutsherr auch den Pferdeliebhabern aus der nahen Stadt: Ein Pensionsstall gewährt ihren Vierbeinern komfortable Unterkunft. Keller und Gestüt werden Pferd- wie Weinfreunden gerne gezeigt, doch sollte man sich vorher anmelden. Und nach einer kleinen Weinprobe im Probierzimmer oder im Keller empfiehlt sich ein Spaziergang im herrlichen alten Park mit seinen vielen exotischen Bäumen.

Werner Tyrell kann sich bei der Leitung von Weingut und Gestüt auf bewährte Fachkräfte stützen. Und die braucht er auch, denn er hat sich zusätzlich noch dem Gemeinwohl verpflichtet. Seit mehreren Jahren steht er als Präsident an der Spitze des Deutschen Weinbauverbandes, die Interessen des deutschen Weinbaus eloquent und mit großer Hingabe vertretend.

Gutsverwaltung Kartäuserhof Eitelsbach
Werner Tyrell, vormals H. W. Rautenstrauch
Trier-Eitelsbach (5500), Telefon 0651/5131

Preise: Qualitätswein ab 5,15; Kabinett ab 9,–;
Spätlese ab 10,–; Auslese ab 12,10; Beerenauslese 100,–;
Trockenbeerenauslese 190,–; Eiswein-Auslese ab 39,–

Festliche Tage des Weins

Eine besondere Form der Gastlichkeit mit und um den Wein hat sich die in Trier durch die Hotels Porta Nigra und Europäischer Hof vertretene Kette der Dorint-Hotels einfallen lassen. Alljährlich ist das Hotel Porta Nigra Hauptstützpunkt für »Festliche Tage des Weines von Mosel, Saar und Ruwer«. Sie sind nur schwer zu klassifizieren, handelt es sich doch einerseits um eine Gruppenveranstaltung, andererseits wird individuelle Betreuung großgeschrieben.

Die Dorint-Direktion trägt die Veranstaltung nicht solo, was verständlich ist, sondern im Verein mit einer Gruppe großer Weingüter in und um Trier. Darunter befinden sich die schon erwähnten großen Weingüter-Verwaltungen, aber auch private Güter wie der Kartäuserhof oder das Weingut Georg Fritz von Nell.

Alle vertretenen Weingüter laden zu diesen Festlichen Tagen Kunden, Freunde und Geschäftspartner ein. Die spätherbstliche Veranstaltung ist mittlerweile so populär geworden, daß die eigene Bettenkapazität des Porta-Nigra-Hotels nicht ausreicht und auf befreundete Häuser ausgewichen werden muß. Der Ablauf variiert von Jahr zu Jahr nur wenig. Ankunftstag ist jeweils ein Donnerstag. Die Gäste kommen von nah und fern, einige sogar aus dem Ausland.

Erster Treff ist zur Cocktailstunde im Foyer des Hotels. Anschließend wird zum kalten Buffet im Speisesaal gebeten. Lange Tische fördern die Bildung größerer Gruppen und schaffen rasch Gesprächskontakte. Der erste Punkt des offiziellen Programms tut ein Weiteres: Ein Weinquiz, bei dem man seine Weinkenntnisse testen kann, intensiviert die Gespräche. Am Podium haben inzwischen Experten Platz genommen, die zu allen Fragen aus dem Publikum Rede und Antwort stehen.

Der Freitag-Vormittag gehört Trier und seiner Geschichte. Eine Führung durch den frisch restaurierten Dom läßt die christliche Vergangenheit lebendig werden, eine Führung durch das Landesmuseum das Trier der Römer vor unseren Augen erstehen.

Nach dem Mittagessen folgt der »Nachmittag der Weingüter«. Im Hotelfoyer warten die Chefs der Güter auf ihre speziellen Gäste, um sie per Bus oder per pedes in ihre Häuser zu geleiten. Dort werden die Einrichtungen, vor allem die Keller gezeigt. Dann stellt der Gastgeber seine Weine aus der laufenden Liste vor.

Der Abend bringt dann den Höhepunkt des Weinfestivals, eine Große Weinprobe im Hotel, zu der alle beteiligten Weingüter edle und edelste Kreszenzen beisteuern. Er kann zu einem vollkommenen Weingenuß werden, wenn ein Allround-Talent wie Dr. Sambale, Leiter der Staatsdomänen, Memor spielt. Sachlich und poetisch zugleich: »Lassen Sie mich ein paar kostbare Bände aus der Weinbibliothek nehmen und dazu ein paar Gedanken äußern, die mir bei der Lektüre kommen! . . .«

Der Samstagvormittag führt die Teilnehmer in den rauhen Weinalltag zurück: Weinbergsbegehungen und Kellerkunde stehen auf dem Programm. In kleineren Gruppen geht es zu den Weinbergen, dann in die Keller, wo gerade der Most gekeltert wird. Weinbau-Direktoren geben erschöpfende Auskunft. Man weiß jetzt schon so viel vom Wein, daß es einen nicht stört, wenn etwas Chemie ins Spiel kommt, denn in den Labors wird ein wenig der Schleier von weinchemischen Untersuchungen gelüftet.

Die Gestaltung des Nachmittags bleibt jedem selbst überlassen. Die meisten schöpfen etwas Atem für das große Finale. Ein Galaabend mit Weinbuffet, Tanz, Trubel und Fröhlichkeit vereint noch einmal Gäste und Gastgeber.

Zur Gelöstheit der Atmosphäre trägt das Hotel in hohem Maße bei. Gediegene Räume, geschultes, unauffällig arbeitendes Personal, das auch bei einer Großveranstaltung wie dieser funktioniert – hier möchte der Weinfreund auch einmal zu einer ruhigeren Zeit aufkreuzen. Denn auch dann wird der Weinliebhaber nicht zu kurz kommen: Eine reichhaltige Flaschenweinkarte und ausgesuchte Schoppenweine lassen erkennen, daß der Leiter des Hotels persönlich die großen Weingüter der Umgebung besucht, um eine wirklich repräsentative Auswahl zusammenzustellen.

Dorint-Hotel Porta Nigra
Trier (5500), Porta-Nigra-Platz, Telefon 0651/78161

Preise: Ausschankweine 2,80 bis 3,80; Flaschenweine ab 9,80; Hauptgerichte ab 9,–; Übernachtung mit Frühstück ab 64,–

»Festliche Tage des Weins von Mosel, Saar und Ruwer«: Preise auf Anfrage

---

Nahe

Schatzkammer

Im Gegensatz zur mittleren und unteren Mosel, wo sich der Weinbau fast ausschließlich auf das Flußtal beschränkt, wächst durchaus nicht jeder Nahewein an der Nahe. Weit nördlich hinauf in einsame Bachtäler, bis zwischen die Ausläufer des Soonwaldes und des Binger Waldes, hat sich der Weinbau geschoben. Auch an den Hängen der südlichen Nahezuflüsse Alsenz und Glan wächst Wein – und bei den östlichen Kreuznacher Vororten wie Planig und Ippesheim weiß man gar nicht so recht, ob sie nicht dem benachbarten Rheinhessen zuzuschlagen wären.

Dieses Gebiet, im Norden vom Soonwald, im Süden vom Nordpfälzer Bergland begrenzt, im Westen vom Hunsrück vor rauhen Winden geschützt, blieb bisher vom Massentourismus weitgehend verschont. Wer sich ein wenig aus dem Weichbild der großen Bäder Kreuznach und Münster am Stein entfernt, vielleicht auch zum Wochenende die engen Talstraßen meidet, kann weithin ausgedehnte Stille, ja Einsamkeit genießen: im großen geschlossenen Waldgebiet des Soonwaldes etwa, oder weiter im Süden im Wandern von Hügelkuppe zu Hügelkuppe, mit immer neuen Blicken über die weite Landschaft.

Ein richtiges Familien-Ferienland für alle, die Ruhe und Muße dem lauten Betrieb vorziehen. Gut und immer besser ausgebaut die Ferien auf dem Bauernhof. Und wer Glück hat, kann sogar bei einem Winzer Unterkunft finden.

Allerdings ist es den Leuten von der Nahe noch nicht so recht gelungen, einen ihrer größten Aktivposten, den Wein, in den Fremdenverkehr mit einzubeziehen. Zwar gibt es eine Naheweinstraße, die den Autotouristen auch zu entlegenen Weindörfern führt, doch werden ihm nicht viele Möglichkeiten geboten, sich wirklich mit dem Wein vertraut zu machen. Gutsschänken sind an der Nahe selten, und ein Schild »Nahewein-Ausschank« vor einem Wirtshaus läßt noch lange nicht auf ein breites Schoppenwein-Angebot schließen.

Immerhin, die Naheweinwerbung in Bad Kreuznach, Am Kornmarkt 6, veranstaltet mehrmals im Jahr Wochenendseminare für

Weinfreunde mit Vorträgen, Rundfahrten, Besichtigungen und Weinproben.

Und dann lebt im benachbarten Bad Münster am Stein mit dem eingemeindeten, von der alten Sickingen-Ruine bewehrten Ort Ebernburg noch Fritz Gaul. Er ist einer der besten Kenner des Naheweins, ein wahrer Wein-Narr und wandelndes Nahewein-Lexikon. Und gern gibt er seine Kenntnisse weiter – im Gespräch, aber auch in flüssiger Form.

Fritz Gaul kennt an der Nahe fast jeden Keller, fast alle Leute, die im Naheweinbau eine Rolle spielen. Auf jeder Versteigerung ist er zu finden, und auf zahllosen Fahrten schaut er, wo er günstig einen Posten guter Tropfen ergattern kann. Manchmal begleitet ihn dabei sein Freund Heinz ten Doornkaat, Kellermeister des berühmten Bremer Ratskellers, seinerseits ein großer Kenner der Naheweine.

Vor einigen Jahren erwarben die Eheleute Gaul das Hotel-Restaurant Deutsches Haus und bauen es seitdem mit ihrer vielköpfigen Familie immer weiter aus. Freigebig bietet Fritz Gaul seine Weinschätze dar. Freigebig heißt: Er präsentiert sie nicht nur auf der Flaschenweinkarte. Auch seine Ausschankweine, zehn an der Zahl, spiegeln sein Bemühen wider, praktischen Anschauungsunterricht über den Nahewein zu erteilen.

Dabei dominiert der Riesling; Fritz Gaul hält diese klassische Rebsorte nach wie vor für »die« Rebsorte an der Nahe. Jeder Ausschankwein bringt eine neue Facette zum Vorschein, und 1965er und 1968er (wo findet man sonst noch so alte Jahrgänge unter Schoppenweinen?) zeugen davon, wie frisch er sich auch im Alter hält.

Fritz Gaul tut ein übriges: In seiner neu eingerichteten Weinstube reicht er Proben aus je sechs ausgewählten Naheweinen in Probiergläschen. Je nach Qualität – sie reicht bis zu Auslesen! – kosten sie zwischen 5 und 8 DM.

Schließlich die Flaschenweinkarte! Welcher Genuß allein die Lektüre der vielen Seiten mit weit über hundert Namen! Weit zurück reicht die Folge der Jahrgänge, alle großen Lagen der Nahe, alle großen Weingüter sind vertreten. Aus ihrer Zusammenstellung spricht der Kenner, der Liebhaber, der Sammler.

Prunkstücke der Kollektion sind zwei Weine aus dem sagenhaften Jahrgang 1921, um deren Besitz heutzutage gewaltige Auktionsschlachten geschlagen würden: eine Serriger Vogelsang Riesling Trockenbeerenauslese und eine Schloßböckelheimer Kupfergrube Riesling Trockenbeerenauslese. Welch herrliche Raritäten Fritz Gauls beneidenswerte Freunde manchmal vorgesetzt bekommen, davon zeugt eine Trophäensammlung. Auf dem Sims der Wandtäfelung stehen die geleerten Edel-Flaschen, alle mit dem Datum ihres Genusses und den Namen der Genießer versehen – ein fläschernes Gästebuch.

Wie beim Wein tritt Familie Gaul beim Essen für das heimatliche,

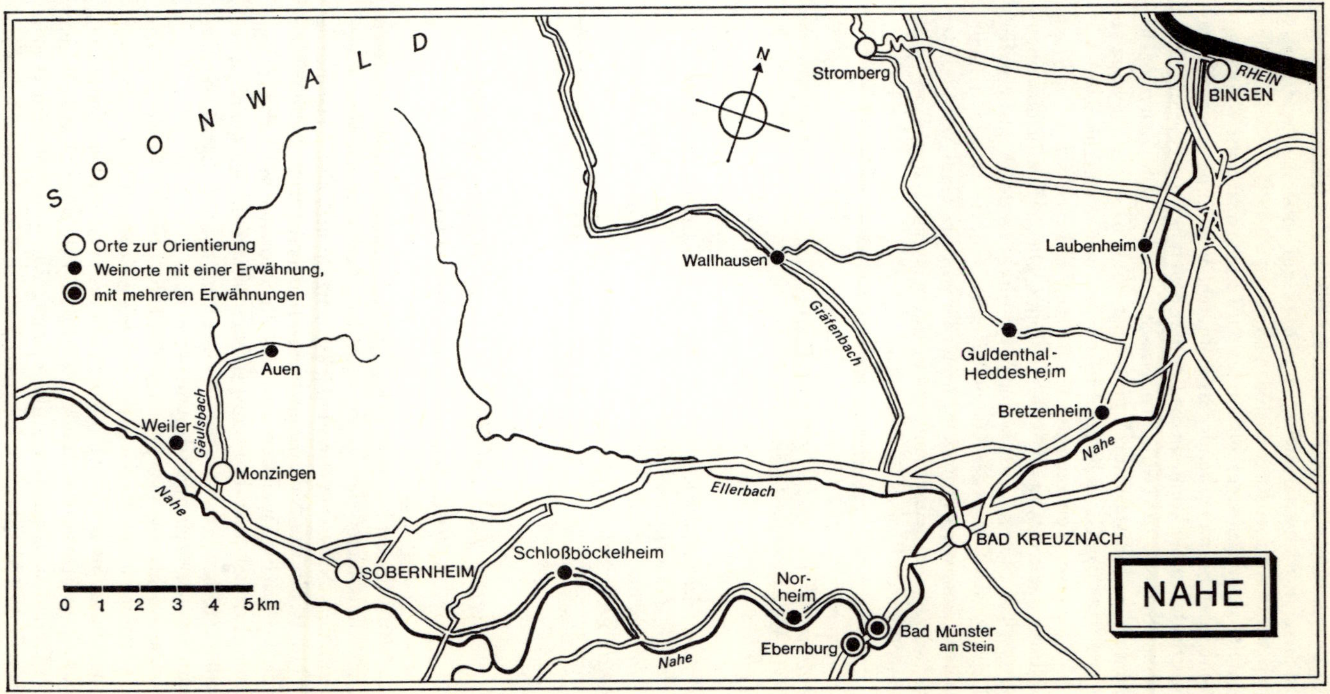
NAHE
SOONWALD
Orte zur Orientierung
Weinorte mit einer Erwähnung,
mit mehreren Erwähnungen
0 1 2 3 4 5 km
N
RHEIN
BINGEN
Stromberg
Laubenheim
Wallhausen
Gräfenbach
Guldenthal-Heddesheim
Bretzenheim
Nahe
Auen
Gäulsbach
Weiler
Monzingen
Ellerbach
BAD KREUZNACH
SOBERNHEIM
Schloßböckelheim
Nor-heim
Bad Münster am Stein
Ebernburg

Bodenständige ein, doch auch dieses in Spitzenqualität. »Die feinen Sachen führe ich zwar auch«, sagt Fritz Gaul, »aber das Landschaftstypische ist mir wichtiger.« Jeden Dienstag wird Pfälzer Schlachtfest gefeiert, und Selbstgeschlachtetes wird auch sonst zum Wein empfohlen, an Sommerabenden Spießbraten. Von Ende September bis Mitte Dezember kommen die Leute von weit her, um gewaltige Portionen Spansau zu verdrücken. Anschließend ist Wild-Zeit mit Selbsterlegtem. Ein Maximum an Information auch hier: Auf der Speisekarte wird das Gewicht der Fleischportionen verzeichnet.

Vor einiger Zeit tat Fritz Gaul einen weiteren Schritt auf dem selbstgewählten Weg als Weinmissionar. Die großen Naheweingüter verkaufen nur relativ wenig Wein direkt an den Konsumenten. Da nun, vor allem in der Kur- und Reisesaison, viele Leute am Deutschen Haus vorbeikommen, bietet ihnen Fritz Gaul Weine dieser Güte in seinem neuen Weinverkaufsraum fast aus erster Hand – nach einer kleinen Probe, versteht sich.

Hotel-Restaurant Deutsches Haus
Inhaber Fritz und Marianne Gaul
Bad Münster am Stein-Ebernburg (6552)
Telefon 06708/1851

Preise: Ausschankweine 1,30 bis 5,–; Flaschenweine ab 6,–; Hauptgerichte ab 7,50;
Übernachtung mit Frühstück ab 17,50 (Montag Ruhetag, Ende Dez. bis Mitte Januar geschlossen)

Tante Ida, Müller III, ein Aussiedlerhof und ein Weinproben-Hotel

Bad Münster am Stein, das eingemeindete Ebernburg sowie deren Umgebung bieten den Weinsuchenden überhaupt viel mehr Gelegenheiten, Nahewein unauffällig kennenzulernen, als die eigentliche »Hauptstadt« des Naheweingebietes, Bad Kreuznach. Zwar dehnen sich großflächige Weinberge um das alte Städtchen mit dem gepflegten Kurviertel, aber dort selbst sieht es mit dem Probieren nicht gerade rosig aus: Auch die paar Weinstuben, die mit eigenen Weinen aufwarten, geizen mit Schoppenweinen.

Wie reichhaltig dagegen das Angebot offener Weine eigenen Wachstums in der Gaststätte Tante Ida gleich am Ortseingang von Ebernburg. Sie gehört zum Weingut Gustav Schneider. Tante Ida, frühere Besitzerin des Hauses, zählte zu den Sehenswürdigkeiten des Ortes, nicht nur wegen ihrer Leibesfülle, sondern auch wegen ihres flinken Mundwerks. Den jetzigen Besitzern fällt es nicht leicht, neben Weinbergen und Keller auch noch das Gasthaus zu betreuen, weshalb es nur von Frühjahr bis Herbst und auch dann nur abends ab 18 Uhr geöffnet ist.

Weingut Gustav Schneider, Gaststätte Tante Ida
Bad Münster am Stein-Ebernburg (6552)
Schloßgartenstraße 8, Telefon 06708/2243

Preise: Qualitätsweine ab 3,10; Kabinett ab 4,50; Spätlese ab 5,50; Auslese ab 12,–; Ausschankweine von 1,10 bis 3,–; Hauptgerichte ab 6,50

Einiges hat sich in den letzten Jahren auch beim Nachbarn, dem Weingut Heinrich Müller III, getan. Bewußt will die junge Generation die Verbindung zwischen Weingut und dazugehörigem Gasthof nutzen. So gehört zur Vollpension das tägliche Gläschen Wein am Abend. Und die vier Ausschankweine sind sicher noch nicht das letzte Wort.

Weingut Heinrich Müller III – Gasthaus Müller
Bad Münster am Stein-Ebernburg (6552)
Schloßgartenstraße 10, Telefon 06708/2218

Preise: Literflaschen-Qualitätswein ab 3,20; Kabinett 5,30; 1/1-Flaschen Qualitätswein ab 3,40; Kabinett ab 4,30; Spätlese ab 5,80; Auslese 9,80; Ausschankweine von 1,– bis 2,20; Flaschenweine ab 5,40; Hauptgerichte ab 6,20; Übernachtung mit Frühstück ab 17,– (Montag Ruhetag)

Ein beliebtes Wanderziel von Bad Münster oder Ebernburg aus ist der Rotenfels, jene prächtige hochragende Porphyrwand, eine ideale Trainingswand für Bergsteiger aus dem Flachland. Doch wenden wir uns lieber dem nächsten Weindorf im Nahetal zu: Norheim. Ein Aussiedlerhof hoch über dem Ort, mitten in den Weinbergen, bietet uns erfrischende Weinrast. Nicht weniger als neun offene Weine kredenzen die Gebhards: ein Streifzug kreuz und quer durch die Norheimer Weinlagen. Wem dazu ein Wurstbrot als Grundlage zu wenig, ein komplettes Fleischgericht zu viel erscheint, der mag sich eines der Toastgerichte bestellen, für die Frau Gerhard bekannt ist (Daten S. 110)

Weiter naheaufwärts, vorbei an Niederhausen: Eng und schmal das Sträßchen, welches an der Staatsdomäne vorbei zum Weinort Schloßböckelheim geleitet. Und ganz im Verborgenen plötzlich ein schön renovierter großer Hof, ein Weinhof, ein Wein-Hotel, ja ein Weinproben- und Weinlehr-Hotel: der Niederthäler Hof. »Der Name kommt mir bekannt vor«, wird mancher Weinfreund sagen.

Weingut-Gaststätte Brunnenhof, G. Gebhard
Norheim/Nahe (6551), Telefon 06708/31151

Preise: Literflaschen-Qualitätswein ab 3,–; 1/1 Flaschen Qualitätswein ab 3,80; Kabinett ab 3,90;
Spätlese ab 4,20; Auslese ab 8,–; Ausschankweine von 1,20 bis 3,60; Flaschenweine ab 5,60; kleine Gerichte ab 3,–;
Toasts ab 5,50; Hauptgerichte ab 9,– (Montag Ruhetag, Ende Dezember bis Mitte Januar geschlossen)

Und in der Tat: Hier befinden wir uns im Stammhaus der gleichnamigen Weingut-Kellerei-Gesellschaft, die unter Einsatz eines großen Vertreterstabes den direkten Weg zum Endverbraucher sucht – jene Methode, welche eines Teil der Erfolgsgeheimnisses darstellt, das sich mit dem Namen Pieroth verbindet. Auch der Niederthäler Hof gehört zum Pieroth-Imperium, doch wird das Unternehmen streng getrennt vom Stammhaus geführt; seine Grundlage bilden die Spitzenweine aus den Lagen rund um den alten Weinhof.

Dieser präsentiert sich seit dem Sommer 1977 als ein wahres Schmuckkästchen. Mit beträchtlichem Kostenaufwand und viel Einfühlungsvermögen in den alten Baubestand ist ein Komforthotel mit Restaurant und Tagungsräumen entstanden, mit dem man vor allem den Weinfreund ansprechen will, auch jenen, dem vor dem Besuch eines Vertreters mit durchgeschüttelten Weinen graust.

Was bietet man ihm? Zunächst einmal sechs Ausschankweine. Oder eine kleine Probe mit drei Weinen zu 3,50 bis 4,– DM. Dazu viel Information rund um den Wein im allgemeinen und um die Weine des Niederthäler Hofes im besonderen. Wer tiefer in die Weinkunde eindringen will, kann ein Pauschalangebot »Urlaub beim Wein« buchen, welches Übernachtung mit Frühstück, eine Weinprobe, Kellereibesichtigungen und Weinbergwanderungen umfaßt. Clou der Wein-Didaktik: Ein Wein-Kolleg, jeweils Freitag bis Sonntag, mit Film- und Diavorträgen, Weinproben und Vollpension. Eine zündende Idee – im ersten Jahr waren alle sechs Kollegs ausgebucht. Jetzt wird für Unentwegte zusätzlich ein »Fortgeschrittenen-Seminar« abgehalten.

Niederthäler Hof Weingut und Weinkellerei GmbH, Weinhotel
Schloßböckelheim/Nahe (6551), Telefon 06721/32718

Preise: Qualitätswein (Nahe) ab 5,95; Kabinett ab 6,40; Spätlese ab 8,75; Auslese ab 16,80; Ausschankweine von 1,60 bis 3,30; Flaschenweine ab 5,80; Hauptgerichte ab 10,80; Übernachtung mit Frühstück ab 29,– (Ende Dezember bis Mitte Januar geschlossen)

Auch die Küche bemüht sich um Weingerechtes; so etwa beim »Domänen-Teller«, der allerlei Luftgetrocknetes (verschiedene Sorten Salami, verschiedene Schinken), dazu Melone, Salzkrustenbrot und Zwiebelbrot präsentiert. Oder man genießt die Klänge einer »Winzerballade«: mageres Schweinefleisch in einer rassigen Joghurt-Sahne-Sauce, mit Weintrauben, Ingwerfrüchten und Mango.

Mini-Fürstentum an der Nahefront

Der Ostabfall der Hunsrück-Ausläufer zur Nahe, die sich hinter Bad Kreuznach nach Norden dem Rhein zuwendet, trägt ein einziges Rebenmeer, unterbrochen nur von den Nordhängen der nach Osten der Nahe zueilenden Soonwald-Bäche. Bretzenheim, Langenlonsheim, Laubenheim, Münster-Sarmsheim – in jedem dieser Weinorte an der Nahefront treffen wir Lagenamen, die einen guten Klang weit über das Weingebiet hinaus erworben haben.

Bretzenheim kann überdies mit einem historischen Kuriosum aufwarten. Der Ort bildet nämlich mit anderen Gemeinden der Umgebung rund zwanzig Jahre lang ein fast reichsunmittelbares Fürstentum. Und das kam so:

Carl Theodor, Kurfürst von der Pfalz, war ein wahrer Glückspilz unter den Fürsten des Rokoko – Friedrich der Große nannte ihn »das Glücksschwein«. Nacheinander erbte der kleine Graf aus der oberpfälzischen, in (dem jetzt bayerischen) Sulzbach residierenden Nebenlinie zuerst die pfälzische Kurwürde und dann die bayerische noch dazu. Carl Theodor wetteiferte mit seinen Kollegen in der Verehrung der Künste. Seine Mannheimer Hofkapelle war berühmt, der junge Mozart gastierte wiederholt in Mannheim, und im Mannheimer Nationaltheater wurden Schillers »Räuber« uraufgeführt.

Wie bei vielen Regenten erstreckte sich die Kunstliebe Carl Theodors auch auf die schönen Künstlerinnen. Seine Favoritin wurde die Mannheimer Schauspielerin Josefine Seifert. Nun mußte auch die Mätresse eines Fürsten zumindest von niederem Adel sein, und so machte Carl Theodor aus der Seifert flugs eine Gräfin von Heideck und ihren Bruder gleich zum Grafen von Heideck dazu.

Dieser gewann bei Hofe bald so viel Einfluß wie seine Schwester. Im August 1774 kletterte das Geschwisterpaar eine weitere Stufe auf der Adelsleiter empor: Carl Theodor verlieh ihnen den Rang eines Grafen und einer Gräfin von Bretzenheim. Damit nicht genug, erwirkte der Kurfürst noch im gleichen Jahr beim damaligen Kaiser Joseph II. die Erhebung in den Fürstenstand. Sogar das Münzrecht wurde dem kleinen Fürstentum gewährt.

Was alles das mit Wein zu tun hat? Nun, die beiden Bretzenheimer werden sich sicher so manche gute Flasche aus ihrem »Ländche« nach Mannheim haben schicken lassen. Der Hauptgrund allerdings, warum ich die geschichtliche Randglosse wiedergebe, ist: Ich las sie in einem Weinhaus, fein säuberlich auf einen Wandvorhang aufgestickt, nämlich im Weinhaus Schmidt, Hotel Grüner Baum, in Bretzenheim.

Dem stillen Marktplatz des Weinortes, fern vom Durchgangsverkehr, wendet das schöne Fachwerkhaus die Giebelfront zu. Stilvoll wie das Äußere auch das Innere mit Balkendecke, Holztäfelung und geschnitzten Stühlen. Und die Karte mit den Ausschankweinen versetzt den Weinfreund in helles Entzücken.

Da tummeln sich Silvaner und Müller-Thurgau mit Rieslingweinen, da wetteifert Ruländer mit Gewürztraminer – vom einfachen Qualitätswein bis zur Auslese. Etwa 25 Weine stehen auf der Preisliste des dazugehörigen Weingutes, rund zehn davon werden im Lokal ausgeschenkt. Fast überflüssig zu erwähnen: Auf der Flaschenweinkarte des Weinhauses finden wir die gesamte Palette des Weingutes und ein paar alte Tropfen dazu.

Hier ist der Wein König! Bescheiden trat früher das Essen hinter ihn zurück. Inzwischen kam jedoch zur vorzüglichen Qualität auch ein gewisser Schuß Raffinesse hinzu – etwa beim Wild oder bei den Steaks. Neue Kreationen auch bei den Feinschmecker-Toasts. Aber die kräftige Hausmannskost zum Wein dominiert.

Auch die Öffnungszeiten sich auf die Weinschlürfer zugeschnitten. Wochentags hält Familie Schmidt das Haus ab mittag offen,

---

Hotel Grüner Baum – Weinhaus H.Schmidt
Bretzenheim (6551), Telefon 0671/33906

Preise: Qualitätswein ab 2,80; Kabinett ab 3,20; Spätlese ab 4,20; Auslese ab 8,50; Beerenauslese 25,–; Trockenbeerenauslese 50,–; Ausschankweine 1,30 bis 4,40; Flaschenweine im Lokal ab 5,50; Hauptgerichte ab 7,–; Übernachtung mit Frühstück ab 20,– (Fr. Ruhetag; Ende Juli und Ende Dez. geschlossen)

---

sonntags allerdings wird nur auf die Frühschöppner Rücksicht genommen; ab Mittag herrscht Ruhe.

Selbstverständlich gilt das nicht für Hotelgäste. Seit an das alte Fachwerkhaus ein kleiner Hoteltrakt angebaut wurde, kommen sie immer häufiger nach Bretzenheim. Von der Dachterrasse aus kann man über die alten Häuser des Weindorfes blicken bis weit über das Rebenmeer hinaus – neben sich das köstlichste Produkt dieser Landschaft, einen goldschimmernden Wein . . .

Karussell und Goldenes Remis'chen

Auch in den beiden Nachbarorten von Bretzenheim gen Bingen, in Langenlonsheim und Laubenheim, trifft der Weinwanderer auf Proben freundlicher Weingastlichkeit. Ganz bewußt und systematisch erprobt Familie Bock in der »Traube« zu Laubenheim neue Methoden, um weitere Freunde für den Wein zu gewinnen. Winzer und Gastwirt zugleich, versucht G. Bock aus dieser Kombination so viel wie möglich zu machen.

So begnügt er sich nicht damit, fünf offene Weine bereitzustellen. Seit einiger Zeit hat er ein Weinkarussell eingeführt, mit dessen Hilfe mehrere Proben gleichzeitig, vor und zurück, verkostet werden können. »Der Gast soll sich an den Wein herantrinken«, meint Herr Bock, und er läßt ihn dabei nicht allein. Zum ergänzenden Gespräch ist der Hausherr gern bereit. Wer es vorzieht, sich dem Wein als Autodidakt zu nähern, kann es mit Unterstützung eines Weinbreviariums tun, das viel Wissenswertes über den Wein erzählt.

Es liegt übrigens der umfangreichen Weinkarte bei. Sie umfaßt 16 Nummern, alles Eigengewächse, für ein kleines Weingut wirklich eine ansehnliche Palette. Bis in den Jahrgang 1969 reicht sie zurück und steigert den Genuß bis zur Beerenauslese.

Familie Bock bemüht sich, auch das Speisenangebot weingemäß zu halten. Die Devise lautet: einfach, aber gut. Und so gibt es Hand-

---

Hotel-Restaurant Traube, Inhaber G. Bock
Weingut Helmut Bock
Laubenheim (6531)
Naheweinstraße 66, Telefon 06704/1228

Preise: Qualitätswein ab 3,50; Kabinett ab 4,50;
Spätlese ab 5,50; Auslese ab 10,–; Beerenauslese 25,–;
Ausschankweine 1,10 bis 2,40; Flaschenweine ab 5,–;
Hauptgerichte ab 8,–; Übernachtung mit Frühstück ab 20,–
(Mo. Ruhetag; 3 Wochen im Juli geschl.)

---

käs' mit und ohne »Musik«, einen Winzerteller und ganz köstliche Schmalzbrote. Im Herbst, zum Federweißen, wird eifrig Zwiebelkuchen gebacken und Spansau gebraten.

Fünf größere Gruppen – ab zehn Personen – veranstaltet Herr Bock Weinproben. Und er ist gut darauf vorbereitet, falls die Gäste anschließend im Haus übernachten wollen – was sich nach einer ausgiebigen Probe auch empfiehlt.

Nicht weit von Laubenheim, flußaufwärts im Tal des Guldenbaches, liegt Heddesheim, heute zur großen Nahewein-Gemeinde Guldental gehörend. Hier kann man ein Lokal besuchen, welches gleich zwei Mal mit hohen Wein-Auszeichnungen bedacht wurde. Silvia Buchholz, Tochter des Hauses im »Kaiserhof«, trug die Krone einer Naheweinkönigin, und das Gasthaus selbst bekam 1976 das »Goldene Remis'chen«, welches alljährlich einem besonders typischen Weinhaus an der Nahe verliehen wird (das Remis'chen ist ein an der Nahe übliches Spezialweinglas). Im Jahre 1977 durfte es übrigens Fritz Gaul für das »Deutsche Haus« in Bad Münster in Empfang nemen.

Gewiß gehört der »Kaiserhof« zu den schönsten Weinschänken an der Nahe – jedenfalls was die Einrichtung betrifft. Die Auswahl an offenen Weinen aus dem eigenen Weingut ist allerdings mit vier Schoppen nicht gerade überwältigend. Dazu gibt es kräftiges, außerordentlich schmackhaft zubereitetes Essen mit heimatständiger Note – dokumentiert durch Bezeichnungen wie »Köhlersteak«, »Einsiedler-Vesper« und »Guldentäler Kaiserschmaus«.

Weingut Kaiserhof, Restaurant-Brennerei
Guldental/Nahe, Ortsteil Heddesheim (6531),
Telefon 06707/746

Preise: Qualitätswein und Kabinett ab 3,40; Spätlese ab 4,90; Auslese ab 9,80; Beerenauslese-Eiswein 1/2 Fl. 35,–; Trockenbeerenauslese 1/2 Fl. 50,–; Ausschankweine von 1,20 bis 2,20; Flaschenweine ab 4,20

Verborgene Weinschänken

Weinstuben und Weinschänken gibt es viele im Nahe-Weingau. Doch ich sagte es schon: Nur bei wenigen lohnt ein Besuch wegen des Schoppenweines. Bei vielen ist der Ausschankwein nicht mehr als ein Durstlöscher. Die anderen wollen gefunden sein. Das wird dem flott durch die Täler fahrenden Autotouristen schwerlich gelingen. Dem gemächlichen Wanderer über (Wein-) Berg und Tal bieten sich dagegen noch echte Entdeckungschancen.

Weitgehend »entdeckt« ist allerdings das Weinhaus Wilbert in Wallhausen, ein beliebtes sonntägliches Ziel vieler Gäste von nah und fern, die bodenständig, kräftig, gutbürgerlich, einfach »wie bei Muttern« essen wollen: Haxen, Spießbraten, Wild werden aufgetischt, Ende September bis Anfang Dezember lockt Spansau, und aus dem Springbrunnen-Teich im Garten kommen frische Wispertal-Forellen.

Die ganze Familie wirkt zum Wohle der Gäste: die Junioren in der Küche und an der Theke. Der Senior hat alle Hände voll zu tun, damit auch der letzte Gast noch seinen Platz findet. Wenn es wieder ruhiger wird, erholt er sich bei einem Schwätzchen mit den Stammgästen.

Die zum Haus gehörende Weinkellerei führt an die 25 Weine, davon rund sechs aus eigenen Weinbergen. Alle Weine erscheinen – mit unterschiedlichem Aufschlag – auch auf der Karte des Restaurants, die eigenen fast alle im Ausschank.

Ein Weinhaus-Wilbert-Mahl läßt sich auch daheim verzehren! Nicht nur Wein, sondern auch kräftige Hausmacher-Wurst aus eigener Schlachtung gibt es zum Mitnehmen.

Weinhaus-Weingut Wilbert, Inhaber A. Wilbert
Wallhausen (6551), Telefon 06706/313

Preise: Qualitätswein ab 3,50; Kabinett ab 4,–; Spätlese ab 6,50; Auslese ab 9,–; Ausschankweine 1,20 bis 2,40; Flaschenweine ab 5,40; Hauptgerichte ab 6,90 (Montag Ruhetag)

Wer mehr nach Stille und Abgeschiedenheit sucht, wird bei Willi Heimer in Auen gut aufgehoben sein. Auen liegt im westlichen Teil des Nahegaus. Um das Dorf zu finden, müssen wir dem Gaulsbach, der bei Monzingen in die Nahe mündet, aufwärts in Richtung Soonwald folgen. Nach wenigen Kilometern zweigt von diesem stillen Tal ein noch stilleres ab, in dem sich Auen versteckt. Nicht weit von hier residierte der Churfürstliche, Churpfälzische Erbförster-Forstinspektor des vorderen Soonwaldes, Fr. W. Utsch, Vorbild des noch heute im Liede besungenen Jägers aus Kurpfalz. Auf dem Waldfriedhof von Auen liegt er begraben.

Zum Jäger aus Kurpfalz, wie Willi Heimers Gaststätte heißt, liegt nun nicht etwa an der Hauptstraße, die man schon gar nicht mehr als Durchgangsstraße bezeichnen kann, sondern an einem Nebengäßchen. Ruhiger geht's nimmer! Um das Dorf herum Weinberge, Wiesen, Felder, Wälder – alles so richtig für einen erholsamen Familienurlaub geeignet.

Der nahe Wald versorgt auch die Küche mit. Wild gehört zu den Spezialitäten von Frau Heimer und der in dieser Gegend obligatorische Spießbraten.

Willi Heimer wiederum besorgt den hauseigenen Wein. Gleich hinter dem Haus liegen seine Weinberge Auener Paradiesgarten, Auener Kaulenberg, Auener Römerstich. Den einen oder anderen Wein kauft er noch hinzu. Von den sechs bis sieben Weinen auf seiner Weinkarte bezeichnet er zwei als offizielle Pokalweine. Aber auf Wunsch macht er auch die anderen Flaschen auf. Als Weinprobe deklariert, kann man schließlich für etwa 5,– DM alle sechs Weine verkosten.

Bisweilen sorgt der Wirt auch für Abendunterhaltung: seinen kräftigen Bariton begleitet er eigenhändig auf dem Akkordeon. Lassen Sie sich von ihm das Auener Heimatlied vorsingen, das an seinem Stammtisch in feuchtfröhlicher Runde entstanden ist!

Gasthaus-Pension-Weinbau Zum Jäger aus Kurpfalz
Inhaber Willi Heimer
Auen (6551), Feuchte Ecke 6, Telefon 06754/373

Preise: Qualitätswein ab 3,–; Kabinett ab 3,60; Spätlese ab 4,50; Auslese 6,50; Ausschankwein 1,20 bis 3,–; Hauptgerichte ab 6,–; Übernachtung mit Frühstück 14,–

Beschließen wir unsere Nahe-Weinreise in Weiler, dem letzten größeren Weinort am Oberlauf, »um den Weinberg herum« hinter Monzingen liegend. Familie Lauf-Reichardt hat in die Scheuer ihres Schmidtburger Hofes mit viel Liebe und Geschmack eine Probierstube eingebaut, die Mitte Juli bis Mitte November als Straußwirtschaft offengehalten wird. Liebevoll wird auch der Weinfreund behandelt: alle Weine gibt es im Ausschank. Den kernig-kräftigen Riesling, der hier wächst, sollte man sich nicht entgehen lassen.

Weingut Schmidtburger Hof, Erika Lauf,
Nachf. K.-H. Reichardt
Weiler über Kirn (6571), Hauptstraße 20,
Telefon 06754/452

Preise: Qualitätswein ab 4,30; Spätlese ab 5,30; Auslese ab 10,50; Ausschankweine von 1,10 bis 5,50; Flaschenweine ab 4,60; kl. Gerichte ab 3,30 (Montag und Dienstag Ruhetag)

Rheinhessen

Weinland der Gegensätze

Hand aufs Herz: Wer kennt schon Rheinhessen? Ein paar prominente Weinorte vielleicht – Bingen, Ingelheim, Nackenheim, Nierstein, Oppenheim; Mainz dazu, natürlich. Aber dann hört es meistens schon auf. Die imposante Rheinfront südlich von Mainz haben viele besucht. Aber wer durchstreifte je das weite Hügelland im großen Dreieck Bingen-Mainz-Worms? Eine Landschaft von ganz eigenem Reiz mit sanft schwingenden Hügelketten. Zauberhaft der Blick an einem klaren Herbsttag über diese grünen Wellen bis zum fernen Taunus oder zum Donnersberg.

Und wer kennt schon die Weine, welche zwischen diesen Hügelketten heranwachsen? Binger Scharlachberg oder die großen Lagen der Rheinfront wie Oppenheimer Sackträger, Niersteiner Hipping oder Nackenheimer Rothenberg sind dem Weinfreund geläufig. Von dem, was im Binnenland heranwächst, hat sich allerdings nur das Mittelmaß Weltruhm erworben. In Form von Domtal und Liebfrauenmilch wird es en masse exportiert, getrimmt auf die Vorstellung des Ausländers vom Rheinwein.

Man sollte die Produkte des Hügellandes nicht an diesen Markenweinen messen. Wer sich ein wenig Mühe macht, wird auch abseits der Rheinfront manch großen Wein entdecken. Man muß einfach auch Wein aus Alzey, Gau-Odernheim, Selzen, Mettenheim oder einem der unendlich vielen anderen Weinorte probiert haben, um die Vielfalt der Weine Rheinhessens ermessen zu können.

Ein Grundcharakter ist ihnen gemeinsam: Sie sind vollmundiger und weicher als anderswo. Diese Geschmacksrichtung stammt noch aus jenen Zeiten, als milder Silvaner das Hauptkontingent der Reben stellte. Auch beim Müller-Thurgau, der ihn als Rebsorte ablöste, steht das Liebliche im Vordergrund. Inzwischen haben sich jedoch gerade rheinhessische Winzer in besonderem Maße der vielen Neuzüchtungen angenommen. Sie tragen ihr gut Teil zur Vielgestaltigkeit bei, in der sich uns die Rheinhessenweine heute präsentieren.

Fast überall dominieren die Weißweinorten – mit einer Ausnahme. Was Aßmannshausen für den Rheingau, ist Ingelheim für Rheinhessen, seine Rotwein-Enklave. Schon die Römer mögen hier

Rotwein gepflanzt haben. Von Karl dem Großen, von dessen Kaiserpfalz noch einige Mauerreste stehen, weiß man es genau. Über das Mittelalter bis in die Gegenwart – so kontinuierlich, wie mit Ingelheim die große Geschichte verbunden ist, so verbindet sich mit dem Ort der Rotwein. Und der Spargel, der in der Rheinebene wächst.

Kräftige Portugieser und samtige Spätburgunder ermöglichen auch innerhalb des Rotweinbereichs mannigfaltige Geschmacksabwandlungen. Davon kann man sich beim Besuch der Ingelheimer Bezirks-Winzergenossenschaft Kaiserpfalz überzeugen. Sie betreibt eine Gaststätte, in der an die zehn offene Weine ausgeschenkt werden, davon vier bis fünf Rotweine.

Bezirks-Winzergenossenschaft Kaiserpfalz
Ingelheim (6507), Binger Straße 16, Telefon 06132/2083

Restaurant Winzerkeller
Ingelheim (6507), Binger Straße 16, Telefon 06132/2523

Preise: Qualitätswein ab 3,40, Portugieser ab 3,30 Spätburgunder ab 5,–; Kabinett ab 4,80 (Spätburgunder ab 6,–); Spätlese ab 5,60 (Spätburgunder ab 8,50); Ausschankweine von 1,50 bis 3,–; Flaschenweine ab 8,–; Hauptgerichte ab 7,–

Proben, die eine gute Übersicht über Ingelheimer Weine liefern, veranstaltet auch das Verkehrsamt. Rathausplatz 5, Tel. 061321 7041. Leider können sich nur Gruppen, keine Einzelpersonen, anmelden. Für Gruppen ist überhaupt in den großen Weinorten Rheinhessens bestens gesorgt: Oppenheim veranstaltet seine Weinproben im Keller des gotischen Rathauses, Nackenheim hat einen Weinkeller am Kirchberg ausgebaut, Guntersblum lädt in den Rathauskeller ein, und Worms besitzt eine Stiftskeller. Die jeweiligen Verkehrsämter geben gerne nähere Auskunft.

Weine aus ganz Hessen werden in den Proben der Werbegemeinschaft Rheinhessen e.V., 6500 Mainz, 117er Ehrenhof, Tel. 06131/66162, vorgestellt. Sie besitzt einen stimmungsvollen Probierkeller in der Margarethengasse. Leider müssen auch bei diesen Proben mindestens 20 Leute zusammenkommen.

Der Individualist, der sich keiner Gruppe anschließen kann oder will, braucht deswegen auf eine Übersicht über rheinhessische Weine nicht zu verzichten. Auf zwei Möglichkeiten weisen die folgenden beiden Kapitel hin.

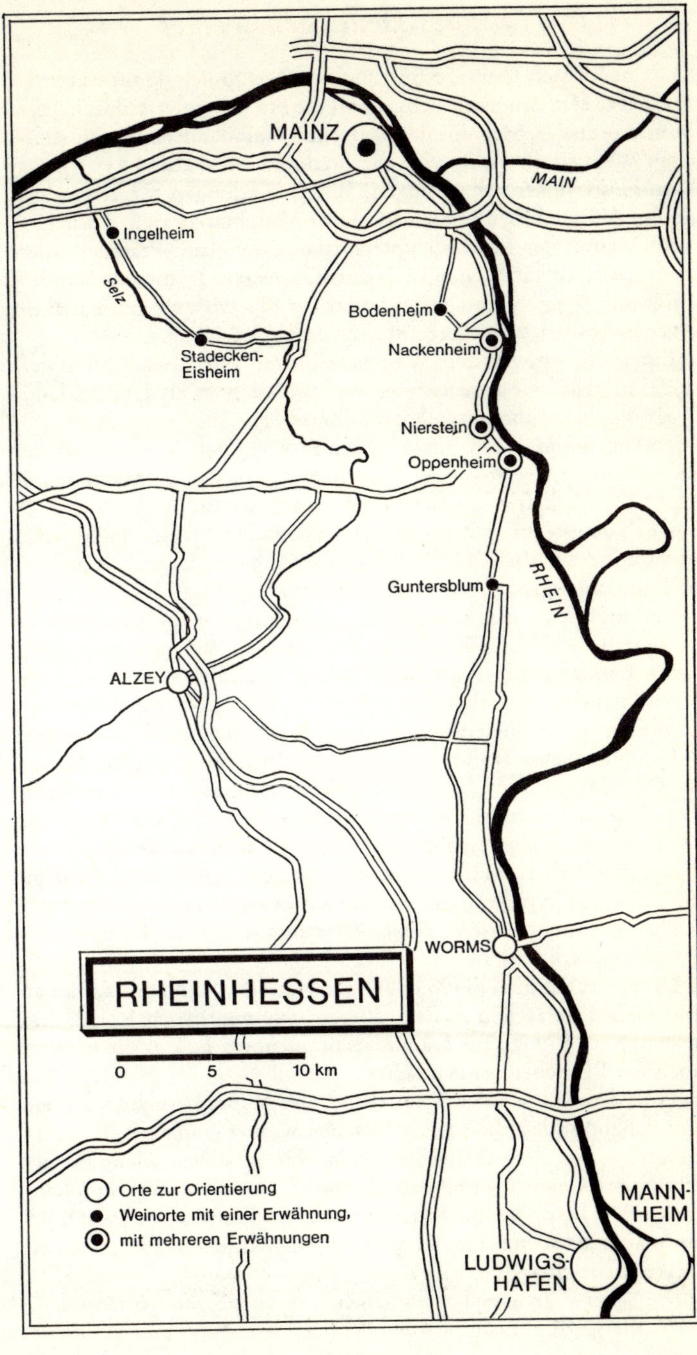

MAINZ
MAIN
Ingelheim
Selz
Bodenheim
Nackenheim
Stadecken-
Eisheim
Nierstein
Oppenheim
RHEIN
Guntersblum
ALZEY
WORMS
RHEINHESSEN
0
5
10 km
Orte zur Orientierung
Weinorte mit einer Erwähnung,
mit mehreren Erwähnungen
MANN-
HEIM
LUDWIGS-
HAFEN

Haus des Deutschen Weines

Stolz nennt sich Mainz, Rheinhessens Metropole, »Hauptstadt des Weines«. Mit einigem Recht, denn die Stadt fungierte durch Jahrhunderte als Drehscheibe des deutschen Weinhandels. Die klösterlichen Weingärten im Bereich der Stadtmauern wurden zwar längst vom Häusermeer verschlungen, Eingemeindungen sorgten jedoch dafür, daß auch heute noch in Mainz Weinbau getrieben wird.

In Mainz, der Landeshauptstadt von Rheinland-Pfalz, residiert auch Deutschlands einziger Weinbauminister. In diesem Bundesland steht Weinbau mit an der Spitze der Erwerbszweige, so daß ein eigenes Ressort wohl gerechtfertigt erscheint.

Einer der populärsten Weinbauminister war Oscar Stübinger. Auf ihn geht eine Einrichtung zurück, die man als Deutschlands Wein-Probierstube bezeichnen könnte.

Es begann mit einem gewonnenen Prozeß. Der Verlierer soll hier nicht weiter interessieren. Es obsiegten verschiedene in Mainz ansässige Körperschaften des deutschen Weinbaus. Sie waren sich ihres Sieges keineswegs sicher gewesen und hatten für alle Fälle einen nicht unbeträchtlichen Prozeßfonds zusammengebracht. Was jetzt mit ihm anfangen? Ihn wieder aufteilen?

Stübinger kam eine bessere Idee. Er schlug vor, in Mainz ein repräsentatives Lokal einzurichten, in dem man Wein aus allen deutschen Landen probieren können sollte. Auch den Namen hatte er schon parat: Haus des Deutschen Weines. Die Wein-Gremien stimmten zu und ließen sich den Namen gleich gesetzlich schützen.

Das Haus selbst florierte zunächst nicht so, wie man gedacht hatte. Die Mainzer, welche doch das Gros der Gäste stellen mußten, ließen auf sich warten. Die Einrichtung kriselte vor sich hin. Ende 1973 entschloß man sich darum zu einer neuen Konzeption. Eine Trägergesellschaft, in der die Stadt Mainz das Sagen hat, übernahm die Leitung. Ein tatkräftiger Pächter wurde engagiert, und ein ideenreiches Architektenteam gestaltete das unmittelbar am Theater gelegene Lokal völlig um.

Und jetzt nahmen die Mainzer das Haus an. Ständiges Kommen und Gehen herrschen in dem durchgängig geöffneten Lokal. Am späten Nachmittag, zur Dämmerschoppenzeit, fällt es oft schwer, noch ein Plätzchen zu erwischen.

Trotzdem sollte jeder Weinfreund, der Mainz besucht, auch ein Stündchen für das Haus des Deutschen Weines einplanen. Rund 45 Gewächse aus allen deutschen Weingebieten stehen allein auf der Schoppenweinkarte – und dabei nennt sie sich noch »Kleine Weinkarte«! Die »Große«, die Karte mit den Flaschenweinen, weist noch fünfmal mehr Sorten aus! Sie gehört zu den umfangreichsten Weinkarten Deutschlands.

Die Wein-Palette bedarf natürlich in regelmäßigen Abständen einer Auffrischung. Dann werden Winzer, Weingüter und Kellereien aufgefordert, Angebote einzureichen. Eine unabhängige Kommission prüft jeden angebotenen Wein und sucht geeignete heraus. Sie achtet darauf, daß jeder Wein typisch für Weingegend und Rebsorte ist und daß die gesamte Palette die Vielfalt des deutschen Weines widerspiegelt. Eine kleine Reverenz lediglich gegenüber der gastgebenden Landschaft: Rheinhessen-Weine stehen obenan auf der Karte und haben ein leichtes Übergewicht.

Kein Wunder, die Lektüre dieser Weinkarte ist ein Genuß für sich. »Weinkarte mit Phantasie gelesen, ist fast so schön wie wirklich voll gewesen«, meinte in unvergleichlicher Deutlichkeit schon Carl Zuckmayer. Die Karte enthält auch mehrere weindidaktische Kapitel, in denen auch ein Hinweis auf den Weinbau in Sachsen und Schlesien nicht fehlt. Gesellschaften, die mündliche Lehrstunden vorziehen, können in einer separaten gemütlichen Probierstube Weinproben vereinbaren.

Pächter Kurt Beck und sein Küchenmeister verwenden auch große Sorgfalt auf die Zusammenstellung der Speisekarte. Auch der Schoppentrinker kommt dabei zu seinem Recht: Auf der kleinen Weinkarte findet er einen Imbiß zum Wein. Mainzer Lokalkolorit dominiert: Määnzer Fleischwurst, Määnzer Handkäs, Määnzer Spundekäs. Auch der Gestalter der Karte wurde vom Mainzer Lokalkolorit angeregt, von dem auch der langjährige populäre SPD-Oberbürgermeister Jockel Fuchs ein Teil ist: Ein kleiner roter Fuchs lugt aus einem Stilleben mit Weinglas, Flasche und Trauben hervor.

Haus des Deutschen Weines
Mainz (6500), Gutenbergplatz 3-5, Telefon 06131/28676

Preise: Ausschankweine von 1,50 bis 3,80; Flaschenweine ab 8,–; Hauptgerichte ab 9,50; Imbiß ab 3,50 (So. u. Feiertage Ruhetag)

Die größte Rheinhessen-Weinkarte der Welt

Wie schreiben die Reiseführer doch, wenn sie einer Küche höchstes Lob spenden wollen: ». . . ist einen Umweg wert!« Und einen solchen Umweg möchte ich dem Weinfreund auch wegen der Weinkarte empfehlen, von der jetzt die Rede sein wird und die sich selbst stolz »die größte Rheinhessen-Weinkarte der Welt« nennt. Es gibt sie gleich in doppelter Ausführung – einmal in Nierstein, einmal in Oppenheim.

Das rührt daher, daß sich das Rheinhotel in Nierstein und das Hotel Kurpfalz in Oppenheim in gleichem Besitz befinden und unter gleicher Regie geführt werden. Seit 1908 regiert hier die Familie Platen. Wenn man Glück hat, kann man bei einem sonntäglichen Besuch im Oppenheimer Stammhaus gleich drei Generationen der Familie antreffen. Zu beiden Häusern gehört eine Weinhandlung. Einige wenige Weine werden selbst abgefüllt, die Mehrzahl der Flaschen kommt jedoch aus den Niersteiner und Oppenheimer Weingütern; viele davon werden mit Rabatten zwischen 30 und 40 Prozent außer Haus verkauft.

Die Weinkarte bietet tatsächlich eine nahezu komplette Übersicht über die Niersteiner und Oppenheimer Weingüter und ihre Kreszenzen, ein wahres Kompendium von Lagen an der Rheinfront mit mehr als 150 Gewächsen aus über 30 Gütern. Bei der Lektüre – fast so genußreich wie der Genuß selbst – begegnet man echten Welt-Raritäten, um die auch der verwöhnteste Sammler den Keller beneiden würde: eine 1953er Niersteiner Oelberg Riesling Trockenbeerenauslese etwa, eine 1949er Oppenheimer Krötenbrunnen Auslese, eine 1945er Dienheimer Tafelstein Trockenbeerenauslese oder gar eine 1943er Niersteiner Heiligenbaum und Hindenburgterrasse Trockenbeerenauslese. Das Nonplusultra: eine Niersteiner Hipping Berg Trockenbeerenauslese aus dem legendären Jahrgang 1921!

Solche Genüsse kosten natürlich einen ganz tiefen Griff in den Geldbeutel. Aber ein Krösus muß man auch wieder nicht sein, um sich in diesen Häusern eine Reise in die Vergangenheit leisten zu können. So bekommt man bereits für 20 Mark eine 1966er Niersteiner Vockenberg Müller-Thurgau Spätlese und um die 30 Mark eine 1969er Niersteiner Goldene Luft St.Hubertuswein-Spätlese, eine 1966er Oppenheimer Steig Ruländer Spätlese oder gar eine 1964er Oppenheimer Reisekahr Spätlese. Für einen Betrag zwischen 30 und 35 Mark kann man sich sogar in das Jahr 1959 zurückversetzen lassen, mit einer Niersteiner Oberer Oelberg Spätlese etwa oder einer Oppenheimer Krötenbrunnen Sylvaner Auslese.

Auch wer sich mit einem Ausschankwein begnügen will, kommt in den beiden Häusern nicht zu kurz. Unter zwölf Weinen kann man wählen, wobei sich Platens bemühen, auch hier ein paar ältere Jahrgänge vorzustellen. Wer sich hindurchkosten will, dem werden die Weine zu sechsen gruppiert in Probiergläschen plus Brotkorb angeboten. Überhaupt sind Weinproben eine Spezialität des Hauses. Sowohl im Rheinhotel als auch im Hotel Kurpfalz wurden Probierkeller eingerichtet, in denen neben Standardproben auch besondere Proben nach den Wünschen der Gäste veranstaltet werden.

Ein Weinkeller der Spitzenklasse würde gleichsam in der Luft hängen, versuchte nicht die Küche, wenigstens annähernd Entsprechendes zu leisten. Hier wird überdurchschnittliches Niveau gleich in zwei Richtungen erklommen: einmal im Gehobenen von internationalem Flair, zum anderen in bodenständigen, herzhaften Speisen, die zum Schoppenwein passen.

Triumphe feiert Familie Platen, wenn sie zum »Großen Schlachtfest nach Art des Hauses mit allen Spezialitäten« einlädt, in beiden Orten zu verschiedenen Zeiten. Metzelsuppe (ganz köstlich), warme Würste auf Sauerkraut oder Wellfleisch dürfen dabei natürlich nicht fehlen. Doch auch gehobene Orgien sind möglich: mit glasiertem Schweinscarré, Schweinelendchen baskisch oder Schweinsmedaillon Maryland mit gebackener Banane und Mandelhülle . . .

Hotel Kurpfalz, Oppenheim (6504)
Wormser Straße 2, Telefon 06133/2291

Rhein-Hotel, Nierstein (6505)
Mainzer Straße 16, Telefon 06133/5161

Weinhaus Platen, Nierstein/Oppenheim
Anschriften wie oben

Preise: Qualitätswein ab 4,90; Kabinett ab 5,90; Spätlese ab 6,90; Auslese ab 12,90; Beerenauslese ab 24,–; Ausschankweine 1,90 bis 14,50; Flaschenweine ab 9,50, halbe Flaschen ab 6,50; Hauptgerichte ab 8,–; Übernachtung mit Frühstück Rhein-Hotel ab 33,– (Mitte Dez. bis Anfang Jan. geschlossen)
Hotel Kurpfalz ab 25,– (Mitte Dez. bis Anfang Jan. geschlossen)

Unter römischen Ziegeln, zwischen römischen Säulen

Dort, wo der Mainzer Berg, jener große Hügelrücken zwischen Mainz und Ingelheim, sich dem Ingelheimer Grund zuneigt, liegt auf der Höhe über Elsheim einer der schönsten Gutshöfe Rheinhessens, der Windhäuser Hof. Fast zwei Jahrtausende Geschichte stekken in seinen Mauern. Kulturhistoriker haben einwandfrei festgestellt, daß die Gewölbe aus römischen Ziegeln bestehen und von römischen Säulen getragen werden.

Hier, in der damaligen Etappe, mag die Villa eines römischen Handelsherren gestanden haben, mit großartiger Fernsicht bis zum Odenwald, Taunus und Donnersberg. Und es fällt einem leicht, sich vorzustellen, wie schon damals die Hänge unterhalb des Anwesens Reben trugen.

Die ältesten urkundlichen Nachrichten über den Hof stammen zwar erst aus dem 14. Jahrhundert, doch ist zu vermuten, daß er zum Versorgunssystem der Ingelheimer Kaiserpfalz gehört. Jedenfalls zählte er wie der ganze Ingelheimer Grund durch Jahrhunderte zum Reichsgut.

Nach dessen Privatisierung wechseln die Besitzer. Berühmte Namen sind darunter, im 18. Jahrhundert die Greiffenclaus aus dem rheingauischen Vollrads, Weinfreunden nicht unbekannt, gehören zu jenem Schloß doch vorzügliche Lagen.

Im Jahr 1809, als die Franzosen in Rheinhessen saßen, ging der Windhäuser Hof in den Besitz des Mainzer Präfekten Jeanbon Saint-André über, jenes Mannes, dem die Mainzer die Aufhebung ihres Karnevalsverbots abtrotzten und dessen Name seitdem, arg verballhornt, im »Ritzambaa« weiterlebt. Dieser Jeanbon ließ die Weinberge von einer hohen Mauer umgeben, noch heute ein Schutz der Jungreben vor Wildfaß. Auch die beiden klassizistischen Tempelchen in Form von Triumphbögen, die in den Elsheimer Grund hinabblicken, sind sein Werk. Daher die Lagebezeichnung Tempelchen für zum Gut gehörende Weinberge.

Nach dem Ersten Weltkrieg diente der Hof zunächst der Stadt als Weinquelle, später führte ihn dann die Landwirtschaftskammer als Versuchsgut. Hier wurde der erste Riesling in Rheinhessen angebaut, hier wurden die ersten Versuche durchgeführt, um Reben am Drahtrahmen zu ziehen.

Und wieder wird der Windhäuser Hof Privatbesitz, 1933 erwirbt ihn die Frankfurter Industriellenfamilie Schleußner. Seitdem betreut sie das Anwesen. Für Dr. Carlfried Schleußner, den jetzigen Besitzer, bedeutet die Führung des Hofes Hobby und Beruf zugleich, nachdem er in den vergangenen Jahren nach und nach fast alle Beteiligungen in Chemieunternehmen abgestoßen hat.

Sein Ideenreichtum, unerläßlich bei der Führung eines Industrieunternehmens, kommt jetzt dem Hof zugute. Eines Tages griff er einen halboffiziellen Seufzer auf, daß es um Mainz kaum Stätten gäbe, wohin man Gäste zum Wein führen könne, und er machte sich an den Umbau brachliegender Wirtschaftsgebäude. Dabei stieß er auf das erwähnte römische Mauerwerk und die Säulen: Das mußte eine römisch-fränkische Weinstube werden.

Wer heute unter die wunderschönen Gewölbe tritt, wird kaum vermuten, daß hier Tenne, Futterkammer, Schrotkammer und Melkstall untergebracht waren. Nur die alten Bezeichnungen verraten noch die frühere Nutzung der Räume, die jetzt so viel Atmosphäre ausstrahlen.

Qualität und Vielseitigkeit sind die Kriterien, unter denen Dr. Schleußner Weinbau betreibt. Boden und Lage im Regenschatten des Mainzer Berges schaffen beste Voraussetzungen für Qualität. Zahlreiche Rebsorten bieten dem Kunden nicht nur eine abwechslungsreiche Palette, sondern ermöglichen auch dem Weingut einen Ausgleich der Risiken.

Daß sämtliche Weine auf der Flaschenweinkarte stehen, versteht sich von selbst. Aber auch anhand der Ausschankweine kann man sich sein Urteil bilden; so um die acht stehen zumeist auf der Karte.

Ein Mann wie Dr. Schleußner begnügt sich natürlich nicht damit, seine Weine in kultiviertem Rahmen zu präsentieren. Er hat auch ein vorzügliches Küchenteam angeheuert, um den Gaumen nicht nur durch Getränke zu verwöhnen. Wen verwundert es, daß viele Gerichte vom Wein geprägt sind und auf ihn hinzielen: Spießbraten, Weinstubenspieß, Raclette, Rheinische Rotweinsuppe. Darüber hinaus gibt es jede Woche ein besonderes Programm: mal Wild (Feldhuhn Weinhändlerart mit Trauben und Weinkraut etwa oder Wildschweinsteak Försterin mit Mandarinen, Champignons, Preiselbeeren und Birne), mal Spargelgerichte oder was die Saison gerade beitet.

Dienstag bis Samstag ist die römisch-fränkische Weinstube ab 16.30 Uhr geöffnet, zum Mittagessen nur an Sonntagen. Die Mittage in der Woche spart sich der Besitzer für Gruppen auf, die er notfalls per VW-Bus von der Bahnstation herbringen läßt. Weinpröbler sind, ebenfalls nach Voranmeldung, jederzeit willkommen.

Gutsverwaltung Dr. Schleußner – Windhäuser Hof
Römisch-fränkische Weinstuben
Stadecken-Elsheim 2 (6501), Telefon 06130/222 und 1772

Preise: Qualitätsweine ab 3,40; Kabinett ab 4,80; Spätlese ab 6,50; Auslese 18,–; Ausschankweine 1,80 bis 3,60; Flaschenweine ab 9,–; Hauptgerichte (Spießbraten) ab 7,50

Im fröhlichen Weinberg

Unter den Weindörfern Rheinhessens hat keines solch literarische Berühmtheit erlangt wie Nackenheim. Dort, wo das Rotliegende, der sandige Schiefer, bis ans Rheinufer vorrückt und jene weithin sichtbare rote Rheinfront bildet, ist der Dichter Carl Zuckmayer geboren. Und mag der Ort im »Fröhlichen Weinberg« auch einen anderen Namen tragen – jedermann weiß, daß er sich seinen Heimatort zum Vorbild genommen hat. Das Porträt muß recht ähnlich geraten sein, denn man sagt, daß die Nackenheimer gar ungnädig darauf reagiert hätten. All das ist inzwischen längst vergessen, und heute schlagen die Nackenheimer aus dem berühmten Stück eifrig Kapital.

Selbst die Namen seiner Hauptpersonen – Vater und Tochter Gunderloch – hat Zuckmayer nicht aus den Fingern gesogen. Jeder, der durch Nackenheim kommt, kann das leicht feststellen. Über dem Tor eines der schönsten Gehöfte steht der Name Weingut Gunderloch-Usinger. Mittwochs bis sonntags steht das große Tor ab 17 Uhr offen. Und man sollte hindurchgehen, denn im Hof lädt die schöne Gutsschänke zum Genießen ein.

Der Name Gunderloch hat in Nackenheim eine guten Klang; sogar einen Carl-Gunderloch-Platz gibt es dort. Dabei ist es erst drei Generationen her, daß die Gunderlochs in Nackenheim Fuß faßten. Carl Gunderloch gehört zu jenen Individualisten, die aus anderen Berufen kommend, ihr Herz an den Wein hängen. Der angesehene Bankier, aus Guntersblum stammend, ließ es nicht beim passiven Weingenuß bewenden. Nach und nach kaufte er sich Rebberge zusammen, bis er eines der größten Weingüter Rheinhessens besaß.

Nach seinem Tode wurde der Besitz unter seine beiden Töchter aufgeteilt. So entstanden die heute noch bestehenden Weingüter Gunderloch-Usinger und Gunderloch-Lange. Auch der verstorbene Vater des jetzigen Besitzers und dieser selbst sind immer zweigleisig gefahren: War Herr Usinger senior Jurist und Hobbywinzer, so zieht es den Sohn neben der Bewirtschaftung des immer noch etwa 10 Hektar großen Weinbergbesitzes zur Architektur.

Mit Erfolg, wie man sogleich beim Betreten der schmucken Gutsschänke sieht: eine bezaubernde Raumfolge, die zeigt, welche Wirkungen man mit durchbrochenem Fachwerk erzielen kann. Auch bei der jetzt Schritt um Schritt erfolgenden Renovierung der übrigen Gutsgebäude spürt man, daß hier ein liebevoller Fachmann am Werke ist.

Doch auch wer sich nur für den Wein interessiert, kommt überreichlich auf seine Kosten. Alle Weine der Versandliste gibt es auch im Ausschank. Vom einfachen Qualitätswein bis zur exklusiven Beerenauslese reicht der Bogen; unter rund zwanzig Weinen kann man wählen. Einmalig auch die Sorten-Vielfalt. Neben Riesling, Silvaner, Ruländer, Morio-Muskat, Scheurebe stehen Neuzüchtungen wie Kerner, Kanzler und Huxel auf der Karte.

Die Auswahl der Speisen ist bewußt klein gehalten; sie sollen dem Wein dienend zur Seite stehen. Hin und wieder gibt es jedoch etwas Besonderes: Schaukelbraten! Hinter dieser schönen Bezeichnung verbergen sich Schweinebratenstücke nach Art des Spießbratens auf Rebholzfeuer gebraten, und zwar auf einem hängenden Rost, der sachte über dem Feuer hin und her schaukelt – ein prächtiger Genuß zum Wein.

Weingut Gunderloch-Usinger, Gutsschänke
Nackenheim (6506)
Carl-Gunderloch-Platz 1, Telefon 06135/2341

Preise: Kabinett ab 5,50; Spätlese ab 7,50; Auslese ab 11,–; Ausschankweine ab 1,80; Kleine Gerichte ab 3,–; Schaukelbraten 8,– (geöffnet Mi. bis So. ab 17 Uhr)

Niersteiner Weintafel-Freuden

Ein Sonntagmorgen im September. Herbstsonne liegt auf den Rebhängen an der Rheinfront, treibt Süße und Aroma in die Trauben. Still baden auch die Niersteiner Gassen in den milden Strahlen. Zum Zentrum hin jedoch wird es etwas munterer: Fußgänger, die vom Bahnhof kommen, einzelne Autos – alle in Richtung auf das grüne Herz des Ortes: einen großen Gutshof, klassizistisch, aber auf viel älterem Gemäuer, beschattet von hohen Bäumen, umgeben von einem weiten Garten, umfriedet von einer uralten Mauer – das Weingut Freiherr Heyl zu Herrnsheim, der Mathildenhof.

Weit geöffnet die großen Tore, die Tür zum Kelterhaus. Die jetzigen Besitzer, Isa und Peter von Weymarn, begrüßen die Gäste, alte Bekannte wie neue Freunde, alt und jung. Mit Kind und Kegel sind die Weinfreunde zur Großen Gutsprobe gekommen. Einmal im Jahr bietet das Weingut seinen Kunden mit diesem Tag der offenen Tür ein richtiges Weinfest. Und sie kommen sogar aus Holland, aus Berlin und von München und Hamburg.

Eintragung ins Gästebuch, ein paar kleine Formalitäten – der Kreis soll nicht unkontrolliert ausufern –, und schon wird der Blick magisch von der großen Weintafel angezogen . . . Welch eine Augenweide! Zwei endlose Reihen von rund 50 Flaschen, vor jeder ein Probierglas, welches laufend nachgeschenkt wird: das komplette Angebot des Hauses, vom einfachen Schoppenwein bis zur Beerenauslese, dazu Beispiele aus der Raritätenkammer und eine »besondere Empfehlung« – alles zur gefälligen Bedienung!

Probe um Probe wird gekostet, dazwischen ein Stückchen Weck. Es wird verglichen, zurückgeprobt, abgewogen. Erste Pause. Vielleicht ein kleines Gespräch mit dem Kellermeister, ergänzende Informationen, bereitwillig und unermüdlich gegeben.

Dann wieder zum Wein; noch ist man lange nicht durch. So viele Sorten: Riesling, Silvaner, Müller-Thurgau, Ruländer, Weißburgunder, Scheurebe, Traminer und die Neuzüchtung Faber; so viele Lagen: Spiegelberg, Kranzberg, Hipping, Ölberg, Rehbach, Bildstock, Heiligenbaum, Auflangen, Rosenberg und – im Alleinbesitz – die Spitzenlage Brudersberg.

Neue Pause: ein Spaziergang durch den großen Gutsgarten, als Rebversuchsgarten eingerichtet, zu den Kindern, die sich hier schon lange tummeln. Auch hier »Offene Tür«. Beim Trauben-am-Stock-Probieren kann man neun Rebsorten miteinander vergleichen, vom süßmilden Müller-Thurgau bis zum aromatischen Morio-Muskat. Auch hier kundige Erläuterungen, schriftlich – bei jeder Rebsorte hängt ein Schild mit Vergleichszahlen zum Reifegrad – und mündlich. So erfährt man beispielsweise, daß der krächzende Laut, der immer wieder aus einem Lautsprecher tönt, der Todesschrei eines Stars ist, zur Abschreckung von Artgenossen.

Wieder zurück zum Gutshaus. Immer neue Gäste strömen herein

zu den Wein-Köstlichkeiten. Erste Bestellkarten werden ausgefüllt, leere Flaschen abgeladen. Dazwischen ein Blick in die Kellerräume, ins Labor, ins Lager.

Das Herumtreiben hat hungrig gemacht. Im Hof, auf einem Schaukelrost, brutzeln kräftige Stücke köstlich duftenden Fleisches: Idar-Obersteiner Spießbraten. Die Brater kommen kaum nach. Und als Dessert vielleicht noch ein kleines Stückchen Beerenauslese.

Wen es nach weiterer Geselligkeit gelüstet, auch an den ist gedacht. Im Landsknechtskeller, wohl dem ältesten Gewölbe des

---

Weingut Freiherr Heyl zu Herrnsheim, Mathildenhof
Inhaber Isa und Peter von Weymarn
Nierstein (6505), Langgasse 3, Telefon 06133/5120

Preise: Qualitätswein ab 3,70; Kabinett ab 4,60; Spätlese ab 6,90; Auslese ab 12,–; Beerenauslese ab 40,–; Trockenbeerenauslese 100,–

Hauses, gibt es »Weck, Worscht un Woi«, für die Kinder und die Wagenlenker auch Nicht-Alkoholisches, und für einen, der den Nachmittag vornehm begießen und beschließen will, auch hauseigene Prädikatssekte. Und dann heißt es herzlich: »Bis zum nächsten Mal!« Aber bestimmt!

Eine Niersteinerin in Frankfurt – und ein Alzeyer in Wiesbaden

Beim Niersteiner Wein genießen die Frankfurter ein besonderes Privileg: Sie müssen nicht nach Nierstein fahren, um ihn zu kosten, er kommt zu ihnen. Monika Rondoni-Eller schenkt ihn aus in den Erlenhof-Weinstuben im Westend.

Die junge Winzerstochter aus dem Niersteiner Weingut Erlenhof wollte die Welt sehen und doch dem Wein verbunden bleiben. So lernte sie hier Gastronomie und Küche, dort das Hotelfach, bis im Jahre 1972 die große Gelegenheit kam: Der Besitzer des Frankfurter Hotels Liebig suchte jemanden, der seine Frühstücksstube besser auslastete. Familie Eller griff zu, kaufte das Hotel und richtete darin eine Weinstube ein, einen richtiggehenden Gutsausschank.

Nachdem man dieses und jenes probiert hatte – nicht alles mit Erfolg –, beschloß die junge Generation, sich auf den Weinausschank nebst entsprechendem Essen zu konzentrieren. Seitdem geht es ständig aufwärts. Die Weinstube wird unter Kennern als Geheimtip gehandelt, für einen geruhsamen Dämmerschoppen oder einen netten Plausch am Abend.

Clou und Stolz des Hauses ist natürlich die Weinkarte. Nahezu die gesamte Palette des Weingutes Erlenhof wird präsentiert: zahlreiche Rebsorten, viele Jahrgänge bis zurück zu einem 1963er, Qualitätsstufen bis zur Auslese (Beeren- und Trockenbeerenauslesen in halben Flaschen) – allein sieben bis acht Weine werden im Krug ausgeschenkt!

Auch Weindidaktik wird getrieben. Dazu haben die Ellers zwei Weinkarussells zusammengestellt, jedes unter einem anderen Gesichtspunkt. Weinkarussell I vergleicht sechs Standardsorten, Weinkarussell II sechs verschiedene Jahrgänge miteinander.

Erstaunlich auch, was Monika Rondoni-Eller aus der kleinen Küche herausholt! Gegrilltes, herzhafte kalte Platten, phantasievolle Toasts, Fondue und andere Käsespezialitäten. Man muß nicht nur des Weines wegen kommen . . .

Das Weingut Erlenhof gehört in Nierstein zu den größeren Gütern. Dazu ist es mit etwa 18 Hektar größter Weinbergbesitzer in Harxheim, wo Silvaner, Ruländer, Morio-Muskat und vor allem ein herrlich duftiger Huxel (eine Kreuzung zwischen Gutedel und der französischen Tafeltraube Courtillier musqué) wachsen. Überhaupt wurde der Rebflächenbesitz in den letzten Jahren durch Ankauf stark erweitert und mit einem ganzen Bukett von Neuzüchtungen bepflanzt.

In der Frankfurter Weinstube kann man sich die Weine, die einem geschmeckt haben, gleich mitnehmen. Und wer einmal im Sommer samstags oder sonntags nach Nierstein kommt, der wird an der Hauptstraße nahe dem Bahnhof den Probierstand des Weingutes Erlenhof entdecken – und, wenn man Glück hat, den Junior dahinter. Ein Schwätzchen mit ihm lohnt sich immer.

Weingut Erlenhof, Georg Friedrich Eller
Nierstein (6505), Oberdorfstraße 33, Telefon 06133/5349

Erlenhof-Weinstube, Monika Rondoni-Eller
Frankfurt/Main (6000), Liebigstraße 5
im Liebig-Hotel, Telefon 0611/721203

Preise: Qualitätswein ab 3,70; Kabinett ab 4,50; Spätlese ab 5,80; Auslese ab 10,–; Beerenauslese ab 22,–; Trockenbeerenauslese ab 55,–; Eiswein-Beerenauslese 1/2 Fl. 35,–; Ausschankweine von 2,50 bis 10,–; Weinkarussell 13,– bis 17,–; kl. Gerichte ab 4,–; Hauptgerichte ab 13,50

Was den Frankfurtern recht ist, sollte den Wiesbadenern und ihren Kurgästen billig sein: Auch ihnen wird der Rheinhessen-Wein vor die Haustür getragen. Und nicht die populären Weine von der Rheinfront werden ihnen angeboten, sondern Weine aus dem Hügelland, welche sonst kaum irgendwo probiert werden können. Die

Bewohner der hessischen Hauptstadt brauchen dazu nur dem Central-Hotel in der Bahnhofstraße einen Besuch abzustatten!

Aus Alzey kommen die Weine, und aus Alzey stammt auch Herr Frangel, der Besitzer des Hotels. Schon lange treiben die Frangels dort Weinbau, doch wurde erst in der vorigen Generation die Brücke zur Gastronomie geschlagen, als Frangel senior das Weingut und seine Braut das Wiesbadener Hotel in ihre Ehe einbrachten. Und der Sohn baute das Hotel-Restaurant systematisch zum Stützpunkt für die Alzeyer Weine aus.

Vier Weiße und einen Roten gibt es im Ausschank, auf Wunsch alle fünf auch als Weinprobe in kleineren Gläschen. Herr Frangel achtet darauf, daß diese Probe Jahrgangs-, Rebsorten- und Qualitätsvergleiche ermöglicht.

Der Wein wird auch von der Küche des Restaurants nicht vernachlässigt. Vor allem Fische und Schalentiere werden gern in Wein gedünstet oder mit einer feinen Weinsauce serviert. Für den guten Portugieser-Rotwein aus Alzey schließlich kommt die große Zeit, wenn Wildspezialitäten auf der Karte stehen.

Weingut Herm. Frangel Erben
Alzey-Schafhausen (Rhh.) (6509), Hauptstraße 27,
Telefon 06731/6205

Central-Hotel/Restaurant
Wiesbaden (6200), Bahnhofstraße 65, Telefon 06121/372002

Preise: Literflaschen-Qualitätswein ab 3,–; Kabinett ab 3,75; 1/1-Flaschen Qualitätswein ab 3,75; Kabinett ab 4,–; Spätlese ab 6,–; Auslese ab 9,90; Ausschankweine von 2,50 bis 3,80 (Auslese 1/10 3,80); Flaschenweine ab 12,80; Hauptgerichte ab 9,50; Übernachtung mit Frühstück ab 42,–

Vom Kapellenhof zum Ullrichshof

Mit dem Gutsausschank Gunderloch-Usinger in Nackenheim und dem Frankfurter Gutsausschank des Niersteiner Weingutes Erlenhof sind die Anlaufmöglichkeiten für den Weinfreund auf der Suche nach einem Zielhafen an der rheinhessischen Rheinfront noch keineswegs erschöpft. Zählt diese doch zu jenen deutschen Weingegenden, in denen sich die Schänken mit reichen Auswahlmöglichkeiten nur so häufen, was wohl daher rührt, daß sich hier die Trinktradition des »Schoppens« ungebrochen erhalten hat.

Man kann noch richtige Entdeckungen machen. So etwa den Kapellenhof in Bodenheim, weit oben im Dorf an der Kirche. Winzer

Kirch, der ihn bewirtschaftet, hat vor einigen Jahren im Do-it-yourself-Verfahren einen schmucken Gutsausschank eingerichtet – mit so großem Erfolg, daß er ihn kürzlich beträchtlich ausbauen mußte.

Kapellenhof, Gutsausschank, H. Kirch
Bodenheim (6501)
Kirchbergstraße 22, Telefon 06135/2257

Preise: Qualitätswein und Kabinett ab 3,–; Spätlese ab 4,50; Auslese ab 7,50; Beerenauslese 1/2 Fl. ab 7,50; Trockenbeerenauslese 1/2 Fl. ab 25,–; Eiswein 1/2 Fl. 20,–; Ausschankweine von 1,– bis 2,40 (Spitzenweine 0,1 l 2,– bis 3,50; kl. Gerichte ab 2,50; Hauptgerichte ab 6,20 (Freitag bis Sonntag geöffnet)

Hier bietet er freitags bis sonntags sein gesamtes Weinrepertoire feil, vom einfachen Qualitätswein bis zur Beerenauslese. Dazu gibt es kleine Weinspeisen und neuerdings auch Steaks.

Durch Nierstein kann man sich richtiggehend durchprobieren. Gleich am Ortseingang von Nackenheim her liegt die Winzerstube Seip, in der alle Weine des Weingutes Jakob Seip IV zum Ausschank anstehen. Auf der Speisenkarte fällt vor allem die Forelle mit Mandeln auf. Wer Einfacheres vorzieht, wird mit dem Winzerteller recht zufrieden sein.

Weingut Jakob Seip IV,
Winzerstube Seip
Nierstein (6505), Mainzer Straße 94, Telefon 06133/5588

Preise: Qualitätsweine ab 2,80; Kabinett ab 3,20; Spätlese ab 4,90; Auslese 17,50; Ausschankweine von 1,20 bis 1,70; Auslese 3,–; Hauptgerichte ab 8,–

Tief versteckt im Ort, in einer uralten Gasse, die sich merkwürdigerweise Neugasse nennt, können wir im St. Urbanshof des Weingutes Adam Schwibinger einkehren. Zwölf offene Weine werden in der Gutsschänke kredenzt, außerdem zwei Weinkarusselle, bestehend aus je sechs Proben (bis Kabinett 5 DM, bis zur Auslese 8 DM). Dazu läßt man sich Wurst, Käse oder einen Vesperteller schmecken. Dahinter verbirgt sich Köstliches; denn die Würste sind hausgemacht – besonders der Schwartenmagen wird gerühmt – und an Käse gibt's Schweizer vom Laib oder französischen Butterkäse.

Die Schwibingers sorgen auch auf andere Weise für ihre Gäste: Im Sommer bietet ihnen der rebenüberdachte Gutshof nicht nur Schatten sondern auch Anschauungsunterricht: acht verschiedene Rebsorten ermöglichen interessante Vergleiche – Schwibingers werden behilflich sein. Und wenn es den Kindern langweilig wird: Bitte sehr, im ersten Stock des Gutshauses steht ihnen ein Spielzimmer mit manchen Überraschungen zur Verfügung – ich meine, hier hat man sich einen ebenso ausgefallenen wie vernünftigen Wein-Service einfallen lassen!

Weingut Adam Schwibinger, St. Urbanshof
Nierstein (6505), Neugasse 7–10, Telefon 06133/5502

Preise: Qualitätswein ab 4,40; Kabinett ab 4,60;
Spätlese ab 5,–; Auslese ab 8,70; Beerenauslese 1/2 Fl. 18,–;
Ausschankweine von 1,20 bis 3,80 (Mo. geschlossen)

Unser Streifzug führt uns jetzt weit hinaus aus dem Ort Nierstein. An der Landstraße nach Dexheim, fast auf der Höhe, liegt ein einsamer Hof. Eine Allee führt hin. Der antiquierte, aufpolierte Faßkarren mit einem alten Weinfäßchen weist ihn als Winzerhof aus. Traditioneller Weinbau und Weinausbau verbinden sich hier, im Weingut Ullrich, dem Ullrichshof, mit Aufgeschlossenheit für moderne Absatzmethoden. Dazu zählt die Einrichtung einer Weinschänke, in der man sämtliche Weine offen ausschenkt; so um die 15 stehen immer auf der Preisliste. Zu essen gibt es kräftige Landwurst, Handkäse oder die Spezialität des Hauses: einen Käsespieß, bestehend aus Camembert, Handkäse, Weinkäse, Emmentaler und Gewürzkäse. Eine Labsal auch der Blick über das weite Rebenmeer auf die Rheinebene, den Taunus und den Odenwald.

Weingut Richard Ullrich
Weinschänke im Ullrichshof
Nierstein (6505), Telefon 06133/5671

Preise: Qualitätswein ab 3,50; Kabinett ab 3,80;
Spätlese ab 5,20; Auslese 10,–; Beerenauslese 25,–;
Ausschankweine 1,– bis 3,90; Beerenauslese 10,–;
Käsespieß für zwei Personen 8,–
(geöffnet an Wochenenden ab 16 Uhr)

Auch die Winzergenossenschaften stehen den Weingütern hier an Präsentierfreudigkeit nicht nach. Ihren Weinausschank betreiben sie in eigenen Gaststätten, die sie verpachten. So kann man die Weine der Bezirkswinzergenossenschaft Rheinfront in Nierstein im Winzerhaus verkosten. Diese Genossenschaft für ihre Bemühungen um Qualitätsverbesserung – dreimal mit dem Großen Staatsehrenpreis ausgezeichnet.

Ein bauliches Schmuckstück ist das Nackenheimer Winzerhaus, wo man sich die Weine der Nackenheimer Winzergenossenschaft zu Gemüte führen kann. Das Haus zum Löwen wurde 1752 in schönstem Fachwerk errichtet und diente lange Zeit als Zollgaststätte an

Bezirks-Winzergenossenschaft Rheinfront e.G.
Nierstein (6505), Karolingerstraße 6, Telefon 06133/5115

Preise: Qualitätswein ab 3,10; Spätlese ab 5,55;
Auslese ab 8,30; Beerenauslese ab 18,–;
Trockenbeerenauslese 75,–

Gaststätte Winzerhaus, H. Bender (Adresse s.o.)

Preise: Ausschankweine von 1,50 bis 3,–;
Hauptgerichte ab 7,50

der Grenze zwischen Kurmainz und Kurpfalz. Auch im Innern der Winzerstube hat man das Fachwerk erhalten. Hier läßt es sich gemütlich probieren und speisen; der neue Pächter des Hauses, Küchenmeister Manfred Kofler, hat es nicht ohne kulinarische Ambitionen übernommen. Acht bis zehn Weine will er im Ausschank führen, und für Wein-Eleven bietet das Haus eine kleine fünfteilige Weinprobe.

Qualitätswein-Winzergenossenschaft Nackenheim
Nackenheim (6506), Telefon 06135/2486

Preise: Qualitätswein ab 2,90; Kabinett ab 3,10;
Spätlese ab 5,90; Auslese ab 7,–; Eiswein-Auslese 20,–;

Nackenheimer Winzerhaus
Nackenheim (6505), Telefon 06135/2457

Preise: Ausschankweine von 1,20 bis 5,50;
Hauptgerichte ab 6,90; (Montag Ruhetag)

Wo Schinderhannes über den Rhein ging

Rheinhessen meint es wirklich gut mit den Weinfreunden. Seit neuestem kann man nun auch in Guntersblum dem Hobby des Probierens frönen. Dieser Weinort südlich von Oppenheim zeichnet sich nicht nur durch zahllose in die Lößhänge getriebene Weinkeller und seine romanischen Kirchtürme aus, bei denen der Baumeister wohl orientalische Kreuzzugs-Erinnerungen verarbeitete. Hier pflegte auch der große Räuber Schinderhannes bei seinen vielen Streifzügen von den Standquartieren im Hunsrück aus ins Hessische zu übernachten, bevor er über den Rhein ging.

So kam der Guntersblumer Winzer Karl-Heinz-Frey auf den Namen Schinderhannes-Weinstall für seine Ende 1975 eröffnete Weinstube. Lange Jahre hat er darauf hingearbeitet. Als er das 1952 erworbene Anwesen an der Hauptstraße erweiterte, wurden die Balken der abgerissenen alten Scheune sorgfältig aufbewahrt, um beim Bau des Weinstalls wieder verwendet zu werden. Über Jahre zusammengetragenes Bauern- und Winzergerät – so ein schönes Brautjoch – schmücken die Wände der gemütlichen Stube und der Nebenräume, dazu Blätter mit zeitgenössischen Nachrichten über das Treiben des Hunsrück-Räubers.

Mit der gleichen Ausdauer hat Karl-Heinz Frey seinen Weinbaubetrieb aus kleinsten Anfängen heraus zu einem ansehnlichen 16-Hektar-Betrieb entwickelt. Wie die meisten »Neuwinzer« – die Freys waren früher Bäcker und Konditoren gewesen – kniete er sich mit wahrer Begeisterung in den Weinbau hinein. Neue Rebsorten sind sein großes Hobby. Über 50 baut er an, die meisten in kleinen Versuchsparzellen, testet sie auf Anbauwürdigkeit. Dabei arbeitet er aufs engste zusammen mit den Rebzuchtanstalten Geilweilerhof, Alzey, Würzburg, Geisenheim, Weinsberg und Freiburg. So stößt der Kunde in Freys Preisliste auf Sortenbezeichnungen wie »AZ 10 4 36« (wobei AZ die Alzeyer Anstalt bedeutet), »AZ 10 4 87« (die schon den Namen »Würzer« erhalten hat) oder einfach auf »Neuzuchten«, was besagt, daß der Wein aus vielen Traubensorten gekeltert wurde.

Ein Blick auf die Weinstall-Karte zeigt, daß auch bei der Auswahl der Weine und Speisen viel Überlegung waltete. Die zwölf Ausschankweine umfassen beispielsweise eine halbtrockene Fontanara und sogar eine trockene Kerner Auslese, wie überhaupt durchgegorene Weine im Repertoire des Weingutes beträchtlichen Raum einnehmen. So kann man im Weinstall für 8,50 DM eine »Orientierungsprobe« mit sechs trockenen Weinen bekommen. Eine zweite Probe bietet einen Streifzug durch milde und liebliche Weine (2 Kabinett, 2 Spätlesen, 2 Auslesen).

»Zur Ausmauerung des Magens« dienen Leckereien wie Gänseschmalzbrot, angemachter Gervais, Bauernhandkäse, Bauernschinken, Kalbsleberwurst im Steintöpfchen, wacholdergeräucherte Hähnchenkeule und vor allem Wildaufschnitt (Rehsalami, Wildschweinsalami, Hirschsalami, Wildschweinschinken, Hirschkalbschinken).

Wenn der Gast will, kann er seinen Wein still für sich probieren. Gerne stellt sich aber der Hausherr für ein Gespräch zur Verfügung, und es lohnt sich, von seinem Wissen zu profitieren. Seine Familie steht ihm darin nicht nach. Insbesondere Tochter Friederike kann mit erstaunlichen Kenntnissen aufwarten. Mit ihr hat der Gast sogar eine leibhaftige Weinkönigin vor sich. 1974 trug sie die rheinhessische Weinkrone; 1974/75 trat sie als Deutsche Weinprinzessin bundesweit für den deutschen Wein ein. Dazu muß man wissen, daß eine Winzerstochter für diese Ämter nicht nur Charme und liebenswürdiges Auftreten, sondern auch umfangreiche Kenntnisse mitbringen muß. Andererseits kommen alle Erfahrungen, die Friederike Frey in den Jahren ihres öffentlichen Auftretens sammeln konnte, nun wieder dem Weinstall-Gast zugute. Und sie sammelt weiter: Drei Monate im Jahr arbeitet sie im Ausland, wo sie stets neues für die Weinstubenküche zu entdecken weiß . . .

Weingut Karl-Heinz Frey
Schinderhannes-Weinstall
Guntersblum (6524), Hauptstraße 81,
Telefon 06249/234

Preise: Literflaschen-Qualitätswein ab 4,–; –Kabinett ab 5,–; 1/1-Fl. Qualitätswein ab 3,90; Kabinett und Spätlese ab 5,40; Auslese ab 9,50; Beerenauslese ab 18,–; Trockenbeerenauslese ab 44,–; Ausschankweine von 1,50 bis 4,50;
kleine Gerichte ab 2,– (geöffnet Freitag, Samstag, Sonntag ab 16 Uhr, Ende Dezember bis Ende Februar und Juli bis August geschlossen)

Die Pfalz

Über die Schoppenweintrinker, über ein Wein-Café und über ein Wein-Motel

Ein südlicher Garten voller Edelkastanien (den »Käschte«), Feigen, Mandeln – das ist die Pfalz. Und Wein, Wein in Mengen.

Die Pfalz ist Deutschlands größtes Weinbaugebiet. Über 70 Kilometer weit erstreckt sich das Rebenmeer in Nord-Süd-Richtung, geschützt durch den steilen Abfall des Pfälzer Waldes, auch Haardtgebirge genannt. Es gibt den drei Teilen des Weinlandes ihren Namen: der Unterhaardt nördlich von Bad Dürkheim, der Mittelhaardt zwischen Bad Dürkheim und Neustadt und der Oberhaardt von Neustadt bis zur französischen Grenze bei Weißenburg.

Die Pfälzer Winzer haben es viel leichter als ihre Kollegen in anderen Gebieten. Sanft nur neigen sich die Hänge unterhalb des Waldes, arbeitsintensive Steillagen kommen kaum vor, weitestgehende Mechanisierung ist möglich. Leider hat dieser Umstand viele Landbesitzer verleitet, ihre Rebflächen immer weiter in die Ebene hinauszuschieben, wohl wissend, daß dort kaum Qualität zu erzielen ist. So wurden zwar immer größere Ernten in die Fässer gefahren, mehr Qualitätsweine jedoch nicht gewonnen.

In der Oberhaardt ist diese Expansion am weitesten getrieben worden, mitveranlaßt durch die Möglichkeit, größere Mengen an die Mosel zwecks Versüßung saurer Möselchen liefern zu können. Damit ist es nach Inkrafttreten des neuen Weingesetzes vorbei. Die betroffenen Pfälzer sitzen jetzt auf ihren Faßweinen und sind dem Marktdruck von Großunternehmern ausgeliefert. Das gilt natürlich nicht für jene Winzer, die sich ausschließlich dem Qualitätswein mit Selbstvermarktung verschrieben haben. Sie beweisen, daß nicht nur aus den berühmten Lagen der Unter- und Mittalhaardt, sondern auch von der Oberhaardt erlesene Kreszenzen kommen können.

Die Pfälzer machen es dem Weinfreund leicht, an Ort und Stelle Zugang zu ihren Weinen zu finden, sind sie doch selbst große Weintrinker, Schoppenweintrinker. Und sie begnügen sich nicht wie Weintrinker anderenorts mit der Wahl zwischen mild und herb; sie wünschen Abwechslung. Darum kann es sich in der Pfalz ein Wirt kaum leisten, weniger als drei, vier Ausschankweine zu führen. Ob in Hotels oder Speiserestaurants, ob in Gutsschänken oder Strauß-

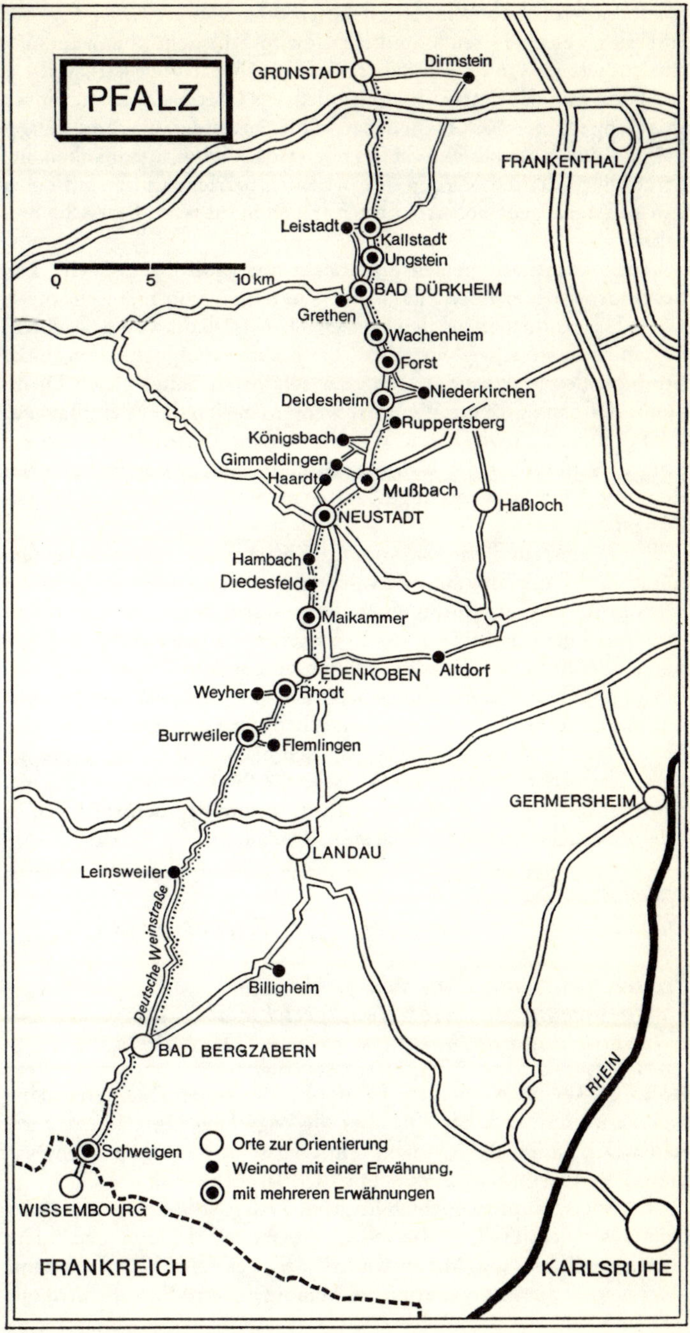
PFALZ
0
5
10 km
GRÜNSTADT
Dirmstein
FRANKENTHAL
Leistadt
Kallstadt
Ungstein
BAD DÜRKHEIM
Grethen
Wachenheim
Forst
Niederkirchen
Deidesheim
Ruppertsberg
Königsbach
Gimmeldingen
Haardt
Mußbach
NEUSTADT
Haßloch
Hambach
Diedesfeld
Maikammer
EDENKOBEN
Altdorf
Weyher
Rhodt
Burrweiler
Flemlingen
GERMERSHEIM
LANDAU
Leinsweiler
Deutsche Weinstraße
Billigheim
BAD BERGZABERN
RHEIN
Schweigen
WISSEMBOURG
FRANKREICH
KARLSRUHE
Orte zur Orientierung
Weinorte mit einer Erwähnung,
mit mehreren Erwähnungen

wirtschaften, ob in Winzergaststätten oder kleinen Kneipen – fast überall ist es eine Freude und ein Gewinn, die Schoppenweinkarte zu studieren. Wir stoßen dabei häufig auch auf Weinkarussells.

Damit nun der Pfalz-Abschnitt nicht ins Uferlose wächst, bin ich gezwungen, hier noch mehr auszuwählen als anderswo, und – zugegeben – durchaus subjektiv. Und noch eins: Viele Gutsschänken und Straußwirtschaften werden nur nebenbei betrieben und sind daher nur zeitweise geöffnet. Am besten fragen Sie also an, bevor Sie hinfahren.

Auch quantitativ geizen die Pfälzer nicht mit ihrem Wein. Der Schoppen ist hier noch ein ganzer Viertelliter und nicht ein 0,2-l-Glas. Das sollte man bei den Preisen der Ausschankweine beachten.

Zahlreich sind, wie wir sehen, die Einstiegsmöglichkeiten in das Studium des Pfalzweines. Eine der schönsten beitet gleich Dirmstein, der erste größere Weinort, wenn man sich der Weinpfalz aus dem Raume Ludwigshafen/Mannheim nähert. Adelshöfe und ein Sommerschlößchen der Wormser Bischöfe zeugen von früherer Bedeutung. Ein Ort, so recht geschaffen als Standort für Wein-Erkundungsfahrten.

Der Weinfreund wird sie vom Café Kempf aus starten. Zwei Generationen haben aus einem schlichten Bäckereibetrieb ein erstklassiges Hotel entwickelt mit einem Restaurant, dessen Ruf weit über die Pfalz hinausgedrungen ist. Er basiert vor allem auf der gediegenen Zubereitung der Speisen. Fleisch und andere Zutaten sind von bester Qualität. Salate und Saucen aufs sorgfältigste komponiert. Kulinarische Gipfel erklimmt die Kochkunst des Hauses bei den Spezialitäten: Kalfsfilettaschen mit Schinken und Gorgonzola gefüllt, Kalbsfilet Périgord auf Artischockenböden mit Trüffelsauce, Tournedos Argenteuil mit Spargelspitzen und Roquefort-Hollandaise überbacken oder Wildschwein-Roulade.

Hotel-Café Kempf
Dirmstein (6711), Marktstraße 3-7, Telefon 06238/627

Preise: Ausschankweine von 2,– bis 4,–;
Flaschenweine ab 10,50; Hauptgerichte ab 9,50;
Übernachtung mit Frühstück ab 26,– (Di. Ruhetag)

Rund 20 Weine werden im Schoppen angeboten. Sie geben eine nahezu komplette Übersicht über die Lagen der Unterhaardt zwischen Dirmstein, Bockenheim und Ungstein. Auf die großen Namen der Mittelhaardt stimmt uns die Flaschenweinkarte ein.

Der Speiseraum ist nicht sehr groß. Daher sollte man auch wochentags einen Tisch vorbestellen. Aber auch der unangemeldete Gast ist willkommen. Mit entwaffnender Freundlichkeit bittet dann Herr Kempf zusammenzurücken. Man tut es gern; Förmlichkeit gilt hier nicht.

Ein Neubau hat auch den Hotelteil auf internationales Niveau gehoben. Hallenbad, Sauna und Ruheraum sorgen neben dem selbstverständlichen Komfort der Zimmer dafür, daß man sich auch von der anstrengenden Weinreise in Ruhe erholen kann.

Wer es vorzieht, Dirmsteiner Weine in rustikaler Umgebung kennenzulernen, geht ein paar Häuser weiter, zum Gasthaus Bengel, einem Restaurant, dem noch der Charakter einer richtigen Bauernkneipe bewahrt wurde. Der Chef empfängt einen noch im gestreiften Hemd mit Hosenträgern und ruft mitunter lauthals etwas in die Küche, etwa: »Sind noch Kartoffeln da?« Aber die zwölf Ausschankweine sind vorzüglich, bis zur Auslese. Den uralten Kreuzgewölbekeller haben die Bengels zur gemütlichen Probierstube ausgebaut, so richtig geeignet für Familienfeste beim Wein.

Weinbau und Gasthaus Adolf Bengel und Sohn
Dirmstein (6711), Marktstraße 15, Telefon 06238/524

Preise: Literflaschen Qualitätswein und Kabinett ab 3,20; 1/1 Flasche Kabinett ab 3,50; Spätlese ab 4,–; Auslese ab 7,–; Ausschankweine von 1,50 bis 3,–; Hauptgerichte ab 6,50

Zur Oberhaardt ist es von Dirmstein aus etwas weit. Um deren Weine zu entdecken, bieten sich günstigere Standorte zwischen Neustadt und Schweigen. Greifen wir das nördliche Tor zur Oberhaardt, Maikammer, heraus. Hier wartet auf uns mit Ullrich's Motel garni am Immengarten eine echte Überraschung. Abseits von der Bundesstraße und doch in ihrer unmittelbaren Nähe, können wir hier erstaunlich preiswert in Appartements übernachten, die mit allem internationalen Komfort ausgestattet sind.

Und dabei ist es ein richtiges Wein-Motel. Erich Ullrich stammt aus dem Weinbau. Das Weingut Ullrichshof, direkt gegenüber, ist Familienerbe. Der Bruder betreut es heute, der Sohn den dazugehörenden Weinhandel. Erich Ullrich selbst hat große Teile seiner Weinberge verkauft und vom Erlös das Motel errichtet – ein naheliegender Gedanke für den ADAC-Präsidenten des Gaues Pfalz. Aber natürlich ist man bei Ullrich auch ohne fahrbaren Untersatz willkommen.

Für den Gast, der abends nicht mehr ausgehen will, bereitet Frau Ullrich gern eine kalte Kleinigkeit zu. Ihr Mann kredenzt dazu eine große Anzahl von Schoppenweinen, Spezialitäten vom Ullrichshof sind dabei, dazu ein repräsentativer Querschnitt der ganzen Oberhaardt.

Wer sich abends dem Studium der Pfalzweine ergeben hat, dem wird am nächsten Morgen ein kräftiges Frühstück willkommen sein. Hierin kann Ullrich's Motel wohl kaum übertroffen werden. Auf einer Kühltheke kann man nach Herzenslust zwischen zahlreichen kräftigen Wurst- und Schinkensorten wählen – ein Schlemmerfest am Morgen!

Ullrich's Motel garni am Immengarten
Maikammer (6735)
Marktstraße 71, Telefon 06321/5375 und 5679

Preise: Ausschankweine von 1,80 bis 3,–;
Übernachtung ab 36,–; Frühstück 6,–

Weingut-Weinkellerei Ullrichshof
Josef Ullrich II
Maikammer (6735), Telefon 06321/5048

Preise: Literflaschen-Qualitätswein ab 2,30;
Kabinett ab 4,–; 1/1 Flasche Qualitätswein ab 3,20
Kabinett ab 3,60; Spätlese ab 4,20; Auslese ab 6,–

Ullrich versorgt auch den Gast, der abends warm essen will, mit einem Geheimtip. Gleich um die Ecke liegt nämlich ein Gutsausschank, und noch dazu einer mit unvergleichlicher Atmosphäre: der Gutsausschank Straub. Als dort die junge Generation einen Stock höher in die elterliche Wohnung umsiedelte, wandelte sie die unter Etage in Gastzimmer um, wobei sie große Teile des Mobiliars unten ließ. So betritt man verblüfft ein normales Wohnzimmer, ein richtiges Speisezimmer. Wie zu Hause fühlt man sich, und die Freundlichkeit der Straubs trägt das Ihre dazu bei.

Weingut-Weinkellerei-Gutsausschank Straub
Inhaber Theo Straub
Maikammer (6735), Telefon 06321/5143

Preise: nur Literflaschen-Qualitätswein ab 2,50;
Kabinett ab 3,50; Ausschankweine von 1,50 bis 4,–;
Flaschenweine ab 6,80; kleine Gerichte ab 3,50;
Hauptgerichte ab 6,50 (ab 17 Uhr geöffnet außer Mo.u.Do.)

Frau Straub ist eine Meisterin der pfälzischen Küche. Standardgerichte wie Leberknödel und Saumagen gibt es immer. Wer klug beraten ist, hält sich jedoch an die aktuellen Speisen. Der Gast findet sie auf einer Schiefertafel an der Wand notiert. Gleichzeitig absolviert er dabei einen Grundkurs in Pfälzisch, denn Frau Straub schreibt in diesem Dialekt. Also steht zu lesen: »Zwiwwelsupp« oder »Majoraanwoscht mit Kraut un Gerööschte«. Letztere entpuppen sich als köstliche Bratkartoffeln.

Wer durch das schöne alte Maikammer schlendert, kommt auf der Straße zum Ortsteil Alsterweiler am Gasthof Rebstock vorbei. Eine

Pietà aus dem 16. Jahrhundert läßt den Wanderer innehalten, Jugendstilfenster ziehen ihn in die Gaststube. Der Winzer Walter Sommer hat sich hier ein kleines Schmuckstück eingerichtet, in dem er seine erstklassigen Weine ausschenkt – leider nur an Wochenenden. Seine Spezialität sind Weinproben (er parliert auch englisch oder französisch!), und viel Prominenz hat sich schon dazu eingefunden. Auf der Speisekarte dominieren kräftige Hausmacher-Gerichte.

Weingut und Weinstube Rebstock
Walter Sommer
Maikammer (6735)
Hartmannstraße 14, Telefon 06321/5373

Preise: Literflaschen-Qualitätswein ab 2,60;
1/1 Flasche Kabinett ab 3,10; Spätlese ab 4,50; Ausschankwein von 1,– bis 3,50; kleine Gerichte ab 3,– (donnerstags bis sonntags geöffnet)

Die Winzergenossenschaften

Schon bei erster Bekanntschaft mit dem Pfalzwein werden wir gemerkt haben, wie bunt der Strauß ist, den die Winzer uns kredenzen. Der Riesling besitzt hier keineswegs die überragende Bedeutung wie an der Mosel und im Rheingau; lediglich in den besten Gemarkungen der Mittelhaardt herrscht er vor. Neben Silvaner, Müller-Thurgau, Traminer und Ruländer gedeihen Scheurebe, Morio-Muskat, Weißburgunder, aber auch viele ganz neue Rebsorten wie Huxel, Kanzler, Kerner, Bacchus und Ortega, dazu an Rotweintrauben Portugieser und Spätburgunder.

Ähnlich vielgestaltig zeigt sich die Struktur des pfälzischen Weinbaus: Große Weingüter, vornehmlich an der Mittelhaardt beheimatet, stehen im Wettbewerb mit zahlreichen mittleren und kleineren Weinbaubetrieben, welche den Endkunden direkt beliefern, und mit Weinkellereien, die entweder vom kleinen Faßwein-Winzer kaufen oder sich Erzeugergemeinschaften zugelegt haben.

Eine bedeutende Position nehmen in der Pfalz die Winzergenossenschaften ein, wenn auch nicht eine so überragende wie in Baden oder Württemberg. In der Südpfalz dominieren große Gebietsgenossenschaften, zu denen sich die örtlichen Vereine zusammengeschlossen haben. An der Mittel- und Unterhaardt gestatten höhere Erlöse größere Eigenständigkeit.

Fast zu jeder Genossenschaft gehört auch eine Hausgaststätte, wo man sich anhand der breiten Auswahl im Ausschank ein Bild von den Genossenschaftsweinen verschaffen kann. Vielerorts wird der Weinfreund sogar auf zwei dieser Gaststätten stoßen, und das hat einen historischen Grund.

Als um 1900 in der Pfalz die ersten Genossenschaften entstanden, waren es naturgemäß zunächst die ärmsten Winzer, die sich zusammenschlossen. In diese Vereine mit unbeschränkter Haftung brachte jeder Genosse praktisch sein gesamtes Vermögen ein. Als nach den ersten Erfolgen weitere Winzer hineindrängten, machten die Mitglieder ihre Läden dicht. Hauptgrund: Sie wollten keine neuen Haftungsverpflichtungen für weitere Mitglieder eingehen. So kam es, daß an vielen Orten neben einer Winzergenossenschaft noch ein Winzerverein entstand. Zur besseren Unterscheidung legten sie sich Namen nach Weinlagen zu, wie Luginsland, Herrenberg oder Honigsäckel, auch nach bekannten Baulichkeiten, wie Kloster Limburg, Wachtenburg, oder gar nach einem Hotel wie Vier Jahreszeiten in Bad Dürkheim.

Nach dem Zweiten Weltkrieg siegte die Vernunft über den Konkurrenzneid. Örtliche Genossenschaften und Winzervereine schlossen sich zusammen. Die Gaststätten, zumeist an Pächter vergeben, wurden beibehalten. Er gibt auch »unabhängige« Gasthäuser, die sich auf Genossenschaftsweine spezialisieren, wie etwa Benders Winzerstube in Ungstein.

Bunt wie alles in der Pfalz ist auch die Palette dieser Häuser. Sie reicht von der typischen Pfälzer Hausgaststätte Vier Jahreszeiten in Dürkheim bis zum ambitionierten Restaurant in Forst, wo man unbedingt die hausgemachten Pasteten versuchen sollte. In Leistadt steht Flambiertes auf der Karte, in Niederkirchen Knoblauchsteak, in Deidesheim gefüllte Kalbsbrust.

In Wachenheim gar bereitet ein Olympiakoch die Gerichte zu. Josef Bindert war 1964 in Tokio und 1968 in Mexiko für das leibliche Wohl der deutschen Olympiamannschaft zuständig. Dazu bekochte er die deutsche Elf bei den Fußballweltmeisterschaften 1958 in Schweden und 1962 in Chile. Kein Wunder also, daß ein exotischer Duft von seiner Speisekarte ausgeht. Daneben gibt es aber auch Eigenkompositionen wie Kalbssteak Luginsland mit Apfelsauce.

Nicht alle Genossenschaften finden sich auf der folgenden Übersicht; bei manchen werden wir noch auf dem einen oder anderen Ausflug Station machen.

Winzerverein Deidesheim
Deidesheim (6705), Telefon 06326/230 und 204

Hausgaststätte Winzerverein
Deidesheim (6705)
Weinstraße 67, Telefon 06326/365

Preise: Literflaschen-Qualitätswein ab 4,15; 1/1 Flasche Kabinett ab 4,–; Spätlese ab 6,–, Auslese ab 13,–, Beerenauslese ab 29,–, Trockenbeerenauslese 56,–; Ausschankweine von 1,40 bis 3,–; Hauptgerichte ab 8,–; Übernachtung mit Frühstück ab 18,–

Winzergenossenschaft Vier Jahreszeiten, Kloster Limburg
Bad Dürkheim (6702)
Limburgstraße, Telefon 06322/2220 und 1858

Hotel-Gaststätte Vier Jahreszeiten
Bad Dürkheim (6702)
Kaiserslauterer Straße 1, Telefon 06322/2400
(Mo. Ruhetag)

Gaststätte zum Winzer
Bad Dürkheim (6702)
Kaiserslauterer Straße 12, Telefon 06322/2171
(Di. Ruhetag)

Preise: Literflaschen-Qualitätswein ab 3,50, Kabinett ab 4,30; 1/1 Flasche Qualitätswein ab 3,20, Kabinett ab 4,20, Spätlese ab 5,80, Auslese ab 10,80, Beerenauslese ab 29,–, Trockenbeerenauslese ab 45,–; Ausschankweine 1,70 bis 4,60, Auslesen 1/10 Liter 2,20 bis 4,–; Hauptgerichte ab 8,–; Übernachtung mit Frühstück (Vier Jahreszeiten) ab 20,–

Forster Winzerverein
Forst (6701), Telefon 06326/306

Gaststätte Winzerverein
Forst (6701), Telefon 06326/259

Literflaschen-Qualitätswein ab 3,30, Kabinett ab 3,50; 1/1 Flasche Kabinett ab 4,50, Spätlese ab 5,50, Auslese ab 9,50; Ausschankweine von 1,50 bis 3,50; Flaschenweine ab 8,50; Hauptgerichte ab 8,–
(Di. Ruhetag)

Niederkirchener Winzerverein
Niederkirchen (6701), Telefon 06326/389 und 8301

Gaststätte Winzerverein
Niederkirchen (6701), Telefon 06326/281

Preise: Literflaschen-Qualitätswein ab 3,60, Kabinett ab 4,50, 1/1 Flasche Kabinett ab 3,70,

Spätlese ab 5,70, Auslese ab 8,40; Ausschankweine von 1,30 bis 3,–, Spitzenweine 1/10 Liter von 1,20 bis 2,50; Hauptgerichte ab 8,–

Winzergenossenschaft Kallstadt
Kallstadt (6701), Telefon 06322/8654

Winzerstuben Kallstadt
Kallstadt (6701), Weinstraße 126, Telefon 06322/2644

Preise: Literflaschen-Qualitätswein ab 3,70, Kabinett ab 4,50, 1/1 Flasche Kabinett ab 3,50, Spätlese ab 5,50, Auslese ab 10,–; Ausschankweine von 1,60 bis 3,50; Hauptgerichte ab 7,– (Di. Ruhetag)

Leistadter Winzerverein
Bad Dürkheim-Leistadt (6702), Telefon 6322/2212

Gaststätte Winzerverein Leistadt
Bad Dürkheim-Leistadt (6702), Telefon 06322/2296

Preise: Literflaschen-Qualitätswein ab 2,70, Kabinett ab 4,30; 1/1 Flasche Qualitätswein ab 3,70, Kabinett ab 4,–, Spätlese ab 5,50, Auslese ab 8,80, Beerenauslese 1/2 Flasche 14,–; Ausschankweine von 1,40 bis 2,60; Flaschenweine ab 6,–; Hauptgerichte ab 7,– (Mo. Ruhetag, Februar geschlossen)

Winzergenossenschaft Herrenberg-Honigsäckel
Bad Dürkheim-Ungstein (6702)
Telefon 06322/8671 und 2133

Winzergaststätte Zum Herrenberg
Bad Dürkheim-Ungstein (6702), Telefon 06322/1097

Bender's Winzerstube
Bad Dürkheim-Ungstein (6702)
Weinstraße 78, Telefon 06322/2782

Preise: Literflaschen-Qualitätswein ab 2,90; Kabinett ab 4,50; 1/1 Flasche Qualitätswein ab 4,60, Kabinett 4,80, Spätlese ab 6,–, Auslese ab 12,–, Beerenauslese ab 14,–; Trockenbeerenauslese 1/2 Flasche 20,–; Ausschankweine von 1,20 bis 3,20, Hauptgerichte ab 7,50

Winzergenossenschaft Wachtenburg-Luginsland
Wachenheim (6706), Telefon 06322/2148 und 2200

Hausgaststätte Luginsland
Wachenheim (6706), Telefon 06322/8635

Preise: Literflaschen-Qualitätswein ab 4,20; Kabinett ab 4,50; 1/1 Flasche Qualitätswein ab 3,90; Kabinett ab 4,60, Spätlese ab 5,90, Auslese ab 8,–, Beerenauslese ab 20,–, Trockenbeerenauslese ab 38,–; Ausschankweine von 1,60 bis 3,50; Flaschenweine ab 7,–; Hauptgerichte ab 7,50

Henningers Saumagen

Ein wenig haben wir schon in die Pfälzer Küche hineingeschnuppert. Darum ist es jetzt Zeit, daß wir uns mit der Krönung der Pfälzer Speisekarte beschäftigen, dem Saumagen. Korrekterweise müßte er gefüllter Saumagen heißen. Doch was nützen umständliche Erklärungen – statt dessen hier ein typisches Rezept:

»Ein kleiner Saumagen aus frischer Schlachtung, der vom Metzger schon gereinigt zu beziehen ist, wird gut gewässert. 750 g mageren Schweinebauch ohne Schwarte und 750 g mageren Schweinevorderschinken ohne Knochen und Schwarte in 2 cm große Würfel schneiden, ebenso 750 g geschälte Kartoffeln. Die Kartoffeln in Wasser einmal aufkochen. Schweinebauch, Schweinevorderschinken, Kartoffelwürfel, 1000 g feines helles Bratwurstbrät, 2 bis 3 eingeweichte Brötchen und, wenn der Saumagen besonders zart gewünscht wird, 4 bis 6 Eier, gut mischen und mit Salz, Pfeffer, Muskat und Majoran abschmecken. Die Masse in den Saumagen füllen, jedoch nicht zu prall, da dieser sonst leicht aufplatzt. Die drei Magenöffnungen abbinden. Nun muß der Magen gut drei Stunden in heißem Wasser, ca. 80°, ziehen, keinesfalls darf er kochen. Er muß dabei frei schwimmen und öfters gedreht werden. Danach kurz abtropfen, eventuell (aber nicht unbedingt) knusprig nachbraten. Der Saumagen wird mit Weinkraut und Bauernbrot serviert. Man schneidet ihn am Tisch in Scheiben und legt vor.«

Um unsere neu erworbenen Kenntnisse an der Praxis zu messen, begeben wir uns nach Kallstadt. Denn wo wäre man für dieses Gericht wohl kompetenter als dort, wo sogar eine Weinlage – die beste – Saumagen heißt? In der Tat finden wir hier ein Lokal, dessen Saumägen weit und breit als die besten gelten. Seit Generationen bereitet man im Weinhaus Henninger diese Spezialität zu. Und nicht nur diese: Bei Henninger kann man Pfälzer Küche in Vollendung kennenlernen.

Da wären kräftige Hausmacherwürste, Schwartenmagen und grobe Bratwurst, da wären Leberknödel mit Weinkraut, und da wären die kräftigen Käse: Weinkäse, aromatisch duftend, und Weißer Käse, pikant angemacht. Donnerstags gibt es bei Henninger Metzelsuppe mit Wellfleisch. Und vergessen wir nicht die köstliche Pfälzer Zwiebelsuppe, mit saurem Rahm zu einer erlesenen Delikatesse erhoben.

Ein weiterer Schwerpunkt bei Henninger sind die Wildgerichte. Insbesondere zur Fasanenzeit herrscht Hochbetrieb. Es ist ratsam, sich an Wochenenden vorher anzumelden.

Gute Küche ist immer auch frische Küche. Deswegen wenden sich die Henningers und ihr Küchenmeister – von ihm wird noch kurz die Rede sein – immer mehr den Gaben der jeweiligen Saison zu. Daraus folgt: die »Standardkarte« wird eingeschränkt zugunsten der Tagesspezialitäten. Das bedeutet keineswegs ein blindes Einschwenken auf den internationalen Modetrend, wenngleich auch bei Henninger jetzt leichter gekocht wird als früher. Basis bleibt nach wie vor die alte, bodenständige Küche. So stößt man auf der Tageskarte beispielsweise auf Lammfilet in Salbei, gebackenen Kalbskopf und frische Kalbsleber mit Äpfeln.

Daß der Wein im Kochtopf eine große Rolle spielt, versteht sich beim Winzer Henninger von selbst. Vor allem an den Tagen, an denen frischer Edelfisch – Seezunge, Seeteufel – angeliefert wird, findet der Inhalt so mancher Flasche als Fischsud Verwendung.

Die hauseigenen Weine verdienen es, daß man ein wenig bei ihnen verweilt. An die zwölf Schoppen stehen zur Wahl, kräftige Rieslinge, rassige Silvaner, milde Müller-Thurgaus, bukettreiche Scheureben. Zum Abschluß kann man sich auch eine Auslese genehmigen. Der Clou: Bei Henninger kocht gar kein Pfälzer! Küchenchef Egon

---

Weingut Georg Henninger IV
Naturweinhaus Henninger
Kallstadt (6701), Telefon 06322/2277

Preise: Literflaschen-Qualitätswein ab 4,50, Kabinett ab 5,50, 1/1 Flasche Qualitätswein ab 3,50, Kabinett ab 4,30, Spätlese ab 7,20, Auslese ab 10,50, Beerenauslese ab 22,–; Ausschankweine von 1,80 bis 4,20, Spitzenweine 1/10 Liter 3,50; Speisen: Saumagen 8,20, andere Hauptgerichte ab 10,50 (Mo. bzw. Tag nach Feiertagen geschlossen)

Sorge ist waschechter Berliner, dem es die Pfälzer Küche allerdings so sehr angetan hat, daß er vor vielen, vielen Jahren hier hängenblieb.

Überhaupt scheinen die kräftig-raffinierten Pfalzspezialitäten die Großen der Kochkunst zu reizen. Als Kallstadt-Fan bezeichnet sich zum Beispiel auch Fernsehkoch Max Inzinger. Natürlich hat er schon bei Henninger in die Töpfe geguckt. Seine Verbindung zu

Kallstadt knüpfte er aber im Hause schräg gegenüber, im Weingut Koehler-Ruprecht. Mit dessen Inhaber, Otto Philippi, verbindet ihn eine herzliche Freundschaft. Durch ihn wurde er zum Anhänger der Pfälzer Küche und des Pfalzweines.

Zum Weingut Koehler-Ruprecht gehört auch das benachbarte Weincastell Zum Weißen Roß. Otto Philippi führt es als Hotel garni, kann jedoch seinen Hausgästen stets einen guten Schoppen aus seinem Weingut anbieten. Sie werden dem Gast eine angenehme Bettruhe verschaffen, gleich ob er im Himmelbettzimmer, im Fürstenzimmer oder im Alkovenzimmer schläft.

Weingut Koehler-Ruprecht
Inhaber Otto Philippi
Kallstadt (6701), Weinstraße 84, Telefon 06322/1829

Hotel Weincastell Zum Weißen Roß
Kallstadt (6701), Telefon 06322/2240

Preise: Literflaschen-Kabinett ab 4,20; 1/1 Flasche Kabinett ab 5,50, Spätlese ab 6,50, Auslese AB 10,50, Beerenauslese ab 24,–, Trockenbeerenauslese ab 50,–; Ausschankweine ab 2,–; Übernachtung mit Frühstück ab 22,–

Pfalzwein-Missionare

Mit Otto Philippi und seinem kochenden Freund Inzinger sind wir bei einem Thema, das in keiner Weingegend Deutschlands mit so vielen Variationen gespielt wird wie in der Pfalz. Die Pfälzer halten von ihren Weinen, ihrer Küche und vor allem von ihrer Gastlichkeit so viel, daß sie diese auch jenen zukommen lassen wollen, die sich nicht zu einer Reise in die Pfalz aufraffen. Und da die Pfälzer durchaus auch einen Riecher für lohnende Geschäfte besitzen, kamen einige auf die Idee, sich als Pfalzwein-Missionare zu betätigen.

Den Anfang machte Hanns Hahn aus Deidesheim schon in den zwanziger Jahren. 1926 richtete er die erste Pfalzweinstube in Berlin ein, um die Reichshauptstadt mit dem Pfalzwein und Pfälzer Delikatessen bekanntzumachen. Als Basis erwarb er 1929 ein großes Weingut in Deidesheim, den jetzigen Hahnhof, dessen Rebareal im Laufe der Zeit auf beachtliche 27 Hektar gebracht wurde.

Der Erfolg des Berliner Hauses zog Neugründungen in anderen deutschen Großstädten nach sich. Zielstrebig bauten Sohn und Enkel das Netz aus; heute umfaßt das Gaststätten-Imperium 19 Häuser von München über Frankfurt bis Hamburg, davon allein sieben im Geselligkeitszentrum München. Flaggschiff dieser stolzen Flotte und zugleich Stammsitz ist der Deidesheimer Hof, eines der schönsten Häuser am Marktplatz des Ortes.

Weiß und Blau, die alten kurpfälzisch-bayerischen Farben, sind auch die Farben des Hahnhofs. Weißblau stehen überall zwischen Deidesheim und Königsbach die Rebpfähle in den Wingerten, in schmuckem Weißblau bedienen überall die Kellnerinnen die Hahnhof-Gäste. Rheinpfalz-Weinstuben heißen einige Lokale, Hahnhof-Weinstuben die anderen, doch eine straffe Leitung sorgt dafür, daß der Charakter der Häuser sich weitgehend gleicht.

Das gilt auch für das Wein- und Speiseangebot. Im Mittelpunkt stehen der Schoppenwein in etwa zehn Variationen bis zur Spätlese, dazu mehrere Kapitel »Aus unserer Weinbibliothek« mit Spitzenweinen im 1/10-Glas oder in Viertelliterflaschen. Herausgehoben wird jeweils ein »Wein des Monats« und ausführlich beschrieben – Wein-Didaktik.

Der Hahnhof braucht seine Weine nicht unter den Scheffel zu stellen, sie halten Vergleiche auch mit internationalen Berühmtheiten aus. Einen solchen Vergleich ermöglicht der Deidesheimer Hof, indem er – in der gesamten Bundesrepublik wohl ein Einmaligkeit – Spitzenweine aus Burgund oder dem Bordeaux-Gebiet im Ausschank anbietet. Wo kann man schon ein Glas eines alten Cru bourgeois aus dem Médoc erhalten?

Die Speisekarten der Hahnhof- und Pfalzweinstuben bieten alles, was zur Pfälzer Küche gehört, von der Bratwurst bis zum Saumagen, vom Leberknödel bis zum Handkäs. Um die vielen Restaurants mit diesen Köstlichkeiten zu beliefern, wird in Deidesheim eine eigene Großmetzgerei unterhalten. Zwei Bäckereien sorgen, für ständigen Nachschub von kräftigem Steinofenbrot. Es steht in allen Häusern zu freien Bedienung auf den Tischen – Zeichen pfälzischer Gastfreundschaft.

Weingut Hahnhof
Deidesheim (6705), Telefon 06326/8555

Hotel Deidesheimer Hof
Deidesheim (6705), Marktplatz, Telefon 06326/1811/2

Preise: Literflaschen-Qualitätswein ab 3,80;
1/1 Flasche Qualitätswein ab 3,40, Kabinett ab 4,90, Spätlese ab 7,50, Auslese ab 12,50, Beerenauslese 45,–, Trockenbeerenauslese 95,–; Ausschankweine von 2,20 bis 4,60; Hauptgerichte ab 6,80;
Übernachtung mit Frühstück im Deidesheimer Hof ab 28,–
(Ende Dez. bis Anfang Jan. geschlossen)

Hahnhof- und Pfalzweinstuben in München (Schwanthaler Straße 13, Telefon 554808; Tengstraße 6, Telefon 371117;

Sendlingertorplatz 11, Telefon 591963; Leopoldstraße 32, Telefon 332241; Volkartstraße 22, Telefon 166025; Schongauer Straße 37; Telefon 746616; Agnes-Bernauer-Straße 51, Telefon 563003)
... in Frankfurt (Gutleutstraße 1, Telefon 233870; Berliner Straße 64, Telefon 287833; Scheffelstraße 1, Telefon 595353)
... in Mannheim (Keplerstraße 32, Telefon 447455; F4,21 Telefon 12297)
... in Ludwigshafen (Kaiser-Wilhelm-Straße 39, Telefon 512774)
... in Heidelberg (Fischmarkt 7, Telefon 24045)
... in Kaiserslautern (Lutrinastraße 2-4, Telefon 60266)
... in Hamburg (Drehbahn 15-23, Telefon 342656)

Ende der fünfziger Jahre, als das Hahnhof-Imperium in voller Expansion stand, volontierte bei der Maffei-Bank in München der junge Erbe der altrenommierten Firma Schenk, Weingut, Weinkellerei und Weinhandel in Maikammer. Bei seinen Streifzügen durch die Stadt stieß er auf das Weinstadl, ein Weinlokal in der Burgstraße.

Das Haus, eines der ältesten noch erhaltenen, trägt die Weintradition. Nachdem es zunächst die Stadtschreiberei und – was für Zeiten! – eine Isargoldwäscherei beherbergt hatte, wurde es um 1550 von der Stadt erworben, die in Keller und Parterre ihren Weinumschlagplatz einrichtete.

Schenk kann heute nicht mehr sagen, was ihn damals am meisten beeindruckte: der prächtige Renaissancehof mit seinen Galerien, die Kreuzgratgewölbe im Innern, die Ohrwaschln genannten Flachgiebel, der Treppenturm, die Butzenscheiben oder einfach die unvergleichlich anheimelnde Atmosphäre des Lokals.

Jedenfalls, ein paar Jahre später, griff er zu und bewahrte die Weinstube vor einem unrühmlichen Ende. Seither führt sie den Namen Weinschenk im Weinstadl, und heute ist sie ein Begriff in der Münchener Gastronomie. Die Pfälzer Küche brachte Schenk den Münchnern dadurch nahe, daß er sie ein wenig nach der bayerischen Brotzeit ausrichtete. Bekanntschaft mit Pfälzer Rebensaft vermitteln über zehn Flaschenweine, an die 17 Ausschankweine und eine Himmelsleiter-Weinprobe, ein Weinkarussell in Gestalt jener alten Leiter, die als Zugang von der Burgstraße dient.

Die größere Nähe zum Konsumenten bedingt, daß sich der Charakter des Schenkschen Betriebes in Maikammer allmählich wandelt. Sicher dient die Großkellerei mit ihren Qualitäts-Konsumweinen weiter als wirtschaftliche Basis, doch legt Schenk nun immer größeres Gewicht auf hochwertige Weine eigenen Anbaus. Ganz besonders will er sich des so diffizilen Gewürztraminers annehmen, der in den besten Lagen Maikammers und seiner Umgebung Weine der Spitzenklasse bringt – bis zur Trockenbeerenauslese.

Johann Schenk
Weingut-Weingroßhandlung-Weinkellerei
Maikammer (6735), Telefon 06321/5011 und 5012

Preise (eigene Weine): Kabinett ab 3,50;
Spätlese ab 4,60; Auslese ab 7,–; Beerenauslese 25,–;
Trockenbeerenauslese 42,–

Der Weinschenk im Weinstadl
München (8000), Burgstraße 5, Telefon 0811/221047

Preise: Ausschankweine von 2,10 bis 4,80;
Flaschenweine ab 11,–; kleine Gerichte ab 4,–,
Hauptgerichte ab 6,80

Die enge Beziehung der Pfälzer gerade zu München rührt daher, daß die Pfalz über hundert Jahre mit Bayern politisch verbunden war. Diese Verbindung schuf der Mannheimer Kurfürst Carl Theodor, jenes »Glücksschwein«, von dem schon im Nahe-Kapitel die Rede war. Den Pfälzer Wein wollte er auch in seiner neuen Residenz nicht missen, und so sind wohl viele Fuhrwerke mit Fässern vom pfälzischen Weinhof gen München gerollt.

Diesen Weinhof gibt es übrigens noch heute. Er liegt zwischen den zu Neustadt eingemeindeten Weinorten Mußbach und Gimmeldingen und trägt sogar den Namen Carl Theodors. Ein alter Maulbeerbaum erinnert an die Bemühungen Carl Theodors, die Seidenraupenzucht einzuführen, barocke Plastiken weisen auf den Mannheimer Hofbildhauer und Mitarbeiter des berühmten Verschaffelt, Konrad Linck, hin, dessen Schwiegersohn zu den Besitzern des Anwesens gehörte.

Vor etwa 60 Jahren erwarb Familie Stolleis den Hof und baute ihn zum Zentrum eines umfangreichen Weinbau- und Kellereigeschäftes aus. Der heutige Besitzer, Dr. Erich Stolleis, beschäftigte sich schon früh mit dem Gedanken, den Pfalzwein über »Missionsstützpunkte« in die deutschen Lande zu tragen. Zunächst schloß er sich mit mehreren Gleichgesinnten zu einer Genossenschaft zusammen, der es auch gelang, Weinstuben in Augsburg, Mannheim, Kaiserslautern, Wasserburg am Bodensee und im benachbarten Gimmeldingen zu erwerben und sie von Pächtern als Häuser des Pfälzer Weines führen zu lassen.

Weingut und Weinkellerei Peter Stolleis
Weingut Dr. Stolleis, Carl-Theodor-Hof
Neustadt (6730)
Gimmeldingen-Mußbach, Telefon 06321/6071

Preise: Lieterflaschen-Qualitätswein ab 3,10, 1/1 Flasche Kabinett ab 3,90; Spätlese ab 4,50; Auslese ab 9,50, Beerenauslese ab 17,–

Gaststätten u. Weinstuben: Ecke-Stuben, Augsburg (8900), Elias-Holl-Platz 2; Weinstube Vorreiter-Jung, Mannheim (6800), Rheinaustraße 6;
Alte Münze, Minden/W. (4950); Pfälzer Weinkeller am Dom, München 2 (8000),
Frauenplatz 2; Weinstube Alt Orb, Bad Orb (6482); Gasthof Pfälzer Hof, Wasserburg am Bodensee (8992), Hauptstraße 59; Kurpfalz-Terrassen, Neustadt-Gimmeldingen (6730)

Preise: Ausschankweine von 1,80 bis 3,90; Flaschenweine ab 8,50; Pfälzer Spezialitäten ab 3,–

Leider hielt dieser ursprüngliche Einklang der Zeit nicht stand, so daß Dr. Stolleis die Betreuung der Häuser in eigene Regie übernahm. Seitdem konnten Weinstuben in Bad Orb, München und Minden/W. der Stolleis-Gruppe angegliedert werden.

Dr. Stolleis führt seine Häuser an einem etwas längeren Zügel, als wir es von den Hahnhof-Gaststätten kennen. Dadurch können seine Pächter vor allem beim Speisenangebot mehr Individualität entwikkeln, allerdings auf die Gefahr hin, daß auch mal ein Haus unter dem Standard liegt.

Von Dr. Stolleis selbst gestaltet und somit einheitlich sind die Weinkarten mit an die 30 Ausschankweinen und ebenso vielen Flaschenweinen. Darüber hinaus bieten sie eine anregende Lektüre über die pfälzische Geschichte und den Pfalzwein.

Den Weinen wird so kräftig zugesprochen, daß das eigene Weingut den Bedarf schon lange nicht mehr zu decken vermag. Dr. Stolleis hat darum eine Erzeugergemeinschaft Mittelhaardter Winzer ins Leben gerufen, die sich beim Ausbau zu bestimmten Qualitätsnormen verpflichten und im Herbst ihre Trauben an die Stolleis-Kellerei abliefern – womit beiden Seiten geholfen ist.

Während im Falle Schenk und bei Dr. Stolleis die Weinstuben mit alten Weinfirmen verbunden wurden, beruht das Hahnhof-Imperium auf einer Konzeption, die von vornherein einheitlich Weingut und Weinlokale umfaßte. Ähnlich entstand die Kette von Gutsschänken, welche mit dem Namen Breivogel verknüpft ist, fast gleichzeitig mit einem Erzeugerbetrieb in Kallstadt, der Weingut und Weinkellerei umfaßt. Schon bald nach Eröffnung des Kallstadter Unternehmens ging Breivogel junior an die Einrichtung von Lokalen, in denen er seine Weine vorstellen konnte, um zu beweisen, wie bekömmlich sie sind.

Schwerpunkte schuf er in jenen Teilen der Pfalz, wo sie kein

Weingut Otto Gg.Breivogel, Weinkellerei, Ausschank
Kallstadt (6701)
Freinsheimer Straße, Telefon 06322/1564

ferner: Ludwigshafen (6700), Bayernstraße 23; Kaiserslautern (6750), Bismarckstraße 18a; Landstuhl (6790), Kaiserstraße 5; Homburg/Saar (6650), Saarbrücker Straße 23; St.Ingbert/Saar (6670), Ludwigstraße 23; Neunkirchen/Saar (6680), Oberer Markt 11; München-Schwabing (8000), Fendstraße 2; Blieskastel (6653), Kardinal-Wendel-Straße 6

Preise: Literflaschen-Qualitätswein ab 3,–; Kabinett ab 4,80; 1/1 Flasche Qualitätswein ab 3,80, Kabinett ab 4,–, Spätlese ab 6,50, Auslese ab 11,20, Beerenauslese ab 22,–; Ausschankweine von 1,50 bis 3,50; Flaschenweine ab 8,80; kleine Gerichte ab 2,80, Hauptgerichte ab 4,80

Weinland ist. Auch im benachbarten Saarland sah er noch Möglichkeiten einer Entwicklungshilfe in Sachen Wein. So wurde jeweils ein Gutsausschank in Ludwigshafen, Kaiserslautern, Landstuhl, Homburg/Saar. St. Ingbert, Neunkirchen und Blieskastel etabliert. Schließlich wurde im Oktober 1976 auch das Kallstädter Weingut bzw. die Kellerei um eine Gutsschänke bereichert. Der einzige Ausschank in weiter Ferne liegt – dreimal darf man raten – in München.

Das relativ junge Weingut kann natürlich den Bedarf seiner Gutsschänken und der Kunden, die in diesen geworben werden, bei weitem nicht decken. Auch hier hilft eine Erzeugergemeinschaft. Das Weingut beschränkt sich auf Spitzenqualitäten und Spezialitäten wie den Anbau von Spätburgunder, Stolz des Hauses. Er gehört zu den rund 15 offenen Weinen der Gutsausschank-Karten, wozu noch fünf Spät- und Auslesen in halben Flaschen kommen sowie eine Spitzenauslese in einer Viertelliterflasche. Die Flaschenweinauswahl reicht bis zur Beerenauslese. Hausmacher-Spezialitäten samt Leberknödel und Saumagen werben für die Pfälzer Küche.

Reichsrat und Kanne

Wer von Norden aus Diedesheim ansteuert, dessen Blick fällt kurz vor dem Ortskern rechts auf ein langgestrecktes Gebäude, das Hotel Reichsrat von Buhl. Der Dachreiter deutet auf einen alten Baukern, aber wohl kaum jemand wird vermuten, daß dieses Hotelgebäude einst ein barocker Viehstall war.

Das Hotel gehört zu einem der drei ganz großen pfälzischen Weingüter , im Volksmund die »drei großen B« genannt: Bassermann-Jordan, Bürklin-Wolf und Buhl. An den berühmten Lagen des Mittelhaardts besitzen sie den Löwenanteil. Ihre Weine findet man von Los Angeles bis Kapstadt, von London bis Berlin.

Alte Tradition ließ diese Weingüter sehr lange an herkömmlichen Absatzwegen festhalten: distinguierter Handel, Versteigerungen, gehobene Gastronomie, Weinkommissionäre, Exporteure – über diese Wege gelangten ihre Weine zum Weinfreund. Erst neuerdings suchen sie in wachsendem Umfang den direkten Zugang zum Konsumenten. Dazu gehört auch, daß sie es ermöglichen, den Wein zu verkosten.

Als man beim Weingut Reichsrat von Buhl die unrentable Viehwirtschaft aufgab, lag es folglich nahe, den alten unter Denkmalschutz stehenden Stall in eine Stätte der Gastlichkeit zu verwandeln.

Die Namen von Weingut und Hotel erinnern an zwei der bedeutendsten Vertreter pfälzischen Weinbaus, die Brüder Buhl. Reichsrat Armand Buhl war nationalliberaler Abgeordneter im Reichstag und zeitweise dessen Vizepräsident. Unermüdlich vertrat er die Interessen des Weinbaus. Ihm ist es weitgehend zu verdanken, daß die große Gefahr, welche dem deutschen Wein Ende des vorigen Jahrhunderts von der Reblaus drohte, durch tatkräftige Maßnahmen eingedämmt werden konnte.

Das »von« im Weingutsnamen rührt von Armands Bruder und Nachfolger her, ebenfalls Reichsrat und mit dem persönlichen bayerischen Adel ausgezeichnet. Mit bayerischem Adel ist das Gut auch heute noch verbunden. Bevor nämlich die letzte der Buhls 1952 verstarb, adoptierte sie einen Guttenberg. Seither gehören Weingut wie Hotel den Freiherren von und zu Guttenberg.

Das Hotel Reichsrat von Buhl erwies sich als derartiger Erfolg, daß es bald zu klein wurde. So errichtete man ein neues Hotel, das alle Ansprüche befriedigt, die heute an Spitzenhäuser gestellt werden, das Haardt-Hotel. Seine besondere Attraktion ist das Gesundheitszentrum mit Hallenbad, Sauna, Kneipp-Einrichtungen und anderen Heilbehandlungen.

Beide Hotels werden einheitlich verwaltet, doch läßt man sie ruhig miteinander konkurrieren. Das Haardt-Hotel wird vor allem als Kongreß-Zentrum geführt. Das Haus jedoch, welches den Namen des Weingutes führt, soll nach und nach zu einer Pflegestätte des Weines entwickelt werden. Weinproben werden jetzt schon durchgeführt, Weinseminare sollen folgen. Dementsprechend ist hier auch der Wein-Tisch mit neun Ausschankweinen reicher gedeckt als im Haardt-Hotel, wo aber immerhin noch fünf Buhl-Schoppen Abwechslung versprechen. Frohe Weinrunden bevorzugen den Liter-Weinheber.

Deidesheim ist auch Zielort vieler, die es nach Feinschmecker-Küche gelüstet. Ihr Mekka ist die Kanne, eines der ältesten pfälzi-

Weingut Reichsrat von Buhl
Deidesheim (6705), Telefon 06326/210

Hotel Reichsrat von Buhl
Deidesheim (6705), Telefon 06326/8586,8587 und 722

Haardt-Hotel
Deidesheim (6705), Telefon 06326/8638,8639 und 8641

Preise: Literflaschen-Qualitätswein ab 3,95; 1/1 Flasche Qualitätswein ab 3,70, Kabinett ab 4,50, Spätlese ab 6,90, Auslese ab 10,50, Beerenauslese ab 39,–; Trockenbeerenauslese ab 115,–; Ausschankwein von 2,10 bis 2,90; Flaschenweine ab 9,–; Hauptgerichte ab 6,80; Übernachtung m. Frühstück ab 25,– (Haardt-Hotel ab 32,–)

schen Gasthäuser überhaupt. Seit dem 12. Jahrhundert werden hier Pilger und Reisende beherbergt, und seit 1374 lassen sich die Wirte lückenlos urkundlich nachweisen.

Höhen und Tiefen machte das Gasthaus durch, bis es 1951 von der »Kannengesellschaft« übernommen und in ihrem Auftrag völlig umgebaut wurde. Zu den Initiatoren gehörte auch Dr. Albert Bürklin, Chef des Hauses Bürklin-Wolf. Wie die Buhls und die Bassermann-Jordans haben sich die Besitzer dieses Weingutes stets noch nebenbei für öffentliche Belange eingesetzt. So war der Vater des jetzigen Besitzers, der Wirkliche Geheime Rat Dr. Albert Bürklin, Vizepräsident des Reichstages. Und sein Sohn wiederum half nach dem letzten Krieg kräftig bei der Gründung des Deutschen Weinbauverbandes mit, dessen Vizepräsident er jahrelang war.

Man scheut sich, ein Haus mit Spitzenküche als Gutsausschank zu bezeichnen. Dennoch: Die Kreszenzen des Weingutes Bürklin-Wolf werden in der »Kanne« in solch faszinierender Breite präsentiert wie in kaum einer Gutsschänke – allein elf Weißweine werden in Viertelliter-Karaffen angeboten, dazu eine herrliche Auslese im 1/10-l-Glas. Die Flaschenwein-Karte führt tief bis in die sechziger Jahre zurück und schließt mit einer 1946er Trockenbeerenauslese. Diesen edlen Gewächsen stehen auf der Rotwein-Seite Spitzen-Burgunder und -Bordeaux' partnerschaftlich gegenüber.

Das Ehepaar Utz und Susanne Überschaer, welches seit 1977 das Haus führt, hat einen französischen Freund mitgebracht, der sich seine Sporen bei Bocuse und in führenden elsässischen Küchen verdient hat. Er, seine junge französische Brigade und die Überschaers wollen Spitzen-Kochkunst unseres Nachbarlandes mit deutschem Wein-Einschlag bieten. Eine moderne Küche, in der frische Zutaten oberstes Gesetz sind – und so wird es in der »Kanne« keine ellenlange Speisekarte geben; stets sollte man sich die Tageskarte reichen lassen, welche vor allem die Gerichte aus frischen Fischen enthält.

Natürlich verspricht auch ein Streifzug durch die Hauptkarte erlesene Köstlichkeiten. Einige Fundsachen von meinem letzten Besuch als Beleg: Gougeonettes de Sôle (Seezungen-Filetstreifen paniert und gebacken) – Muschelsuppe nach Paul Bocuse – Warme Hechtpastete mit Hummersauce und Blattspinat – Hamburger Stubenküken mit Gänseleber gefüllt und in der Schweinsblase gegart – Kalbsbries in Estragon – Lammkotelettes »pré-salé« – Ente »Barberie« mit grünem Pfeffer – Vacherin glacée (hausgemachte Eistorte) – Sorbets und ein köstliches Himbeersoufflé.

Erlesene Küche in altem Rahmen- die Überschaers wollten ihnen schon 1978 durch einen Umbau neuen Glanz verleihen – welch köstliches Vergnügen!

Weingut Dr. Bürklin-Wolf
Wachenheim (6706), Telefon 06322/8956

Preise: Literflaschen-Qualitätswein ab 4,20;
1/1 Flasche Qualitätswein ab 4,30, Kabinett ab 5,–,
Spätlese ab 7,60, Auslese ab 16,–, Beerenauslese ab 55,–,
Trockenbeerenauslese ab 100,–

Gasthaus zur Kanne, UUtz und Susanne Ueberschaer
Deidesheim (6705), Telefon 06326/396

Preise: Ausschankweine von 2,50 bis 8,–;
Flaschenweine ab 14,50; Hauptgerichte ab 13,–

Gutsschänken an der Mittelhaardt

Die Mittelhaardt besteht nicht nur aus den »Drei Großen B« und Winzergenossenschaften. Zahlreiche mittlere und auch kleinere Weingüter mit alter Tradition können sich hier halten, weil Qualität und Ruf ihrer Weine auskömmliche Erlöse gewährleisten. Die zahlreichen Gutsschänken helfen dabei erheblich mit; nicht so sehr, weil sie zusätzlichen Umsatz bringen – sie bedeuten auch zusätzliche Arbeit –, sondern weil mit ihrer Hilfe neue Kunden geworben, alte bei der Stange gehalten werden.

Dies bestätigten mir auch Herr und Frau Hofmann, Erben des altbekannten Wachenheimer Weingutes Georg Kuhn. Nach Bürklin-Wolf einst wohl das zweitgrößte Weingut in Wachenheim, hatte es zwischenzeitlich etwas an Renommee eingebüßt – Erbschwierigkeiten tun gerade im Weinbau niemals gut. Viel minderwertiger Weinbergbesitz wurde mitgeschleppt. Die junge Generation hat nun gründlich aufgeräumt, nur die besten Lagen behalten und diese durch Zukäufe noch abgerundet.

Weingut Georg Kuhn, Gutsausschank
Wachenheim (6706), Telefon 06322/5352

Preise: Literflaschen-Qualitätswein ab 2,80; 1/1 Flasche Qualitätswein ab 4,75, Kabinett ab 5,45, Spätlese ab 7,65, Auslese ab 12,65; Ausschankweine von 1,50 bis 5,–; Flaschenweine ab 8,–; kleine Gerichte ab 3,20, Steaks 8,80 (Geöffnet ab 17 Uhr, Mo. u. Di. Ruhetag)

Frischen Elan spürt man auch in der gemütlichen Gutsweinstube, die nach Feierabend betrieben wird. Neben Pfälzischem bereitet Frau Hofmann ein Spezialsteak zu und brutzelt Schnecken. Ihr Mann kredenzt die Weine, deren es etwa zehn im Ausschank gibt. Gern unterhält sich das junge Ehepaar über alles, was die Gäste am Wein interessiert. Junge Gastgeber – altes Mobiliar: eine geglückte Kombination.

Nur in den Sommermonaten öffnet das Weingut Hensel in Wachenheim seine Straußwirtschaft. Sie besteht nämlich nur aus Kelterhalle und Vorhof. Doch gerade an heißen Sommerabenden flüchtet man gerne unter die schattigen Bäume oder in die kühle, mit Winzergerät geschmückte Halle. Ein alter Faßboden dient als Tafel, auf der die Hausfrau die Speisen mit Kreide notiert. Wenn man Glück hat, gibt es würzigen Spießbraten.

Weingut Hensel, Straußwirtschaft
Wachenheim (6706)
Bahnhofstraße 20a, Telefon 06322/4681

Preise: Literflaschen-Qualitätswein ab 2,70, Kabinett 4,90; 1/1 Flasche Kabinett ab 3,40, Spätlese ab 5,90, Auslese ab 8,90, Beerenauslese 1/2 Flasche 19,–, Trockenbeerenauslese 1/2 Flasche 35,–; Ausschankweine von 1,50 bis 3,50; Flaschenweine ab 6,20; kleine Gerichte ab 3,–, Hauptgerichte ab 5,– (Mai bis Oktober geöffnet)

Wenn unter Kennern die Rede von Pfälzer Gutsschänken ist, kommt das Gespräch früher oder später auf die Weinstube Spindler in dem Wachenheim benachbarten Forst. Sie ist eine der ältesten an der Mittelhaardt. Heinrich Spindler eröffnete sie 1933 und führte auch das Weinkarussell ein, um die Vielfalt seiner Weine zu demonstrieren. Übrigens kostete damals der Schoppen sage und schreibe 32 Pfennig.

Die Spindlersche Gutsschänke ist nicht nur alt, sie wird auch als eine der schönsten gerühmt. Das verdankt sie in erster Linie ihrem

Weingut Heinrich Spindler, Gutsausschank
Forst (6701), Telefon 06326/280

Preise: Literflaschen-Qualitätswein ab 4,–,
Kabinett ab 4,90; 1/1 Flasche Kabinett ab 4,40,
Spätlese ab 6,50, Auslese ab 8,80,
Beerenauslese 25,–; Ausschankweine von 1,80 bis 4,50,
Auslese 1/10 Liter 2,50, Flaschenweine ab 8,50;
kleine Gerichte ab 2,80 (geöffnet März bis Dezember
ab 12 Uhr, außer Sonntag und Montag)

zauberhaften Garten. Alte Platanen, Kastanien und Pappeln spenden an heißen Sommertagen erfrischende Kühle, Blumenbeete setzen dem Grün bunte Farbtupfer auf. Eine Mauer schirmt diese Idylle vom Straßenlärm ab, der übrigens nachgelassen hat, seit um Forst eine Umgehungsstraße herumführt.

Über den ganzen Garten verteilt stehen die Tische; der Abstand gibt einem das Gefühl, als säße man in seinem eigenen Grundstück. Hier läßt es sich gut probieren. Acht offene Weißweine und ein Rotwein laden dazu ein. Auf der Speisekarte verlockt vor allem die Pfälzer Hausmacher-Bratwurst in Pfannkuchenteig.

Nach Forst pilgern auch jene Weinfreunde, die für die Restsüße im Wein nichts übrig haben: und zwar zum Ausschank des Weingutes Acham-Magin. Hier ist nämlich der Umgang mit sogenannter Süßreserve verpönt, dem vor der Gärung abgezweigten Most, der danach wieder zugegeben wird, um die Weine lieblicher zu machen. So wird man in der gemütlichen alten Weinstube weder einen »lieblichen« Qualitätswein noch einen süßen Kabinettwein bekommen. Selbst die Süße der Spät- und Auslesen wirkt zart und dezent. Wer sich einmal an solche Weine gewöhnt hat, wird kaum noch andere verlangen; erst wenn die Süße sie nicht mehr verdeckt, läßt sich die ganze Fülle der Geruchs- und Geschmackskomponenten eines Weines erspüren.

Weingut und Ausschank Acham-Magin
Forst (6701), Telefon 06326/315

Preise: Literflaschen-Qualitätswein ab 4,90,
Kabinett ab 5,50; 1/1 Flasche Qualitätswein ab 4,–,
Kabinett ab 5,40, Spätlese ab 8,40, Auslese ab 12,50;
Ausschankweine von 1,80 bis 3,50; Flaschenweine ab 10,50;
kleine Gerichte ab 3,–, Hauptgerichte ab 5,50 (geöffnet
ab 16 Uhr außer So.und Mo. Mitte Dez.-Mitte Febr.geschl.)

Ein Forster Weingut betreibt seinen Ausschank in Deidesheim: das Weingut Mossbacher Hof. Es ist eigentlich gar keine richtige

Schänke, sondern mehr ein Probierstand mit Sitzgelegenheiten an langen Tischen unter einem gewellten Kunststoffdach und vor allem an Wochenenden geöffnet. So einfach die Umgebung, so sorgfältig das Weinangebot: An die 15 Weine gibt es im Ausschank. Und während man sich da durchprobiert, freuen sich die Kinder an einem Paradies der Gartenzwerge, von der Betreuerin des Ausschanks, Helene Kersten, zu einzelnen Szenen komponiert.

Weingut Mossbacher Hof
Werner Klein
Forst (6701), Telefon 06326/264

Ausschank Helene Kersten
Deidesheim (6705), Weinstraße 9

Preise: Literflaschen-Qualitätswein ab 4,–,
Kabinett ab 4,80; 1/1 Flasche Qualitätswein ab 3,35,
Kabinett ab 4,–, Spätlese ab 7,20, Auslese ab 9,80,
Beerenauslese 40,–, Trockenbeerenauslese 1/2 Flasche 30,–;
Ausschankweine 1/10 Liter von 0,80 bis 4,–;
kleine Gerichte ab 2,50

Es macht schon Spaß, durch das liebevoll gepflegte alte Deidesheim zu schlendern. 1974 nahm sich eine Bürgerinitiative des alten Burggrabens an. In zweijähriger Arbeit wurde aus einer Wildnis voller Gestrüpp ein zauberhaftere Tiefgarten geschaffen.

Ein Teil dieses Burggrabens wurde der Stadt erst kürzlich überlassen, von der Familie Kern, einer alten Winzerfamilie, die 1804 das Burggelände erwarb. Von der alten Burg der Speyerer Bischöfe blieben nur noch Mauerreste übrig, die in den heutigen, um 1810 errichteten Gebäuden stecken. 1689 ging die mittelalterliche Burg in Flammen auf, das darauf errichtete Barockschloß wurde in den Revolutionskriegen geplündert und anschließend von den Deidesheimern als Steinbruch ausgebeutet.

Daß sie heute sorgfältiger mit ihrem historischen Erbe umgehen, merkt man, wenn man von der steinernen Brüstung in den Burggraben blickt. Eine Märchenstimmung liegt über dem Garten, die einen gefangennimmt, zumal wenn man bereits einige der Kernschen Weine probiert hat. Sommers stehen nämlich Tische an der Brüstung, und Kerns schenken hier ihre Weine aus. Auch bei Regen und Kälte haben sie vorgesorgt: Im behäbig eingerichteten Fürstbischöflichen Amtszimmer läßt sich's trefflich proben.

Deidesheim ist reich an alten Fachwerkhäusern. Das schönste steht direkt neben der Kirche. Sein wundervoller barocker Erker fällt sofort ins Auge, und das Innere ist dem Äußeren ebenbürtig. Die Decke der Großen Stube wird von einem mächtigen Querbalken getragen, dieser wiederum von einer reichgeschnitzten Säule gestützt.

Weingut Dr.Kern,Schloß Deidesheim
Deidesheim (6705), Telefon 06326/260

Preise: Literflaschen-Qualitätswein ab 4,50, Kabinett ab 5,–; 1/1 Flasche Kabinett ab 4,–; Spätlese ab 6,30; Ausschankweine von 1,90 bis 3,90; Weinkarussell; Flaschenweine (Spitzen) ab 9,–, Pfälzer Spezialitäten ab 3,50; (geöffnet März bis Dezember, Freitag ab 18 Uhr, Samstag, Sonntag ab 16 Uhr)

Der prächtige Raum dient dem Weingut Dietz-Matti als Weinprobierstube. Sie ist kein Ausschank im eigentlichen Sinn. Es gibt auch kein Essen, und man muß klingeln, um hineingelassen zu werden. Aber man bezahlt seine Proben und kann daher mit gutem Gewissen wieder gehen, ohne ein paar Flaschen mitgenommen zu haben. Das wird allerdings schwerfallen, wenn man die Weine verkostet hat, denn sie sind vorzüglich. Über 25 Weine stehen zur Wahl. Und wo bekommt man noch alte Jahrgänge wie 66er und 67er?

Weingut Dietz-Matti
Deidesheim (6705), Weinstraße 40, Telefon 06326/310

Preise: Literflaschen-Qualitätswein ab 3,–; 1/1 Flasche Kabinett ab 3,–, Spätlese ab 5,–, Auslese ab 7,–; Probenausschank 1/10 Liter von 0,30 bis 1,60

Wie erfolgreich Winzer sein können, wenn sie ihre Weine direkt an den Endverbraucher vermarkten und dabei ein wenig rührig sind, dafür ist Winzer Helmut Wolf aus Ungstein ein gutes Beispiel. Zug um Zug konnte er sein Weingut vergrößern; sein »Stammhaus« platzte aus allen Nähten.

In dieser Situation schlug er zwei Fliegen mit einer Klappe. Es gelang ihm, von der Ungsteiner Winzergenossenschaft das von dieser nicht mehr benötigte Anwesen »Honigsäckel« zu erwerben, was ihm nicht nur ausgedehnte Kellereiräume sondern auch eine veritable Gaststätte einbrachte. Diese wandelte er jetzt unter einem neuen Pächter in einen Gutsausschank um. Das gesamte Weinsortiment des Gutes – etwa 18 Weine – werden dem Gast im Glase kredenzt, dazu eine kleine 6-teilige Weinprobe. Wild – Fasanen aus eigener Jagd! – und allerlei Pfälzisches lassen den Hungrigen nicht zu kurz kommen.

Helmut Wolf, Weingut-Weinversand,
Bad Dürkheim 5 (-Ungstein) (6702), Kirchstraße 28, Telefon 06322/1501
Gutsausschank Honigsäckel, Ungstein, Telefon 0633/8691

Preise: Literflaschen-Qualitätswein ab 3,80,-Kabinett ab 4,–; 1/1-Flaschen Kabinett ab 4,80, Spätlese ab 5,50, Auslese ab 8,–, Beerenauslese 1/2 Fl. 9,–, Trockenbeerenauslese 1/2 Fl. 18,–; Ausschankweine von 1,50 bis 3,60, Spitzen 1/10 l 2,20 bis 5,50; Flaschenweine ab 9,–; Hauptgerichte ab 7,50; (Donnerstag Ruhetag, Januar/Februar geschlossen)

Traminer – vom und für Genießer

Über den vielen Weinschänken sollten wir die herrliche Landschaft des Pfalzweines nicht vergessen und auch nicht die zahlreichen Zeugen alter Kultur und Geschichte. All das bietet die Umgebung von Bad Dürkheim, die wir uns auf einer kleinen Wanderung erschließen wollen.

Sie führt uns zunächst in Richtung des eingemeindeten Dörfchens Seebach. Gehen wir die Schillerstraße entlang, können wir noch schnell bei Stepp Station machen. Von dieser Straußwirtschaft aus genießt man einen herrlichen Blick über die frühere Leiningensche Residenzstadt. Ein kräftiger Schluck guten Dürkheimers wird uns den nötigen Schwung für unterwegs verleihen.

Karl Stepp III & Sohn
Weinbau – Straußwirtschaft
Bad Dürkheim (6702), Telefon 06322/8653

Preise: Literflaschen-Qualitätswein ab 2,50; 1/1 Flasche Kabinett ab 4,50, Spätlese ab 8,50, Auslese 10,–, Beerenauslese 1/2 Flasche 16,–; Ausschankweine von 1,20 bis 2,50; Weinkarussell 5,50; kleine Gerichte ab 1,80. (geöffnet Mai bis August ab 15 Uhr. Dienstag Ruhetag)

In der Zeit, da Stepp seinen Ausschank geschlossen hält, braucht man auf die Wegzehrung nicht zu verzichten. Ganz in der Nähe, »Im Schreck«, öffnet von Januar bis April Winzer Leckron seine »Gute Stube«. Vier bis fünf Weine gibt es immer, und dazu überraschend gute »Worschtware«: »Wursteln« ist nämlich Leckrons Hobby. Sogar Schinken bereitet er zu.

In Seebach stand früher ein Benediktinerinnenkloster. Übrig blieb die romantische Klosterkirche, ein Torso zwar, doch von wunderbar klaren Proportionen. Mit bemerkenswerter Sorgfalt sind die riesigen Mauerquader behauen und gefügt.

Der Weg führt und jetzt aufwärts zur Klosterruine Limburg. Von der einst mächtigen Kirchenburg, Gründung des Salierkaisers Kon-

Jakob Leckron, Weinbau, Straußwirtschaft
Bad Dürkheim (6702), Im Schreck 17, Telefon 06322/4213

Preise: Literflaschen-Qualitätswein ab 2,60, -Kabinett ab 5,–; Ausschankweine von 1,30 bis 2,50; kleine Gerichte ab 2,–; (geöffnet Januar bis April)

rad II., steht gerade noch so viel, daß man sich mit etwas Phantasie die ausgedehnte Kirchenanlage rekonstruieren kann, Beispiel monumentalen Bauwillens der Salierzeit.

Doch wieder zum Wein. Wir steigen hinunter ins Tal, in Richtung des Dürkheimer Ortsteils Grethen. Ein wenig talaufwärts erblicken wir unser Ziel: Heinz Geniessers Traminer-Klause.

Der Besitzer, Winzer aus Leidenschaft, hat sich auf eine Rebsorte spezialisiert, die das Aromatisch-Duftigste an Wein hervorzubringen vermag, das man sich nur vorstellen kann: den Traminer bzw. Gewürztraminer. Der Anbau ist allerdings mit großem Risiko behaftet, da der Ertrag außerordentlich schwankt. Beispielsweise brachte das Jahr 1974 Heinz Geniesser nur ein Zehntel der Ernte des Vorjahres!

Darum pflanzt er als Risikoausgleich auch andere Sorten an. Seine Liebe aber gehört dem Traminer, den er auf das sorgfältigste behandelt. Das gesamte Erntegut wird entrappt, um ja nicht zu viele Gerbstoffe im Most zu haben.

Heinz Geniesser weiß alles über die Traminertraube, diese uralte Rebsorte, die schon den römischen Kaisern ihren Spitzenwein lieferte. Woher die Rebe stammt, ist ungewiß. Ihren Namen hat sie jedenfalls vom Tiroler Weinort Tramin. Vor einigen Jahren unternahm Tramin-Spezialist Geniesser dorthin eine kleine Wallfahrt, um sich über die örtlichen Anbau- und Ausbaumethoden zu informieren und mit den Leuten zu sprechen, die ebenfalls seine Hobby-Rebe anbauen. Sein Mitbringsel von der Reise waren ein paar alte Flaschen 1894er, 1900er und 1918er, die er in einer Vitrine zur Schau stellt. Übrigens hat diese Fahrt Heinz Geniessers Meinung bestätigt: Pfalz-Traminer werden noch schöner als Tramin-Traminer.

Von der Qualität kann man sich bei 15 offenen Weinen leicht überzeugen, davon etwa die Hälfte Traminer und Gewürztraminer bis zur Beerenauslese. Auf Wunsch werden Weinkarussells zusammengestellt. Die Flaschenweine reichen bis zu den 50er Jahren zurück. Ein schillerndes Wortspiel: Spitzen werden auf der Karte als »Geniesser-Weine« angepriesen.

Zu essen gibt es Pfälzisches, etwa einen Weißen Käse in Sahne »mit Pfiff«. Für größere Gesellschaften, die sich rechtzeitig zur Weinprobe anmelden, gibt es etwas ganz Besonderes, das Weinpfefferessen. Dazu wird drei Tage vorher Schweinefleisch mit verschiedenen Gewürzen in Spätburgunder eingelegt, gekocht, abgeschmeckt und mit Gewürztraminer abgerundet.

Weingut-Gutsausschank Traminer-Klause
Heinz Geniesser
Bad Dürkheim-Grethen (6702)
Hermann-Schäfer-Straße 15, Telefon 06322/4578

Preise: Literflaschen-Qualitätswein ab 3,–; Kabinett ab 5,–, 1/1 Flasche Qualitätswein ab 4,–, Spätlese ab 4,50, Auslese ab 12,–, Beerenauslese 1/2 Flasche 12,–; Ausschankweine von 1,80 bis 4,50; kleine Gerichte ab 1,50, Hauptgerichte ab 5,– (geöffnet ab 17 Uhr, Samstag und Sonntag ab 14 Uhr, Montag Ruhetag)

Kein Wunder, daß bei solchen Weinproben die Stimmung hochgeht. Heinz Geniesser trägt das Seine dazu bei mit bisweilen recht deftigen Weinwitzen und -sprüchen. Gelegentlich besteigt er sogar selbst den Pegasus. Dabei kommt dann etwa folgendes heraus:

»Die Weinstraß ward von Gott geschaffen.
Drum, Fremder, trinke hier den Wein, entrappten,
der in der Traminer-Klause für Dich gärt.
Von Fremden wird er sehr begehrt.
Er hat nun seine besondere Art,
weil er von der Mittelhaardt,
und kredenzt von Heinz Geniesser
schmeckt er dem Kenner – wie dem Spießer.«

Dem ist nichts hinzuzufügen.

Oder vielleicht dies: Für diejenigen, deren Weindurst immer noch nicht gestillt ist, eröffnet sich auf dem Rückweg gleich am Ortseingang von Bad Dürkheim eine Möglichkeit, dem abzuhelfen. In der Hinterbergstraße lädt Familie Christ zur Einkehr in ihre Straußwirtschaft ein. Acht bis zehn Schoppen – nahezu das gesamte Sortiment – stehen zur Auswahl. Das sollte auch dem Hartnäckigsten Wein-Probierer reichen.

Heinrich Christ, Weinbau und Straußwirtschaft
Bad Dürkheim (6702), Hinterbergstraße 66, Telefon 06322/1353

Preise: Literflaschen-Qualitätswein ab 3,50, Kabinett ab 4,–; 1/1-Flaschen Kabinett ab 4,20, Spätlese ab 5,50, Auslese 1/2 Fl. 8,–; Ausschankweine von 1,10 bis 3,–; kl. Gerichte ab 1,80; (geöffnet Anfang Oktober bis Dezember und März bis August)

Durch die Wein-Vororte Neustadts

Neustadt an der Weinstraße: Beamtenstadt als pfälzische Bezirkshauptstadt, Bildungsstadt – im 16. Jahrhundert mit dem Casimirianum sogar Universitätsstadt – und vor allem Weinstadt. Stolz verkünden die Neustädter, daß sie Bürger der größten weinbautreibenden Gemeinde Deutschlands sind. Das wurden sie allerdings erst nach Eingemeindung der umliegenden Weinorte von Diedesfeld bis Königsbach, vom Mußbach bis Hambach.

Den größten Teil der Rebenmenge, die im weiten Weinmeer um Neustadt heranreift, keltert man in diesen Weinorten. Die meisten liegen direkt an diesem Meer, eng an den Hang geschmiegt, der die Grenze zwischen Rebfläche und Wald bildet. Es lohnt sich, am Hang entlangzuwandern, von Ort zu Ort und, wenn man Durst hat, von Weinhaus zu Weinhaus.

Trainieren wir für diese Wanderung mit einem Spaziergang nach Hambach, das zusammen mit Diedesfeld zur Oberhaardt gehört, die sich südlich von Neustadt erstreckt. Hambach ist halb Villenvorort, halb enges, verträumtes Winzerdorf, überragt von der Schloßruine. Diese Burg der Speyerer Bischöfe wurde berühmt durch das Hambacher Fest von 1832, jene patriotische Veranstaltung süddeutscher Demokraten, welche die Aufhebung der Presse-

---

Winzergenossenschaft Hambacher Schloß
Neustadt-Hambach (6730)
Weinstraße 110, Telefon 06321/2343

Hausgaststätte Max Rottmayer jr.
Neustadt-Hambach (6730)
Weinstraße 110, Telefon 06321/3443
(Dienstag Ruhetag)

Hausgaststätte Maxburg, Familie Karnischky
Neustadt-Hambach (6730)
Weinstraße 179, Telefon 06321/3409
(Montag Ruhetag)

Hausgaststätte Diedesfeld, Familie Hof
Neustadt-Diedesfeld (6730), Weinstraße 559
Telefon 06321/86245
(Donnerstag Ruhetag)

Preise: Literflaschen-Qualitätswein ab 3,–;
1/1 Flasche Kabinett ab 3,50, Spätlese ab 5,–, Auslese ab 9,–;
Ausschankweine von 1,70 bis 2,50; Flaschenweine ab 6,80;
Hauptgerichte ab 7,50

---

und Versammlungsfreiheit zur Folge hatte. Ein paar Jahre darauf wurde die Ruine dem bayerischen König Maximilian geschenkt; seitdem heißt sie auch Maxburg.

Nach dem Hambacher Schloß nennt sich die dortige Winzergenossenschaft, und Maxburg heißt eine ihrer drei Hausgaststätten. Für Neustädter, die kräftig futtern wollen, sind sie das richtige Ziel. Die Speisekarten sind reichhaltig, die Weinkarten auch, und in den Lagen Hambacher Feuer und Hambacher Kaiserstuhl wachsen Weine, die sich mit den großen Tropfen der Mittelhaardt wohl messen können.

Machen wir uns jetzt auf den Weg durch die südlichen Vororte. Er beginnt mit einer tüchtigen Anstrengung; denn wir klettern die vielen Stufen des Haardter Felsenweges hinauf auf den »Balkon der Pfalz«, wie sich das Weindorf Haardt nennt. Ein passender Name, wenn man davon absieht, daß der Balkon Teil einer ganzen Höhengalerie ist, die sich bis Königsbach erstreckt und die wir durchwandern wollen.

Doch erst müssen wir vom Aufstieg verschnaufen. Dazu bietet sich das Lokal der dortigen Winzergenossenschaft an, blitzsauber, frisch in hellen Farben erstrahlend. 14 Ausschankweine und ein Weinkarussell verlocken zu einer ausgiebigen Probe, deren Folgen durch ein gediegenes Essen wieder gemildert werden können.

Winzergenossenschaft Haardt
Neustadt-Haardt (6730), Telefon 06321/83996
Gaststätte: Telefon 06321/2832

Preise: Literflaschen-Qualitätswein ab 2,80, Kabinett ab 4,30; 1/1 Flasche Qualitätswein ab 3,20, Kabinett ab 3,50, Spätlese ab 6,–, Auslese ab 11,–; Ausschankweine von 1,40 bis 3,50; Flaschenweine ab 5,50; Hauptgerichte ab 6,– (Dienstag Ruhetag, Mitte Juli geschlossen)

Durch das blumengeschmückte Weindorf, das mehrfach Auszeichnungen beim Wettbewerb »Unser Dorf soll schöner werden« gewann, geht es jetzt in Richtung Gimmeldingen. Weit können wir in die Rheinebene blicken, und deutlich präsentieren sich uns dabei die beiden Hauptträger der Pfälzer Wirtschaft: im Vordergrund der Wein, am Horizont die Ludwigshafener chemische Industrie.

Dann hinunter ins Tal des Mußbaches, der bei Gimmeldingen aus dem Pfälzer Wald austritt. Gimmeldingen dürfte wohl der älteste Ort in Neustadts Umgebung sein. jedenfalls wurde hier eine dem persischen Sonnengott Mithras geweihte Kultstätte gefunden, vermutlich von römischen Legionären errichtet. Eine Nachbildung des Altars ist in der Kurpfalzstraße zu sehen, wo wir übrigens auch die Stolleisschen Kurpfalz-Terrassen finden.

Falls wir unsere Wanderung an einem Samstag- oder Sonntagnachmittag unternommen haben, können wir statt dessen auch Christmanns Meerspinnkeller besuchen. Gimmeldingens berühmter Weinlagenname Meerspinne, jetzt Großlagenbezeichnung für die ganze Gemarkung, hat weder mit der See noch mit Spinnen zu tun. Er bezeichnet lediglich Felder, deren Neigung es verbietet, daß nur ein Pflug zieht: es muß mehrspännig gefahren werden.

Der zum Weingut Christmann gehörende Keller unter einem alten Fachwerkhaus – 1975 als schönstes Winzerhaus an der Weinstraße preisgekrönt – präsentiert sich als Gutsweinstube, wie sie im Buche steht. Allerlei Winzer- und Kellergerät, geschnitzte Weinfässer, rustikale Tische und Bänke versetzen den Gast in die rechte Stimmung, Christmanns Weine zu probieren. Das kann man ausgiebig, denn fast alle Weine werden offen angeboten. Zudem hat der Winzer-Wirt spezielle Weinrunden arrangiert: jeweils sechs Weine bis zur Auslese, einschließlich Brot mit oder ohne Wurst. Neben den üblichen Pfälzer Spezialitäten gibt es an Schlachttagen Kesselfleisch und Schweinepfeffer.

Weingut A. Christmann, Meerspinnkeller
Neustadt-Gimmeldingen (6730), Telefon 06321/6039

Preise: Literflaschen-Qualitätswein ab 4,–, Kabinett ab 4,–; 1/1 Flasche Kabinett ab 4,50, Spätlese ab 6,80, Auslese ab 14,–; Beerenauslese 1/2 Flasche ab 20,–, Eiswein-Beerenauslese 1/2 Flasche 25,–; Ausschankweine von 1,30 bis 4,80; Flaschenweine ab 5,50; Hauptgerichte ab 6,50 (geöffnet Sa., So., feiertags ab 16 Uhr)

Nun geht es am Waldrand entlang – immer mit prächtiger Aussicht – zum nördlichsten Weinvorort, nach Königsbach, einem jener typischen Pfälzer Weindörfer, still, abseits der Straßen. Leider hat moderner Hausbau gerade in den Weinorten nördlich von Neustadt nicht eben zur Verschönerung beigetragen. Glücklicherweise blieben die Ortskerne erhalten.

Am Ausgang des Dorfes ein letzter Halt in der Gaststätte des Winzervereins. Vielleicht ist der große Saal offen, von dessen Fenstern wir nochmals die Wein-Ebene überblicken, mit einem kleinen Rokoko-Pavillon aus der Zeit Carl Theodors im Vordergrund.

Den müden Wanderer bringt der Omnibus nach Neustadt zurück. Wer jedoch noch Kraft genug in den Knochen verspürt, dem sei empfohlen, durch das Rebenmeer in die Ebene hinabzuwandern, über Weinstraße und Bahngleise hinweg nach Ruppertsberg, das schon außerhalb der Neustädter Gemarkung liegt. Ruppertsberger Weine gehören zu den besten der gesamten Mittelhaardt. Fast alle großen Weingüter haben sich in die Ruppertsberger Lagen Nußbien, Linsenbusch und Hoheburg eingekauft.

Winzerverein Königsbach
Neustadt-Königsbach (6730), Telefon 06321/6079
Winzerverein-Gaststätte, Telefon 06321/68151

Preise: Literflaschen-Qualitätswein ab 2,80;
1/1 Flasche Qualitätswein ab 2,90, Kabinett ab 3,30,
Spätlese ab 5,70, Auslese 10,50; Ausschankweine von 1,40
bis 2,20; Flaschenweine ab 5,20; Hauptgerichte ab 6,–
(Montag Ruhetag)

Nach letzterer nennt sich auch der hiesige Winzerverein, dessen Weine wir zum Abschluß unseres Ausfluges verkosten wollen. In der Hoheburg-Gaststätte können wir unter zehn Ausschankweinen wählen. Solides Essen stillt den Hunger. Dabei schauen wir aus dem Fenster oder von der Terrasse zurück auf die ganze Mittelhaardt, nochmals den Weg verfolgend, den wir durchwandert haben.

Ruppertsberger Winzerverein Hoheburg
Ruppertsberg (6701), Telefon 06326/384
Hoheburg-Gaststätte, Telefon 06326/374

Preise: Literflaschen-Qualitätswein ab 3,40,
Kabinett ab 3,80; 1/1 Flasche Qualitätswein ab 3,–,
Kabinett ab 3,40, Spätlese ab 5,20, Auslese ab 8,–,
Beerenauslese ab 25,–, Trockenbeerenauslese
1/2 Flasche 25,–; Ausschankweine von 1,50 bis 3,80;
Hauptgerichte ab 7,80

Wer den Wanderbogen nicht so weit schlagen will, kann schon von Gimmeldingen aus talwärts schreiten. Nahtlos geht der »Meerspinnen-Ort« in das langgezogene Weindorf Mußbach über. Alte Weinhöfe säumen die Straße, so manche Schänke lädt zum Rasten ein. Nicht weit von einer Haltestelle des Busses schließlich, der uns nach Neustadt zurückbringen kann, eine letzte Station: der Ausschank des Weingutes Vieläcker-Völcker, jetzt Fritz Völcker'sche

---

Fritz Völcker'sche Gutsverwaltung, Weinstube
Neustadt-Mußbach (6730), Telefon 06321/6050

Preise: Literflaschen-Qualitätswein ab 2,50, -Kabinett
ab 3,50; 1/1-Flaschen Kabinett ab 3,80, Spätlese ab 5,–,
Auslese ab 8,–, Trockenbeerenauslese 1/2 Fl. 40,–;
Ausschankweine von 1,30 bis 4,–; Weinkarussell (6 Sorten
nach Wahl) 8,–; Flaschenweine ab 5,50;
Kleine Gerichte ab 2,60; Hauptgerichte ab 5,80;
geöffnet Mittwoch bis Sonntag ab 17 Uhr

Gutsverwaltung. Unter dem prächtigen Holzgewölbe probieren wir einen der 13 Ausschankweine, lassen das 6-teilige Weinkarussell kreisen oder stärken uns mit einem kräftigen Rumpsteak (Daten siehe S. 173).

Wer keine Wanderlust verspürt, braucht in Neustadt auf Weinfreuden nicht zu verzichten. Vielleicht verabreden sich die Wanderer mit den Daheimgebliebenen in der Weinstube Lamour-Nicolai, von Familie Nicolai gerade vollständig neu ausgebaut, zu einer Wein-Exkursion. Sie kann ganz schön ausgiebig werden; denn sämtliche Weine der gerade gültigen Preisliste stehen zur Disposition.

Weingut Carl Lamour, Straußwirtschaft
Inh. K.Nicolai
Neustadt (6730), Landauer Str.51, Telefon 06321/80400

Preise: Literflaschen-Qualitätswein ab 2,60, -Kabinett ab 3,50; 1/1-Flaschen Qualitätswein ab 3,50, Kabinett ab 4,50, Spätlese ab 5,50, Auslese 10,–, Trockenbeerenauslese 1/2 Fl. 25,–; Ausschankweine von 1,10 bis 4,50; kl. Gerichte ab 2,–; geöffnet ab 17 Uhr

---

Zwischen Neustadt und Landau

Wie der Pfälzer Wald nach Süden zu kantiger und schroffer wird bis hin zu den Felsblöcken um Dahn und im Wasgau, so wellt sich auch sein Ostabfall mit den Rebenhängen zwischen Neustadt und Landau kräftiger als an der Mittelhaardt. Das macht unsere Wanderungen im Rebland abwechslungsreicher, die Ausblicke überraschender, bringt aber auch weichere Knie und durstigere Kehlen. Es trifft sich gut, daß die Orte hier dicht bei dicht liegen, daß fast überall zwei, drei Winzer ihre Weine ausschenken und daß einsame Weingehöfte das gastliche Netz noch enger knüpfen.

Beginnen wir unseren Streifzug im alten Weindorf Rhodt. Nähern wir uns ihm auf Weinbergspfaden, so taucht hinter den Rebzeilen gleich am Ortseingang ein markantes Gebäude auf, das wie ein Château aus dem Bordeaux-Gebiet anmutet: das Rhodter Weinschlössel, 1780 von einem reichen Pariser Handelsherrn, Sohn dieser Gegend, erbaut. Es gehört jetzt Dr. Wilhelm Steigelmann, der neben der Juristerei ein Weingut betreibt. Dr. Steigelmann ist außerdem ein vielseitiger Sammler: Im ehemaligen »Ehrenhof« hat er eine Reihe von Männergestalten aufgestellt, mit Traubenbärten und Renaissancekronen, wohl aus einem hessischen Herrenhof stammend. Oder man erblickt einen Sarkophag aus dem Jahre 450 n.Chr., ausgegraben im nahen Weyher. Die beiden trauernden Löwen stammen aus einem Schloß Carl Theodors. Beschützt wird dies alles durch einen haushohen Feigenbaum.

Im Innern wird neben den Gemälden vor allem das gastronomische Archiv interessieren. Speisekarten und Weinetiketten aus aller Herren Länder geben sich hier ein Stelldichein. Flüssige Begleiter: die Steigelmann'schen Gutsweine, die in vielen Variationen ausgeschenkt werden.

Weingut Dr. Wilhelm Steigelmann
Schloß Rhodt unter Rietburg (6741), Telefon 06323/2354
Geöffnet Samstag und Sonntag ab 15 Uhr

Preise: Literflaschen-Qualitätswein ab 3,–, Kabinett und Spätlese ab 5,–; 1/1 Flasche Qualitätswein ab 3,10, Kabinett und Spätlese ab 4,10, Auslese ab 10,–; Ausschankweine von 1,20 bis 2,80; Flaschenweine ab 6,50; kleine Gerichte ab 3,50; Hauptgerichte ab 9,50

Rhodt, unter der Reichsfeste und später speyerischen Rietburg gelegen, kam durch die Kriege des 17. und 18. Jahrhunderts unversehrt hindurch, weil es als Enklave zum neutralen Württemberg gehörte. Viele alte Winzerhäuser sind erhalten. Besonders schön die schmuckreichen Hoftore, deren Entwicklungsstufen sich anhand des lückenlosen Materials gut verfolgen lassen.

Eines der schönsten Tore führt in die Weinstube Waldkirch, die tatsächlich um einen großen Baum herumgebaut wurde, der nun gleichsam aus dem Haus herauswächst. In dieser gemütlichen Um-

---

Weingut Gerhard Waldkirch
Gutsausschank – Weinstube
Rhodt unter Rietburg (6741), Telefon 06323/5825

Preise: Literflaschen-Qualitätswein ab 3,20, Kabinett ab 3,70, Spätlese ab 5,20; 1/1 Flasche Qualitätswein ab 3,10, Kabinett ab 3,30, Spätlese ab 4,60, Auslese 10,50; Ausschankweine von 1,20 bis 4,50; Flaschenweine ab 4,70; kleine Gerichte ab 2,20 (geöffnet werktags außer Montag ab 17 Uhr, an Wochenenden und Feiertagen ab 15 Uhr)

---

gebung bietet das Weingut Waldkirch praktisch seine gesamte Weinpalette im Ausschank an.

Samstags und sonntags öffnet in Rhodt auch das Weingut Harteneck & Cie die Pforten seiner Weinstube am Eichplatz in der Mitte des Dorfes. Neben vielen anderen Rebsorten nimmt sich das Weingut besonders des Ruländers und des Gewürztraminers an – in Rhodt steht der älteste deutsche Traminer-Weinberg. Ruländer-

und Gewürztraminer-Spätlesen, ja selbst -Auslesen kann der Gast im Gläschen verkosten.

Weingut Harteneck & Cie.
Rhodt (6741), Weinstraße 42, Telefon 06323/2912

Preise: Literflaschen-Qualitätswein ab 3,25,
Kabinett ab 4,–, Spätlese ab 6,50, Auslese ab 8,50,
1/1 Flasche Qualitätswein ab 3,50, Kabinett ab 3,90, Spätlese ab 5,75,
Auslese ab 10,–, Beerenauslese 19,50; Ausschankweine von 1,50 bis 4,50;
Flaschenweine ab 6,50; Vesper ab 3,–
(geöffnet Samstag und Sonntag ab 16 Uhr)

Von Rhodt lohnt ein Abstecher zur Villa Ludwigshöhe, der ehemaligen Sommerresidenz des bayerischen Königs Ludwig I., einem klassizistischen Bau im Stile italienischer Renaissancevillen. Lehrreicher ist der direkte Weg von Edenkoben aus: ein Weinlehrpfad, der über viele Stationen den Spaziergänger mit dem Weinbau vertraut macht. Von der Villa Ludwigshöhe hievt eine Sesselbahn Aussichtshungrige zur Rietburg auf die Höhe.

Wer lieber unten am Waldrand entlangwandert, stößt hinter dem Winzerdorf Weyher auf das Schweizerhaus, eine Waldgaststätte, die vom Pfälzerwald-Verein getragen und an Sonn- und Feiertagen vom Weingut Anselmann aus Weyher bewirtschaftet wird. Zwischen sechs offenen Weinen kann man seine Auswahl treffen. Unter den kühlen Bäumen schmecken sie besonders gut.

Weingut Gerhard Anselmann
Weyher (6741), Kehrgasse 15, Telefon 06323/5644

Waldgaststätte Schweizerhaus
Weyher (6741), Telefon 06323/5644

Preise: Literflaschen-Qualitätswein ab 2,20,
Kabinett 3,80; 1/1 Flasche Spätlese 5,50; Ausschankweine von 1,20 bis 2,50; kleine Gerichte ab 2,50

Unterhalb des Schweizerhauses tritt der Modenbach aus dem Waldgebirge. Er führt den Wanderer tief in den Pfälzer Wald hinein. Beim Rückweg sollten wir ihm etwas weiter in Richtung Hainfeld folgen und in der Burrweiler Mühle Station machen. Längst wird hier nicht mehr gemahlen. Familie Wiss hat das Anwesen in ein Qualitätsweingut umgewandelt, aber verstanden, die alte Mühlenromantik zu wahren. Alte Urkunden und Chroniken, die in einer Vitrine aufgehoben werden, erzählen die Geschichte der Mühle. An heißen Tagen laden Tische und Stühle am stillen Mühlenteich zur Weinrast ein. Freitags bietet Frau Wiss Pfälzer Dampfnudeln mit Weinsauce, die Kenner aus nah und fern anlocken.

Weingut – Gutsausschank Burrweiler Mühle, Theo Wiss
Burrweiler (6741), Telefon 06323/4568

Preise: Literflaschen-Qualitätswein ab 2,30;
Kabinett ab 3,40, Spätlese ab 4,90, 1/1 Flasche Kabinett ab 3,60, Spätlese 4,70, Auslese 7,80;
Ausschankweine von 1,20 bis 3,60; Flaschenweine ab 6,–;
kleine Gerichte ab 2,80 (geöffnet Freitag, Samstag ab 16 Uhr, Sonn- und Feiertage ab 10 Uhr; Dez. geschlossen)

Ebenfalls außerhalb von Burrweiler, nun aber nicht unten im Tal, sondern hoch oben am Waldrand, liegt das Weingut St. Annaberg. Auch Frau Littig kann mit einigen Spezialitäten aus ihrer Küche aufwarten. So kann man sich Forellen aus eigener Zucht, blau oder mit Mandeln gebacken, bestellen. Reißenden Absatz aber finden vor allem die heißen Waffeln mit Sahne und Obst. Auch Herr Littig hat sich spezialisiert: er widmet sich in seinem Weinbau ganz besonders einigen Neuzüchtungen wie Huxel, Optima, Kanzler und Perle.

Beschaulich und schön ist ein warmer Sommerabend auf der Balkon-Terrasse hoch über dem Tal. Weit über die Rheinebene reicht der Blick, und die Lichter der Weindörfer grüßen herauf.

Weingut St. Annaberg, W. G. Littig
Burrweiler (6741), Telefon 06345/624

Preise: Literflaschen-Qualitätswein ab 3,–;
1/1 Flasche Kabinett ab 3,50; Spätlese ab 5,10;
Auslese ab 8,–; Ausschankweine von 1,20 bis 3,–;
Flaschenweine ab 7,50; kleine Gerichte ab 2,80;
Hauptgerichte ab 8,70 (geöffnet ab 17 Uhr, Samstag und Sonntag ab 11 Uhr)

Eines dieser vielen Dörfer, auf die man von der Annaberg-Terrasse blickt, ist Flemlingen. Hier zieht es die Weinfreunde zum »Zechpeter«. So wird die Weinstube des Weingutes Herty genannt. Würde man unter den Gutsschänken einen Schönheitswettbewerb veranstalten, läge der Zechpeter gewiß im Vorderfeld. Und stets herrscht dort gute Laune, wozu gewiß die gute pfälzische Hausmannskost und die süffigen Weine beitragen, nicht zuletzt aber der Wirt selbst, der ab und zu auf »pfälzisch« dichtet, wie beispielsweise in seiner Speisekarte zu lesen:

»Un hänn Ehr ebbes zu beklache,
Do rufet de Wärt und duht's em sache;
wenn Eich ebbes nit paßt, duht's nit verhehle,
un wenn's Eich gfalle hot, duht's weiterverzehle!«

Was ich ja denn auch hiermit getan hätte, wobei ich übrigens nicht verhehle, daß die »Zechpeterplatte mit einer kleinen Weinprobe« zum runden Preis von 8,– DM sehr zu meinem Wohlbefinden beitrug.

Weingut Heinz Herty & Sohn
Gutsschänke Zechpeter
Flemlingen (6741), Maxstraße 39, Telefon 06323/4526

Preise: Literflaschen-Qualitätswein ab 3,–;
1/1 Flasche Kabinett ab 3,20, Spätlese ab 5,50,
Auslese ab 8,–; Beerenauslese 16,–; Ausschankweine von 1,10 bis 4,–; Flaschenweine ab 5,40; kleine Gerichte ab 2,50;
Geöffnet Mittwoch, Freitag bis Sonntag ab 17 Uhr

Unter Pfälzer Wein- und Eßfreunden werden viele Geheimtips gehandelt. Als solcher gilt zum Beispiel Ludwig Seiths Gasthaus Zur Pfalz in Altdorf, östlich von Edenkoben, weit draußen in der Ebene, wo der Weinbau in Äcker und Wiesen übergeht. Ein unscheinbarer Gasthof, wie es Tausende gibt; stutzig machen nur die selbst unter der Woche vor dem Lokal geparkten zahlreichen Autos. Auch die Speisekarte bietet nichts Außergewöhnliches – Schnitzel, Koteletts, Steaks. Erst wenn das Essen auf den Tisch kommt, merkt man die

---

Weinbau Karl Heinz Seith
Gaststätte zur Pfalz, Ludwig Seith
Altdorf (6731), Hauptstraße 7, Telefon 06327/707

Preise: Literflaschen-Qualitätswein ab 2,20; 1/1-Flaschen Kabinett ab 3,20, Spätlese ab 4,60; Ausschankweine von 1,20 bis 3,–; Hauptgerichte ab 5,50;
(Montag Ruhetag, Anfang Januar und 14 Tage im Sommer geschlossen)

Gründe des Zulaufs: einmal die gesunden Portionen und zum anderen die Qualität des Fleisches und der Zubereitung. Aufgerundet wird das Mahl durch die kräftigen Weine aus den Weinbergen des Sohnes. Sie erfreuen sich mittlerweile solcher Beliebtheit, daß Seith junior das Angebot von Ausschank- und Flaschenweinen erweitert hat.

Gastfreundschaft im Namen Slevogts

Gastlichkeit und Wein, Kunst und Heiterkeit der Landschaft, einen stillen, abgeschiedenen Ausflug über die Südpfalz – all das finden wir an einem der schönsten Fleckchen dieser gesegneten Gegend: dem Slevogthof Neukastel über Leinsweiler. Schon lange bevor der Autofahrer auf der Strecke Landau-Klingenmünster an den Fuß der Berge gelangt, bemerkt er in luftiger Höhe ein stattliches Anwesen, knapp unterhalb des Felsens, der einst die Burg Nikastel trug.

Der Slevogthof hatte einst als Meierei das Burgensystem um die Reichsfeste Trifels mit Lebensmitteln zu versorgen. Im vorigen Jahrhundert kam er mit seinen um 1820 neu errichteten Gebäuden an die Familie Finkler im nahegelegenen Godramstein. In dieser Familie verkehrte damals schon als junger Mensch der später so berühmte Maler Max Slevogt. Und dort lernte der gebürtige Landshuter die Pfalz kennen und lieben, den Wein- und seine zukünftige Ehefrau Nina Finkler.

Immer häufiger zog es den vielbeschäftigten Maler aus seinen Wirkungsstätten München und später Berlin auf den abgelegenen Hof oberhalb von Leinsweiler, zumal seine Frau den Großstadttrubel gar nicht mochte. Hier fand er Ruhe, hier fand er auch manchen treuen Freund, und als sich 1914 eine Gelegenheit ergab, den Hof zu erwerben, griff er zu. Tatkräftig legte er selbst mit Hand an beim Umbau seines Refugiums. Nach dem Ersten Weltkrieg wurden seine Aufenthalte auf Neukastel immer länger. 1932 schloß er auf seinem geliebten Hof für immer die Augen.

Die Nachkommen haben das Erbe des großen Malers gut verwaltet. Großstädter, die sie waren, zogen die Enkelin Slevogts und ihr Mann auf den Hof und führten den landwirtschaftlichen Betrieb weiter, der auch zu Lebzeiten Slevogts immer mit dem Gut verbunden geblieben war. Das reichte jedoch bald zum Erhalt des Erbes nicht mehr aus, und sie entschlossen sich, den Hof Schritt für Schritt zahlenden Gästen zu öffnen.

Zunächst wurde die alte Scheuer zum rustikalen Restaurant umgebaut, alles in Eigenarbeit. Balken und Mauern ließ man nach Möglichkeit so, wie sie waren, und hängte antiquiertes Bauerngerät daran. Eine Eßnische entstand durch ein Gitter aus schmucken Birkenstämmen. Alte Bauernkarrenräder verwandelten sich in stimmungsvolle Deckenlampen, und schließlich baute der Hausherr einen raffinierten Grillkamin ein, dessen Konstruktion schonendes Braten ermöglicht.

Oft brutzelt hier die Spezialität des Hauses, Spießbraten, der für Gruppen auf Bestellung zubereitet wird. Andere Gäste können sich dann diesem köstlichen Mahl anschließen. Die Speisenauswahl ist nicht sehr groß, aber mit Sorgfalt zusammengestellt. Beispielsweise gibt es Pfannkuchen mit Fleischfülle, Tellerfleisch, aber auch Schnecken oder Froschschenkel, um nur einiges zu nennen.

Einen ausgezeichneten, nach alter Art ausgebauten Wein kann man hier trinken. Er wächst am sonnenbeschienenen Südhang, der sich unmittelbar unterhalb des Gutshofes bis nach Leinsweiler hinabzieht, bestanden mit Weiß- und Spätburgunder, Traminer und Riesling. Auch der Weinbau wird noch in Eigenarbeit betrieben. Früher ging ein beträchtlicher Teil in den Versand; inzwischen hat das Restaurant so viele Freunde gewonnen, daß der Wein gerade für die Gäste reicht. Natürlich können sich Hausgäste ein paar Flaschen einpacken lassen.

Slevogthof Neukastel
Gästehaus und Restaurant
Leinsweiler (6741), Telefon 06345/685

Preise: Ausschankweine von 1,70 bis 3,80; Flaschenweine ab 16,–; Hauptgerichte ab 8,50; Übernachtung mit Frühstück ab 23,– (Donnerstag und Freitag Ruhetag, Dez. und Jan. geschlossen)

Die Nachfahren des großen Malers bemühen sich nach Kräften, seine Hinterlassenschaft zu pflegen und zu erhalten. Welche Mühe und Kosten damit verbunden sind, können sich nur wenige der Restaurantgäste vorstellen, die nach Tisch an einer Führung teilnehmen. Was gibt es alles zu sehen! Die wunderbaren Fresken, mit denen Slevogt Bibliothek und Musikzimmer ausschmückte, die Originalmöbel aus der Zeit der Jahrhundertwende, die geschliffenen Drucksteine samt Lithographien und die vielen, vielen Skizzen und Zeichnungen. Käme der Meister wieder, er fände seine gewohnte Umgebung vor. Dazu gehört auch sein Malerwägelchen, das er mit Farben, Pinseln und Staffelei belud, um in die Wälder zu fahren. Und selbst seine watschelnde Gans und die Katzen wären da.

Welch ein Rahmen für alle, die Erholung in der Stille suchen! Slevogts Gästehaus, hinten im Park gelegen, haben die Erben inzwischen mit modernem Komfort ausgestattet. Hier, abseits vom Restaurantbetrieb, herrscht völlige Ruhe. Nur die Vögel singen in den alten Edelkastanien, und die Grillen zirpen im Gras. Tief ausgebreitet unter der steinernen Brüstung liegt das Land, über das man sich bei einem Glase Wein hinwegträumt.

Am Deutschen Weintor

An der Weinstraße gibt es nur zwei Plätze, wo Weinfröhlichkeit zum Rummel wird: einmal das Gelände um das große Dürkheimer Faß, zum anderen am Deutschen Weintor in Schweigen, kurz vor der französischen Grenze. Hier unterhält die gleichnamige Gebietswinzergenossenschaft im Sommer eine Verkaufsstelle, die mit einer großen Probierhalle verbunden ist. Tafeln an den Wänden erzählen von den Rebsorten, und am Stand kann man gleich die Probe aufs Exempel machen. Nahezu alle Weine der Verkaufspreisliste bis zu Spitzenqualitäten werden im Ausschank geführt. Da herrscht ein munteres Treiben, und manchmal, wenn Busse ganze Gesellschaften abladen, kann der Trubel beängstigende Formen annehmen.

Gebiets-Winzergenossenschaft Deutsches Weintor
Ilbesheim (6741), Telefon 06341/2075 und 6600

Weinprobierstand Deutsches Weintor
(6749) Schweigen

Preise: Literflaschen-Qualitätswein ab 3,20;
1/1 Flasche Qualitätswein ab 3,10, Kabinett ab 3,70;
Proben 1/10 Liter von 0,60 bis 1,20

Die Idee, alle Weinorte der Pfalz durch eine Deutsche Weinstraße zu verbinden, kam Mitte der dreißiger Jahre auf, als die Not unter den Pfälzer Winzern wieder einmal recht groß war und man nach Möglichkeiten suchte, den Pfalzwein zu popularisieren. Die Sache mit der Straße wurde ein Erfolg, sonst hätten die anderen Weinbaugebiete sie nicht nachgemacht. Das Weintor, gleichsam als Pforte zur Weinstraße gedacht, geriet allerdings reichlich monumental.

Wer mehr über die Geschichte des Pfälzer und speziell des Schweigener Weinbaus erfahren will, der entferne sich ein paar Schritte vom Weintor-Betrieb. Gleich um die Ecke, an der Längelstraße, liegt die Straußwirtschaft des Weingutes Cuntz-Scheu. Sie ist nur an Wochenenden geöffnet, aber bei guter Witterung finden wir auf der gegenüberliegenden Straßenseite einen Probierstand, wo man den ganzen Strauß der Cuntz-Weine im Zehntelgläschen durchprobieren kann.

Wie viele Schweigener besitzt auch die Familie Cuntz-Scheu Weinbergsland jenseits der Grenze im Weißenburgischen. Das rührt aus der Zeit nach dem 1871er Krieg her. Zuvor verdienten sich viele Schweigener ihr Brot als Weinbergsarbeiter in den Besitztümern reicher Weißenburger Bürger. Sie müssen nicht schlecht verdient haben, denn nach dem Kriege, als viele Elsässer von dem Preußenregime weg ins Innere Frankreichs zogen, kauften sie ihnen die Weinberge ab.

Der alte Cuntz, unter dem Namen »Der Alte vom Sonnenberg« eine Berühmtheit, leider vor einiger Zeit verstorben, ist in die Pfälzer Wein-Geschichte eingegangen. Ihm kam nämlich als erstem die Idee, analog zu den Waldlehrpfaden einen Weinlehrpfad anzulegen. Bald war er sich mit mehreren Mitbürgern einig, und 1968 konnte Deutschland erster Weinlehrpfad eingeweiht werden.

Dieser Lehrpfad, der sich oberhalb von Schweigen durch die Weinberge windet, gilt als Primus auch wegen der Fülle dessen, was dort gezeigt wird. Liebevoll und sachkundig ausgebaut, bildet er gleichsam im Vorübergehen den Weinfreund zum Experten des Weinbaus und seiner Geschichte aus. Noch offene Fragen können bei »feuchtem Nachsitzen« in der Straußwirtschaft Cuntz-Scheu schnell geklärt werden.

Weingut Cuntz-Scheu
Straußwirtschaft Philipp Cuntz
Schweigen (6741), Telefon 063426/301

Preise: Literflaschen-Qualitätswein ab 2,70; Kabinett ab 3,20; 1/1 Flasche Kabinett ab 3,80, Spätlese ab 5,–, Auslese ab 10,–, Beerenauslese ab 20,–, Trockenbeerenauslese ab 40,–; Ausschankweine von 1,20 bis 3,50; 1/10-Liter-Proben von 0,60 bis 4,50; kleine Gerichte ab 2,50

Bevor wir der Pfalz ade sagen, zieht es uns noch einmal in die Ebene hinaus, in das alte Städtchen Billigheim. Sehenswert sind nicht nur die Fresken in der schönen gotischen Kirche, sehenswert ist auch das Treiben auf dem alljährlich im Sommer abgehaltenen Purzelmarkt, benannt nach dem Hauptwettbewerb des Volksfestes, dem Purzelbaumschlagen der Kinder.

Für Durstige und Hungrige sorgt Familie Schneiderfritz in der Billigheimer Weinstube. Sämtliche eigenen Weine, über 20 an der Zahl, werden im Glas angeboten. Man kann sie sich auch zu Weinkarussells zusammenstellen lassen. Vorzüglich paßt dazu die kräftige Hausmannskost: Der Sauerbraten, die Leberknödel und die Steaks werden unter Kennern gerühmt.

Weingut Schneiderfritz
Billigheimer Weinstube
Billigheim (6741), Telefon 06349/416

Preise: Literflaschen-Qualitätswein ab 2,50, Kabinett ab 3,50; 1/1 Flasche Kabinett ab 3,–, Spätlese ab 5,–, Auslese ab 10,–; Ausschankweine von 1,10 bis 3,50, Hauptgerichte ab 8,–
(geöffnet Freitag bis Sonntag)

In den früheren Ausgaben des Buches konnte ich zum Abschluß des Pfalz-Kapitels einen »Geheimtip« bieten: das »Schlössel« in Oberotterbach. Leider ist die Arbeit mit dem Weinausschank Adam senior – inzwischen nicht mehr der Allerjüngste – zuviel geworden. Nur noch gelegentlich und auf besondere Anmeldung hin bewirtet er in seinem Barock-Schatzkästlein die alten Stammkunden. Und so scheidet der Weinfreund, eingedenk des Verlustes einer seiner schönsten Anlaufstationen, nicht ohne ein Gefühl der Wehmut von der Pfalz, hoffend, daß die junge Generation ihm eines Tages das »Schlössel« wieder zugänglich machen werde.

Rheingau

Frischer Schwung im Weingau

Rheingauer Riesling – dieser Begriff stand durch die Jahrhunderte als Synonym für deutschen Edelwein. Als Aristokrat präsentierte er sich nicht nur von der Qualität her, sondern auch durch seine Exklusivität. Der Rheingau ist kein großes Weingebiet. Knappe 50 Kilometer von Ost nach West, und schon hat man ihn durchmessen. Zwischen Taunuswäldern und Rhein bleiben dem Wein höchstens drei Kilometer.

Unter allen deutschen Weingebieten ist der Rheingau das geschlossenste, kompakteste. Und dennoch: welche Vielfalt, welche Unterschiede, etwa zwischen einem Rüdesheimer Berg Rottland und der Hochheimer Domdechaney vom anderen Ende des Weingaues, zwischen einem auf luftiger Höhe gewachsenen Hallgartener Hendelberg und dem rheinufernahen Marcobrunner oder Winkeler Jesuitengarten, zwischen einer Steillage wie der Lorcher Pfaffenwiese und einem breiten Rücken wie dem Eltviller Sonnenberg! Und nur eine einzige Rebsorte, der Riesling, liefert den Hauptteil dieser Weine – mit der Ausnahme von Aßmannshausen, wo vor allem Spätburgunder wächst – vielleicht einer der besten in Deutschland, sicher der teuerste.

Die Rheingauer standen kaum jemals vor Problemen beim Bemühen, ihre Weine an den Mann zu bringen, und dies zu auskömmlichen Preisen. Schließlich strömten alljährlich große Touristenscharen herbei, die wohl auch kaufkräftiger und weininteressierter waren als das Publikum, welches die Touristenlokale an Ahr und Mosel bevölkert. Die Leute kamen von weit her, selbst aus dem Ausland, um gelegentlich einer Rheinreise »ihre« Winzer und Weingüter zu besuchen. Über Jahrzehnte gingen Weinkisten um Weinkisten an treue Kunden in Leipzig, Berlin und anderswo.

Diese Tradition mag die Rheingauer zunächst etwas unbeweglich gemacht haben, als sie nach dem letzten Kriege vor einer gänzlich veränderten Situation standen. Nur zögernd konnten sie sich entschließen, ihre vornehme Zurückhaltung aufzugeben und neue Wege zum Kunden, zu einer veränderten Kundschaft zu suchen. Den Ausschankwein als ein Mittel, Weine bekanntzumachen, entdeckten sie erst in den letzten Jahren. Und sogar heute begnügen sich selbst renommierte Gutsschänken und Weinlokale oft mit einem oder zwei Ausschankweinen.

Viele aber haben den Zug der Zeit erkannt. In der letzten Zeit sind Straußwirtschaften und Gutsschänken geradezu wie Pilze aus dem Boden geschossen. Schon deshalb muß ich hier nochmals betonen, daß meine Hinweise nur eine Auswahl anbieten und meine subjektiven Erfahrungen widerspiegeln.

Einen ersten Überblick über Rheingauer Weine können wir uns am besten in Eltville verschaffen. Diese Stadt mit ihrer einzigartigen Rheinfront war früher so etwas wie die Hauptstadt des Rheingaues. Am Sommersitz der Mainzer Erzbischöfe versammelte sich der ganze Hofadel, und viele Geschlechter errichteten damals eigene Wohnhöfe, die noch heute der Stadt das Gepräge geben.

Eltville ist Sitz der Rheingauer Bezirkswinzergenossenschaft. Die Genossenschaften im Rheingau haben ähnlich wie die der Pfalz bei weitem nicht die Bedeutung wie in Baden oder Württemberg. Aber es gibt sie an fast allen Orten, und einige haben sich einen ausgezeichneten Ruf erworben.

Der Gebietswinzergenossenschaft gehört das Rheingauer Winzerhaus nahe beim Bahnhof, ein gepflegtes, gemütliches Lokal, in dem ein ganzer Strauß von Rheingauweinen offen ausgeschenkt wird. Auch ältere Jahrgänge kann man kennenlernen. Die Speisekarte überrascht mit inzwischen seltenen Gerichten aus Mutters Küche wie Speckpfannkuchen und Herzragout.

Gebietswinzergenossenschaft Rheingau
Eltville (6228), Erbacher Straße, Telefon 06123/3309

Rheingauer Winzerhaus, Familie Fleschner
Eltville (6228), Wilhelmstraße, Telefon 06123/3309

Preise: Qualitätswein ab 3,–; Kabinett ab 4,–;
Spätlese ab 6,–; Auslese ab 10,–; Ausschankweine
von 1,40 bis 2,50; Flaschenweine ab 6,20;
Hauptgerichte ab 7,50;
Übernachtung mit Frühstück ab 15,–

Wer auch Weine privater Weingüter mit den Genossenschaftsweinen vergleichen will, kann sich zu Karl Ludwig in die Schänke Altes Holztor begeben, gleich um die Ecke. Ein rechtes Tor zum Rheingauer Wein hat der Besitzer aus seinem Haus gemacht. Kein Wunder, denn Karl Ludwig kennt sich in Rheingauer Weinkreisen aus wie nur wenige. »Ein wirklich gutes Weingut prägt seinen Weinen einen ganz spezifischen Geschmack auf«, meint er, »einen Geschmack, der sich durch alle Sorten, alle Jahrgänge hindurchzieht.« Und erst wenn man die ganze Fülle der Nuancen ausgekostet habe, könne man den Grundtypus des Rheingauer Weines erspüren.

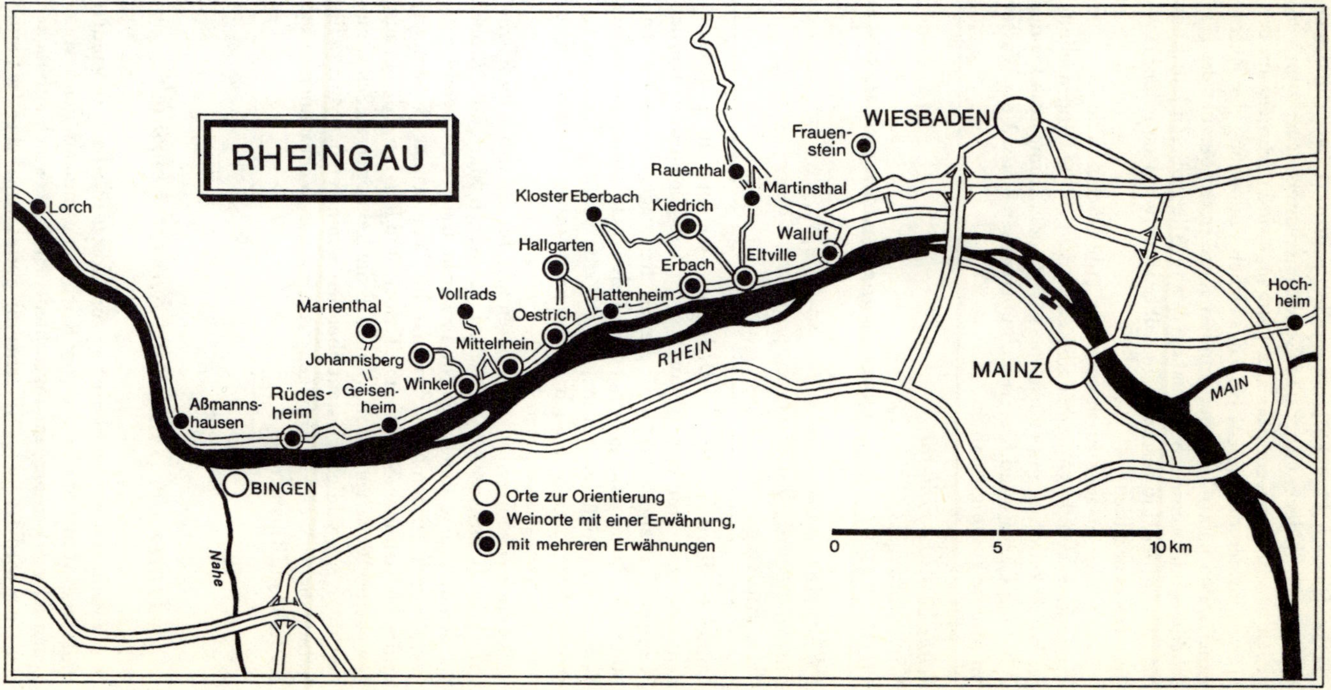
RHEINGAU
Lorch
Aßmanns-
hausen
BINGEN
Nahe
Rüdes-
heim
Geisen-
heim
Marienthal
Johannisberg
Winkel
Vollrads
Mittelrhein
Oestrich
Hallgarten
Hattenheim
Kloster Eberbach
Erbach
Kiedrich
Rauenthal
Martinsthal
Eltville
Walluf
Frauen-
stein
WIESBADEN
MAINZ
Hoch-
heim
MAIN
RHEIN
Orte zur Orientierung
Weinorte mit einer Erwähnung,
mit mehreren Erwähnungen
0
5
10 km

Das bleibt am Alten Holztor kein leeres Wort. Über zehn offene Weine verschiedener Güter und Genossenschaften stehen zum Vergleich bereit. Sogar ein paar alte Jahrgänge sind darunter, um den Gästen zu demonstrieren, bis zu welcher Vollendung der Rheingauer reifen kann. Mit über hundert Kreszenzen bereitet die Flaschenweinkarte eine echte Qual der Wahl. Alle größeren Jahrgänge bis zum 1959er sind vertreten, und über jeden Wein kann der Hausherr etwas erzählen.

Dazu führt er auch noch eine sehr gute Küche. Wildsülze und Pfefferkäse, gefülltes Mandelkalbssteak oder gefüllte Lendenschnitte, Hirschkalbsteak mit Gänseleberpastete oder Rumpsteak Genfer Art – mit Gervais und Meerrettich überbacken – lassen das Wasser im Munde zusammenlaufen.

Schänke Altes Holztor
Karl Ludwig
Eltville (6228), Schwalbacher Straße, Telefon 06123/2582

Preise: Ausschankweine von 1,80 bis 4,80;
Flaschenweine ab 9,–; Hauptgerichte ab 8,–
(Mo. Ruhetag)

Immer häufiger denken die Rheingauer Weinorte auch an Gelegenheits- und Durchgangsbesucher. In fast allen Orten wurden Weinprobierstände errichtet, die an Samstagnachmittagen und Sonntagen im Sommer geöffnet sind. Jede Woche nimmt ein anderer Winzer die Möglichkeit wahr, seine Weine dem Publikum vorzustellen. Hier kann man auch einmal preisgünstig an einer Auslese oder Beerenauslese nippen.

Wer beim Probieren auch studieren will, für den haben die Rheingauer das Weinseminar eingerichtet. Zwischen Mai und Oktober werden die Kurse abgehalten, und zwar in drei Stufen: Seminar für Weinfreunde (E-Seminar), Seminar für Weinkenner (F-Seminar) und Schlußseminar (S-Seminar). Theorie und Praxis werden in ausgewogener Weise vermittelt, ohne daß die Lektionen zu Schwerarbeit ausarten – schließlich steht über den Seminaren das Motto »Erholung beim Wein«. (Anfragen: Rheingauer Weinseminar, 6220 Rüdesheim, Rheinstraße 5.)

Hüter der Tradition: Kloster Eberbach

Wer an einem sonnigen Herbsttag auf Kloster Eberbach zuwandert und, sei es vom Taunus oder vom Rhein herkommend, den verborgenen Klosterkomplex im abgeschiedenen Tal vor sich auftauchen sieht, der wird das ruhige Bild eher mit gottesdienstlicher Zucht und schweigender Askese von Zisterziensermönchen verbinden als mit einem gigantischen Wirtschaftsbetrieb. Und doch lag hier im Mittelalter das Zentrum des bedeutendsten Weinbau- und Weinhandelsunternehmens.

Daß die Zisterzienser neben ihren geistlichen Pflichten harte körperliche Arbeit in Garten, Feld und Weinberg verrichteten, ist allgemein bekannt, weniger aber, daß die Mönche nur einen Bruchteil ihres 18- bis 19-Stunden-Tages dafür aufwenden konnten. Die meiste Zeit blieb den Messen, Gebeten, geistlichen Übungen und Kontemplationen vorbehalten. Dafür, daß die Köster auf eigener wirtschaftlicher Basis stehen konnten, sorgten die Laienbrüder, Männer, die sich zum Klosterleben hingezogen fühlten, aber nicht die strengen Gelübde ablegen wollten.

In Eberbach gab es zeitweise über 200 Laienbrüder. Ihr Schlafsaal, das einzigartige Laiendormitorium, gilt als der größte nichtsakrale mittelalterliche Raum Deutschlands. Vor allem der ständig umfangreicher werdende Weinbau erforderte viele Arbeitskräfte. Die ersten Eberbacher Mönche hatten ihn übrigens aus ihrer Heimat Burgund mitgebracht. Der Weinbergbesitz erstreckte sich bald über den gesamten Rheingau mit dem ummauerten Steinberg unweit des Klosters als Mittelpunkt.

Mit der Anbaufläche wuchs der Handel. Wirtschaftshöfe, Kellereien, Weinumschlagplätze entstanden, eigene Schiffe beförderten die Weine, zollfrei, wie es sich für ein so angesehenes Kloster verstand. Der Verladehafen lag beim Hof Reinhardshausen, der zentrale Umschlagplatz in Köln. Weithin wanderten von hier aus in alle Richtungen noch die Fässer. An den zahlreichen alten Keltern, die im Laienrefektorium aufgestellt sind, können wir den Umfang der Erzeugung ermessen.

Das Erbe der Eberbacher Zisterzienser betreuen heute die Hessischen Staatsweingüter, deren Verwaltung zwar in Eltville sitzt, die ihren Mittelpunkt jedoch zweifellos im Kloster Eberbach sehen. Wie die Eberbacher Mönche im Mittelalter sind heute die Staatsweingüter mit rund 180 ha Rebfläche einer der größten Weinerzeuger Deutschlands. Acht Weingüter im Rheingau – von Aßmannshausen bis Hochheim – und zwei an der Bergstraße umsorgen den staatlichen Rebbesitz. Dort und in der Hauptkellerei Eltville lagern auch die Weine. Das Beste aber kommt in die Schatzkammer, ins Kloster Eberbach.

Hier befindet sich auch sozusagen, der öffentliche Zugang zu den Weinen der Staatsweingüter, etwa bei einer Besichtigung des Klosters. Sie läßt sich wunderbar mit einer kleinen Weinprobe im historischen Cabinetkeller verbinden. Dieser diente ursprünglich den Mönchen als Aufenthaltsraum, als Fraternei. Nachdem die Zahl der Brüder zurückging, wurde ein Weinkeller daraus gemacht.

Mit der Säkularisation kamen Kloster und Weinberge zu Nassau-Usingen, später Hessen-Nassau und schließlich mit diesem zu

Preußen. Der Herzog von Nassau folgte historischen und zeitgenössischen Beispielen und ließ sich in der Fraternei einen Cabinetkeller für seine edelsten Weine anlegen. Daher rührt die Bezeichnung Kabinett für gehobene Weine, die als Name für eine bestimmte Qualitätsstufe in das neue Weingesetz aufgenommen wurde.

Hier im Cabinetkeller werden nun von Mai bis Ende Oktober samstags, sonn- und feiertags ab Mittag halbstündige Proben abgehalten. Für 3,50 DM gibt es je einen Qualitäts- und Kabinettwein sowie eine Spätlese, dazu einen Strauß von Erklärungen, alles in einer Umgebung, die sowohl der Wein- als auch der Klostertradition Rechnung trägt.

Auch wer unter der Woche nach Eberbach kommt, kann Staatsgüterweine kosten. Pfortengaststätte und Klosterschänke bieten insgesamt sechs offene Weine, darunter bestimmt auch einen Steinberger, dazu zahlreiche Weine in Flaschen.

Gruppen öffnet die Verwaltung die schönen alten Klosterräume und hält dort Weinproben ab; kleinere Gruppen werden in ein Probierzimmer im Hospitalbau geführt – auch das romanisch-gotische Hospital dient heute als Weinkeller –, größere in das barockisierte Refektorium, ganz große in das weite Laiendormitorium.

Verwaltung der Staatsweingüter
Eltville (6228), Telefon 06123/4155 und 4156

Preise: Qualitätswein ab 5,–; Kabinett ab 5,90;
Spätlese ab 10,70; Auslese ab 20,–; Beerenauslese ab 100,–;
Eisweinauslese ab 65,–

Weinstube Pfortengaststätte, Weinstube Klosterschänke
Kloster Eberbach (6228), Telefon 06723/2821

Preise: Ausschankweine von 1,90 bis 2,50;
Flaschenweine ab 10,–; Hauptgerichte ab 8,–
(Klosterschänke Di. Ruhetag)

Vielleicht bietet sich dem einen oder anderen einmal die Gelegenheit, jene Veranstaltungen zu besuchen, mit denen die Staatsweingüter Eberbach Weinhandelstradition fortsetzen: im Frühjahr die Weinverkaufsmesse, auf der die großen Weingüter des Rheingaus ihre Produkte den Wiederverkäufern vorstellen, im Anschluß daran die Frühjahrs-Weinversteigerung und eine weitere Versteigerung im Herbst. Auf beiden Versteigerungen stellen die Staatsweingüter nicht im Verkauf befindliche Wein-Raritäten und Exklusivposten bis zu einzelnen Schatzkammerweinen unter den Hammer – das Erlauchteste, dem ein Weinfreund je begegnen kann.

Weinparadiese für Haupt- und Kurstädter

Die Bewohner der benachbarten Landeshauptstädte Mainz und Wiesbaden sind ein weinfrohes Völkchen. Um das festzustellen, genügt ein Blick in die vielen, stets gut gefüllten Weinstuben. Vor allem die »Määnzer« Stuben können auf eine alte Tradition zurückblicken.

Die Wiesbadener zieht es eher hinaus aus der Innenstadt, hinein in den Rheingau. Das macht keine großen Umstände, reicht doch der Weinbau bis in die Gemarkung der Kurstadt. Schnell ist man mit dem Omnibus im Vorort Frauenstein, einem richtigen kleinen Weinparadies. Prächtig stehen die Reben in den Lagen Herrenberg und Homberg, und zahlreiche Möglichkeiten bieten sich im dörflichen Ort, Weine aus diesen Lagen zu verkosten. Erfahrene Wiesbadener Wein-Liebhaber – und immer häufiger auch Mainzer – kann man an einem Samstagnachmittag gleich in mehreren Lokalen antreffen; sie veranstalten regelrechte Touren, um sich überall auf dem Laufenden zu halten.

Unseren eigenen Streifzug durch Frauenstein wollen wir sachlich nüchtern mit den Weinen der dortigen Winzergenossenschaft beginnen. Allzu gemütlich ist es nämlich in dem »offiziellen« Ausschank der Genossenschaft, dem »Winzerhaus« nicht. Dafür werden immerhin sechs Weine im Pokal ausgeschenkt, auch ein Spätburgunder, der in Frauenstein herrlich samtig wird. Ihm erweist man im »Winzerhaus« zur Wildsaison besondere Reverenz.

Genossenschaftskellerei eG
Wiesbaden-Frauenstein (6200), Mittelgasse 8,
Telefon 06121/422210

Winzerhaus
Wiesbaden-Frauenstein (6200), Quellbornstraße 36,
Telefon 06121/424466

Preise: Literflaschen Qualitätswein ab 3,75, -Kabinett ab 4,60; 1/1-Flaschen Qualitätswein ab 3,30, Kabinett ab 4,20, Spätlese ab 6,10, Auslese ab 9,–; Ausschankweine von 1,60 bis 2,80; Flaschenweine ab 7,80; Hauptgerichte ab 7,50

Auf eigene Weine kann man im Weinhaus Zur Krone zurückgreifen. Kronenwirt Karlheinz Ott besitzt Rebberge in Frauenstein und Erbach, wohl mehr in Erbach, wenn die Relationen bei den Ausschankweinen (4 Erbacher, 2 Frauensteiner) die Verhältnisse richtig wiederspiegeln. Eine Flaschenwein-Preisliste läßt Herr Ott nicht drucken; wer nach ausgiebigem Mahl (kräftige Hausmannskost) und ein paar Probeschoppen etwas vom Geprobten mitnehmen will, erfrage die Preise an der Theke.

Weinbau Karlheinz Ott, Weinhaus Zur Krone
Wiesbaden-Frauenstein (6200), Telefon 06121/429183

Preise: Qualitätswein ab 4,20; Kabinett ab 6,–; Spätlese ab 7,50; Ausschankweine von 1,40 bis 3,–; Flaschenweine ab 7,60; Hauptgerichte 6,40; geöffnet ab 15 Uhr

Um einen Grad bodenständiger, »frauensteinerischer«, als in der Krone geht es im Weinhaus Klepper zu. Als große Tafel hängt die Preisliste der Weine an der Wand (es gibt auch eine gedruckte). Kaum einer, der nicht prämiiert wurde. Zu Recht, wie ich meine; denn das Qualitätsniveau liegt wirklich weit über dem Durchschnitt. Beispielsweise probierte ich bei meinem letzten Besuch im Januar 1978 von den 8 Ausschankweinen einen 1970er Herrenberg Sylvaner, dessen dezente Reife sich mit wunderbarer Leichtigkeit paarte; die Milde des Sylvaners besaß keine Spur von Fadheit, weil man ihm eine zarte Säure erhalten hatte: selbst für Freunde markiger Rheingau-Rieslinge ein Erlebnis.

Auch Freunde deftigen Essens kommen beim »Klepper« auf ihre Kosten. Vor allem sollte man sich nach Schlachtfest-Terminen erkundigen. Von den würzigen Würsten – Bratwurst, Preßkopf, Blutwurst, Leberwurst –, welche bei solchen Gelegenheiten produziert werden, läßt sich so mancher, der bei Klepper Wein bestellt, etwas dazupacken.

Weinhaus Klepper
Wiesbaden-Frauenstein (6200), Georgstraße 16, Telefon 06121/421570

Preise: Literflaschen-Qualitätswein ab 4,–; 1/1-Flaschen Qualitätswein ab 3,80, Kabinett ab 4,–, Spätlese ab 6,–, Auslese ab 15,–, Beerenauslese 1/2 Fl. 15,–; Ausschankweine von 1,50 bis 3,–; Flaschenweine ab 5,80; Kleine Gerichte ab 3,–; Mittwoch Ruhetag, Betriebsferien um die Jahreswende

Nach ausgiebiger Weintour in Frauenstein wird eine tüchtige Wanderung gut tun. Ein Vorschlag: durch Felder und Weinberge zum Rhein hinab. Diese Richtung ist mit dem Vorteil verknüpft, daß man – so man sich inzwischen genügend ausgelüftet hat – den Marsch mit einem guten Schoppen beschließen kann. Sowohl in Ober- als auch in Niederwalluf bietet sich dazu Gelegenheit.

Kann man in Frauenstein Erbacher probieren, so in Oberwalluf Rüdesheimer. Klaus und Christa Kludas, die den Frankensteiner Hof an der Marktstraße zu einem Schmuckkästchen von einer Gutsschänke ausgebaut haben, sind nämlich Besitzer des Weingutes Espenschied, welches vor allem in den Rüdesheimer Lagen begütert ist. Eltviller, Martinsthaler und natürlich Wallufer runden das Wein-Angebot ab, das in den fünf Schoppenweinen gut repräsentiert wird, u.a. auch mit einer trockenen Spätlese! »Renner« unter den Wein-Happen sind die Griebenschmalz-Brote. Auf dem Wiesbadener Weinmarkt, wo das Weingut mit einem Stand vertreten war, erwies sich das Griebenschmalz, von Frau Kludas nach Großmutters Art bereitet, als so großer Erfolg, daß sie nicht weniger als 80 Pfund »nachproduzieren« mußte!

Frankensteiner Hof, Weingut Espenschied,
Klaus und Christa Kludas,
Walluf 2 (6229), Marktstraße 14, Telefon 06123/72725

Preise: Qualitätswein ab 3,40, Kabinett ab 4,10,
Spätlese ab 5,–, Auslese ab 9,50, Beerenauslese ab 27,–;
Ausschankweine von 1,40 bis 2,–; Flaschenweine ab 5,70;
kl. Gerichte ab 3,–; Geöffnet täglich außer Dienstag ab
17 Uhr; im August und zur Traubenlese geschlossen

Und wohin in Niederwalluf? Wenn man die Wiesbadener fragt – natürlich zum Bug! Und zur Straußwirtschaft des Winzers Heinz Bug – eines veritablen Wein-Originals – strömen sie auch in Massen. Allerdings trägt nicht nur die drangvolle Fülle zur urgemütlichen Atmosphäre bei, sondern auch die liebevolle Ausstattung mit altem Fachwerk und einer Uhr, an der Weinflaschen statt Zapfen als Gewichte hängen. Bugs Weine – darunter sechs offene – tun ein übri-

---

Heinz Bug, Weinbau, Straußwirtschaft
Walluf (6229), Mühlstraße 3, Telefon 06123/72308

Preise: Kabinett ab 4,50, Spätlese ab 6,–, Auslese ab 10,–;
Ausschankweine von 1,50 bis 3,–; Flaschenweine ab 6,–;
kl. Gerichte ab 2,90; Geöffnet Dienstag bis Samstag ab
15 Uhr; Ende Mai bis Ende September geschlossen

---

ges, um die Zungen zu lockern, mehr oder weniger Wein-fachmännische Gesprächsfetzen schwirren durch den Raum, Stammgäste führen das große Wort, und liebevoll wird der Neuling unter die Wein-Fittiche genommen.

In Rauen-und Martinsthal

Als sich im 13. Jahrhundert unter dem Einfluß Eberbachs der Weinbau im Rheingau schnell auszuweiten begann und man nach neuen, geeigneten Hängen suchte, fing man auch an, den großen Süd- und Südosthang der Bubenhäuser Höhe zu roden. Der Erzbischof von Mainz berief Kolonisten, die ihr Dorf ganz weit oben auf der Höhe anlegten, um ja kein kostbares Weinberggelände zu verschenken. Weit grüßt in den Rheingau seither der Turm der Pfarrkirche von Rauenthal, die im Inneren eine jener lieblichen Madonnen birgt, für die der Rheingau so berühmt ist.

Fast noch berühmter ist der Rauenthaler. Die Hänge erwiesen sich als Goldhänge, nicht nur in der Qualität. Stets haben es die Rauenthaler auch verstanden, den adäquaten Preis für ihre Weine herauszuholen. Dabei ging den vielen kleinen und mittleren Winzern mit gutem Beispiel die Staatsdomäne voran, die ein großes Stück im Südwestteil des Hanges in den Lagen Gehrn, Baiken und Wülfen besitzt. »Rauenthaler kosten Thaler«, schrieb ein preußischer Hofrat unter eine Weinrechnung, nachdem er sie seufzend bezahlt hatte.

Muntere Themen für Weingespräche. Vielleicht im neueingerichteten Weinprobierkeller unter dem Rathaus? Mit ihm haben sich rührige Rauenthaler Winzer etwas wirklich Gutes einfallen lassen: Jeden Samstag und Sonntag stellt dort ein anderes Weingut seine Weine im Ausschank vor, wobei sich über zehn Weingüter den ganzen Sommer lang abwechseln. Nicht alle Beteiligten sind überzeugt von diesen Maßnahmen, denn »Rauenthaler verkauft sich auch so«, aber sie machen aus Solidarität mit.

Ein derart breites Ausschank-Angebot wie an diesem Gemeinschaftsstand wird man in den privaten Straußwirtschaften, von denen es in Rauenthal eine ganze Menge gibt, nicht finden. Allerdings bietet das Weingut Eugen Klein ein Weinkarussell mit sechs Gewächsen bis zur Auslese für etwa 8,– DM, und auch unter den vier Ausschankweinen stößt man auf eine Auslese, die beste des Hauses.

Diese Straußwirtschaft, inzwischen zu einem richtigen Gutsausschank ausgebaut, liegt etwas außerhalb des Ortes, in Richtung der Weinberge. An heißen Sommertagen muß es eine Labsal sein, an den im Garten aufgestellten Tischen Wein-Siesta zu halten, umgeben von 100 blühenden Edelrosen, oder unter der aus acht verschiedenen Rebsorten »komponierten« Weinlaube zu verweilen, mit Ausblick über das Dorf hinweg auf den Taunus, vor sich einen »Handkäs Tatar« und eines der kräftigen Riesling-Gewächse des Hauses.

Tief unter Rauenthal liegt Martinsthal. Man sollte es nicht nur als Durchfahrt nach Rauenthal betrachten, obwohl die Martinsthaler selbst mit resignierendem Unterton ihr Dorf im Ortsprospekt als verborgenes Kleinod anpreisen. Zumal die Weine aus den Lagen Rödchen, Langenberg und Wildsau brauchen sich vor ihren großen Brüdern aus Rauenthal nicht zu verstecken.

Weingut Eugen Klein
Rauenthal (6229), Weinbergstraße 2, Telefon 06123/71735

Preise: Qualitätswein ab 3,90; Kabinett ab 5,80;
Spätlese ab 7,30; Ausschankweine von 1,40 bis 2,80;
Flaschenweine ab 4,20; kleine Gerichte ab 2,40
(Ausschank April bis Sept. geöffnet)

Und ein solch schönes Fachwerkhaus wie da, in dem sich das Hotel Weinhaus Zur Krone befindet, muß man auch in Rauenthal erst suchen. 1528 wurde es als Rathaus erbaut, seit 1540 ist eine Weinstube bezeugt. Zu seinen Übernachtungsgästen kann das Hotel auch Napoleon zählen, der hier auf seiner Flucht nach der Leipziger Völkerschlacht abstieg.

Seit einiger Zeit besteht eine Brücke zum Weingut Engelmann, einem der bekanntesten am Ort, befestigt durch ein kräftiges Eheband: Eine Tochter aus dem Hause Engelmann hat in die Krone-Familie eingeheiratet. Kein Wunder, daß die Engelmann-Weine im Hotel-Restaurant dominieren. Man könnte es als regelrechten Gutsausschank bezeichnen; denn mit fünf offenen Weinen erhält der Weinfreund schon einen recht guten Eindruck von den Weinen des Gutes.

Weingut Werner Engelmann, vormals Ph. Engelmann
Martinsthal (6229), Kirchstraße 52, Telefon 06123/71835

Preise: Qualitätswein ab 3,40; Kabinett ab 4,50;
Spätlese ab 5,–; Auslese ab 12,–

Hotel zur Krone, Karl Heinz Barbeler
Martinsthal (6229), Telefon 06123/71681

Preise: Ausschankweine von 1,60 bis 2,80;
Flaschenweine ab 7,50; 1/2 Flasche ab 4,–;
Hauptgerichte ab 9,–;
Übernachtung mit Frühstück ab 16,– (Mo. Ruhetag)

Herr Ries bittet zum Wein

Mundpropaganda ist auch für Winzer immer noch der billigste Weg, neue Kunden zu gewinnen. Beim Wort Mundpropaganda meine ich Mund im doppelten Sinne: einmal als Geschmacksorgan und dann als Sprechwerkzeug. Mit anderen Worten: Wein schmecken und darüber reden.

Daß in erster Linie über die Qualität der Weine geredet werden soll, versteht sich von selbst. Aber auch der Erzeuger sollte sich – positiv – ins Gerede bringen. Das ist besonders wichtig, um gewonnene Kunden auch zu halten und zu behalten. Qualität kann man nicht für sich allein pachten, und die junge Generation ist beweglich. Um aus gelegentlichen Kunden einen treuen Kundenstamm zu entwickeln, muß man sich darum schon etwas einfallen lassen.

Ich kann mit einem guten Beispiel dienen. In Eltville gibt es das Weingut Belz Erben, das seit langem einen recht guten Namen besitzt. Dem jungen Besitzer, Karl Ries, genügt dies aber nicht. Er läßt es sich angelegen sein, aus einem bloßen Kundenkreis eine Kundenfamilie zu machen. Und so lädt er alljährlich alles, was in seiner Kartei steht, zur großen Gutsweinprobe ein. Familie Ries versteht es, daraus ein richtiges Weinfest zu machen.

Frisches Grün schmückt die ausgeräumte Kelterhalle. Auf langen, mit weißem Papier gedeckten Tischen stehen Blumen, Gläser und Brot. Leichte Musik aus einer Lautsprecheranlage empfängt die Gäste. Begrüßungsszenen mit Familie Ries, Begrüßung mit anderen Gästen – man hat sich schon im vorigen Jahr kennengelernt. Immer mehr Menschen strömen in die Halle, die bald bis auf den letzten Platz gefüllt ist.

Der Gesprächsschwall erstirbt, als der Hausherr ans Mikrofon tritt. Ein paar freundliche Begrüßungsworte, und schon marschiert eine Anzahl flotter Damen im Dirndlkleid – Familienangehörige und Bekannte – mit Flaschen durch die Reihen und schenken den ersten Wein ein. Ausführlich wird er von Karl Ries vorgestellt. Und dann geht es Zug um Zug, Wein um Wein, die ganze Palette hinunter. Immer edler werden die Tropfen, bis eine krönende Beerenauslese einen rauschenden Schlußakkord anschlägt.

Die Stimmung hat sich inzwischen so gehoben, daß Herr Ries bei den letzten Worten schon um etwas Ruhe bitten muß, um sich verständlich zu machen. Zur Munterkeit hat auch ein Damenkränzchen beigetragen, das in selbstverfaßten und -komponierten Versen einen Lobgesang auf Karl Ries, seine Familie und seine Weine anstimmte, endend mit dem werbewirksamen Aufruf: » . . . daß wir davon bestellen, das ist ja klar!«, und das tun die Gäste dann auch.

Die gute Laune läßt der Hausherr nicht verpuffen. Ein rustikales kaltes Buffet steht bereit, an dem sich nach Entrichtung eines Obolus jeder nach Herzenslust bedienen kann. Und aus den Lautsprechern ertönt flotte Tanzmusik, so daß sich aus der Weinprobe ein richtiges kleines Sommerfest entwickelt.

Weingut C. Belz Erben, Karl Ries, Eltville (6228)

Preise: Qualitätswein ab 3,70; Kabinett ab 4,20; Spätlese ab 5,50; Auslese ab 12,–; Beerenauslese 1/2 Flasche 25,–

Es gibt natürlich auch Menschen, die, solchem Treiben abhold, die Weine unbeeinflußt und still für sich verkosten wollen. Denen sei ein kleiner Taunusausflug empfohlen. In einem stillen Tal, das zwischen Rauenthal und Kiedrich tief in den Taunus hineinführt, liegt die Waldgaststätte Rausch, ein idealer Standort und Rastplatz für Wanderer. Das Gasthaus entpuppt sich als Gutsausschank des Weingutes Belz Erben. Fünf Ries'sche Weine werden offen angeboten, schon ein recht guter Querschnitt. Gratis dazu gibt es Vogelgezwitscher, draußen aus dem Wald, aber auch aus großen Volieren mit vielen »Buntgefiederten.

Waldgaststätte Rausch, H. Meyer
Eltville (6228), Telefon 06123/3888

Preise: Ausschankweine von 1,80 bis 3,80;
Flaschenweine ab 6,50; Hauptgerichte ab 6,50

Bei Erbacher Winzern

Das Eltville benachbarte Erbach schließt in seiner Gemarkung mit dem Marcobrunn nicht nur eine der berühmtesten Weinlagen des Rheingaues ein, es gilt auch als das Rheingauer Obstparadies. Pfirsiche, Aprikosen und vor allem Erdbeeren vereinigen sich mit Erbacher Wein zu einem herrlichen Bukett von Gaumenfreuden.

Hier verdichten sich auch die Gutsschänken und Straußwirtschaften, was zeigt, daß Erbachs Winzer ein recht bewegliches Völkchen sind. Wir wollen sie auf einem kleinen Streifzug kennenlernen.

Beginnen wir unten am Rhein. Dort domizilierte einst eines der größten Erbacher Weingüter, das der Ritter und Edlen von Oetinger. Mit leiblichen Genüssen hatten die Oetingers schon früher zu tun – ein Vorfahr war des Heiligen Römischen Reiches Proviantmeister.

Im Jahre 1958 wurde das Weingut unter zwei Brüder aufgeteilt. Das Weingut Robert von Oetinger ist inzwischen auf dessen Sohn Detlev übergegangen.

Beide Weingüter sind mit je einem Gutsausschank verbunden. Es ist nicht ohne Reiz, an der Art, wie sie geführt werden, den Generationsunterschied der Besitzer festzustellen. Während im alten Gutshaus des Weingutes Eberhard von Oetinger in traditioneller Weise lediglich ein Riesling und ein Müller-Thurgau ausgeschenkt werden, kann der Gast im schmucken Aussiedlerhof des Neffen unter fast zehn Ausschankweinen wählen. Auch wird hier ein Weinprobierteller mit sechs Proben bis zur Auslese für knapp acht Mark angeboten.

Vom Rhein wenden wir uns zur Ortsmitte. An der Haupt-, Ecke

Robert von Oetinger'sches Weingut
Detlev Ritter und Edler von Oetinger
Erbach (6229), Telefon 06123/2528

Preise: Qualitätswein ab 4,–; Kabinett ab 4,50; Spätlese ab 6,–; Auslese ab 17,–; Beerenauslese 35,–; Ausschankweine von 1,80 bis 6,30; Flaschenweine ab 4,–; kleine Gerichte ab 2,20

Taunusstraße stoßen wir auf ein schönes barockes Fachwerkhaus von 1637, den Hof vom Birkenstock. Melchior von Birkenstock, der Erbauer, brachte es als Weinhändler zu großem Reichtum und entsprechendem Ansehen. Das Haus wurde 1973 vom Weingut Heinrich Jung Erben erworben. Jung junior wandelte das Erdgeschoß nach gründlicher Renovierung in eine Gutsschänke um; im Gewölbekeller reifen jetzt die Jungschen Weine heran.

Besonders erholsam ein schöner Sommernachmittag im Garten unter den alten Bäumen bei einem der acht offenen Weine oder gar dem »Wein des Monats«. Unter dieser Bezeichnung macht das

Weingut Heinrich Jung Erben
Erbach (6229), Mühlstraße 6, Telefon 06123/3807
Gutsausschank Taunusstraße 2

Preise: Qualitätswein ab 3,50; Kabinett ab 4,40; Spätlese ab 6,–; Eiswein-Beerenauslese 1/2 Flasche 20,–; Ausschankweine von 1,30 bis 3,80; Flaschenweine ab 5,70; kleine Gerichte ab 2,50

Weingut den Gast jeden Monat mit einem seiner Spitzenweine bekannt.

Auch ein Spaziergang in die Weinberge läßt sich mit dem Besuch einer Weinschänke verbinden. Wo der Bachhöllerweg den Ort verläßt, liegt, schon ganz von Rebstöcken umgeben, der Weinhof Martin. In der hellen freundlichen Weinstube sollten wir unbedingt den Spätburgunder versuchen, eine Spezialität des Hauses. Er wird ebenso im Ausschank geführt wie mehrere Rieslingweine. Unter den Flaschenweinen verdienen Restposten älterer Jahrgänge unsere Aufmerksamkeit.

Vielleicht findet Martin senior Zeit, dem Gast sein Hobby vorzuführen. Die Rebanlagen unmittelbar am Weinhof gehören nämlich zu einem Versuchsrebgarten, in dem der Altwinzer zahlreiche neue Rebsorten testet. Gerne wird er dem Gast die Unterschiede erklären – ein kleines privates Weinseminar.

Auch Martin junior und seine Ehefrau – Winzermeister er, Winzermeisterin sie – tun einiges für den Absatz ihrer Weine: Weinproben werden veranstaltet, Tage der offenen Kellertür, Zwiebelkuchenessen mit Federweißem, und wo Weinprobierstände aufgebaut werden, bei Weinwochen und Weinfesten, sind die Martins dabei.

Weinhof Martin
Erbach (6229), Bachhöllerweg, Telefon 06123/3856

Preise: Qualitätswein ab 3,40; Kabinett ab 4,–;
Spätlese ab 6,50; Auslese ab 10,–; Ausschankweine von 1,40 bis 4,–; Flaschenweine ab 5,20; kleine Gerichte ab 2,50;
(Montag und Donnerstag Ruhetag)

Beschließen wir unseren Bummel durch Erbach im Gutsausschank des Weingutes Tillmanns Erben, links an der Hauptstraße in Richtung Eltville gelegen. Seltene alte Bäume stehen im Park, der das barocke Gutsgebäude umgibt. Vom Zauber, den dieser Park aus-

---

Weingut H.Tillmanns Erben
Erbach (6229), Telefon 06123/4023
Ganzjährig ab 15 Uhr geöffnet

Preise: Qualitätswein ab 3,60; Kabinett ab 4,60;
Spätlese ab 7,50; Auslese 1/2 Flasche 10,20;
Trockenbeerenauslese 1/2 Flasche 52,–; Ausschankweine von 2,– bis 4,–; Flaschenweine ab 5,40;
kleine Gerichte ab 4,50; Donnerstag Ruhetag

---

strahlt, können wir uns auf der Terrasse einfangen lassen, im Glase vor uns einen leichten, spritzigen Qualitäts- oder Kabinettwein.

Die Weinstube selbst hat sich in den letzten Jahren verändert. Der große Zuspruch machte einen Ausbau erforderlich, dem ein wenig der Charakter einer gemütlichen »Gutsherrenstube« zum Opfer fiel. Hinzugewonnen wurde ein Raum ganz eigener Art, ein klassizistischer Saal mit einer hinreißend schönen Decke, ein Raum, wie geschaffen für edle Weine.

Kleine Überraschungen bietet die Speisekarte. Wir entdecken Zwiebelsuppe oder gar Rindfleisch sauer. Auch muß der Gutsherr Beziehungen zum Schwarzwald pflegen, wie Schwarzwälder Schinken und Griesthaler Forellenfilet bekunden.

Einmal im Monat wird in der Gutsschänke abends sogar zum Tanz aufgespielt – zu einem Weintänzchen sozusagen.

Zwei Schlösser erwachen zu neuem Leben

Verweilen wir noch ein wenig in Erbach, schauen wir uns noch den großen Gebäudekomplex am Ortsausgang in Richtung Hattenheim an: Schloß Reinhartshausen. Ein kleiner Park, Rebzeilen, leider auch die Schnellstraße trennen das weitläufige Anwesen vom Rheinufer. Das Schloßgelände hört jedoch am Rhein nicht auf: auch die gegenüberliegende Rheininsel Mariannenau gehört dazu, mitsamt der Weinlage »Rheinhell«. Wo früher die Wildrebe sich um Weiden und Erlen rankte, werden heute von der Schloßverwaltung hoffnungsvolle Neuzüchtungen kultiviert.

Die Administration Schloß Reinhartshausen steht mit über 50 Hektar Rebfläche in der Reihe der großen Rheingau-Weingüter. Zahllose Generationen von Rittern, Grafen und anderen Adligen mehrten den Rebbesitz, vererbten ihn, arrondierten ihn. Heute gehört Schloß Reinhartshausen drei Prinzen von Preußen, Enkel des letzten deutschen Kronprinzen. An die Hohenzollern kam der Besitz über die niederländische Prinzessin Marianne, Gemahlin des Prinzen Albrecht von Preußen, dem Bruder Kaiser Wilhelm I.

Die Gebäude stehen zum Teil auf alten Gewölben, doch stammen sie zumeist aus der Barockzeit und wurden später klassizistisch verändert. Abgeschlossen wird der Komplex von einem moderneren Bau, doch wurden gerade in diesen viele alte Ausstattungsstücke verbracht. Um sie zu besichtigen, kann man sich selber in das Haus einladen. Gäste sind willkommen; denn Schloß Reinhartshausen ist Hotel.

Mancher Leser mag sich gefragt haben, warum ein Haus, in dem Wein eine so große Rolle spielt, in meinem Buch bisher nicht vertreten war. Nun, als es geschrieben wurde, war es gerade still im Schloß. Widrige Umstände hatten zur Schließung von Hotel und Restaurant geführt.

Inzwischen ist die Gastronomie zu neuem Leben erwacht, und das gleich doppelt. Im rustikal-gemütlichen Schloßkeller regiert Familie Lippert. Er ist ein rechtes Wein-Dorado. 9 offene Weine machen die Wahl zur Qual, eine 71er Spätlese und ein alter Spätburgunder krönen die lange Reihe. Dazu läßt sich Berthold Lippert allerlei Leckeres zum Schmausen einfallen, »Küchenchefs Salatschüssel« etwa oder den »Brillant-Toast«, auch »Träumerei eines Hausgastes« betitelt (eine Komposition aus Saftschinken, Shrimps, Champignons, Curryrahm, alles mit Käse überbacken und mit Salat gereicht). Lipperts lassen sich auch die Verbindung von Kulinarischem mit Gesellschaftlichem angelegen sein: Sie veranstalten Candlelight-Dinners mit Tanz, laden zu Weihnachts- und Silvester-Menus ein und feiern Karneval mit einem Hausmaskenball, eingeleitet durch ein Faschingsessen.

In den Stockwerken über diesem Keller, im Hotel und dem Hotel-Restaurant, herrscht eine andere Atmosphäre, »gehoben« auch im übertragenen Sinne. Hier bemüht sich das Ehepaar Geisse, der kultivierten Eleganz des klassizistischen Adelssitzes einen Hauch französischen Esprits aufzusetzen, Mitbringsel aus der Heimat Frau Geisses. Vor allem mit dem Restaurant verfolgt man Ambitionen in Richtung der »grande cuisine« Frankreichs.

Administration Schloß Reinhartshausen
Erbach (6229), Telefon 06123/4009

Preise: Qualitätswein ab 3,90, Kabinett ab 4,30, Spätlese ab 6,90, Auslese ab 14,50, Beerenauslese ab 45,–, Trockenbeerenauslese ab 110,–

Hotel Schloß Reinhartshausen
Erbach (6229), Telefon 06123/4081-82

Preise: Ausschankweine (0,25-l-Karaffen) von 2,30 bis 5,–; Flaschenweine ab 10,50; Hauptgerichte (Menus) ab 25,–; Übernachtung mit Frühstück ab 50,–; Restaurant nur abends geöffnet

---

Schloßkeller-Restaurant, Schloß Reinhartshausen
Familie Lippert
Erbach (6229), Telefon 06123/2466-67

Preise: Ausschankweine (0,2-l-Römer) von 1,90 bis 4,50; Flaschenweine ab 9,50; Hauptgerichte ab 9,–; täglich außer Mittwoch ab 17 Uhr, Sonntag auch mittags geöffnet

---

Die Vielfalt der Reinhartshausener Weine gestattet es, auch hierfür einen ganzen Strauß passender Weggefährten zusammenzustellen. So trifft man bei den sechs Karaffenweinen (andere als im Keller, damit insgesamt 15 offene Weine zum Probieren!) zwei trockene: einen Kabinettwein und sogar eine Spätlese. Die lange Reihe der Flaschenweine läßt jeden Kenner mit der Zunge schnalzen; sie endet mit Schatzkammerweinen aus den Jahren 1964, 1959, ja 1949. Seltene Genüsse – und durchaus erschwinglich: Eine Flasche 1962er Erbacher Herrnberg Riesling Cabinet beispielsweise kostet 19 Mark!

Mächtig rührt sich's auch in einem anderen Rheingauer Schloß, noch traditionsreicher sicher als Schloß Reinhartshausen. Nördlich von Winkel liegt es, mitten im Rebland, versteckt in einer Mulde. Hier errichtete sich im 13. Jahrhundert ein Winkeler Adelsgeschlecht seinen gewaltigen Wohnturm, einen Donjon, staute den die Mulde durchfließenden Taunusbach und umgab so die Burg mit einem schützenden Teich. Dieses Geschlecht die Herren von Greiffenclau, wurde eines der mächtigsten im Rheingau; es stellte mehrere Erzbischöfe und andere große Würdenträger.

Ihre Burg, Vollrads genannt, wurde den Herren im 18. Jahrhundert zu eng, und so errichteten sie neben dem Wohnturm ein barokkes Schloß, das um 1900 erweitert und teilweise dem Zeitgeschmack entsprechend verändert wurde. Zuvor hatte die letzte Greiffenclau den schlesischen Grafen Matuschka geheiratet. Seitdem wohnen die Grafen Matuschka-Greiffenclau auf Schloß Vollrads.

Ein rechtes Weinschloß! Die Weinberge rund um den Gebäudekomplex – »Schloß Vollrads« lautet auch die Lagebezeichnung – liefern Gewächse, welche zum Besten zählen, dessen der Rheingau-Riesling fähig ist. Hier wird der Riesling noch nach allter Tradition ausgebaut, mit kräftig-fruchtiger Säure, welche den Weinen lange Haltbarkeit verleiht. Hoch ist der Anteil der trockenen Weine, mit Restsüße wird so sparsam wie nur möglich umgegangen.

Ein Weinschloß, aber über Jahre auch ein Dornröschen-Schloß! Nicht, daß es in Vergessenheit geraten wäre; Schloß-Vollrads-Weine sind weltberühmt (70% gehen in den Export), und der alte Graf Matuschka-Greiffenclau war jahrelang Präsident des Deutschen Weinbauverbandes. Aber Besuchern blieb es verschlossen, die Vollradser Weine kamen zu ihren Freunden, nicht umgekehrt.

Das wird jetzt anders. Seitdem die junge Generation den Betrieb leitet, weht ein frischer Wind. Schloß Vollrads öffnet sich. Zunächst wurde im schönen barocken Gartenhaus – Kavaliershaus und Orangerie – ein Gutsausschank eingerichtet. Den ganzen Sommer über stehen seine Türen offen, kann man an Tischen vor der großen Rasenfläche Platz nehmen, von den vier bis fünf offenen Weinen probieren, vor sich hin träumen, oder sich nüchtern belehren lassen: Über das komplizierte und doch sinnreiche System der Kapselfarben und Halsbänder, welche die einzelnen Qualitätsstufen der Schloß Vollradser Weine auch optisch kennzeichnen – es gibt ja nur eine einzige Lagebezeichnung.

Doch die Straußwirtschaft ist nur ein Anfang. Erwein Graf von Matuschka-Greiffenclau will den Weinfreund auch in das Schloß holen. Doch zuvor wird mit einer gewaltigen Investitionsanstrengung – auch Keller und Lager wollen modernisiert werden – »Hausputz« gemacht. Einer um den anderen der ehrwürdigen Räume wird hergerichtet: die Halle, der größte Raum des Schlosses, der Salon im Stile Louis Philippe, das große Eßzimmer, ausgestattet mit einer spanischen Ledertapete aus dem 17. Jahrhundert, Räume, wie geschaffen für Wein-Geselligkeit: Weinproben finden hier statt, lockere, besinnliche, immer jedoch informative.

Und nun auch lukullische. Gerade der Weintyp, wie er auf Schloß Vollrads gepflegt wird, vermag ein Essen auf das trefflichste zu ergänzen – ein gutes Essen, notabene. Und so wurde die Idee einer »Lukullischen Weinprobe« geboren: einer etwa 12 teiligen Weinprobe, verflochten mit einem erlesenen Menu aus mehreren Gängen, Speisen und Weine auf einander bezogen und abgestimmt. Nach langem Suchen fand Graf Matuschka die adäquaten Partner: die

Graf Matuschka-Greiffenclau'sche Kellerei- und Güterverwaltung, Schloß Vollrads, Oestrich-Winkel (6227), Telefon 06723/3314

Preise: Qualitätswein ab 5,20; Kabinett ab 7,30; Spätlese ab 13,80; Auslese ab 42,–; Beerenauslese ab 110,–; Trockenbeerenauslese 200,–; Ausschankweine im Gutsausschank von 1,80 bis 3,–; Flaschenweine ab 7,–; kleine Gerichte ab 2,–; geöffnet April bis Oktober ab 14 Uhr, Samstag, Sonn- und Feiertage ab 11 Uhr, Montag Ruhetag

für Interessierte:
Restaurant Walderdorff, Familie Heymann
Mainz (6500), Karmeliterplatz 4,
Telefon: 06131/22515

Heymanns vom Restaurant Walderdorff in Mainz. Innerhalb weniger Jahre haben sie ihr Haus zu einem Begriff in der deutschen Gourmet-Szene, zu einem Tempel der »nouvelle cuisine« gemacht. Die Heymanns – und die Vollrads-Weine – garantieren, daß die »Lukullische Weinprobe« für den Kreis, der sie sich bestellt (und der sie sich leisten kann), zu einem einmaligen kulinarischen Ereignis wird.

P.S. Im Restaurant Walderdorff, wo man dem Gast bisher nur französische Kreszenzen vorsetzte, kann man jetzt auch Vollradser trinken – eine »Lukullische Weinprobe en miniature« . . .

Lukullus in Winkel – Lukullus in Kiedrich

Die Behauptung, daß guter Wein mit gutem Essen zusammengehe, gilt unter allen deutschen Weinbaugebieten uneingeschränkt nur für Baden. Sicherlich findet man gute Küchen auch im Rheingau, und gewiß gehört zu mancher dieser Küchen auch hauseigener Weinbau. Aber in unserem doppelten Sieb – lobenswerte Küche einerseits, viele eigene offene Weine mit ausreichenden Vergleichsmöglichkeiten andererseits – bleiben doch sehr, sehr viele Lokale zurück. Ohne jedes Wenn und Aber bestehen diese zweifache Probe im Rheingau – für meine Begriffe – nur zwei Häuser: das Weinhaus Nägler in Winkel und die Krone in Kiedrich (wenn man von den im vorigen Kapiteln geschilderten neueren Entwicklungen absieht).

Der Näglersche Komplex hat sich aus kleinsten Anfängen entwikkelt. Bereits seit dem 18. Jahrhundert bestreitet die Familie ihren Unterhalt mit Weinbau. 1932 übernahm Richard Nägler den elterlichen Betrieb, und schon drei Jahre später richtete seine tatkräftige Frau in Wohnräumen des Gutshauses eine Straußwirtschaft ein, die von den Wiesbadener Kurgästen bald ausgiebig frequentiert wurde.

Der Krieg brachte auch hier einen Einschnitt, aber die Näglers arbeiteten sich Zug um Zug wieder nach oben. 1949 wurde die Straußwirtschaft, 1953 das Restaurant eröffnet, das unter der Leitung von Frau Nägler bald seinen großen Ruf gewann. 1966 kam ein Hotelbau hinzu, wobei das Restaurant um eine große Veranda und eine Terrasse erweitert wurde. Hier läßt es sich angesichts des Rheines und der ehrwürdigen romanischen Basilika von Mittelheim gut speisen.

Näglers haben es verstanden, auch ihre Kinder für ihr Werk zu begeistern. Der Sohn nimmt sich des Weingutes an, dem er eine Weinkellerei angegliedert hat. Neben Riesling, der etwa 80 Prozent der Weinbergfläche einnimmt, pflegt er besonders den Spätburgunder, der auch außerhalb Aßmannshausens samtige, volle Weine liefert. Diesen gibt es ebenso im Ausschank wie sechs Weißweine bis zur Spätlese. Auf der Flaschenweinkarte wetteifern eigene Weine mit Spitzengewächsen aus berühmten Weingütern des Rheingaues.

Die Tochter des Hauses hat nach einer großzügig angelegten Ausbildung 1958 das Weinhaus übernommen. Sie tut alles, um den Ruf zu erhalten, den sich die Küche erworben hat: Rheingauer Gediegenheit, gepaart mit internationalem Flair. Gediegenheit bedeutet erstklassiges Fleisch, vorzügliches Gemüse, beste Zutaten, etwa zum Mastkalbrücken Herzogin-Art oder zur Ochsenlende Tivoli. Es ist nicht immer leicht, Rohstoffe in der gewünschten Qualität zu bekommen. Das gilt nicht für eine wichtige Zutat, mit der im Hause Nägler gern und viel gekocht wird: den Wein.

Weingut Richard Nägler
Oestrich-Winkel (6227)
Hauptstraße 1, Telefon 06723/3332

Hotel Weinhaus Nägler
s.o. Telefon 06723/2772 und 3502

Preise: Qualitätswein ab 3,50; Kabinett ab 4,80; Spätlese ab 6,–; Auslese ab 13,–; Beerenauslese 40,–; Ausschankweine von 2,– bis 3,50; Flaschenweine ab 9,50; Hauptgerichte ab 13,50; Übernachtung mit Frühstück ab 29,50 (Di. Ruhetag)

In Kiedrich, diesem einst so reichen Weindorf mit seiner gotischen Kirche, seinen Adelshöfen und schmucken Fachwerkhäusern, hat man schon immer gut gegessen. Da gibt es den »Engel« am Markt, da gibt es den »Nassauer Hof« an der Straße zum Kloster Eberbach. Für meine Begriffe jedoch hat sie in den letzten Jahren ein

Gasthof noch überflügelt: die »Krone« in der Oberstraße, gleich am Marktplatz.

Das Gasthaus gehört der Familie Sonnleitner, einer alten Winzerfamilie, die den Fürstenberger Hof bewohnt, jenen schönen Barockbau, den wir nur ein paar Häuser von der Krone entfernt bewundern können. In der Krone werden ausschließlich Weine aus diesem Weingut kredenzt – fünf allein im Ausschank. Sie führen dem Weinfreund vor, welcher Geschmacksnuancierungen der Riesling innerhalb einer einzigen Gemarkung – Kiedrich – fähig ist.

Der Aufschwung des Hauses fällt zweifelsohne mit dessen Übernahme durch Küchenchef Hans-Henning Prosi und seine Frau zusammen. Kronenwirt und Kronenwirtin sind Gastronomen aus Leidenschaft.

Prosis Speisekarte gleich einem Streifzug durch die internationale Küche, ergänzt durch manch Selbstkomponiertes, etwa »Griddlesteak« mit Roquefort überbacken. Aber nicht nur das Kochen zählt zu Prosis Steckenpferden, sondern auch die Kochkunst als gesellschaftliches Phänomen und ihre Geschichte. Folglich läßt der Kronenwirt seine Phantasie nicht nur in der Küche spielen, man spürt sie auch bei der Gestaltung der Speisekarte. Diese ist alles andere als ein nüchterner Magenfahrplan. Prosi veredelt die Abfolge der Speisen mit einem kleinen Brevier der Kochkunst: mit einer Geschichte der Speisekarte etwa, mit Episoden über die Großen der Kochkunst und über berühmte Namensgeber wie Lady Curzon, die Melba, Rossini oder der Geheimrat Holstein, mit Wissenswertem über Gewürze und mit Kurzrezepten von internationalen Spitzenreitern unter den Gerichten.

Da Hans-Henning Prosi alle Gerichte frisch zubereitet, muß man manchmal schon etwas auf sein Essen warten. Doch diese Speisekarte macht einem das Warten kurzweilig und schließt gleichzeitig den Gast auf für kommende Genüsse; denn anschaulich führt sie vor Augen, daß Essen mehr ist als Sättigung, nämlich wie das Weintrinken auch ein Stück Kultur.

Weingut Fürstenberger Hof
Hans Sonnleitner
Kiedrich (6229), Marktstraße 28, Telefon 06123/5746

Gasthaus Krone
Hans-Henning Prosi
Kiedrich (6229), Oberstraße 5, Telefon 06123/2412

Preise: Qualitätswein ab 3,50; Kabinett ab 4,20;
Spätlese ab 6,50; Auslese ab 10,–; Ausschankweine
von 2,– bis 3,–; Flaschenweine ab 10,–
Hauptgerichte ab 9,– (Do. Ruhetag)

Zweihundert Jahre Spätlese

Domänenverwalter Staab wird ganz bestimmt: »Da gibt es nichts mehr zu deuteln – die Spätlese wurde hier am Johannisberg entdeckt.« Wiederentdeckt müßte es genauer heißen, denn daß von der Sonne gebrutzelte, eingeschrumpfte, rosinenartige Trauben einen besonders guten, süßen Wein geben, wurde gelegentlich schon in früheren Zeiten festgestellt. Doch das waren Zufallsentdeckungen, die wieder vergessen wurden. Folgen zeitigte nur die Begebenheit von 1775.

Seit 60 Jahren saßen damals wieder Mönche im uralten Kloster auf dem Johannisberg, der wie eine Kommandobrücke in den Rheingau ragt. 1716 hatte der Fuldaer Fürstabt Konstantin von Buttlar das 1563 säkularisierte Kloster der Kirche zurückgewonnen – und den Fürstäbten einen idealen Platz für eine Sommerresidenz. Wie früher ließen die Mönche ihre Weinberge unterhalb der Mauer bearbeiten, wie früher kelterten sie aus den Trauben guten Wein. Alljährlich im Herbst, sobald die Trauben reif waren, schichten sie ihren Kurier mit Proben zum Fürstabt nach Fulda, der dann die Lesegenehmigung gab. In jenem Jahr nun blieb der Bote aus. Die Mönche verzweifelten schier, weil alle Trauben zu faulen begannen. Als er dann endlich doch eintraf, lasen sie zusammen, was noch vorhanden war. Und siehe da, aus den faulen Trauben kelterten sie einen ganz köstlichen Wein – eben eine Spätlese.

Diese Geschichte vom Spätlese-Kurier reklamierten eine Zeitlang auch die fränkischen, früher ebenfalls fuldischen Hammelburger für sich. Heute gilt die Priorität Johannisbergs als gesichert, zumal bei der relativ kurzen Entfernung zwischen Fulda und Hammelburg eine Verspätung unwahrscheinlich war. Wichtiger aber ist: Die Mönche auf Johannisberg und ihre Gutsverwalter ließen es nicht beim einmaligen Ereignis bewenden. Die Beobachtungen wurden systematisiert. Man lernte schädliche Grünfäule an unreifen Trauben von der Edelfäule an vollreifen zu unterscheiden, und mam machte die Spätlese in guten Jahren zur Pflicht. Hier wurde Pionierarbeit für den ganzen deutschen Weinbau geleistet.

Inzwischen waren auf dem Johannisberg die Baulichkeiten zum zweitenmal – und diesmal endgültig – in weltliche Hände übergegangen. Nach einem kurzen Intermezzo unter Napoleons Marschall Kellermann zog 1816 des Korsen großer Widersacher, Clemens Wenzeslaus Fürst von Metternich-Winneburg, in das ehemals fürstäbtliche Schloß ein. Seine Nachfahren wohnen noch heute dort, und noch heute wird alljährlich der »Zehnte« des Weinertrages an das Haus Habsburg abgeführt, dem der Staatskanzler so lange diente.

Viel, viel mehr noch weiß der geschichtsbegeisterte Staab aus der Historie des Johannisberges zu erzählen, wenn er Gäste durch die riesigen Weinkeller unter dem Schloß führt, bis hin zur »Bibliotheca subterranea«, wo neben zwei Bouteillen aus dem Jahre 1748 Flaschen aus allen guten Jahrgängen seit 1842 lagern. Gerne erklärt der Domänenchef auch das etwas komplizierte System der Qualitätskennzeichnung mit Kapselfarben. Gelblack, Rotlack, Grünlack, Rosalack, Rosa-Goldlack – diese Bezeichnungen laufen mit den amtlichen Stufen Qualitätswein, Kabinett, Spätlese, Auslese, Beerenauslese parallel. Dann gibt es auch noch die Kapselfarben Orange, Weiß, Himmelblau und Blau-Gold für die sogenannten Cabinet-Weine, was wiederum nichts mit der amtlichen Bezeichnung Kabinett zu tun hat. Es handelt sich hierbei um die jeweils besten Fässer innerhalb der einzelnen Qualitätsstufen. Sie werden auch gesondert vertrieben, seit einiger Zeit über diejenige Firma, welche schon seit über hundert Jahren Metternich-Weine zu Sekt verarbeitet: die jetzt zum Oetker-Konzern gehörende Söhnlein-Rheingold-Sektkellerei (übrigens hat Oetker inzwischen sich an der Domäne Johannisberg beteiligt).

Natürlich kann Domänenchef Staab nicht jeden einzelnen Gast durch die Keller führen. Deswegen braucht man sich aber nicht vernachlässigt zu fühlen. Staab hat vieles aus der Geschichte und viele Geschichten aufgeschrieben. Einiges steht in der sorgfältig gestalteten Wein- und Speisekarte des Gutsausschanks neben dem Schloß, die (gegen eine Gebühr) mitzunehmen sich lohnt. Für den Probierlustigen steht je ein offener Wein aus den Gruppen Gelblack, Rotlack und Grünlack – also auch eine Spätlese – bereit. Wer weiter in die Tiefen der »Johannisberge« eindringen will, kann das mit über zehn Weinen in halben Flaschen tun. Dabei gelangt er sogar mit Jahrgängen bis zum 1959er in die Bibliotheca subterranea.

Eine kleine Speisekarte beschränkt sich darauf, Grundlagen für Schoppenweine zu schaffen oder Käse zum Wein anzubieten. Der Wein ist hier König.

Und dann die Landschaft! Wer von der Terrasse des Ausschanks auf die Weinhänge und den Rhein hinabschaut, mag sich fühlen wie der alte Staatskanzler oder ein Fürstabt.

Fürst von Metternich-Winneburg'sches
Domänen-Rentamt Schloß Johannisberg
Geisenheim-Johannisberg (6225), Telefon 06722/8027 und 8028, Weinausschank 06722/8538

Preise: Qualitätswein ab 6,95; Kabinett ab 8,25; Spätlese ab 12,10; Auslese ab 25,–; Beerenauslese 88,–; Ausschankweine von 3,– bis 5,–; Flaschenweine ab 10,40; 1/2 Flasche ab 5,70; kleine Gerichte ab 3,50 (geöffnet Ostern bis Ende Okt. ab 12.30 Uhr)

Oetker, Mumm und Schwarzenstein

Der Oetker-Konzern, dessen Aktivitäten, in weit auseinanderliegenden Bereichen angesiedelt, gleichwohl um einen Schwerpunkt kreisen, den man mit »Essen und Trinken« umschreiben könnte, der Oetker-Konzern also hat sich auch im Qualitäts-Weinbau schon früh, nämlich Ende der fünfziger Jahre engagiert, als Rudolf August Oetker das altbekannte Mummsche Weingut in Johannisberg erwarb. Vorher war bereits die Sektfirma Söhnlein-Rheingold, von der wir im Zusammenhang mit dem Metternichschen Weingut gehört haben, in den Konzern eingegliedert worden.

Zwischen Schloß Johannisberg und dem Mummschen Weingut besteht ein weiterer Zusammenhang, ja man kann sagen, daß die Domänenweine bei den Mumms Geburtshelfer gespielt haben. Im Jahre 1811, als der Napoleon-Marschall Kellermann Besitzer des Johannisberges war, wuchs ein herrlicher Wein an den Schloßhängen heran, der von Goethe besungene »Eilfer«. Der damalige Domänenverwalter Arnd mochte nun die Franzosen gar nicht, und so riet er dem Marschall, er solle die Ernte schon vom Stock weg verkaufen. Der Weinhändler Mumm aus Frankfurt erwarb sie, machte damit das Geschäft seines Lebens und baute vom Erlös sein eigenes Weingut auf.

Ansehen und Vermögen der Familie wuchsen zusehends, vor allem nachdem Angehörige nach Frankreich gezogen waren und dort die berühmte Sektkellerei gleichen Namens gegründet hatten. Nach 1860 ließen sich die Mumms, der damaligen romantischen Mode folgend, oberhalb ihrer Weinberge eine Burgruine, die Burg Schwarzenstein, errichten. Mumm von Schwarzenstein nennt sich die Familie, seit sie 1870 geadelt wurde.

Nunmehr im Oetker-Besitz, folgt das Weingut den Oetkerschen Wachstumsgesetzen: 1962 wurde das alte Rüdesheimer Weingut Brogsitter eingegliedert, Ende der sechziger Jahre das Weingut Dr. Mackenstein in Endingen am Kaiserstuhl erworben.

Bei den vereinigten Weingütern wird kräftig rationalisiert. So baut man auch die Endinger Moste im Johannisberger Weingut aus, wohin sie allherbstlich in Tankwagen und Fässern transportiert werden.

So kann man im Mummschen Gutsausschank auch Kaiserstühler Weine probieren. Diesen Gutsausschank gibt es seit 1948, als die Ruine Schwarzenstein dazu ausgebaut wurde. Inzwischen ist aus dem kleinen Ausschank eines der bezauberndsten Restaurants im ganzen Rheingau geworden. Im Sommer ist es natürlich am schönsten auf der riesigen Terrasse, mit den Johannisberger Lagen Schwarzenstein, Vogelsang und Hansenberg zu Füßen, im Blick Schloß Johannisberg und weiter unten den Rhein. Während der kälteren Jahreszeit bieten die gediegenen, teils mit altem Mobiliar ausgestatteten Innenräume einen festlichen Rahmen für gutes Essen.

Dafür sorgt seit einiger Zeit Georg Stark. Er kann nicht ganz verleugnen, daß er früher die Gäste von Burg Guttenberg (am Neckar) kulinarisch betreute; denn den leicht romantischen Menu-Bezeichnungen, wie sie auf Guttenberg gepflegt werden, begegnen wir auch auf der Speisekarte von Burg Schwarzenstein: »Knappenschmaus« (Schweinerückensteak), »Burgfrauensteak« (Putensteak), »Burgherrentoast« und »Wilddiebpfännchen« etwa. Auch Ideen für Gruppenveranstaltungen hat Stark mitgebracht – etwa wenn er nach einem rustikalen Abendbuffet mit Wein aus dem Holzfaß um Mitternacht den Burggeist erscheinen läßt . . .

Sechs offene Weine bieten dem Durstigen Abwechslung. So enthält die Schoppenweinkarte zumeist eine Spätlese, einen Kaiserstühler und einen köstlichen Spätburgunder. Wem das noch nicht genügt, kann sich an die Weinkarussells heranwagen. Hier bietet sich mitunter sogar eine Gelegenheit, Beerenauslese zu verkosten.

G. H. von Mumm'sches Weingut
Johannisberg (6225), Schulstraße 32, Telefon 06722/8012 und 8257

Gutsschänke Burg Schwarzenstein
Geisenheim-Johannisberg (6225), Telefon 06722/8850

Preise: Literflaschen-Qualitätswein ab 5,40, -Kabinett ab 6,80; Qualitätswein ab 4,50; Kabinett ab 6,–; Spätlese ab 7,95; Auslese ab 15,–; Beerenauslese ab 55,–; Trockenbeerenauslese 300,–; Ausschankweine von 2,– bis 3,50; Flaschenweine ab 10,70; Hauptgerichte ab 9,20; Montag Ruhetag

---

Rund um Oestrich-Winkel

Ein zweites großes Ballungszentrum von Gutsschänken und Straußwirtschaften liegt um das aus den drei Orten Oestrich, Mittelheim und Winkel zusammengewachsene Oestrich-Winkel. Schlagen wir auf einer abwechslungsreichen Weinbergwanderung einen großen Bogen um diese drei Weinorte, so berühren wir einige dieser Schänken. Doch ist auch für den, der nicht so gut zu Fuß ist, gesorgt; in Oestrich-Winkel selbst wird ebenfalls guter Wein kredenzt.

Dem Wanderer schlage ich vor, sich am westlichen Ortsausgang von Winkel in das kleine Tälchen des Fister- oder Klingelbaches zu begeben, der sich vom Fuße des Johannisberges her zum Rhein herabschlängelt. Zahlreiche ehemalige Mühlen stehen an seinem Ufer, deren schönste die barocke Weißmühle ist. Unterhalb des Johannisberges kommen wir an ein paar alten Gebäuden vorbei, Reste eines kleinen Benediktinerinnenklosters, das Nonnenkloster zum Johannisberger Mönchskonvent.

Nun sind wir auch schon im Johannisberger Grund, wo wir unsere erste Rast machen können. Dazu lädt die uralte Schamari-Mühle ein, in der bereits in den zwanziger Jahren ein Gutsausschank eingerichtet wurde. Ab 15 Uhr steht er offen. Vier Weine bis zur Spätlese kann man verkosten. Wer übrigens den Namen des Weingutbesitzers Erik Andersson für etwas ungewöhnlich im Metier hält, dem sei verraten, daß sein Vater Schwede war, dem es in diesem gesegneten Landstrich so gut gefallen hat, daß er gleich dablieb.

Weingut Schamari-Mühle, Erik Andersson
Geisenheim-Johannisberg (6225), Telefon 06722/8298

Preise: Qualitätswein ab 3,50; Kabinett ab 4,50;
Spätlese ab 6,–; Auslese ab 11,–; Beerenauslese 30,–;
Ausschankweine von 1,40 bis 2,50; kleine Gerichte ab 2,60;
Donnerstag Ruhetag

Nun geht es hinauf nach Johannisberg. Wenn wir es nicht vorziehen, bei Metternichs oder bei Mumms einzukehren, können wir auch dem dortigen Winzerverein einen kleinen Besuch abstatten. In seiner Gaststätte am Ortsausgang in Richtung Taunus werden vier Ausschankweine kredenzt, wozu es kräftige Hausmannskost gibt.

Winzergenossenschaft Johannisberg
Geisenheim-Johannisberg (6225)
Rosengasse 25, Telefon 06722/6737 und 2179
Gaststätte 06722/6782

Preise: Qualitätswein ab 3,50; Kabinett ab 4,80;
Spätlese ab 6,20; Auslese ab 11,50; Ausschankweine
von 1,40 bis 3,50; Hauptgerichte ab 6,– (Di. Ruhetag,
Aug. geschlossen)

Zum »adeligen« Gutsausschank Burg Schwarzenstein gibt es seit einiger Zeit auch ein bürgerlich-bäuerliches Gegenstück: auf gleicher Höhe wie die Mumm' sche Schänke, nur jenseits der Straße nach Stephanshausen, hat sich Familie Groß vom Weingut »Johannisberger Rosenhof« die »Gutsschänke Goldatzel« erbaut. Auch hier der herrliche Blick ins Rheintal, auch hier wachsen die Reben bis unmittelbar vor die Fenster.

Alle seine Weinschätze breitet Karl Groß seinen Gästen in Pokalen aus, an die zwanzig Kreszenzen! Was könnte dazu besser als frische Salz- oder Mohnstangen mit Wurst oder Käse passen? Und schließlich ein Wein-Schwätzchen mit Winzer Groß – es lohnt sich; denn er weiß unterhaltsam vom Wein zu erzählen. Wie wäre es mit der Story des Weinlage-Namens, der dem Gutsausschank seinen Namen gab?

Johannisberger Rosenhof, Karl F. H. Groß
Geisenheim-Johannisberg (6225), Rosengasse 7

Gutsschänke »Goldatzel«
Hansenbergallee 1a, Telefon 06722/8586 und 50537

Preise: Qualitätswein ab 3,50, Kabinett ab 4,–, Spätlese ab 6,–, Auslese ab 11,50; Ausschankweine von 1,60 bis 3,20; Flaschenweine ab 7,–; kl. Gerichte ab 3,50; Geöffnet Do. und Fr. ab 16 Uhr, Sa. und So. ab 15 Uhr, Ende Dezember bis Ostern geschlossen

---

Wir stehen jetzt oben auf der Johannisberger Höhe und wenden uns in Richtung Osten. Breit liegt das Rebenmeer vor uns und es will scheinen, daß es sich gleichsam in einer schiefen Ebene vom Waldrand bis zu den Weindörfern hinabzieht. Dieser erste Eindruck trügt, denn bei genauerem Hinsehen bemerken wir eine Turmspitze, die mitten aus dem Feld ragt.

Sie gehört zu Schloß Vollrads, welches in einem der vielen kleinen Täler liegt, die emsige Taunusbäche in das flach abfallende Hügelland gegraben haben. Vollrads haben wir schon besucht; ziehen wir also weiter.

Auch im nächsten Tälchen können wir wieder Station machen. Das Tal des Pfingstbaches wird Gottesthal genannt, nach einem Kloster, von dem leider nur noch Fragmente stehen. Auch der Lagename Klosterberg erinnert an die Zeit der Mönche. Er bezeichnet den Südwesthang des Tales. Eine gute Lage, wie man in Kühn's Mühle leicht feststellen kann.

Noch der Großvater des heutigen Besitzers hat hier Korn gemahlen, doch wo findet man heute noch Korn im Rheingau? So wurde Kühn's Mühle Ausflugslokal und Weingut. Ein kleines Weingut; nur etwa fünf Weine stehen jeweils auf der Preisliste. Fast alle kann man im Ausschank probieren. Dazu empfiehlt der Hausherr seine Steaks und Toasts.

Weingut Wilhelm Kühn, Gasthof Kühn's Mühle
Oestrich (6227), Gottesthal 16, Telefon 06722/4244

Preise: Qualitätswein ab 3,70; Kabinett ab 4,40; Ausschankweine von 1,60 bis 3,–; Flaschenweine ab 7,50; Hauptgerichte ab 7,–; Übernachtung auf Anfrage

---

Wenn wir weiter Richtung Osten wandern, kommt bald Hallgarten in Sicht. Wir wenden uns aber nach rechts, Oestrich zu. Nochmals stoßen wir hier, unter den ersten Häusern, auf einen Gutsausschank, den »Am Pfaffenberg«. Wir tun gut daran, ihn an das Ende unserer Wanderung zu legen, denn er öffnet erst gegen 16 Uhr. Für etwaiges Warten werden wir allerdings reich entschädigt. Nicht allein durch die herrliche Aussicht über das unendliche Rebenmeer auf den Taunus, von Hallgarten über die Hallgartener Zange, Schloß Vollrads bis zum Johannisberg, sondern auch durch die Karte mit den Ausschankweinen. Sie ist länger als die jeweils gültige Flaschenweinpreisliste, und beim letzten Besuch konnte ich noch eine alte Auslese im Gläschen probieren! Kenner kommen Samstag nachmittags, denn dann sind die köstlich knusprigen Riesensalzstangen noch frisch – belegt mit gekochtem Schinken oder Käse ein lukullischer Genuß!

Weingut-Gutsausschank Am Pfaffenberg
Reinhold Leis
Oestrich (6227), Telefon 06723/2763

Preise: Qualitätswein ab 3,20; Kabinett ab 5,30;
Spätlese ab 7,20; Auslese 33,–; Ausschankweine von 1,30 bis 5,50; Flaschenweine ab 4,90; kleine Gerichte ab 3,50;
Geöffnet Freitag bis Sonntag ab 15,30 Uhr.

Wo aber sind inzwischen die Freunde geblieben, die uns nicht auf unserer Wanderung begleitet haben? Vielleicht auf dem Eiserhof in Winkel, dessen Kelterhalle sommers zu einer Straußwirtschaft umgewandelt wird. Alte Weinpflüge hängen an weißgekalkten Wänden, geblümte Decken liegen auf den langen Tischen. Und ein ganzes Bukett von Weinen wird ausgeschenkt – praktisch das ganze Sortiment.

Weingut Eiserhof
Horst Eiser
Oestrich-Winkel (6227)
Kirchstraße 61, Telefon 06723/2846

Preise: Qualitätswein ab 3,80; Kabinett ab 4,50;
Spätlese ab 5,50; Auslese 12,50; Ausschankweine von 1,30 bis 1,50; Flaschenweine ab 5,80; kleine Gerichte ab 2,50;
Geöffnet Mai bis August werktags ab 15 Uhr

Wir können unserer Freunde auch in einem der schönsten alten Häuser Mittelheims wiederfinden, dem Reitz'schen Hof. Das wuchtige Patrizierhaus aus dem 16. Jahrhundert, von Reben umrankt und mit einer Sonnenuhr bekrönt, birgt im Innern eine schöne

Treppe, zarte Stuckdecken und alte Möbel. Dies alles ist täglich ab 15 Uhr zugänglich, denn der Besitzer des Reitz'schen Weingutes, Christian Reis, hat einen Teil der Räume zum Gutsausschank umgewandelt. So kann man vor dem großen Kamin sitzen und sich durch acht offene Weine bis zur Auslese durchprobieren – ein kultivierter Rahmen für edle Gewächse.

Reitz'sches Weingut
Christian Reis
Mittelheim (6227)
Rheingau-Taunusstraße 130, Telefon 06723/2001

Preise: Qualitätswein ab 2,80; Kabinett ab 3,50;
Spätlese ab 5,–; Auslese ab 8,–; Ausschankweine von 1,20 bis 1,80, Spitzenweine 1/10 Liter von 1,40 bis 2,80;
Flaschenweine ab 4,60; kleine Gerichte ab 2,50;
Mai bis August geöffnet

Und noch ein Treffpunkt für Weinprobierer in Oestrich-Winkel: die Zwickmühle unten am Rhein in Winkel. Diese Bezeichnung knüpft an den Spitznamen des alten Kremer an, dessen Erben heute Weingut und Weinhaus betreiben. Ein großer und prächtiger Strauß von Weinen steht zum Probieren bereit. Unter den kleinen Gerichten dazu fallen belegte frische Salzstangen, eingelegte Heringe und Wildsülze auf.

Bei schönem Wetter sitzt sich's angenehm auf der rebenüberdachten Terrasse. Die Aussicht auf den Rhein trübt leider der unablässig vorüberflutende Verkehr, auf der Rheinuferstraße – ein warnendes Beispiel für alle, die sich mit einer Verkehrslösung für Eltville beschäftigen.

Weingut und Weinhaus Zwickmühle
Winkel (6227), Goethestraße, Telefon 06723/2473

Preise: Qualitätswein und Kabinett ab 3,50;
Spätlese ab 6,50; Auslese 13,50; Ausschankweine von 1,40 bis 5,50; Flaschenweine ab 5,50; kleine Gerichte ab 2,80

Das beste soll man sich bis zuletzt aufheben; so halten wir es auch mit unserem Weinbummel. Und ich tue keinem der vielen rührigen Rheingauer Winzer ein Unrecht, wenn ich einmal meinem persönlichen Geschmack freien Lauf lasse und dem Ausschank des Weingutes Basting-Gimbel in Winkel einen Ehrenpreis verleihe. Was das Ehepaar Hofmann hier geschaffen hat und vorführt, verdient Bewunderung.

Wie urgemütlich und stilvoll wurde allein der Raum hergerichtet! Schweres Gebälk, klobiges Gemäuer teilt Nischen ab, und die alten

Balken- und Knüppeldecke versetzt uns in das 17. Jahrhundert. Aber dann die Weine! Allein 16 Schoppenweine bieten Hofmanns an. Und sie lassen es nicht dabei bewenden. Mit viel Einsatz und nicht unerheblichen Kosten – jede Flasche, die im Keller lagert, kostet Geld, und je länger sie lagert, desto mehr – hat sich der Gutsherr und Weinwirt aus Passion ein Flaschenlager aufgebaut, das seinesgleichen sucht. Und die alten Raritäten werden nicht etwa nur flaschenweise herausgerückt. Stets gibt es einige offen zu verkosten. Mit Recht und voller Stolz kann Hofmann seine Devise verkünden »Weine aus drei Jahrzehnten im Ausschank!« Meine letzte Probe auf's Exempel: ein Zehntelgläschen 1956er Geisenheimer Fuchsberg für, sage und schreibe, 2 Mark 50!

So liebevoll der Gast betreut wird, so aufmerksam wird auch der Kunde behandelt. Man lasse sich die Preisliste des Weingutes geben – schon steht man vor einem neuen Einfall des Hausherren. Genaue Beschreibungen ihrer Weine liefern bereits viele Winzer, einige auch – wiewohl von manchen kleinlichen Behörden nicht gerne gesehen – Analysedaten. Das tut das Weingut Basting-Gimbel auch (und gibt für jeden Wein noch das Lesedatum an). Aber es tut mehr: Die Weinpreisliste ist ein Heftchen, in dem jeder Wein seine besondere Seite bekommt. Da stehen nicht nur die Daten und die Beschreibung; es bleibt noch Platz für Kaufmenge, Verbrauch, Bestand und Bemerkungen zum Wein – kurzum ein richtiges Kellerbuch, ein Weintagebuch. Zur Nachahmung empfohlen!

Weingut Basting-Gimbel, Familie Hofmann
Winkel (6227), Hauptstraße 70-72
Telefon 06723/3354

Preise: Qualitätswein ab 3,90, Kabinett ab 4,30, Spätlese ab 6,50, Auslese ab 12,–, Beerenauslese ab 35,–; Ausschankweine von 1,50 bis 4,50, Raritäten 1/10 l von 2,50 bis 10,–; 8-teiliges Weinkarussell 18,–; Kleine Gerichte ab 3,–; Geöffnet Montag bis Donnerstag ab 17 Uhr, Dezember bis Ende Januar/Anfang Februar geschlossen

---

Rüdesheim und Aßmannshausen

Zu Rüdesheim fällt einem nichts mehr ein, was nicht sicher schon sonstwo geschrieben wurde. Wem Saufseligkeit und Souvenirtrubel Inbegriff von Lebensqualität sind, dam muß diese Weinstadt als Vorhof zum Paradies erscheinen. Welche »Lust«, sich vom unaufhörlichen Menschenstrom durch die Drosselgasse drücken zu lassen, in der Nase den Duft von schmorendem Grillfett, in den Ohren die stetig bohrende Frage, warum es am Rhein so schön sei.

Auch in den Weinlokalen, welche sich im Zentrum Rüdesheims eines ans andere reihen, wird diese Frage ständig aufgeworfen. Der Wein, der Ausschankwein zumal, wird hier kaum um seiner selbst willen getrunken. Er dient nur als Vehikel, um die Fröhlichkeit zu befördern. Der große Wein, der Rüdesheim so berühmt gemacht hat, ihn wird man nicht im offenen Pokal probieren können. Da muß man schon zur (teuren) Flasche greifen.

So präsentiert sich Rüdesheim in der Saison. Es gibt noch ein anderes, stilleres: im Spätherbst, im Winter, im Vorfrühling, wenn an den meisten Trubelhäusern das Schild »Betriebsruhe« hängt. Dann geht einem erst auf, wieviel schöner Winkel Rüdesheim hat. Man entdeckt die Brömserburg mit dem Weinmuseum: 17 alte Keltern, 1200 Gläser aus allen Zeitepochen, dazu Küferwerkzeuge, Winzerhausrat, Kupferstiche, Graphiken.

Und man stößt vielleicht auf einen Gastwirt-Winzer, der seinen Wein nicht nur »mild oder herb« ausschenkt, sondern mit breiterem Angebot Kunden für sein Weingut gewinnen will. So zum Beispiel Familie Kilp, die in der Marktgasse die Winzerschänke betreibt. Schon lange wurden im Lokal drei bis vier offene Weine kredenzt. Und seit Sommer 1977 hat Kilp junior im Nachbarhaus eine richtige Weinprobierstube eingerichtet, in der er das gesamte Sortiment seiner Ausschankweine führt.

Weingut H.Kilp, Hotel-Restaurant Winzerschänke
Rüdesheim (6220), Marktstraße 27, Telefon 06722/2733

Preise: Qualitätswein ab 3,80; Kabinett ab 5,50; Spätlese ab 7,–; Auslese ab 9,–; Ausschankweine von 2,– bis 4,–; Flaschenweine ab 9,–; Hauptgerichte ab 6,50; Übernachtung mit Frühstück ab 15,–

Selbst Drosselgassen-Wirte können auf die Idee kommen, daß es sich verlohnt, auch dem echten Weinfreund ein ruhiges Plätzchen und und reichere Probiermöglichkeiten zu bieten. Eines der bekanntesten Lokale, der Lindenwirt, schreitet mit gutem Beispiel voran. Nun gehört der Familie Breuer-Ohlig nicht nur das Rüdesheimer Hotel nebst Restaurant, Reblaus-Bar und Drosselmüller-Keller sondern auch die Weinguts-Kellerei Graf von Francken-Sierstorpff in Geisenheim. Dort werden schon seit jeher Weinproben durchgeführt, zu bestimmten Zeiten auch für Einzelgäste. Es werden mehrere Zusammenstellungen geboten: 3 Weine für 3 Mark, 5 Weine für 6 und 6 Weine bis zur Auslese für 10 Mark.

Diese Kombinationen wurden auch für das Rüdesheimer Haus übernommen. Verkosten kann sie der Gast in einem eigens eingerichteten Probierkellerchen, abseits des Touristen-Rummels. Daß die Ohligs den Weinfreund suchen, zeigt ein weiterer Plan: Für die stillen Monate planen sie die Einrichtung eines richtigen Wein-Ausschanks mit einer kleinen Spezialitätenkarte.

Weingut-Weinkellereien Graf von Francken-Sierstorpff
Rüdesheim (6220), Postfach 1166, Telefon 06722/8042

Hotel Lindenwirt
Rüdesheim (6220), Drosselgasse, Telefon 06722/1031-32

Preise: Kabinett ab 4,80, Spätlese ab 6,20, Auslese ab 14,–, Beerenauslese ab 60,–, Trockenbeerenauslese ab 130,–; Ausschankweine von 1,50 bis 3,–; Flaschenweine ab 13,–; Hauptgerichte ab 8,50; Übernachtung mit Frühstück ab 28,–; über Weihnachten geschlossen

Das von Rüdesheim nur »um die Ecke« liegende Aßmannshausen hat mit jenem mehr gemeinsam als nur den Umstand, daß auch von hier eine Sesselbahn hinauf in den Niederwald führt. Auch hier der große Fremdenverkehrsstrom, auch hier eine Fülle von Lokalen; aber alles spielt sich um mehrere Grade vornehmer, ruhiger ab als im sanges- und trinkfrohen Rüdesheim. Eine Drosselgasse wird man hier vergebens suchen.

Ob das am Rotwein liegt? Im Gegensatz zu allen anderen Rheingau-Orten wird hier Riesling nur in den Nebenlagen angepflanzt. Das spezifische Kleinklima des engen Tales nach Aulhausen hinauf hat die Winzer schon früh veranlaßt, Rotweinsorten anzubauen. Die besten Flächen gehören der Spätburgunder-Rebe, die auf dem reinen Schieferboden Erstaunliches hervorzubringen vermag: einen vornehmen samtigen Wein, dessen Fülle sich erst im Alter voll entfaltet.

Der Schlemmer denkt bei Aßmannshausen gleich an die »Krone« oder den »Anker«. Beide Häuser sind mit Weingütern verbunden. Leider hat man weder im einen noch im anderen Haus etwas für die Schoppenwein-Probierer übrig; halbe Flaschen sind das mindeste, was man konsumieren muß.

Da lobe ich mir das Hotel-Restaurant Schön, wo man den Weinen aus eigenem Weingut auch im offenen Pokal zusprechen kann. Wie die Krone und der Anker liegt das Haus am Rhein. Auf der Rheinterrasse kann man sommers in Ruhe die Weinkarte studieren, eine reine Freude für den Weinfreund.

Unter den vier bis fünf offenen Weinen führt Karl Schön stets auch einen Roten. Nicht immer wird man das Glück haben, dabei auf eine Spätburgunder-Spätlese zu stoßen; aber auch ein Wein aus der Neuzüchtung Rotberger, Spezialität des Hauses, hat seine Reize.

Gleichsam die Hohe Schule des Rotweins absolviert, wer sich das Bukett der halben Flaschen erschließt. Da geben sich Spätburgunder aus den Lagen Hinterkirch und Höllenberg ein Stelldichein, die 73er mit den 70ern, die großen 71er mit zahlreichen älteren Semestern. Und die ganzen Flaschen bewahrt Karl Schön für den Gast noch ein paar ganz besondere Raritäten auf: kostbare Stücke aus den 60er, 50er und gar 40er Jahren bis hin zu einer 1937er Spätburgunder Auslese.

Schöns Weißweine aus besten Rüdesheimer Lagen brauchen sich hinter ihren roten Genossen nicht zu verstecken. Ein kleiner Querschnitt durch das Angebot: eine Rüdesheimer Drachenstein Spätlese im Ausschank, eine 66er Rüdesheimer Neuweg Spätlese unter den Halbflaschen-Restposten, eine 1964er Rüdesheimer Berg Rottland Spätlese unter den »normalen« Halben, und bei den ganzen Flaschen noch ein paar wirklich gut erhaltene 1959er.

Den Kunden, der sich noch intensiver mit Schöns Weinen beschäftigen will, lädt die Familie in den früheren Pferdestall ein, jetzt eine tonnengewölbte Weinprobierstube, wo man vom jüngsten Schön, seines Zeichens graduierter Weinbauingenieur, fachmännisch beraten wird. Gerne werden auch die prächtigen Stücke aus Schöns Glassammlung gezeigt oder die vielen Holzfässer im Weinkeller, zur Decke hin abgestützt, damit sie bei Hochwasser nicht in der Gegend herumschwimmen oder infolge Auftriebs Unheil anrichten.

Für Karl Schön ist es Ehrensache, daß die Küche sich mit den Weinen messen kann. Nicht auf Exotisches ist er aus, sondern auf Solidität. Frische ist oberstes Gebot: Forellen läßt der Chef notfalls schnell aus einer nahegelegenen Zucht holen, und auch zu Jägern hält er enge Beziehungen.

Wie viele der »besseren« Lokale am Aßmannshausener Rheinufer entstand auch das Haus Schön aus einer Kutscherkneipe. Hier wurde noch einmal Rast gemacht, hier wurden noch einmal die Pferde gewechselt, bevor sie die Lastkähne vorsichtig durch das Binger Loch ziehen mußten. Und bei einem so guten Wein, wie ihn die Vorfahren Schöns kredenzten, werden sich die Kutscher nicht zurückgehalten haben – was wir den heutigen »Kutschern« nur dann empfehlen wollen, wenn sie ihr »Pferd« zu Hause ließen oder bei Schöns unterstellen, um hier zu übernachten.

Hotel Schön, Karl Schön, Weingut
Aßmannshausen (6224)
Rheinstraße 3 bis 4, Telefon 06722/2225

Preise: Qualitätswein ab 4,–, Kabinett ab 5,–, Rotberger ab 7,20, Spätburgunder ab 8,50; Spätlese ab 6,–, Spätburgunder 10,–; Auslese 12,–; Ausschankweine von 3,– bis 5,50; Flaschenweine ab 11,–, halbe Flasche ab 7,50; Hauptgerichte ab 10,–; Übernachtung mit Frühstück ab 26,– (Nov. bis März geschlossen)

Die Erben des Freiherrn vom Stein

Sie ist nur halb zu sehen, eine der schönsten Renaissancefassaden des Rheinlandes, die des Hilchenhauses in Lorch. Johann Hilchen von Lorch, von 1546 bis 1548 Feldmarschall Kaiser Karls V., ließ es sich als Alterssitz errichten. Heute verdeckt die Bahnlinie, die Lorch vom Rheinufer trennt, den freien Blick auf dieses Juwel mittelalterlicher Baukunst.

Über zweihundert Kilometer nördlich ein ebenso schöner Alterssitz eines noch berühmteren Deutschen: Schloß Cappenberg im Münsterschen, ehemals Propstei eines ehrwürdigen Prämonstratenserklosters, 1816 erworben vom Reichsfreiherrn vom Stein.

Beide Häuser sind heute in einer Hand. Und zusammengebracht hat sie der Wein.

Die Herren vom Stein waren alte Gefolgsleute der Grafen von Nassau. Bei Nassau an der Lahn, in unmittelbarer Nähe der Nassauer Stammburg, stoßen wir auch auf die Ruine Stein. Später zogen die Herren in ihren barocken Talhof, wo auch der berühmteste des Geschlechts aufwuchs.

Weinberge gehörten schon recht lange zu den Steinschen Besitztümern; bei Nassau an der Lahn zunächst, später auch am Rhein um Lorch. Letztere wurden von einem beim Hilchenhaus liegenden Zehnthof und dem dazugehörenden barocken Gutsgebäude aus bewirtschaftet. So wurden die Freiherren vom Stein Nachbarn der Hilchen von Lorch.

Der »Große Preuße aus Nassau« starb 1831 in Cappenburg als Letzter seines Geschlechtes. Zunächst beerbten ihn die Grafen Kielmannsegg, später die Grafen Kanitz, die noch heute auf Schloß Cappenberg wohnen. Auch die Weinberge gehörten zum Erbe, und diesem Erbteil ließ man besondere Pflege angedeihen.

Für seine Gutswirtschaft um Cappenberg führte der jetzige Graf Kanitz schon sehr früh moderne holländische Methoden organisch-biologischer Düngung und Bodenpflege ein. Seit 1968 werden diese Verfahren auch in den Weinbergen erprobt. Dazu gehören laufende Kontrollen des Nährstoffspiegels, des Humuszustandes und der Bodenaktivität, dazu gehören organische Düngung und schonende Bodenbearbeitung – das zwischen den Rebzeilen wachsende Grün wird nicht untergepflügt, sondern gemulcht, das heißt geschnitten und liegengelassen. Gerne wird der Leiter des Weingutes, Gernot Boos, dem Besucher erklären, was es mit diesen Methoden auf sich hat.

Vom Erfolg dieser Anbaumethode kann man sich im Hilchenhaus schon anhand der sieben Ausschankweine überzeugen. Mitte des letzten Jahrhunderts wanderten die Hilchen von Lorch nach Amerika aus und verkauften ihr Anwesen. Im Jahre 1926 konnten es die Grafen Kanitz von einem Grafen Walderdorff erwerben und richteten im Erdgeschoß einen Gutsausschank ein.

Leider haben die Obergeschosse des Hilchenhauses durch die Zeitläufe, besonders durch den letzten Krieg, arg gelitten. Wenn die Stadt Lorch und das Land Hessen helfen, sollen dort ein paar Repräsentativräume ausgebaut werden. Prächtig restauriert wurde in den letzten Jahren die Fassade, das Schmuckstück des alten Johann Hilchen. Seine Nachfahren, die bisweilen aus Amerika zu Besuch kommen, zeigen sie ihren Kindern voller Stolz.

Weingut Graf von Kanitz
Lorch (6223), Telefon 06726/346

Gutsausschank Hilchenhaus
Lorch (6223), Telefon 06726/605

Preise: Qualitätswein ab 5,–; Kabinett ab 5,70; Spätlese ab 8,–; Auslese ab 18,–; Trockenbeerenauslese 90,–; Ausschankweine von 1,70 bis 4,20; Flaschenweine ab 8,60; kleine Gerichte ab 3,50 (im Sommer ab 11 Uhr, im Winter ab 15 Uhr geöffnet; Mo. Ruhetag)

Kanitz'sche Weine auch in der
Weinstube Schloßklause, Schloß Nassau
Nassau (5408), Telefon 02604/4480

im Burghotel Ehrenburg
Brodenbach (5401)

und in der
Schloßklause, Schloß Cappenberg
Lünen (4620), Telefon 02306/2643

Rheingauer Nachlese

Begeben wir uns zum Abschluß unserer Fahrten durch den Rheingau auf eine kleine Ost-West-Reise, machen wir Station in Orten, welche wir bisher gar nicht berührt oder nur gestreift haben. Noch manches gibt es zu entdecken.

So zum Beispiel die entzückend gelegene Geisenheimer Winzerstube, ein stilles buntes Fleckchen inmitten grauer Häuser, hinter Blumen versteckt am Blaubach, der mitten durch Geisenheim fließt. Winzermeister Wilhelm Göttert schenkt hier Weine seines Weingutes Sonnenhof aus. An die sieben offene Weine ermöglichen uns eine kleine Reise durch Geisenheimer Lagen.

Oder man unternimmt diese Reise in natura, in Form einer Wan-

Geisenheimer Winzerstube
Weingut Sonnenhof, Wilhelm Göttert
Geisenheim (6222)
Blaubachstraße 12, Telefon 06722/8279

Preise: Qualitätsweine ab 3,–; Kabinett ab 4,80; Spätlese ab 6,–; Auslese ab 10,70; Beerenauslese 28,–; Ausschankweine von 1,30 bis 1,70; Flaschenweine ab 3,50; kleine Gerichte ab 2,30

derung hinauf nach Marienthal. Gleich drei Gutsschänken wetteifern hier um den Gast, bieten ihm einen weiten Fächer von Weinen aus Lagen, die er gerade durchwandert hat. Herrlich entspannen kann man sich hier, wie erholsam wirkt der weite Blick über das

Hof Rheinblick, Weingut und Gutsausschank
Karl Brunk
Geisenheim-Marienthal (6222), Telefon 06722/8491

Preise: Kabinett ab 3,60, Spätlese ab 5,20, Auslese 12,50; Ausschankweine von 1,40 bis 2,20; Flaschenweine ab 5,–; Kleine Gerichte ab 3,–; ab 15 Uhr geöffnet (im Winter nur Sa. und So.), Mo. Ruhetag, Januar geschlossen

Weingut Rosenhof, Gutsausschank
Dieter Oschmann
Geisenheim-Marienthal (6222), Telefon 06722/8484

Preise: Qualitätswein ab 3,80, Kabinett ab 4,40, Spätlese ab 6,50, Auslese ab 12,50, Beerenauslese 1/2 Flasche 14,–; Ausschankweine von 1,40 bis 4,80; Flaschenweine ab 5,50; kleine Gerichte ab 3,–; Geöffnet Mittwoch bis Samstag ab 15 Uhr, Sonn- und Feiertage ab 10 Uhr, Januar bis Mitte März geschlossen

Gutsschänke Tannenhof, Weinbau-Weinversand
Reiner Schmitt
Geisenheim-Marienthal (6222), Telefon 06722/6129

Preise: Literflaschen-Qualitätswein ab 5,20, -Kabinett ab 6,50; 1/1-Flaschen Qualitätswein ab 4,20, Kabinett ab 4,50, Spätlese ab 7,50, Auslese 15,–; Ausschankweine von 1,30 bis 3,50; Flaschenweine ab 5,–; Kleine Gerichte ab 2,20; Geöffnet ab 15 Uhr, Sonntag ab 10 Uhr, Dienstag Ruhetag

Rheintal! Jede Schänke hat ihre eigene Note, jede ihre eigenen Spezialitäten. Sie herauszufinden und miteinander zu vergleichen – diese reizvolle Aufgabe überlasse ich dem Leser.

Wer den Wein und die Kunst liebt, wird sicherlich der Hallgartener Winzermadonna einen kleinen Besuch abstatten, jener wohl lieblichsten der vielen gotischen Madonnen im Rheingau. Ein Krüglein mit Wein reicht sie dem Beschauer, und das Jesuskind, das in der einen Hand eine Rebe hält, zeigt mit der anderen Hand segnend auf den Wein – obwohl sein verschmitztes Lächeln eher das Verlangen ausdrückt, von ihm zu naschen.

Der Hallgartener Wein ist das wert – davon kann man sich in der Winzerhalle, dem Ausschank der Winzergenossenschaft überzeugen.

Winzergenossenschaft Hallgarten
Hallgarten (6229), Telefon 06723/3369
Gaststätte Winzerhalle
Hallgarten (6229), Telefon 06723/3555

Preise: Qualitätswein ab 3,50; Kabinett ab 4,20;
Spätlese ab 6,80; Auslese ab 12,–; Beerenauslese ab 50,–;
Ausschankweine von 1,40 bis 3,–; Flaschenweine ab 6,50;
Hauptgerichte ab 6,50 (Mo. Ruhetag)

Auch die Kiedricher Winzergenossen verstehen einen guten Wein zu machen. Die Gaststätte ihrer Genossenschaft, das Winzerhaus, ist aber auch für ihr gutbürgerliches Essen bekannt. Wildsteak, Rahmschnitzel und Saftrippchen werden von Kennern gerühmt.

Winzergenossenschaft Kiedrich
Kiedrich (6229), Telefon 06123/2436
Gaststätte Winzerhaus
Kiedrich (6229), Telefon 06123/3666

Preise: Qualitätswein ab 3,50; Kabinett ab 3,60;
Spätlese ab 6,–; Ausschankweine von 1,50 bis 2,60;
Flaschenweine ab 6,30; Hauptgerichte ab 6,50

Kehren wir nun wieder an den Rhein zurück, nach Hattenheim, dem Ort mit den wohl meisten Spitzenlagen im Rheingau; Nußbrunnen, Wisselbrunnen, Engelmannsberg, Hassel und wie sie alle heißen. Leider führt dort nur ein Haus eine größere Palette von Ausschankweinen: das Hotel und Weinhaus Zum Krug. Das schöne alte Fachwerkhaus, mitten im Ort gelegen, verspricht Herzhaftes, und Sohn und Mutter Laufer, die jetzt das Haus leiten, halten das auch. Berühmt ist Frau Laufer vor allem für ihre Wildspezialitäten: doch auch ihren Rouladen, Sauerbraten, Schnitzel und Koteletts wird kräftig zugesprochen.

Laufer junior kümmert sich um den passenden Wein. Die eigenen Weinberge läßt er im Lohnauftrag bearbeiten, den Ausbau im Keller behält er sich selbst vor. Drei bis vier eigene Weine stehen zum Ausschank bereit. Sie scheuen keinen Vergleich mit Spitzengewächsen anderer Provenienz. Davon kann man sich leicht überzeugen, denn Herr Laufer bietet stets auch einige zugekaufte Spitzensorten offen an. Mit sicherer Nase erspürt er Restposten edler Kreszenzen, die er extra für den Offenausschank erwirbt. Daß aus der Flaschenweinkarte mit ihren über hundert Namen die ganze Vielfalt des Rheingaus herausspringt, versteht sich danach von selber.

Hotel-Weinhaus Zum Krug, Josef Laufer
Hattenheim (6229), Hauptstraße 34, Telefon 06723/2812

Preise: Qualitätswein ab 4,50; Kabinett ab 6,50;
Spätlese ab 8,–; Ausschankweine von 1,70 bis 5,50;
Flaschenweine ab 8,50; Hauptgerichte ab 8,50;
Übernachtung mit Frühstück ab 22,– (Fr. Ruhetag,
Dezember bis Mitte Jan. geschlossen)

Nun führt uns die Reise wieder nach Eltville. Hier gilt es, ein kleines Schmuckstück von Gutsschänke zu besuchen. Träger ist das Freiherrlich Langwerth von Simmern'sche Rentamt, ein Weingut mit 500jähriger Tradition und großem Ruf. Der Baron und sein rühriger Rentmeister Egon Mauer haben das »Gelbe Haus« am Burgplatz, ein Fachwerk-Kleinod aus dem 17. Jahrhundert, renovieren lassen, so daß es jetzt wieder in der Farbe leuchtet, die ihm seinen Namen gab.

Seit 1977 betreut hier Familie Kollmann den Ausschank des Weingutes, eine gemütlich-rustikale Stube und eine Sommerterrasse mitten im Weinberg. Sieben Weißweine und ein Rotwein, die im Schoppen kredenzt werden, vermitteln einen ausgezeichneten Eindruck von den Leistungen des Weingutes.

Nicht Alltägliches bietet die kleine Küche. Die Einfälle reichen

---

Freiherrlich Langwerth von Simmern'sches Rentamt
Eltville (6228), Langwerther Hof, Telefon 06123/2497

Gutsausschank Gelbes Haus
Eltville (6228), Bugplatz 3, Telefon 06123/5170

Preise: Qualitätswein ab 5,30, Kabinett ab 6,20, Spätlese
ab 10,20, Auslese ab 19,–, Beerenauslese ab 65,–;
Ausschankweine von 1,80 bis 4,–; Flaschenweine ab 8,–;
Kleine Gerichte ab 2,–; Geöffnet ab 16 Uhr,
Dienstag Ruhetag

---

von Salz- und Mohnstangen über Roggenbrötchen mit Kräuterbutter oder Bergkäse aus den Pyrenäen bis zu »Regensburger« auf Sauerkraut.

Verweilen wir noch kurz in Eltville. Am Ortsausgang Richtung Martinsthal können wir dem Gutsausschank Jonas einen Besuch abstatten – allerdings nur bis Anfang Juni und dann erst wieder ab Mitte August. An Sonn- und Feiertagen herrscht hier ein lebhaftes Treiben. Einheimische, aber auch Mainzer, Wiesbadener und Frankfurter füllen die schön eingerichtete Weinstube, um sich die Tropfen des Weingutes Otto Jonas & Sohn zu Gemüte zu führen. Fünf allein gibt es im Pokal (Unentwegte können für 8,50 DM noch die 6-teilige Wein- »Himmelsleiter« besteigen). Aus den Fenstern blicken wir noch einmal auf Burg und Kirche von Eltville und verabschieden uns damit auch gleichzeitig vom eigentlichen Rheingau.

Weingut Otto Jonas & Sohn
Eltville (6228), Schwalbacher Straße 101,
Telefon 06123/2367

Preise: Qualitätswein ab 3,90; Kabinett ab 4,30; Spätlese ab 6,30; Auslese ab 10,20; Ausschankweine von 1,40 bis 2,30; Flaschenweine ab 5,20; kleine Gerichte ab 2,30

Das »Bestimmte Anbaugebiet« Rheingau, wie die Bezeichnung des Weingesetzes heißt, reicht ein Stück über dessen geographische Grenzen hinaus, es schließt noch ein Stück »Maingau« ein: die weiten Rebfelder um das Mainstädtchen Hochheim. »Hochheimer« genießt Weltruf: Queen Victoria machte den »Hock« in Großbritannien populär. Ihr zu Ehren trägt eine Hochheimer Lage die Bezeichnung Königin-Victoria-Berg. Die Stadt Frankfurt besitzt hier ihr Weingut; Hochheimer Wein dient bei offiziellen Anlässen als festliches Pendant zum populären Äppelwoi, fließt aber auch bei Volksfesten aus dem Weinbrunnen. Dazu öffnen sich jeden Mittwoch die Türen zum Erdgeschoß des Hauses Limpurg im Römer, wo man an langen Tischen in echt Frankfurter Atmosphäre die Frankfurter Hausweine verkosten kann – zu Weihnachtsmärkten, zur »Dippemeß« und ähnlichen Gelegenheiten wird übrigens auch an anderen Tagen aufgemacht.

Seit einiger Zeit kommen die Probierkehlen auch in unmittelbarer Nähe des Hochheimer Weingutes zu ihrem Recht. Die neu errichtete Weinstube bietet nicht nur herrliche Ausblicke auf die Rebhänge und den Main, nicht nur ein paar wirklich gute Ausschankweine, sondern auch allerhand Leckeres als Zechgrund- und beilage: Schnecken, Bohnensuppe, Sauerkrauttopf, aber auch Frankfurterisches wie Rippchen mit Kraut, Plins und Pluns (selber probieren!).

Weingut der Stadt Frankfurt am Main,
Hochheim (6203), Aichgasse 11, Telefon 06146/2374

Weinstube Hochheim (6203), Aichgasse 11, Telefon 06146/4213

Weinstube Haus Limpurg, Frankfurt/Main

Preise: Literflaschen-Qualitätswein ab 4,50, -Kabinett ab 4,80; 1/1-Flaschen Kabinett ab 4,90, Spätlese ab 6,50, Auslese ab 10,50, Beerenauslese 35,–, Trockenbeerenauslese 80,–;
Ausschankweine von 1,80 bis 2,40; Flaschenweine ab 8,40;
Kleine Gerichte ab 2,80, Hauptgerichte ab 7,90;
Weinstube Frankfurt geöffnet Mittwoch ab 16 Uhr,
Weinstube Hochheim täglich außer Montag und Freitag ab 17 Uhr

Hochheim zieht Ausflügler nicht so an wie die Orte direkt am Rhein. Deswegen sind in den Weinstuben die Einheimischen wohl in der Überzahl. Eine Ausnahme: der Ausschank des Weingutes Quink-Klein in der Margaretenstraße. Die Familie hatte die Idee, den Hof ihres Gutes mit einer Lichtdecke zu überdachen, ihn mit hellen Sommermöbeln auszustatten und mit hängenden Pflanzen in ein kleines Urwaldparadies zu verwandeln. Hauptattraktion für groß und klein sind aber die Volieren mit vielen Kanarienvögeln, die jeden Schluck Wein mit munterem Gezwitscher begleiten.

Die Palette der Ausschankweine reicht bis zur Auslese, die der Weinhappen von Käsewürfeln bis zum »Versteckten Ei«. Größerem Hunger helfen Rippchen, Schnitzel, Koteletts sowie allerlei Gegrilltes ab.

Weingut-Gutsausschank Quink-Klein
Hochheim (6203), Margarethenstraße 5,
Telefon 06146/817

Preise: Qualitätswein ab 3,20; Kabinett ab 3,50; Spätlese ab 5,30; Auslese ab 8,20; Beerenauslese 1/2 Flasche 15,20; Ausschankweine von 1,10 bis 2,20; Auslese 1/10 Liter 2,–; Flaschenweine ab 3,60; Hauptgerichte ab 7,– (geöffnet Mittwoch bis Freitag ab 16 Uhr, Samstag und Sonntag ab 10 Uhr)

So richtig »unter sich« sind die Hochheimer in der Schänke des Weinguts Hück in der Frankfurter Straße. Von den fünf Ausschankweinen stammen einige aus dem benachbarten Weinort Wikker, dem östlichsten des Rheingaus (wenn man vom Frankfurter Lohrberg absieht). Die Wickerer waren übrigens schon immer der Meinung, daß ihren Weinen der gleiche Ruhm zustünde wie denen der Hochheimer. Und als die Hochheimer ihre werbeträchtige Lage Königin-Victoria-Berg bekamen, ruhten die Winzer aus Wicker nicht eher, bis ihnen der allergnädigste Monarch gestattete, einen Rebhang König-Wilhelmsberg zu nennen. Neben Riesling und Ruländer wächst hier ein prächtiger Spätburgunder, wovon man sich bei Hücks überzeugen kann.

Weingut Werner Hück, Gutsausschank
Hochheim (6203), Frankfurter Straße 29,
Telefon 06146/9151

Preise: Qualitätswein und Kabinett ab 2,80; Spätlese ab 6,40; Auslese ab 9,20; Beerenauslese 24,20; Ausschankweine von 1,20 bis 2,–; Flaschenweine ab 3,40; Kleine Gerichte ab 2,–; Geöffnet ab 15 Uhr, Donnerstag Ruhetag, Ende Dezember bis Mitte Januar geschlossen

---

Bergstraße, Kraichgau, Unterer Neckar

Blüten, Wald und Wein: die Bergstraße

Die deutschen Wein-Anbaugebiete sind durch das Weinbaugesetz im allgemeinen so abgegrenzt worden, daß sie geschlossene geographische und klimatologische Einheiten bilden. In einigen Fällen jedoch hat sich der Weinbau seine Grenzen von den Politikern vorziehen lassen, Grenzen, für die vom Wein her keine Gründe sprechen. So endet das Anbaugebiet Hessische Bergstraße an der Landesgrenze zu Baden-Württemberg zwischen Heppenheim und Laudenbach. Was südlich davon wächst, nennt sich Badischer Wein, obwohl er sich dem Charakter nach kaum vom Heppenheimer oder Auerbacher unterscheidet, wohl aber von seinen Brüdern aus der Ortenau, dem Kaiserstuhl und dem Markgräflerland. Weincharakter verändert sich eben nicht mit Landesgrenzen, sondern allmählich und mit vielen Übergängen.

Solche Weingebiete des Übergangs besuchen wir in diesem Kapitel, und es hat seine Reize, die Verwandlung vom Bergsträßler zum Badischen von Nord nach Süd, zwischen Auerbach und Weingarten bei Karlsruhe, probierend mitzuerleben. Dem Riesling, der an der Bergstraße überwiegt, gesellen sich nach und nach Rebsorten bei, wie sie in Baden häufiger angebaut werden: Ruländer, Gewürztraminer, Spätburgunder.

Eine zweite Übergangszone erstreckt sich von der südlichen Bergstraße aus landeinwärts bis zum Neckar: der Kraichgau. Hier wird das Angebot zunehmend von Nordwesten nach Südosten um typische Württemberger Rotweinsorten wie Trollinger, Lemberger und Schwarzriesling bereichert.

Über die Bergstraße als Ausflugs- und Erholungsgebiet muß man kein Wort mehr verlieren. Im Frühling lockt die Blütenpracht Tausende an den Westabhang des Odenwaldes, und dieser selbst läßt Wandererherzen höher schlagen, nicht zuletzt weil am Ende des Weges eine spritzige Erfrischung in einer gemütlichen Weinschänke lockt!

Stätten der Gastlichkeit mit hauseigenem Wein sind an der Bergstraße aber leider nicht eben dicht gesät. Mit Ausnahme des früher großherzoglich-darmstädtischen Weinbesitzes, der jetzt zu den hes-

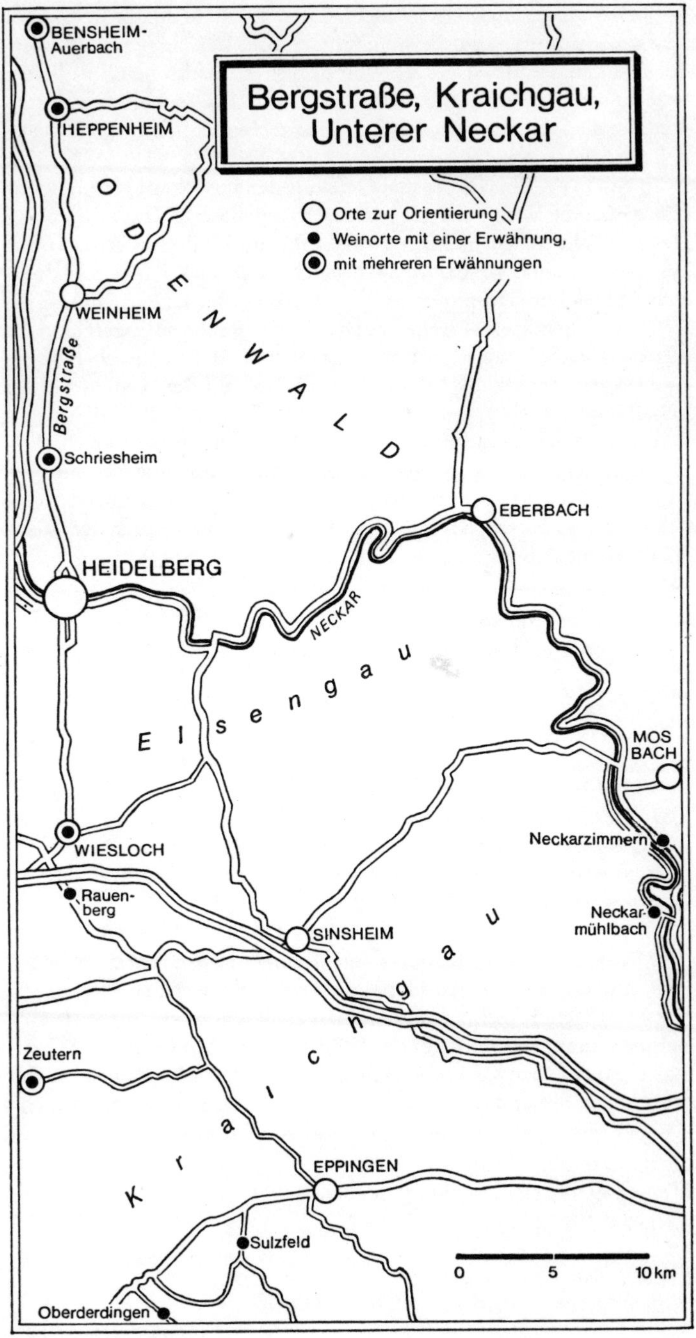
Bergstraße, Kraichgau, Unterer Neckar
Orte zur Orientierung
Weinorte mit einer Erwähnung,
mit mehreren Erwähnungen
BENSHEIM-Auerbach
HEPPENHEIM
ODENWALD
WEINHEIM
Bergstraße
Schriesheim
EBERBACH
HEIDELBERG
NECKAR
Elsengau
MOS BACH
Neckarzimmern
Neckarmühlbach
WIESLOCH
Rauenberg
SINSHEIM
Kraichgau
Zeutern
EPPINGEN
Sulzfeld
Oberderdingen
0
5
10 km

sischen Staatsweingütern gehört, ist der Weinbau an der Bergstraße stark zersplittert. Die meisten Winzer sind seit langem Genossenschaften angeschlossen. Die Weinbauern im badischen Teil liefern ihre Trauben nach Wiesloch und sogar nach Breisach in die Zentralkellerei ab, die hessischen Winzer nach Heppenheim zur Gebietswinzergenossenschaft.

In einem der ehrwürdigsten Gebäude der alten Stadt Heppenheim kann man die Weine der Genossenschaft probieren. Im großen Saal des ehemaligen Kurmainzer Amtshofes, durch dessen Ausstattung im romantischen Stil des vorigen Jahrhunderts noch hier und da etwas Mittelalter schimmert, ist der Winzerkeller eingerichtet. Über zehn Ausschankweine stehen auf der Karte. Recht preiswert sind die Flaschenweine, und man findet darunter manches Juwel. Auf der Speisekarte steht viel Wild, das in der Saison aus dem Odenwald beschafft wird.

Vor oder nach dem Essen und Trinken sollte man einen Blick in das Volkskundemuseum werfen, das ebenfalls im Amtshof untergebracht ist (geöffnet Mi. bis So.). Es enthält viele Stücke aus der Geschichte des Hauses, der Stadt und ihrer Umgebung; auch der Weinbau kommt dabei nicht zu kurz.

Bergsträßer Gebietswinzergenossenschaft
Heppenheim (6148), Telefon 06252/6011

Winzerkeller, Heppenheim (6148), Amtsgasse
Telefon 06252/2326

Preise: Qualitätswein ab 3,65; Kabinett ab 4,50; Spätlese ab 4,95; Auslese ab 7,50; Beerenauslese 1/2 Flasche ab 14,–; Trockenbeerenauslese 1/2 Flasche ab 20,–; Ausschankweine von 1,60 bis 3,–; Flaschenweine ab 7,–; Hauptgerichte ab 7,50 (Montag Ruhetag)

Wer den hautnahen Kontakt mit Einheimischen vorzieht, wird eher einem der einfachen Heppenheimer Lokale seinen Besuch abstatten. Eigener Wein, von dem man auch mal ein Fläschchen mitnehmen kann, wird z.B. in der Post, im Hirschen und in der Gaststätte Zum Odenwald ausgeschenkt. Alle Gasthöfe liegen an der Siegfriedstraße und damit recht günstig, um einen schönen Spazier-

---

Gaststätte Zur Post
Heppenheim (6148), Siegfriedstraße 71,
Telefon 06252/2496

Preise: Ausschankweine von 1,50 bis 3,20;
Hauptgerichte ab 6,60 (Mittwoch Ruhetag)

---

gang auf die hoch über Heppenheim liegende Starkenburg und wieder hinab durch die Weinberge mit einem Schoppen zu beschließen. Mit dem »Hirschen« ist sogar ein richtiges kleines Weingut verbunden.

Weingut Adolf Gehrig, Gaststätte zum Hirschen
Heppenheim (6148), Siegfriedstraße 8
Telefon 06252/2534

Preise: Literflaschen-Qualitätswein ab 4,–;
1/1 Flaschen-Qualitätswein ab 4,50, Kabinett ab 5,–;
Spätlese ab 6,50; Ausschankweine von 2,– bis 2,80;
Flaschenweine ab 8,–; kleine Gerichte ab 2,50; Hauptgerichte (nur abends) ab 6,– (geöffnet Donnerstag bis Samstag ab 16 Uhr, sonntags auch 10 bis 13 Uhr)

Gasthaus Zum Odenwald, J. Metz
Heppenheim (6148)
Siegfriedstraße 45, Telefon 06252/2803

Preise: Ausschankweine von 1,80 bis 2,80;
Hauptgerichte ab 6,60;
Übernachtung mit Frühstück ab 15,–

Während die Heppenheimer durch das ganze Mittelalter Untertanen der Mainzer Erzbischöfe blieben, gelangten ihre nördlichen Nachbarn aus Bensheim und Auerbach schon früh unter die Herrschaft der Grafen von Katzenelnbogen und später deren Erben, der Darmstädter Landgrafen. Wie heute die Bewohner aus dem Rhein-Main-Gebiet, so zog es früher die hohen Herren immer wieder an die liebliche Bergstraße, auf das stolze Auerbacher Schloß und später, nach dessen Zerstörung, in die weiträumige Parkanlage des »Fürstenlagers«. Dabei fand auch die flüssige Gabe der Bergstraße lebhaften Anklang; Kellereirechnungen aus dem Auerbacher Schloß beweisen, welche Mengen dabei »druffgegangen und veratzet« worden sind.

Vom Fürstenlager hinab fließt ein kleiner Bach mitten durch Auerbach; wie in Freiburg dient ihm über eine Weile der breite Rinnstein der Bachgasse als Bett. Viele Besucher des Fürstenlager-Parks kehren in dieser idyllischen Gasse zu einem guten Glas Wein ein, und zwar in die Winzerstube des Weingutes Kaltwasser. Familie Kaltwasser besitzt Parzellen in der besten Auerbacher Weinlage, dem Rott. Zu ihrem Leidwesen wurde jetzt dieser Name zur Bezeichnung einer Großlage »erhoben«. Vielseitig ist das Angebot: Neben kernigem Riesling bietet die Weinkarte Traminer, Ruländer, Kerner und Huxel an. Und das Angebot ist offen für alle; denn sämtliche Weine gibt es im Pokal, bis zur Beerenauslese – insgesamt so um die 15 herum.

Weingut Fritz Kaltwasser, Winzerstube,
Auerbach (6142), Bachgasse 17, Telefon 06251/71156

Preise: Literflaschen-Qualitätswein ab 5,–;
Kabinett ab 8,–; 1/1 Flaschen Qualitätswein ab 5,80;
Kabinett ab 6,40; Spätlese ab 8,60; Beerenauslese 40,–;
Ausschankweine von 1,50 bis 3,50; Flaschenweine ab 7,50;
kleine Gerichte ab 2,80;
Hauptgerichte (nur abends) ab 6,20

Eine Weinstube mit eigenen Gewächsen findet sich auch am anderen Ende von Bensheim, beim Eingang zum Zeller Tal: das Weinhaus Zur Hahnmühle. Es liegt für den Wanderer und Naturfreund strategisch günstig, denn dieses Tal dient vielen Spaziergängern als Aus- und Eingangstor zum mannifaltigen Odenwald-Wegenetz. Und in der Hahnmühle wurde schon so manche ausgetrocknete Kehle mit guten Tropfen wieder feucht gemacht. Kein Wunder, daß fast der ganze Wein der Familie Heeb im Lokal getrunken wird. Doch kann man sich die eine oder andere Flasche auch einpacken lassen.

Weinhaus Zur Hahnmühle, Familie Heeb
Bensheim (6140), Friedhofstraße 92, Telefon 06251/2748

Preise: Literflaschenweine zum Mitnehmen ab 5,50;
1/1-Flaschen ab 4,–; Ausschankweine von 1,70 bis 3,50;
Hauptgerichte ab 7,–

Gute Gelegenheiten, Bergsträßer Weine zu probieren bieten die traditionellen Märkte, die sich hier häufiger als anderswo erhalten haben, indem sie sich vom Vieh- und Krämermarkt zum Volksfest wandelten. Einer ihrer größten und volkstümlichsten ist der Schriesheimer Mathaise-Markt im März jeden Jahres. Gute heimische Tropfen sorgen für die nötige Stimmung. Doch lassen sich Schriesheimer Weine auch zu anderen Zeiten verkosten. Samstags offnet zum Beispiel das Weingut Georg Pfisterer nachmittags seine Straußwirtschaft, bei gutem Wetter in stillen versteckten Gartenlauben, bei kühler oder nasser Witterung in einer gemütlichen Probierstube.

Georg Pfisterer ist stolz auf sein vielseitiges Weinsortiment, das er komplett bis zum letzten Tropfen auch im Glase präsentiert. »Reförmlich« zu Hause fühlen sich hier die Anhänger natürlicher Kost, denn gedüngt und geschützt wird der Rebstock bei Pfisterers nur organisch. Sollten Schädlinge auftreten, so werden Ertragseinbußen hingenommen. Es lohnt sich, mit Georg Pfisterer über diese Dinge zu diskutieren, darüber und über vieles andere. Man wird wenige finden, die über die Bergstraße, ihre Besonderheiten und ihre Weine so gründlich Bescheid wissen.

Weingut Georg Pfisterer
Schriesheim (6905), Landstraße 87, Telefon 06203/61288

Preise: Qualitätswein ab 4,–; Kabinett ab 4,–; Spätlese ab 7,50; Auslese 12,–; Beerenauslese 1/2 Flasche 25,–; Ausschankweine von 2,– bis 6,– (Beerenauslese 1/10 Liter 10,–); Flaschenweine ab 6,–; kleine Gerichte ab 1,50 (Straußwirtschaft geöffnet Samstag ab 17 Uhr)

Auch für jenen, der zum hauseigenen Wein gründlich und gut speisen will, wird in Schriesheim gesorgt. Die Küche des Gasthofes Schwarzer Adler genießt guten Ruf. Viele Feinschmecker aus dem nahen Heidelberg kommen hierher, um frische Odenwald-Forellen zu genießen, die es in mehreren Zubereitungsarten gibt. Zum Haus gehörte früher ein eigenes Weingut, das inzwischen jedoch von einem anderen Zweig der Familie betrieben wird. Nach wie vor aber finden sich die Weine dieses Gutes auf der Karte, sechs davon im Offenausschank.

Zu jenen Weinstuben, wo dem hauseigenen Wein so kräftig zugesprochen wird, daß nurmehr wenig zum Mitnehmen übrigbleibt, gehört das Schriesheimer Gästehaus Hauser. Besondere Spezialität

---

Weingut Schloßberg-Grüber, Jens Bartsch
Schriesheim (6905), Sophienstr. 14, Telefon 06203/61251

Preise: Literflaschen-Qualitätswein ab 3,50; 1/1 Flasche Kabinett ab 5,–; Spätlese ab 8,–; Auslese ab 14,–

Hotel Schwarzer Adler, Familie M. Grüber
Schriesheim (6905), Landstraße 40, Telefon 06203/61357

Preise: Ausschankweine von 2,50 bis 4,10; Flaschenweine ab 12,80; Hauptgerichte ab 10,–; Übernachtung mit Frühstück ab 22,–

Gästehaus Weinstube Hauser, Familie Georg Hauser
Schriesheim (6905), Steinachstr. 12, Telefon 06203/61445

Preise: Zum Mitnehmen auf Anfrage; Ausschankweine von 1,60 bis 3,50; Flaschenweine ab 4,80; Hauptgerichte ab 6,–; Übernachtung mit Frühstück ab 20,– (Sonntag Ruhetag)

---

ist der Weißburgunder – ein Hinweis für alle, denen die Wahl unter den zehn offenen Weinen zur Qual wird. Es besteht natürlich auch die Möglichkeit, sich durchzuprobieren. Daß besonders an Wochenenden so mancher Gast zu dieser Lösung neigt, beweisen die stark frequentierten Gästezimmer.

Im Kraichgauer Hügelland

In der Geographie guter Tropfen wird das Gebiet der südlichen Bergstraße und ihres Hinterlandes, des Kraichgaus, etwas stiefmütterlich behandelt. An der Güte dieser Tropfen liegt das nicht; denn aus Wiesloch, Malsch und Weingarten, aus Rauenberg und Zeutern, aus Ubstadt, Sulzfeld und Kürnbach kommen Weine, die ihren berühmteren Nachbarn in nichts nachstehen.

Also muß es an der Geographie liegen. In der Tat – durch das stille Hügelland, in das der südliche Odenwald ausläuft, ziehen keine Touristenströme. Selbst die Karlsruher und die Bewohner des Rhein-Neckar-Ballungsraumes dringen nicht sehr tief in ihr Naherholungsgebiet ein. Das weiß der beschauliche Wanderer zu schätzen, denn hier kann er noch manche Entdeckung machen: stille, einsame Täler, ausgedehnte, schattige Wälder, dazwischen schmucke Weindörfer mit manchem verborgenen Kunstwerk.

Und dann die Weine! Der Riesling gleicht noch seinen Brüdern von der nördlichen Bergstraße. Aber beim Ruländer merkt man schon, daß man sich im Badischen befindet. Und manche Spätburgunder gar verwöhnen unseren Mund mit jener samtigen Fülle, welche die badischen auszeichnet. Der Kürnbacher Schwarzriesling schließlich gibt einen Württemberger ab, wie er im Buch steht.

Zwei große Winzergenossenschaften beherrschen die Wein-Szene. Der gesamte Südwesten liefert an die Weingartener Genossenschaft ab, während sich alle übrigen örtlichen Vereinigungen im Wieslocher Winzerkeller Südliche Bergstraße/Kraichgau zusammengeschlossen haben. Nur vereinzelte Winzer und Weingüter bieten ihre Tropfen direkt dem Verbraucher an.

Diese Tropfen waren ob ihrer Qualität schon in alten Zeiten begehrt, und nicht immer setzte man sich mit lauteren Mitteln in ihren Besitz. So berichtet die Fama vom berühmten Sickingen, der mit seinen Kumpanen Berlichingen und Hutten zwei Fuder Wein einfach wegkaperte. Solches mochte der Pfälzer Kurfürst nicht dulden. Er drohte mit einer Strafaktion und Rücknahme des Weines. Da alle Versuche fehlschlugen, den streitbaren Pfälzer zu besänftigen, schafften die drei Ritter den Wein des Anstoßes schleunigst aus der Welt: Sie soffen die zwei Fuder Wein in einem Zuge hinunter.

Vermutlich hat sich all dies auf dem Freihof zu Wiesloch abgespielt, der damals den Sickingen gehörte. Auch heute noch vermittelt und dieser Freihof, das älteste Gebäude der Stadt, das anschauliche Bild eines mittelalterlichen Adelssitzes. Ritterhaus, Fruchtscheuer, Stallungen, Weinkelter, Tagelöhnerhaus und Gärten sind noch vorhanden. Und selbst der Wein, von dem früher »ohngefähr zwanzig Fuder« im Keller gelagert haben sollen, spielt im Freihof noch eine große Rolle.

Die alten Säle und Zimmer, aufs sorgfältigste renoviert und ausgestattet, beherbergen heute nämlich ein prächtiges Weinrestaurant mit dunklem Gebälk, einem alten Kamin und Gobelins an den Wänden, die etwas von der alten Ritterromantik lebendig erhalten. Freilich wird der Weinfreund heute die Weinkarte mit festerem Vorsatz zur Mäßigkeit aufschlagen als jene alten Herren, doch verleiten allein sieben offene Weine aus dem Winzerkeller Wiesloch zu größeren Exkursionen. Die Flaschenweine repräsentieren praktisch das gesamte Angebot der Genossenschaft: einen kompletten Überblick über die Weine des Kraichgaus.

Zwar kann man sich dazu Spezialitäten der feinen Küche vorsetzen lassen, doch sollte man nicht versäumen, nach Sonderaktionen zu fragen. Sonst entgehen dem Liebhaber vielleicht Bries, Zunge, Herz oder Leber vom Kalb. Und der Kenner weiß, daß gerade an einfachen Tagesgerichten wie Eintopf, Speckpfannkuchen oder Puffern wahre Kochkunst sich bewährt.

Winzerkeller Südliche Bergstraße/Kraichgau
Wiesloch (6908), Bögnerweg 3, Telefon 06222/8027

Preise: Literflaschen-Qualitätswein ab 4,40;
1/1 Flasche Qualitätswein ab 4,50; Kabinett ab 4,80;
Spätlese ab 6,90, Auslese ab 20,–

Weinrestaurant Freihof, Renate Falk
Wiesloch (6908), Freihofstraße, Telefon 06222/2517

Preise: Ausschankweine von 3,20 bis 4,–;
Flaschenweine ab 14,50; Hauptgerichte ab 9,50;
Geöffnet mittags und ab 18 Uhr, Sonntag Ruhetag

Nur einige Kilometer sind es von Wiesloch zur nächsten kulinarischen Pilgerstätte des Kraichgaus: dem Winzerhof in Rauenberg. Der Name besteht zu Recht, denn Familie Menges besitzt noch ein Weingut mit eigenen Rebbergen. Besonders »weinig« geht es während der Lesezeit im Hause zu. Von der Gaststube aus wird nämlich eine große Waage bedient, auf der die Winzer ihre Karren mit Bütten voll Trauben abwiegen lassen, die dann an die großen Kellereien gehen.

Aber auch zu anderen Jahreszeiten ist man im Winzerhof lebhaftes Treiben gewöhnt. Von weit her kommen die Gäste, um Alfred

Menges' Kochkünste zu studieren. Forellen haben es ihm vor allem angetan, blau, á la meunière oder in Mandelhülle. Seine köstlichste Schöpfung: Winzerhof-Forellenfilets in einer Mandel- und Champignon-Hollandaise gratiniert. Auch Liebhaber von Wild und Geflügel kommen ebenso auf ihre Kosten wie der Steakfreund. Notfalls wird ihn Frau Menges, die das Geschehen vom Buffet aus überwacht, beraten.

Auch bei den Mengesschen Weinen kann die Wahl zu genußvoller Qual werden. Allein zehn eigene Sorten gibt es im Ausschank. Ein kleiner Tip: Probieren Sie zu den Forellengerichten einmal den zarten, dezenten Weißburgunder.

Weinbau Alfred Menges, Hotel-Restaurant Winzerhof
Rauenberg (6909), Bahnhofstraße 6, Telefon 06222/62067

Preise: Literflaschen-Qualitätswein ab 4,30,
-Kabinett ab 5,–, 1/1 Flasche Kabinett ab 5,–;
Spätlese ab 6,–; Auslese ab 9,50; Beerenauslese 22,–;
Ausschankweine von 2,20 bis 3,50; Flaschenweine ab 10,–;
Hauptgerichte ab 9,–; Übernachtung mit Frühstück ab 25,–

Rauenberger Trauben werden nicht nur am Ort oder in der Wieslocher Genossenschaft gekeltert. Es gibt einen Winzer, der sie bis nach Mannheim karrt. Und nach Mannheim werden wir uns begeben müssen, um seine Weine zu probieren. Es lohnt sich.

Karl Heinz Krämer, Besitzer der Weinstube und des Gasthauses »Goldene Gans« in der Tattersallstraße, ist Weinbauer aus Leidenschaft. Kellerwirtschaft wurde von den Krämers schon lange betrieben, aber erst den Sohn zog es in den Weinbau. Ein Weinberg kam zum andern, in Rauenberg, im benachbarten Dielheim, aber auch (durch verwandtschaftliche Bindung) im pfälzischen Weisenheim. Alle Weine baut Krämer selbst aus – und ein paar hinzugekaufte fränkische dazu. Er braucht diese Tätigkeit als Ausgleich und zur inneren Ruhestellung.

Denn in seinem Weinhaus herrscht geselliges Leben, und wie oft ist der Hausherr dessen Mittelpunkt! Jeder Weinfreund gerät ja schon in Überschwang, wenn er die Weinkarte aufblättert. 26 offene Weine lachen ihn an, dazu ein »Wein des Monats«. Auch der Liebhaber trockener Weine kommt voll auf seine Kosten. Bei den Flaschenweinen verlohnt immer ein Blick auf die »Restposten«, unter denen man manche Rarität entdecken wird. Nicht übersehen sollte man schließlich die abgelagerten Brände aus eigener Produktion – einschließlich eines selbstgemischten Magenbitter-Likörs namens »Gänsegeist«.

Betreten wird jetzt das Reich von Frau Krämer. Sie nimmt sich der Speisen genau so liebevoll an wie ihr Mann der Weine. Bewußt meidet sie die Gefilde der »haute cuisine«, sie bleibt bei ihrem Leisten.

Aber den selbstgesteckten Rahmen und den, welchen die Weine ihres Mannes setzen, füllt sie glänzend aus. Das bezeugen Pfälzer Schweinepfeffer und rebholzgeräucherte warme Kammrippchen ebenso wie die in Rotwein gebeizte gebratene Ochsenrippe. Das meiste Fleisch stammt aus eigener Schlachtung, bei der auch ausgezeichnete Wurstwaren anfallen (auch zum Mitnehmen): »Würzburger Gelegte«, eine Rotwurst, oder »Pfälzer Sommerwurst«, eine Bauernsalami. Und statt phantasieloser Fertigdesserts gibt es selbstgemachten Rumtopf, Rumkirschen oder Kompott aus eigenem Obst.

Nachtrag: Versäumen Sie nicht nachzufragen, wann es ofenfrischen Knochenschinken, gebeizt und geräuchert nach Elsässer Art, gibt!

Gasthaus-Weinstube Goldene Gans, Weinbau-Kellerei K.H.Krämer
Mannheim (6800), Tattersallstraße 19, Telefon 0621/22353

Preise: Literflaschen-Qualitätswein ab 3,20, -Kabinett ab 3,80; 1/1-Flaschen Kabinett ab 2,90, Spätlese ab 5,–, Auslese ab 7,80, Beerenauslese 1/2 Fl. 11,50; Ausschankweine von 2,20 bis 3,50, 1/10 l Auslese 2,70, Beerenauslese 3,40; Flaschenweine ab 7,50; Hauptgerichte ab 5,20; Übernachtung mit Frühstück ab 21,–; Samstag Ruhetag

---

Hier und da finden wir im Kraichgau sogar noch richtige Bauerngaststätten mit eigenem Weinbau. In Zeutern, heute Teil der Großgemeinde Ubstadt-Weiher, haben sich gleich zwei gehalten, deren Weine man auch nach Hause mitnehmen kann: der Ritter und der Engel. In dieser Gegend werden neben den gängigen die beiden seltenen Rebsorten Weißburgunder und Auxerrois angebaut. Vielleicht sucht man sich das Lokal nach einem Blick auf die Schoppenkarte nach dem jeweiligen Weingusto aus.

Besonders am Sonntagnachmittag bilden Fremde und Einheimi-

Gasthaus Zum Ritter, Julius Reiser
Ubstadt-Weiher (7521), Ortsteil Zeutern, Unterdorfstraße 7, Telefon 07253/4570

Preise: Literflaschen-Qualitätswein ab 3,50; Ausschankweine von 1,40 bis 2,20; Flaschenweine ab 7,50; Hauptgerichte ab 6,–

---

sche ein munteres Weinvölkchen. Dorfmuttis hocken beim Vesperschöppchen zusammen, Skatspieler gucken zwischen zwei Stichen ins Glas, zwischendurch holt ein Kind für seinen am heimischen

Fernsehschirm hockenden Vater einen Liter Faßwein im irdenen Krug. Hier schmecken vor allem die Hausmacher-Würste, die so gut zum kräftigen Wein passen.

Gasthaus Zum Engel, Karl-Heinz Kneller
Ubstadt-Weiher (7521), Ortsteil Zeutern,
Kapellenstraße 2, Telefon 07253/4686

Preise: Literflaschen-Qualitätswein ab 3,20;
Ausschankweine von 1,50 bis 2,30; Flaschenweine ab 6,–;
Hauptgerichte ab 6,50; Übernachtung mit Frühstück 15,–

Wird schon der nördliche Teil des Kraichgaus von Fremden ziemlich verschont, so gilt dies erst recht für den Süden, so daß die Ausläufer des Heuchelberges und des Stromberges ausgedehnte, genußvolle Wanderungen ermöglichen. Was den Wein betrifft, so sind wir hier an der offiziellen »Weingrenze« zwischen Baden und Württemberg. Während die Weißweine – Silvaner, Weißburgunder, Ruländer und Riesling – mehr zum badischen Charakter tendieren, kommen die Rotweine – Spätburgunder, Lemberger, Schwarzriesling – mehr auf die Württemberger Art hinaus.

Nirgendwo kann man solche Feinheiten besser studieren als auf der Ravensburg über Sulzfeld, wo über 20 offene Weine darauf warten, daß man sich mit ihnen beschäftigt. Das freiherrliche Geschlecht der Göler, seit der Jahrtausendwende fast ununterbrochen auf der Ravensburg ansässig, hat sich stets des Weinbaus an den Burghängen angenommen, auch zu Zeiten, da die Burg selbst vernachlässigt wurde.

Heute steht nur noch die Ruine, doch ist dort, wo einst der Rittersaal stand, wieder Leben eingekehrt. Hier wurde eine Burgschenke eingerichtet, in der man sich um das leibliche Wohl der Besucher

---

Freiherrlich von Göler'sches Rentamt, Weingut
und Restaurant
Burg Ravensburg, Sulzfeld (7519), Telefon 07269/231

Preise: Literflaschen-Qualitätswein ab 4,–;
Kabinett ab 5,20; 1/1 Flasche Qualitätswein ab
5,–; Kabinett ab 5,50; Spätlese ab 6,–; Auslese ab 15,–;
Eiswein-Auslese 30,–; Ausschankweine von 2,50 bis 4,–;
Flaschenweine ab 15,–; Hauptgerichte ab 11,–
(Burgschenke von November bis März geschlossen,
Montag Ruhetag)

---

bemüht. Stille Genießer sind willkommen, lärmende Touristenscharen verpönt. Die Gäste werden gebeten, »von Gesangs- und musikalischen Darbietungen« Abstand zu nehmen. Nun sind die Weine von der Ravensburg auch keine Sauftropfen; sie wollen mit Bedacht und Verstand getrunken sein.

Nur ein kleiner Abstecher von Sulzfeld, und wir sind vollends im württembergischen Weinland. Oberderdingen heißt der Weinort, den wir noch vom Kraichgau aus besuchen wollen, und Karl Kern der Winzer, welcher uns die Weine dieses Ortes präsentiert. Zum Weingut Kern gehört auch eine Weinstube, deren Speisekarte allerhand Leckeres verspricht: hausgemachte Maultaschen geröstet mit Ei, Wildklößchen in Pfifferlingsauce oder Hasenschlegel.

Stolz des Hauses sind jedoch die Weine, von denen Philipp Kern fünf als Schoppen führt: Müller-Thurgau, Riesling, Burgunder, Trollinger und Lemberger. »Kern-les Tee« werden sie liebevoll genannt: den Wein heißt der Volksmund hier »Oktobertee«. »Kernig« sind sie und sehr bekömmlich, wovon ich mich auch bei meinem letzten Besuch wieder überzeugen konnte.

Weingut Karl Kern, Telefon 07045/3462
Weinstube Philipp Kern
Oberderdingen (7519), Telefon 07045/573

Preise: Literflaschen-Qualitätswein ab 3,30; 1/1 Flasche Qualitätswein ab 4,–; Kabinett ab 5,55; Spätlese ab 8,90; Auslese 22,–; Ausschankweine von 1,70 bis 3,–; Flaschenweine ab 10,–; Hauptgerichte ab 7,50; Übernachtung mit Frühstück ab 20,– (Montag Ruhetag, Mitte Januar bis Mitte Februar geschlossen)

Bei Berlichingens und Gemmingens

»Kommt, setzt Euch, tut, als wenn Ihr zu Hause wärt! Denkt, Ihr seid wieder einmal beim Götz!« (Goethe – Götz von Berlichingen). Zu Hause beim Götz – wo mag das gewesen sein? Sicher nicht im Stammsitz Berlichingen, denn dieser war schon zu Götzens Lebzeiten keine standesgemäße Behausung mehr. Auch nicht auf der väterlichen Burg Jagsthausen; diese wird zwar noch heute von den Berlichingen bewohnt, doch Götz trieb es schon früh vom Ort seiner Geburt hinaus in ein bewegtes Leben.

Die eigentliche Burg des Ritters mit der eisernen Hand liegt über dem Neckar zwischen Neckarzimmern und Gundelsheim: Burg Hornberg. Hoch aufgetürmt krönt sie einen mächtigen Sockel aus Weinbergen, die in steilen Terrassen zum Fluß abfallen, vom Burgweg durchschnitten, der sich zum ersten großen Tor hinaufzieht. Hier grüßen den Gast die Wappen früherer Besitzer.

Ihre Zahl ist Legion. Das ganze Mittelalter hindurch ging Burg

Hornberg von Hand zu Hand, verkauft oder verpfändet (zu jener zeit dienten Burgen oft als Sicherheit bei Kapitalaufnahmen). Götz von Berlichingen erwarb die Feste 1517, wählte sie als ständigen Wohnsitz und lebte auf ihr – abgesehen von Zeiten der Gefangenschaft und Haft – bis zu seinem Tode 1562.

Allerdings blieben auch die Berlichingen nicht lange auf der Burg. Schon Götzens Enkel veräußerte das Anwesen. Erst seit 1612 kehrt Kontinuität in die Geschichte des Hornbergs ein. Seither gehört die Burg ohne Unterbrechnung dem Kraichgauer Geschlecht derer von Gemmingen. Das heißt nicht, daß immer Gemmingens auf der Burg wohnten. Viele zogen das Talschloß in Neckarzimmern oder das Stammschloß Michelfeld vor, zumal Hornberg im Pfälzischen Erbfolgekrieg von den Franzosen völlig verwüstet wurde.

Wenn jetzt auf Burg Hornberg Gastlichkeit wieder großgeschrieben werden kann, so ist das den heutigen Gemmingen-Hornberg zu verdanken. Zwei Brüder bauten das Anwesen auf und aus: Der eine kümmert sich um die Gastronomie, der andere, geprüfter Weinbautechniker, liefert gleichsam dazu die Basis, indem er die umfangreiche Wald-, Land- und Weinwirtschaft betreut.

Vor allem den Weinbau hat er zu neuer Blüte gebracht. Auf den sorgfältig abgetreppten Hängen unterhalb der Burg gedeihen Riesling, Müller-Thurgau, Silvaner, aber auch Blau- und Weißburgunder, Traminer und der seltene Muskateller. Vier bis sechs dieser Weine stehen jeweils im Restaurant auf dem Hornberg zum Ausschank an. Bei den Flaschenweinen kann man bis zu erlesenen Spitzen vorstoßen.

Auch der Küche haben die Gemmingen einen guten Ruf zu verschaffen gewußt. Im behaglich eingerichteten Alten Marstall, dem früheren Pferdestall, mundet vor allem Wild aus eigener Jagd, Geflügel aus der eigenen Landwirtschaft. Er wurde vor einigen Jahren um eine Grillterrasse erweitert, die an Wochenenden sowie für Gesellschaften öffnet. Für alle ist gesorgt: Man kann es bei knackigen Rostbratwürsten bewenden lassen oder zu solchen Köstlichkeiten hinaufsteigen wie Hornberger Schweinsbrätle mit Meerrettich, Schweinkotelette mit Apfelscheiben und Schinkenspeck, Grillspieß mit verschiedenen Tournedos oder Pfeffersteak mexikanisch. Und das alles mit Blick über das Neckartal.

Höchstes Lob verdient Burg Hornberg ob ihrer Übernachtungsmöglichkeiten. Wie die Gastronomie wurde auch die Hotellerie Zug um Zug ausgebaut. Suchen Sie ein Stübchen mit Himmelbett? Mit alten Stichen und Möbeln? Dann werden Sie sich im Marstalltrakt wohl fühlen. Für alle, die modernen Hotelkomfort bevorzugen, wurde der riesige Schafstall im Burghof zu einem Zimmertrakt ausgebaut, dessen Räume alles aufweisen, was sich der Gast nur wünschen kann. Und vor den Balkons rauschen, zum Greifen nahe, die Wipfel der Bäume.

Auf der Hauptburg, wiewohl Ruine, gibt es noch manches zu sehen und zu entdecken: die alten Wirtschaftsräume etwa oder die Rüstung des Ritters mit der eisernen Hand. Mit einem brennenden Stückchen Papier läßt sich die Tiefe des Burgverlieses ausloten. Und auf der Spitze des Bergfrieds bringt einen der Blick über die weiträumige Flußlandschaft leicht zum Träumen und Meditieren – wie damals den alten Götz, der hier auf Burg Hornberg, für einen Ritter jener Zeit ganz und gar unüblich, seine Lebenserinnerungen schrieb.

Freiherrl. v. Gemmingen'sches Weingut Burg Hornberg
Neckarzimmern (6951), Telefon 06261/2348

Burghotel Götzenburg Hornberg
Neckarzimmern (6951), Telefon 06261/2758

Preise: Literflaschen-Qualitätswein ab 5,20;
1/1 Flasche Kabinett ab 6,10; Spätlese ab 8,50; Auslese ab 13,–; Eiswein-Beerenauslese 39,–; Ausschankweine von 2,90 bis 3,80; Flaschenweine ab 12,–; Hauptgerichte ab 9,50; Übernachtung mit Frühstück ab 25,– (Dezember bis Februar geschlossen)

Schon anderthalb Jahrhunderte, bevor Burg Hornberg in Gemmingenschen Besitz überging, erwarb eine andere Linie dieses weitverzweigten und fruchtbaren Geschlechts die Burg Guttenberg, nur wenige Kilometer neckaraufwärts und in Sichtweite vom Hornberg gelegen. Was die Gemmingen einmal haben, das halten sie; auch Burg Guttenberg, verblieb wie Burg Hornberg bis zum heutigen Tag in ihren Händen. Und noch eines zeichnet diese Burg aus: Sie gehört zu den ganz wenigen in Deutschland, welche die Zeitläufe unzerstört überstanden. Ein seltenes Kunst- und Kulturdenkmal, an dem man in exemplarischer Weise mittelalterlichen Burgenbau studieren kann.

Es läßt sich denken, daß Pflege und Erhaltung eines solchen Bauwerks enormen Aufwand erfordern, der zum überwiegenden Teil von seinem Besitzer getragen werden muß. Da heißt es, sich etwas einfallen lassen, um geldbringende Besucher anzulocken. An Ideen fehlt es dabei dem gegenwärtigen Burgherren, Chr. Freiherr von Gemmingen-Guttenberg, nicht.

Anschaulich präsentiert er die umfangreichen Familiensammlungen: über 2000 alte Bücher und Folianten, Rüstungen und Waffen, Küchengeräte, Fayencen und Gläser, Zinnfiguren, welche Dioramen (Schaubilder) aus der Geschichte der Burg bevölkern, und vor allem die berühmte Holzbibliothek, Arbeit eines Mönches um 1780:90 »Bände« aus hölzernen Kästchen zur Demonstration der Holzarten: das Kästchen aus der betreffenden Holzart, der Buchrücken aus der entsprechenden Rinde. Im Kasten finden wir alle botanischen Merkmale: Zweige, Wurzeln, Blüten Früchte, sogar Blütenstaub und eine Beschreibung des Baumes oder Strauches.

Der Burgbesitzer hat noch ein übriges getan. Er holte sich den Wiederentdecker der Falknerei, Claus Fentzloff, nach Guttenberg, der für die Burgbesucher eine Greifvogelwarte einrichtete. Besonders die Flug- und Jagdvorführungen begeistern jung und alt für diese prächtigen Vögel.

Für unser leibliches Wohl sorgt ein gutgeführtes Restaurant, die Burgschenke. Der hauseigene Wein, der dort kredenzt wird, wächst am Südhang des Burgbergrückens, nach Heinsheim zu, wird noch nach guter alter Art ohne Süßreserve ausgebaut und reicht gerade für den Burgausschank. Bei einzelnen Flaschen wird auch schon mal eine Ausnahme gemacht.

Auch die Küche bemüht sich, nicht in den gängigen Geleisen zu fahren. So werden Grillparties, ländliche Schlemmerbuffets oder ein »Volkstümliches Bierfest« veranstaltet, zur Wildzeit wird die »Burg Guttenberger Jagdtafel« präsentiert, und jeden Mittwoch legen Kellner und Kellnerinnen in alten Trachten den »Altteutschen Speisezettul« auf: Dann kann man »Breyhans« (Weißbier)-Suppe speisen oder »Zahmes Schweinlein, wild zu machen«, alles nach mittelalterlichen Rezepten.

Aus der Standard-Speisekarte hat man inzwischen das Übermaß an Ritterromantik eliminiert. Gesellschaften, denen nach solcher gelüstet, wird jedoch um Mitternacht weiter welche geboten: »Der Rutsch in die Unterwelt endet in den Armen des Burggeistes, der Sie durch ein Elixier dem Leben wieder zurückgibt!«

Burgschenke Burg Guttenberg
Haßmersheim-Neckarmühlbach (6954),
Telefon 06266/228

Preise: Ausschankweine von 3,10 bis 3,90;
Flaschenweine ab 17,50; Hauptgerichte ab 9,80
(geöffnet von März bis November, Dienstag Ruhetag)

Franken

Wein zum Essen – Wein voller Nuancen

Auf die Weine vom Main, der Tauber und der fränkischen Saale, vom Spessart und vom Steigerwald sind allzeit Loblieder gesungen worden – besonders seit es einen Qualitätsweinbau gibt. Von Goethe über Victor von Scheffel bis Tucholsky reicht die Kette ihrer Verehrer. Und eine rührige Frankenweinwerbung sorgt dafür, daß deren Urteile nicht in Vergessenheit geraten.

Es sei darum nur ein wichtiger Aspekt hinzugefügt: Die Franken haben von allen deutschen Weinstämmen die Tradition des guten, kräftigen deutschen Weines am besten bewahrt. An die »süße Welle«, die nach dem Krieg durch die meisten deutschen Weingebiete schwappte (andererseits aber auch den Weinkonsum stark stimulierte), machten die fränkischen Winzer nur geringe Konzessionen. Frankenwein ist im allgemeinen trockener als seine deutschen Brüder. Er enthält weniger Restsüße.

Daher ist Frankenwein der ideale Wein zum Essen: Keine Süße deckt Geschmacksnuancen zu. Vielleicht würzt gerade deshalb die fränkische Küche kräftige Bodenständigkeit mit einer kleinen Prise Raffinesse. Zwei Beispiele mögen für viele stehen: einmal die »Blauen Zipfel«, fränkische Bratwürste, die in einem köstlichen Blausud, bedeckt mit darin geseihten Zwiebeln, auf den Tisch kommen; zum anderen der »Gerupfte«, raffiniert angemachter vollreifer Weichkäse, zumeist Camembert – dann dem bayerischen »Obazten« ähnelnd.

Auf fast jeder fränkischen Speisenkarte sind sie zu finden, auf der des einfachen Dorfgasthauses bis zu jener des Schlemmerlokals. Und zumal dort, wo eigener Wein ausgeschenkt wird. Lokale mit eigenem Weingut gibt es noch überraschend viele, obwohl die Mehrzahl der fränkischen Winzer, der kleinen vor allem, sich bereits seit langem genossenschaftlich organisiert hat. Und die meisten Genossenschaften sind inzwischen in der Gebietswinzergenossenschaft Repperndorf (bei Kitzingen) vereinigt. Rund die halbe fränkische Weinernte wird gegenwärtig genossenschaftlich vermarktet; große, mittlere und kleinere Weingüter bestreiten die andere Hälfte – eine durchaus gesunde Struktur.

Übrigens bauen auch viele Genossenschaftsmitglieder einen Teil ihrer Ernte selbst aus. Für ein paar Wochen im Jahr öffnen sie den Hof, um Gästen den eigenen Wein und einen Imbiß anzubieten. Diese Häckerwirtschaften sind noch einfacher und bodenständiger als die rheinischen Straußwirtschaften. Wer durchs Land der Franken fährt, sollte darum in Weinorten die Augen offenhalten – es lohnt sich meist.

Weil die Franken ihre Weine verhältnismäßig trocken halten, kommen hier auch Rebsorten zu ihrem Recht, die anderswo manchmal allzu milde, liebliche Weine liefern, allen voran der für Franken klassische Silvaner. Mehr »Biß« hat hier auch der Müller-Thurgau. Dazu gesellen sich in geringerem Umfang Riesling, Traminer, Scheurebe, an den Spessart-Mainhängen Rotweinsorten und zahlreiche Neuzüchtungen, teilweise eigens auf die Verhältnisse in Franken zugeschnitten.

Nicht von der Süße verdeckt werden beim Frankenwein auch die Nuancen, welche die Bodensorte dem Wein verleiht. Wie unterschiedlich die Silvaner vom Gipskeuper des Steigerwaldes, vom Muschelkalk des Mittelmains, vom Urgestein des westlichen Spessartabfalles! Und noch eines: Nicht nur Beerenauslesen, die der Zucker konserviert, auch einfacher trockener Frankenwein kann alt werden. So mancher, der eine alte verstaubte Bocksbeutelflasche öffnet, war erstaunt über die Frische, die der Wein sich bei aller Reife erhalten hat.

Apropos Bocksbeutel: Zum Bekanntheitsgrad und zur Beliebtheit des Frankenweins (die sich leider auch in den Preisen niederschlägt) hat diese uralte Flaschenform gewiß beigetragen. So wachen denn die Franken eifersüchtig über ihr Bocksbeutelmonopol, das lediglich einige badische Weinbaugemeinden durchbrechen dürfen. Über die Herkunft der Bezeichnung ist viel gestritten worden; heute neigt man zu der Ansicht, daß die nächstliegende – und auch volkstümlichste – Erklärung, welche die Form von der des Hodensacks des Bocks ableitet, die richtige ist. Demjenigen, der intensiver »Bocksbeutelkunde« treiben will, werden Seminare und andere Möglichkeiten geboten, mit dem Frankenwein Duzfreundschaft zu schließen. (Auskünfte: »Frankenwein – Frankenland e.V.«, Postfach 764, 8700 Würzburg 2, Telefon 0931/12093.)

Staatswein – vom Steigerwald bis zum Spessart

Der größte Weingutsbesitzer in Franken ist der bayerische Staat. Über 180 Hektar Weinberge nennt er sein eigen, quer durch ganz Franken: in Handthal und Abtswind am Westrand des Steigerwaldes, Ippesheim am Fuße der Frankenberge, Hammelburg an der

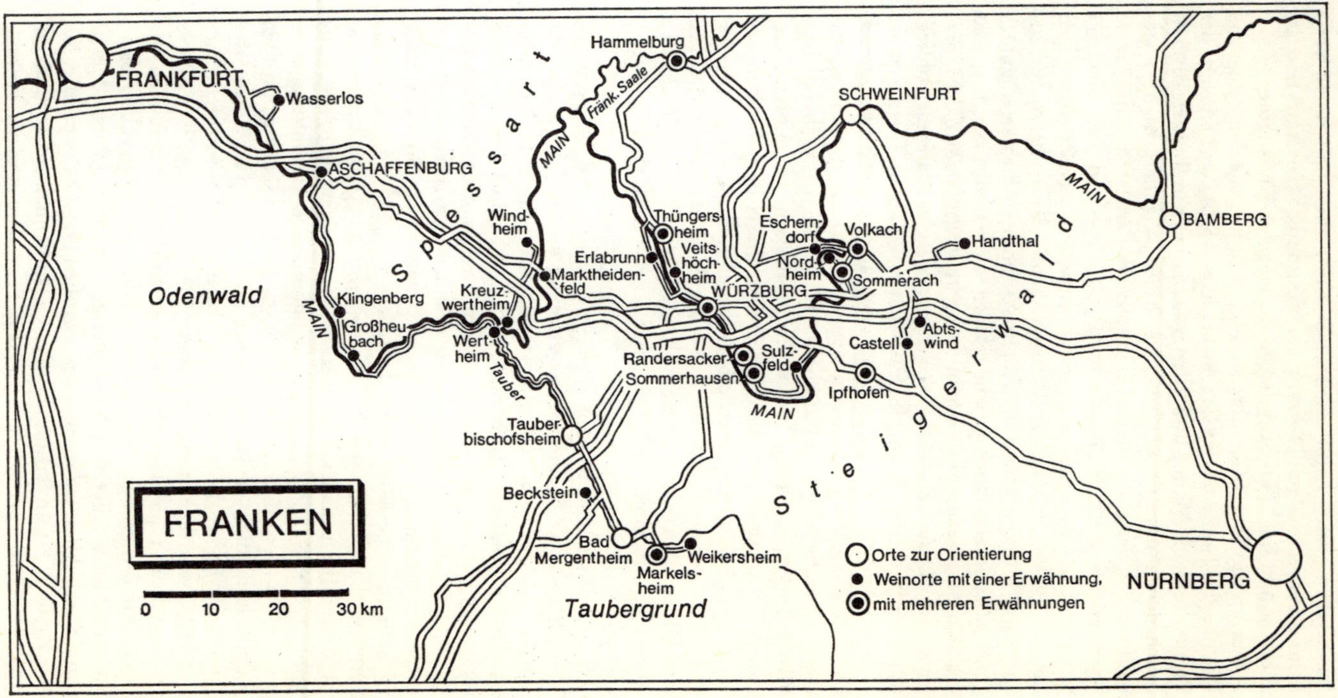

FRANKEN
FRANKFURT
Wasserlos
ASCHAFFENBURG
Hammelburg
Fränk. Saale
Spessart
MAIN
SCHWEINFURT
BAMBERG
Handthal
Steigerwald
Odenwald
Klingenberg
Großheubach
Kreuzwertheim
Wertheim
Tauber
Windheim
Marktheidenfeld
Erlabrunn
Thüngersheim
Veitshöchheim
WÜRZBURG
Escherndorf
Nordheim
Volkach
Sommerach
Abtswind
Castell
Ipfhofen
Randersacker
Sommerhausen
Sulzfeld
Tauberbischofsheim
Beckstein
Bad Mergentheim
Markelsheim
Weikersheim
Taubergrund
NÜRNBERG
Orte zur Orientierung
Weinorte mit einer Erwähnung,
mit mehreren Erwähnungen
0
10
20
30 km

fränkischen Saale, Großheubach, Dorfprozelten und Kreuzwertheim am unteren Main, Hörstein am Westrand des Spessarts und vor allem in und um Würzburg liegen die einzelnen Weingüter.

Der größte Teil dieses Staatsbesitzes stammt aus eingezogenem Kirchengut: Im Laufe der Geschichte hatten Stifte und Klöster, der Erzbischof von Mainz und allen voran der Würzburger Bischof durch Schenkungen und Kauf gewaltigen Weinbergsbesitz angehäuft, der Anfang des 19. Jahrhunderts säkularisiert wurde. Heute ist er in der Bayerischen Landesanstalt für Wein- und Gartenbau mit Sitz in Würzburg zusammengefaßt. Sie besteht aus der ehemaligen Lehr- und Versuchsanstalt Veitshöchheim, der früheren Rebenzüchtung Würzburg und dem alten Würzburger Staatsweingut.

Diese haben das ihnen anheimgefallene Erbe treulich gepflegt und vermehrt. Unter ihrer Leitung und Anleitung vollzog sich der Übergang vom Massen- zum Qualitätsweinbau. Auch heute noch obliegt ihnen die Fortentwicklung des fränkischen Weinbaus. Das geschieht in dreifacher Weise. In der Rebenzüchtung versucht man, durch Kreuzung und Mutationsauslese neue Rebsorten zu gewinnen, welche sich für die schweren fränkischen Böden und das rauhere Klima östlich des Spessarts eignen und dem fränkischen Wein neue Geschmacksnuancen hinzufügen. Ergebnisse dieser Bemühungen sind beispielsweise der Rieslaner, eine Silvaner-Riesling-Kreuzung, bereits recht weit verbreitet, die frostharte Perle aus Gewürztraminer und Müller-Thurgau, und die frühreife Ortega (Müller-Thurgau x Siegerrebe), benannt nach dem spanischen Philosophen Ortega y Gasset.

In Veitshöchheim werden angehende Winzer und Kellermeister mit den neuesten Methoden in Weinberg und Keller vertraut gemacht. Dem dient ein großes Lehrweingut und eine komplett ausgestattete Lehrkellerei. Das Staatsweingut schließlich und der damit verbundene Staatl. Hofkeller bemühen sich, als Musterbetriebe beispielhaft für den Weinbau in ganz Franken zu wirken.

Die Zentrale und Seele des ganzen Unternehmens, der ehemalige Fürstbischöfliche-Königliche Hofkeller, residiert – wie sich das gehört – in der Würzburger Residenz, jenem Inbegriff aller Barockschlösser. Ihr genialer Schöpfer, Balthasar Neumann, bedachte wohl, welche Rebmengen in den Weinbergen seines Auftraggebers geerntet wurden, und setzte das Schloß auf Deutschlands größten Weinkeller. Auch er ist mit seinen gewaltigen Gewölben, den Prunk- und Riesenfässern sowie den schier endlosen Stückfaßreihen eine Sehenswürdigkeit ersten Ranges.

Ebenfalls mit dem Hofkeller verbunden sind jene barocken Gebäude, die den großen Platz vor der Residenz rahmen. Das Rosenbachpalais links beherbergt Verwaltung, Verkauf und Versand; es ist unterirdisch durch Gänge und einen großen Flaschenweinkeller mit dem Residenzkeller verbunden. Der Gesandtenbau auf der anderen Seite des Platzes aber gehört dem Gast. Hier kann er in den Hofkeller-Weinstuben nach Herzenslust die »Staatsweine« probieren – allein acht stehen auf der Liste der Ausschankweine. Dazu serviert Pächter Dietrich Essmüller – nomen est omen – allerlei Fränkisches. Dienstags und samstags gibt es Beinschinken vom Grill mit Apfelmeerrettich und Kartoffelsalat. Côte du Boeuf und Steaks nach Gewicht runden die Speisekarte ab.

Wie zu der Würzburger Residenz gehörten auch zum Sommerschloß der Fürstbischöfe in Veitshöchheim Kavaliersbauten, ebenfalls Werke Balthasar Neumanns, der auch das Schlößchen umbaute. Von 1902 bis 1970 beherbergten sie die erwähnte Lehranstalt. Als diese in einen Neubau umquartiert wurde, zog die Veitshöchheimer Ortsverwaltung in die Barockbauten. Ein Trakt blieb jedoch dem Gast reserviert: der Ratskeller.

Das Angebot an Hofkellerei-Ausschankweinen ist hier noch breiter als in Würzburg. Auch die Speisekarte verrät höhere Ambitionen: Riz Colonial, vielseitige Toasts, Lamm-Medaillons »Jacob«, Avignoner Kalbfleischpastete mit feinem Kräuterboursin und vor allem frische Fische aus dem hauseigenen Becken – Welse, Karpfen, Schleie, Forellen – locken zahlreiche Würzburger herbei.

Ganz anders wiederum die Gutsschänke am Handthaler Stollberg: ein richtiges Ausflugslokal, mitten im Weinberg, hoch über dem Hügelland zwischen Steigerwald und Main. Bei klarem Wetter kann man über die markanten Türme der Münsterschwarzacher Klosterkirche hinaus bis zur Frankenhöhe blicken. Prächtig schmeckt zur stärkenden Brotzeit der kräftige Wein, der um die Schenke herum gewachsen ist.

Zu diesem Trio freundlicher Hofkellerei-Gastlichkeit stieß Ende 1974 ein westlicher Vorposten, die Schloßweinstuben in Aschaffenburg. Das prachtvolle Renaissanceschloß, im Auftrag des Mainzer Erzbischofs und Kurfürsten Johann Schweikard von Kronberg vom Straßburger Baumeister Georg Ridinger erbaut, ist seit jeher dem Wein verbunden. Hier wurden Reben aus den fränkischen Weinbergen des Erzstiftes gekeltert, die Weine ausgebaut, gelagert und schließlich auch getrunken, da die Kurfürsten hier gern residierten, wenn ihre Mainzer wieder einmal aufsässig waren. Die Staatsweingüter knüpfen mithin an alte Tradition an, wenn sie hier ihre Weine präsentieren und verkaufen.

Nachdem die Zerstörungen des letzten Krieges weitgehend beseitigt wurden, kann das Schloß den Kunst- wie den Weinfreund gleichermaßen begeistern. Ersteren wird es zur Dependence der Bayerischen Staatsgalerien oder in die historischen Schloßräume ziehen, letzterer wird sich gleich in die Schloßweinstuben begeben. Die reiche Auswahl von Ausschankweinen bietet ausreichend Information, um sich nachher an der Verkaufsstelle eindecken zu können. Die Räume wurden mit Teilen einer alten Kelter, historischen Faßböden, Wappen der Orte mit Staatsweingütern und zeitgenössischen Kupferstichen der früheren Hausherren, der Mainzer Kurfürsten,

Bayerische Landesanstalt für Wein und Gartenbau, Staatl. Hofkeller
Würzburg 1 (8700), Residenzplatz, Telefon 0931/50701

Preise: Qualitätswein ab 5,50; Kabinett ab 8,–; Spätlese ab 12,–; Auslese ab 18,–; Beerenauslese ab 40,–; Trockenbeerenauslese ab 100,–

Hofkeller-Weinstuben
Würzburg (8700), Residenzplatz, Telefon 0931/54670

Preise: Ausschankweine von 2,80 bis 4,70; Flaschenweine ab 12,90; Hauptgerichte ab 7,30 (Montag Ruhetag)

Ratskeller Veitshöchheim
Veitshöchheim (8702), Erwin-Vornberger-Platz
Telefon 0931/91149

Preise: Ausschankweine von 2,80 bis 4,20; Flaschenweine ab 12,60; Hauptgerichte ab 8,50; Übernachtung mit Frühstück ab 25,–

Weinausschank Stollberg
Handthal (8722), Telefon 09382/8418

Preise: Ausschankweine von 2,80 bis 3,50; Flaschenweine ab 10,–; kleine Gerichte ab 2,20; Freitag Ruhetag, 2 Wochen im August und Ende Dezember bis
Mitte Januar geschlossen

Schloßweinstuben
Aschaffenburg (8750), Schloß Johannisburg
Telefon 06021/12440

Preise: Ausschankweine von 2,40 bis 4,20; Flaschenweine ab 11,90; kleine Gerichte ab 3,–; Hauptgerichte ab 5,80 (Montag Ruhetag)

---

liebevoll ausgestattet. Der Zuspruch dürfte noch lebhafter werden als schon jetzt, wenn im Sommer eine Mainterrasse – »Weinterrasse« – Weinfreuden auch im Freien ermöglicht.

So wie der Wein unter dem Zeichen des bayerischen Staatswappens repräsentativ ist für den gesamten fränkischen Weinbau, so haben die Staatskellereien Anlaufstationen gut über ihr ganzes Weingebiet verteilt.

Frankenwein – Krankenwein

Der Mensch neigt dazu, mögliche schädliche Folgen geliebter Laster herunterzuspielen; viel lieber entdeckt er an ihnen positive Seiten. So wird dem Wein von alters her gesundheitsfördernde Wirkung zugeschrieben. Daran ist insofern etwas Wahres, als Wein ein alkoholisches Getränk ist. Alkohol, in Maßen genossen, wirkt kreislauffördernd, belebend und stimulierend und kann daher Heilprozesse ankurbeln.

Da von allen Arzneien Wein am besten schmeckt, addiert sich zu den physiologischen Wirkungen zweifellos noch ein gewaltiger Placebo-Effekt, was zusammen zu erstaunlichen Stärkungs- und Heilerfolgen führen kann. Daß Alkohol überdosiert keineswegs unschädlich für den menschlichen Organismus ist, sollte man allerdings auch nicht zu verdrängen suchen.

Man mag also darüber streiten, ob der Wein, der ja seit Jahrtausenden als Medizin verarbeitet wird, mehr physiologisch oder mehr psychologisch wirkt. Es gibt aber zahlreiche Fälle, wo sich seine segensreiche Wirkung für die Kranken auf Heller und Pfennig nachweisen läßt: als Finanzierungsquelle für Altenheime und Krankenhäuser nämlich.

Zwei der berühmtesten solcher Häuser sind in Würzburg beheimatet: das Bürgerspital und das Juliusspital. Das Bürgerspital ist die ältere Gründung. Der reiche Würzburger Bürger Johannes von Steren stiftete 1319 einen Teil seines Vermögens, um für die Armen und Siechen, die vor den Toren der Stadt hausten, ein Heim zu errichten. Vom Bischof Gottfried von Hohenlohe abgesegnet und somit »amtlich« bestätigt, erfreute sich die Stiftung bald lebhaften Zuspruchs auch anderer Bürger. Vermacht wurde damals zumeist ertragbringendes Land. Schon zwei Jahre nach der Gründung tauchen auch Weinberge im Stiftungsvermögen auf. Damit bildet der Weinbergsbesitz des Bürgerspitals eines der nachweisbar ältesten Weingüter Deutschlands.

Im Lauf der Jahrhunderte wurde dieser Weinbergbesitz weiter vergrößert, sei es durch Kauf, Tausch oder Zustiftungen. Heute werden etwa 125 Hektar in den besten Lagen Würzburgs und seiner Umgebung bewirtschaftet. Der köstliche Wein, welcher hier wächst, trägt dazu bei, den Unterhalt für rund 110 Pfründner und Pensionäre zu bestreiten, die im Bürgerspital leben.

Ein Heim für Bürger bietet diese segensreiche Institution noch in anderer Hinsicht. Seit 1873 steht der Keller des ehrwürdigen Gebäudes Theater-, Ecke Semmelstraße allen offen, die es sich bei den Weinen des Bürgerspitals wohl sein lassen wollen. Allabendlich trifft sich in den Weinstuben ein munteres Völkchen aus Einheimischen, Fremden und »Halbfremden« (Studenten nämlich), und schnell löst sich hier mancher Alltagskrampf in lockerer Fröhlichkeit.

Sechs Schoppenweine bieten auch dem kräftigen Zecher Abwechslung genug. Selbst zur »Bocksbeutelkunde« muß man sich nicht mit mehreren zusammenfinden; zahlreiche Weine in halben Flaschen können auch Einzelgänger zu größeren Exkursionen veranlassen. Die Karte, als kleines Weinbrevier gestaltet, hilft beim Zurechtfinden. Und eine kräftige Häckerbrotzeit sorgt für solide Wegzehrung.

Bürgerspital zum Heiligen Geist, Weingut, Weinstube Würzburg (8700), Theaterstraße 19, Telefon 0931/50363 und 50364 (Weingut), 50365 (Weinstube)

Preise: Qualitätswein ab 6,–; Kabinett ab 8,–; Spätlese ab 15,–; Auslese ab 25,–; Beerenauslese ab 40,–; Trockenbeerenauslese ab 80,–; Ausschankweine von 2,30 bis 3,50; Flaschenweine ab 8,– (1/2 Flasche ab 5,10); kleine Gerichte ab 3,–; Hauptgerichte (Steak) ab 8,– (Mitte August geschlossen, Dienstag Ruhetag)

Angesichts der blühenden Bürgerspital-Stiftung und des so löblich dokumentierten Bürgergeistes konnte sich der Landesherr nicht lumpen lassen. Einer der bedeutendsten Fürstbischöfe Würzburgs, Julius Echter von Mespelbrunn, der in seiner Baufreudigkeit nur noch von seinen Nachfolgern aus dem Hause Schönborn übertroffen wurde, stiftete 1576 die Mittel für ein Krankenhaus, dem später ein Altersheim – ein Pfründnerhaus – angegliedert wurde: das nach ihm benannte Juliusspital.

Im Gegensatz zu den behäbigen Bauten des Bürgerspitals spürt man beim Juliusspital sogleich herrschaftlichen Bauwillen. Da mehrere Brände vom ursprünglichen Baukörper nur Reste stehenließen, bietet sich heute dem Betrachter ein Barockbau mit Stilelementen der ausgehenden Renaissance bis zum Rokoko. Nahezu alle großen Baumeister, welche im Dienste der Fürstbischöfe standen, haben ihren Beitrag am Juliusspital geleistet: von Petrini über Balthasar Neumann bis zu seinem Schüler Gügel. Es lohnt sich, Hof und Garten zu durchschlendern, um die große Anlage von allen Seiten kennenzulernen. Man wird dabei unweigerlich auch auf den Verkaufsraum des Juliusspital-Weingutes stoßen.

Wie beim Bürgerspital besteht ein beträchtlicher Teil des Kapitals der Juliusspital-Stiftung in Weinbergen. Schon 1605 konnte sie »143 gute und 43 vorzügliche Morgen Weinland« ihr eigen nennen. Heute steht das Juliusspital-Weingut mit 120 Hektar knapp vor dem Bürgerspital an zweiter Stelle in der Reihe der großen fränkischen Weingüter.

Mit einem beträchtlichen Teil des Weines mußte früher der Eigenbedarf befriedigt werden. Schon Julius Echter hatte bestimmt, daß dem gemeinen Gesinde täglich eine halbe Maß Frankenwein zu verabfolgen sei; Pfründner und Kranke erhielten zu jeder Mahlzeit Wein in »sonderbaren Kändlein«. Der beste Wein aber ging in den Verkauf; mit ihm verzinste sich das Kapital.

Heute, im Zeichen des Qualitätsweinbaus, ist das Weingut überwiegend auf Markt und Kundschaft ausgerichtet. Und den Kunden bieten sich ausreichende Möglichkeiten, die Weine zu studieren. Wie beim Bürgerspital ist an das Haus eine Weinstube angegliedert, etwas nüchterner als der Bürgerspitalkeller, doch mit seinen Barockräumen nicht weniger reizvoll. Auch hier herrscht, insbesondere zur Vesperzeit, drangvolle Fülle. Und acht Schoppenweine sorgen mit vielen Bocksbeuteln für die prächtige Stimmung.

Juliusspital-Weingut, Weinstube
Würzburg (8700), Juliuspromenade
Telefon 0931/51610, 50067 (Weingut) und 54080 (Weinstube)

Preise: Literflaschen-Qualitätswein ab 4,50; Kabinett ab 7,–; 1/1 Flasche Qualitätswein ab 6,50; Kabinett ab 8,–; Spätlese ab 16,50; Auslese ab 20,–; Beerenauslese ab 50,–; Trockenbeerenauslese ab 100,–; Ausschankweine von 2,50 bis 3,50; kleine Gerichte ab 7,– (Weinstuben Mitte August bis Anfang September geschlossen, Montag Ruhetag)

Weinhof und Weinstall

Die Ostgrenze des Frankenwein-Gebietes wird vom Westabfall des Steigerwaldes gebildet, einem Gebirgszug, so recht geschaffen für den Wanderer, der ausgetretene Pfade meidet. Obwohl das Wegenetz vom Steigerwald-Verein liebevoll gepflegt und ausgeschildert wird, läuft man nicht Gefahr, in großen Herden mittrotten zu müssen.

Und überall laden gute Tropfen zu einer kleinen Weinrast ein. Von der Gutsschänke am Stollberg über Handthal war schon die Rede. Weiter südlich lockt das Weindorf Abtswind den Weinfreund mit einem neu angelegten Weinlehrpfad, dem ersten in Franken, wie man stolz verkündet. Er führt hinauf zu einem Weinlehrgarten mit 15 Rebsorten – und einem herrlichen Aussichtspunkt.

Dehnen Sie Ihren Spaziergang ruhig ein wenig aus: über das barock-klassizistische Jagdschloß Friedrichsberg und dann nach Norden hinunter in Richtung auf die hier den Steigerwald durchschneidende Autobahn Würzburg-Nürnberg. Kurz vor ihr liegt ein schmucker Aussiedlerhof, der Weinhof Behringer. Hier können wir unsere soeben erworbenen Weinkenntnisse durch praktische Übungen ergänzen.

Die Behringers sind eine alte Abtswinder Winzerfamilie; schon früh auch wurden die Weine in der eigenen Schankwirtschaft kredenzt. 1959 zog man hinaus aus dem Dorf in die Nähe eines kleinen versteckten Weinberges am Wald. Und mit hinaus zogen die Anhänger der Behringer-Weine, ja, der idyllisch gelegene Weinhof erwarb sich viele neue Freunde, so daß Familie Behringer sich 1973 entschloß, ihr Haus zu erweitern.

Dieser Neubau, der sich nahtlos an die ältere Gebäudegruppe anschließt, ist ein gutes Beispiel für die rustikale Behäbigkeit, mit der auch ein moderner Gaststättenbetrieb aufwarten kann: ein schöner Rahmen für die kräftige fränkische Küche, der hier gehuldigt wird – mit Bratwürsten, Wild aus dem Steigerwald und Aischgründer Karpfen. Nicht zu vergessen die Weine, auf deren Ausbau sich Karl Behringer (genannt »der Schoppenkarl«) so gut versteht, daß das Weingut mittlerweile auf rund 12 Hektar angewachsen ist. Auch die Kellereigebäude mußten inzwischen vergrößert werden. Da die Familie weiterhin alles in eigener Hand behalten will, schließt sie das Lokal montags und dienstags, um sich an beiden Tagen ganz den Kellerarbeiten widmen zu können.

Ein Tip noch für Autofahrer auf der Autobahn in Richtung Nürnberg: Gönnen Sie Ihren Beifahrern eine kleine Weinrast. Sie brauchen dazu nicht einmal von der Autobahn hinunterzufahren (wer es dennoch will: Abfahrt Schweinfurt/Wiesentheid, dann durch Abtswind hindurch). Gleich vom ersten Rastplatz hinter der Abfahrt Wiesentheid führt ein Wanderweg in wenigen Minuten zum Weinhof. Sollte sich auch der Fahrer ein paar Schoppen gönnen wollen, so kann er in einem der neu ausgebauten Gästezimmer übernachten.

Weingut-Gaststätte, K. u. J. Behringer
Abtswind am Steigerwald (8711), Telefon 09383/675

Preise: Literflaschen-Qualitätswein ab 5,50; 1/1 Flasche Qualitätswein ab 5,–; Kabinett ab 8,–; Spätlese ab 10,–; Auslese 23,–; Ausschankweine von 2,50 bis 3,50; Flaschenweine ab 8,30; Hauptgerichte ab 5,50 (Montag und Dienstag Ruhetage)

Das Gebiet des Steigerwaldes bot früher ein getreues Abbild der politischen Buntscheckigkeit des Deutschen Reiches. Hier verzahnten sich die Bistümer Würzburg und Bamberg, Exklaven von Ansbach-Bayreuth wechselten mit reichsunmittelbaren Herrschaften ab. Dazu gehörte auch die Grafschaft Castell, in deren winziges Territorium sich auch noch die Linien Castell-Castell und Castell-Rüdenhausen teilten.

Die Casteller Grafen (der jeweilige Chef des Hauses darf sogar den Fürstentitel führen) gehörten schon früh zu jenen fürsorglichen Landesherren, die begriffen hatten, daß ihr Wohl von dem ihrer Untertanen abhing. Ihre Fürsorge war gepaart mit einem fortschrittlichen Wirtschaftssinn. So gründeten sie im 18. Jahrhundert, als ihre Bauern in immer stärkere Verschuldung gerieten, eine Landes-Credit-Casse, aus der sich dann später die Castell-Bank entwickelte, eine der angesehensten Privatbanken mit vielen Filialen in ganz Franken.

Die zweite wirtschaftliche Säule des Ländchens – und des Grafenhauses – gründet sich auf den Weinbau, der um Castell schon seit dem 13. Jahrhundert beurkundet ist. Das Gräflich Castellsche Weingut läßt sich also noch weiter zurückführen als die Weinberge des Bürgerspitals. Auch an der Entwicklung dieser Weinbau-Domäne läßt sich der wirtschaftliche Spürsinn des Hauses ablesen: Schon früh wurde der Schritt vom Eigenbedarf und Deputat-Weingut zum marktorientierten Unternehmen gewagt.

In diese Entwicklung gehörte auch die Eröffnung eines zünftigen Weinlokals. Sehr geschickt wurde der zum Schloß gehörende Pferdestall hierfür umgewandelt; zum Teil stehen noch die alten Boxen. Nur gibt es hier jetzt statt Hafer und Wasser allerlei Fränkisches wie Zwiebelsuppe, Blaue Zipfel und hausgemachte Würste (auch zum Mitnehmen), viel Wild aus fürstlicher Jagd (auch eine köstliche Wildpastete), dazu Froschschenkel, Schnecken und »flugfrischen« irischen Räucherlachs – vor allem aber die Casteller Weine! Etwa sieben Schoppen werden im »Weinstall« ausgeschenkt, daneben steht die gesamte jeweils im Verkauf befindliche Flaschenpalette bereit zuzüglich einiger älterer Semester.

Es lohnt sich auch, sich in der benachbarten Kellerei zu einer kleinen Besichtigung anzumelden. Sie zeigt – und Gespräche mit dem Kellermeister oder dem Verwalter bestätigen dies –, wie sich der Geschäftssinn des Hauses Castell selbst heute noch mit einer gewissen Fürsorglichkeit paart. So konnte die fürstliche Domäne schon verhältnismäßig früh auch unabhängige Winzer zu einer großzügigen Rebflurbereinigung gewinnen. Und vor ein paar Jahren gelang es gar, viele Kleinwinzer zu einer Erzeugergemeinschaft zusammenzuschließen, angelehnt an das Domänenamt, das einen sicheren Absatz gewährleistet. So kommt zu den etwa 40 Hektar des Domänenweingutes nochmals etwa die gleiche Rebfläche, Basis für ein gesundes Unternehmen.

Entsprechend großzügiger wurde in den letzten Jahren der Kellereibereich ausgebaut. Längst sind die alten Keller unter dem Barockschloß zu klein geworden, aber in ihnen wird die Tradition edler Holzfässer, alter und neuer, gepflegt. Ihre schönste Gruppe ist mit den Porträts des Fürsten, seiner Gattin und seiner Kinder verziert. So kann sich der Besucher, der da unten bei Kerzenschein einen guten Tropfen probiert, als Gast der fürstlichen Familie fühlen.

Fürstlich Castell'sches Domänenamt
Castell (8711), Telefon 09325/512

Preise: Literflaschen-Qualitätswein ab 7,40; 1/1 Flasche Qualitätswein ab 6,90; Kabinett ab 8,20; Spätlese ab 13,–; Auslese ab 45,–; Beerenauslese/Trockenbeerenauslese ab 90,–

Restaurant Weinstall
Castell (8711), Telefon 09325/463

Preise: Ausschankweine von 2,50 bis 3,50; Flaschenweine ab 9,–; Hauptgerichte ab 8,50 (Ende Dezember geschlossen, Montag Ruhetag)

Echterberg, Kronsberg, Burgberg und Kalb

Wenn es gälte, das typischste mittelalterliche Weinstädtchen zu finden, so käme man früher oder später auf Iphofen. Wie glücklicherweise so viele der kleinen fränkischen Städte hat es die Kriegsläufte fast unbeschädigt überstanden, was wiederum auch moderne Bauwut in Schranken hielt. Noch umgeben Mauern, Türme und Tore den Kern; er läßt sich auf den alten Wällen bequem umwandern.

Und was gibt es erst in der Stadt alles zu sehen: die Stadtpfarrkirche voran, hochgotisch in den Chorteilen, das Hauptschiff in von Renaissance angehauchter Nachgotik aus der Zeit des Julius Echter, geschmückt mit einigen Perlen deutscher Plastik, darunter einem Riemenschneider-Johannes; dann das Bürgerspital mit seiner Kirche, die alte Kirche zum Heiligen Blut und vor allem die zahlreichen alten Häuser, deren Wappen uns erzählen, wie viele Köster, Kirchfürsten und Adelige vom Iphöfer Reichtum profitieren. Am augenfälligsten verkörpert diesen Reichtum das große barocke Rathaus, Krönung des Marktplatzes.

Der Reichtum der Stadt bestand stets in ihrem Wein, den die Bürger wie eh und je an den Sonnenhängen des Steigerwald-Südabfalls aus den Lagen Julius Echterberg, Kronsberg, Burgberg und Kalb gewinnen. Doch verteilte sich das Einkommen aus dem Wein früher wohl nicht sehr gleichmäßig, wie eine Verordnung aus dem 17. Jahrhundert belegt. Sie verbot das »Bierpreuen« in Iphofen, damit »der arme Häckersmann sein Tröpflein Wein, so ihm Gott beschert, verkaufen« könne.

Zwar wird auch heute noch in Iphofen kein Bier »gepreut«, doch bedarf es einer speziellen Verordnung zum Schutze des Weines wohl nicht mehr. Iphöfer Wein nährt seinen Mann, den genossenschaftlich organisierten Nebenerwerbswinzer ebenso wie das einheimische Weingut oder das Würzburger Juliusspital, das von alters her in Iphofen Weinberge besitzt. Zum Ruhme der Iphöfer Weine tragen auch die Gasthäuser bei, von denen einige mit guten Tropfen aus eigenem Anbau aufwarten können.

Ohne den anderen Häusern zu nahe treten zu wollen – wenn man von Iphöfer Gastronomie spricht, denkt jeder, der gutes Essen zu seinen Hobbys zählt, an den Zehntkeller. In drei Generationen hat Familie Seufert dieses Haus aus einer kleinen Schenke ihres Weingutes zum Hotel-Restaurant entwickelt, von dessen Beliebtheit und Ruf sich jedermann leicht überzeugen kann, einmal durch den täglichen Andrang, zum anderen durch die prominenten Namen im Gästebuch – von Pfitzner bis Altbundeskanzler Erhard.

Die Seufertsche Küche ist ganz auf den hauseigenen Wein abgestimmt. Mit ihm wird gekocht – wie die köstlichen Hähnchen in Silvaner –, seine Begleitung wird aber auch stets bei der Komposition der Speisekarte berücksichtigt. Doch was paßt nicht alles zu den kräftigen Iphöfer Weinen: die Geflügel- und Leberpasteten »aus dem Rezeptbuch der Großmutter« ebenso wie das Rumpsteak nach »Weinhändlerart« mit Rindermark und Weinbeeren, Wild und Geflügel – etwa Rehkeule in Thymiansauce, Jägertopf (Rehsteak, Braten, Wildgeflügel) oder »Winzerschmaus« (gebratene Ente und Filets auf Sauerkraut) – wie natürlich Fisch: Karpfen, Schleie und Waller; die frisch aus dem Rauch kommenden Forellen nicht zu vergessen. Da der Kellermeister mit Restsüße sparsam umgeht, kommt man auch in den vollen Genuß der Süßspeisen – Nußpalatschinken beispielsweise.

Familie Seufert geizt auch mit ihren Weinen nicht. Vier bis fünf Schoppenweine stehen immer bereit. Dazu kommen noch drei Spitzenweine, in kleinen Gläsern zu einer Weinprobe zusammengestellt und auf einer Weinschaufel serviert – alle drei natürlich auch separat im Schoppen zu haben. Daß die Flaschenweinkarte die ganze Fülle des Seufertschen Angebotes präsentiert, braucht nicht eigens betont zu werden.

Das schöne barocke Gebäude des Zehntkellers wurde übrigens 1726 vom Würzburger Juliusspital an Stelle des alten fürstbischöflichen Amtssitzes errichtet. Auch der weniger Kunstsinnige wird feststellen, daß sich das Spital getreulich an die Kaufauflage gehalten hat, den Gebäude zu errichten, »daß der Stadt zum Dekor gereiche«. Später residierten hier die Zentgrafen und das Zentgericht, eine Art Finanzamt und Finanzgericht zugleich – daher auch der Name. Vielleicht erinnert sich der Gast im Zehntkeller noch daran, wenn er die Rechnung mit dem »Zehnten« – der ausgewiesenen Mehrwertsteuer – präsentiert bekommt.

Aber Iphofens Gastronomie besteht, wie schon erwähnt, nicht nur aus dem Zehntkeller. Auch von der Goldenen Krone, die mit dem Hintergrund der Stadtkirche mit dem Rathaus ein prächtiges

Hotel-Restaurant Zehntkeller, Weingut
Iphofen (8715), Telefon 09323/3318

Preise: Literflaschen-Qualitätswein ab 5,60; 1/1 Qualitätswein ab 5,20; Kabinett ab 5,60; Spätlese ab 10,80; Auslese ab 14,80; Beerenauslese ab 38,–; Ausschankweine von 2,– bis 3,20 (Weinschaufel 6,–); Flaschenweine ab 9,30; Hauptgerichte ab 8,–; Übernachtung mit Frühstück ab 24,–
(Montag mittags und Ende Dezember/Anfang Januar geschlossen)

Bühnenbild abgibt, darf man einiges erwarten. Zu diesem Gasthaus gehört ebenfalls ein Weingut, und die Weine werden mit sechs Beispielen im Offenausschank vorgestellt – bis hin zu einer sagenhaften Spätlese. Einen Weinversand betreibt das Weingut nicht, doch kann man sich selbstverständlich ein paar Kistchen oder Kartons zusammenpacken lassen.

Auch auf der Speisekarte kann der Genießer fündig werden – etwa bei einem gebackenen Kalbskopf, bei einem Kalbssteak mit Kräuterrührei oder bei den Wildgerichten.

Gasthaus Goldene Krone, Weingut Popp
Iphofen (8715), Marktplatz, Telefon 09323/3330

Preise: Qualitätswein ab 5,50, Kabinett ab 7,–; Spätlese ab 9,50; Auslese ab 17,–; Beerenauslese 40,–; Ausschankweine von 2,20 bis 4,80; Flaschenweine ab 8,50; Hauptgerichte ab 6,–; Übernachtung mit Frühstück 17,–
(Dienstag Ruhetag; Januar geschlossen)

Damit sind die Iphöfer Wein-Probiermöglichkeiten immer noch nicht ausgeschöpft. Vielleicht kommt man bei einem Stadtbummel am Stern vorbei, einer gemütlichen Wirtschaft, deren Wirt in seinem kleinen Weingut ein paar feine Tropfen zustande bringt. Von den vier bis fünf Ausschankweinen werden immer welche auch auf Literflaschen zum Verkauf abgefüllt.

Oder man entdeckt auf dem Wege zum Bahnhof das Weinhaus Seufert, das frühere Parkhotel, das die junge Generation nach dem Ausscheiden der Eltern aufgegeben hat. Sie konzentriert sich auf das Weingut. Vom Hotel verblieb jedoch noch die gemütliche Schankstube, die als reiner Ausschank mit kleinen Brotzeitgerichten weitergeführt wird. An heißen Sommertagen kann man sich's auch in einer schattigen Laube wohl sein lassen. Vier offene Weine gibt es immer, und man sollte sie sich nicht entgehen lassen, bevor man sich zum Bahnhof begibt – notfalls klingeln!

Gasthaus Zum Stern, Weinbau August Gallena
Iphofen (8715), Telefon 09323/3315

Preise: Literflaschen-Qualitätswein ab 6,–;
Ausschankweine von 2,20 bis 3,–; Flaschenweine ab 7,–;
Hauptgerichte ab 6,–; Übernachtung mit Frühstück ab 12,–

Weinhaus Seufert, Bes. Willi Seufert
Iphofen (8715), Bahnhofstraße 33, Telefon 09323/3344

Preise: Qualitätswein ab 5,80; Kabinett ab 7,20;
Spätlese 13,–; Auslese ab 13,50; Ausschankweine
von 2,– bis 3,–; kleine Gerichte ab 3,–

Sand = Spargel plus Wein

Frankenwein gedeiht nicht nur auf Kalk und Keuper, auf Urgestein und Buntsandstein. Einige der berühmtesten Gewächse Frankens stammen von Sandböden. Allerdings nicht vom simplen Dünensand; die Sande von Volkach, Nordheim und Sommerach sind durchsetzt mit Tonen, Mergeln, enthalten Kalk und Keuperreste. Aber es sind Sande.

Auf Sandböden gedeiht aber auch der Spargel besonders gut. Kein Wunder also, daß sich in der Mainebene um Volkach Spargelfeld an Spargelfeld reiht. Spargel dominiert auch auf dem langgestreckten Hügelrücken der »Weininsel«, dem Dreieck Volkach-Nordheim-Münsterschwarzach, begrenzt von einer großen Mainschlinge und dem für die Schiffahrt angelegten Stichkanal, der die Strecke erheblich abkürzt.

Welch hervorragende Weine auf diesen sandigen Böden wachsen können, bezeugten die Tropfen von den etwas steileren Südwesthängen, einmal vom Hang unterhalb der Volkacher Wallfahrtskirche – jener mit der berühmten Rosenkranzmadonna des Tilman Riemenschneider –, zum anderen vom Sommeracher Katzenkopf, der sich zwischen Sommerach und Nordheim erstreckt. Etwas weicher, etwas runder sind diese Weine als ihre kräftigen Brüder von Keuper und Kalk.

Leider hat der Umstand, daß sich der Boden hier wegen seiner Lockerheit und des sanften Gefälles vergleichsweise leicht bearbeiten läßt, so mancher Winzer dazu verführt, seine Weinberge immer weiter auf den Höhenrücken vorzutreiben, wo nur noch Quantität, nicht Qualität geerntet wird. Er sollte dem Spargel lassen, was des Spargels ist.

Neben dem Wein bildet der Spargel die kulinarische Hauptattraktion dieser Gegend. Ganze Scharen von Spargelfreunden fallen hier im Frühjahr zur Spargelzeit ein, und die Gasthäuser wetteifern, miteinander um den köstlichsten Spargelschmaus, dem der Frankenwein ein adäquater Begleiter ist.

Die Wirte in und um Volkach können nicht nur Spargel zubereiten. Auch wer zu einer weniger betriebsamen Zeit als der Spargelsaison hierherkommt, kann überdurchschnittliche Gaumenfreuden erwarten. Beispielsweise im Gasthaus Zur Schwane in Volkach, einem prächtigen alten Gasthof, mit dem stets auch eigenen Weinberge verbunden waren.

Der Name hat nichts mit dem weiblichen Schwan zu tun; so kürzt lediglich der Volksmund das lange Wort Schwanenwirtschaft ab. Lange Zeit gab es tatsächlich hier eine Familie Schwan. Heute betreut Familie Pfaff Haus, Küche und Keller und vor allem die Gäste. Was gibt es für verwöhnte Gaumen außerhalb der Spargelzeit? Fisch und Wild vor allem: Filet von fangfrischem Flußzander oder Spiegelkarpfen in Wurzelsud, allerlei Leckeres von Hasen, Hirsch, Reh oder Fasan, aber auch ein zartes Schweinefilet im Kräutermantel oder ein Kalbssteak, gefüllt mit Gorgonzola. Dazu prächtige Pfaffsche Weine aus den Lagen Volkacher Ratsherr und Volkacher Kirchberg – allein neun im Ausschank – und hinterher ein hausgebranntes Obstwässerchen.

Gasthof Zur Schwane, Josef Pfaff II
Volkach (8712), Hauptstraße 12, Postfach 146,
Telefon 09381/421

Preise: Literflaschen-Qualitätswein ab 6,50;
1/1 Flasche Qualitätswein ab 6,60; Kabinett ab 6,90;
Spätlese ab 12,–; Auslese ab 33,–; Ausschankweine
von 2,50 bis 4,20; Flaschenweine ab 9,30 (1/2 Flaschen
ab 5,–); Hauptgerichte ab 7,–; Übernachtung mit Frühstück
ab 18,–, (Mitte Dezember bis Mitte Januar
geschlossen, Montag Ruhetag)

Die Schwane mit ihren hauseigenen Weinen ist in Volkach kein Einzelfall. Sehr viel tut man auch in der Rose, um den Gast mit eigenen Weinen vertraut zu machen. Da werden zwei Weinkarussells angeboten; man kann sich aber auch mit kleineren Weinproben begnügen. Die Liste der Ausschankweine endet erst bei Numero Vierzehn, darunter finden sich elf hauseigene Weine - wenn man sich durch alles hindurchprobiert hat, weiß man, was man getan hat . . .

Ein nettes Wein-Spiel, das man in der »Rose« treiben kann: Sich beim Do-it-yourself-Probieren als richtiger Weinprüfer bestätigen. Die Beitzer der »Rose«, die Heßmanns, stellen nämlich einen Vordruck zur Verfügung, auf dem das »amtliche« Punktbewertungssy-

Gasthof Rose, Josef und Hilde Heßmann
Volkach (8712), Oberer Markt 7, Telefon 09381/1294

Preise: Literflaschen-Qualitätswein ab 6,80, -Kabinett ab 7,50, -Spätlese ab 12,50; 1/1 Flasche Qualitätswein ab 6,40; Kabinett ab 10,80; Spätlese ab 12,–; Auslese ab 16,–; Ausschankweine von 2,20 bis 4,50; Weinproben zu 3,65 und 4,15; Weinkarusselle zu 8,80 und 12,90; Flaschenweine ab 9,–;
Hauptgerichte ab 7,20; Übernachtung mit Frühstück ab 19,– (im Januar geschlossen, Mittwoch Ruhetag)

stem erläutert wird, wonach die Weine bei Qualitätsprüfungen und Prämiierungen getestet werden. An entsprechender Stelle kann man sich dann sein Urteil über die soeben getrunkenen Weine in Punktform eintragen.

Das Essen in der »Rose« würde ich unter »gehobene Hausmannskost« einordnen, mit Einfällen wie Winzerrippchen (mit Käse und Spiegelei auf Toast), Berner Würstchen mit Schinken und Käse oder den Rosenteller, der aus verschiedenen Toastbroten besteht. Für denjenigen, der in der »Rose« übernachten möchte, ein kleiner Tip: Wer es ganz ruhig haben will, sollte sich nicht in das Gasthaus oder in das neue Gästehaus legen lassen, sonder ins »Röslein«, ein idyllisches Gartenhäuschen.

Wer seinen Frankenwein lieber in der Atmosphäre eines gemütlichen Gasthauses trinkt, wird sich im Storchen wohl fühlen. Am Unteren Tor liegt diese Gastwirtschaft des Weingutes Heilmann; das schöne barocke Bürgerhaus mit dem fein geschmiedeten Wirtshausschild ist leicht zu finden. Freundlich wird der Gast bedient, und die hauseigenen Frankenweine sind zum Teil noch von altem Schrot und Korn.

Weingut Heilmann, Gasthaus Zum Storchen
Volkach (8712), Hauptstraße 54, Telefon 09381/355

Preise: Literflaschen-Qualitätswein ab 6,50; Kabinett ab 6,80; Spätlese ab 9,50;1/1 Flasche Kabinett ab 7,80; Spätlese ab 12,–; Auslese ab 20,–; Ausschankweine von 2,40 bis 4,60; Flaschenweine ab 11,30 (Mittwoch Ruhetag, Ende Dezember bis Anfang Januar geschlossen)

Rund um die Weininsel

Volkach bildet einen idealen Ausgangspunkt, um sich das fränkische Weinland zu erschließen. Vor allem möchte ich eine Wanderung um die Weininsel vorschlagen, eine lohnende Wanderung mit vielen Weinstationen.

Unser erstes Ziel soll Sommerach sein, das man auf gutem Wege zunächst am Schiffahrtskanal entlang, dann sich nach Westen wendend, erreichen kann. Der Weinfreund wird jedoch den Weg über den Höhenrücken vorziehen, nicht nur weil er dort oben ständig von Spargelfeldern und Weingärten begleitet wird, sondern auch, um Schloß Hallburg einen Besuch abzustatten.

Wie Volkach ursprünglich castellisch, war die Burg, von der noch der Bergfried und ein (neuerer) Palas stehen, längere Zeit im Besitz des Rittergeschlechtes der Zöllner. Als diese, getreu ihrem Namen, damit begannen, den Mainschiffern Passage nur gegen einen Obolus zu gewähren, ihre Räubereien gar ausdehnten, legte man ihnen das Handwerk. Die Burg wechselte mehrfach die Besitzer, bis sie 1806 von den Schönborns erworben wurde – samt den Weinstöcken, welche die Südhänge des Schloßberges bedeckten.

Der Hauptzweig dieses Grafengeschlechtes hatte sich Anfang des 18. Jahrhunderts in Franken – und zwar in Wiesentheid – niedergelassen, als zahlreiche Schönborns nacheinander und gleichzeitig auf Deutschlands Bischofsstühlen saßen, darunter auch auf den Würzburger und Bamberger Pfründen – nicht zuletzt dank eines ausgeprägten Familiensinns. Es erstaunt eigentlich, daß sie in ihrem neuen »Stammland« erst so spät Weingutsbesitzer wurden; denn im Rheingau, woher sie kommen, läßt sich Schönbornscher Weinbergsbesitz schon im 14. Jahrhundert nachweisen. Heute ist das Graf von Schönbornsche Domänenweingut das größte private Weingut im Rheingau mit Stücken in den besten Lagen von Hochheim bis Lorch.

Vom (viel kleineren) Weingut Hallburg aus werden auch Rebfelder in Gaibach bewirtschaftet, wo ebenfalls ein Schönborn-Schloß steht. In der Schloßgaststätte Hallburg, betrieben von Franz Trapp, werden stets vier bis fünf Weine des fränkischen Gutes ausgeschenkt, ebenso in der Gaststätte des Schönborn-Jagdschlosses Ilmbach (östlich von Wiesentheid, in der Nähe des Damwildparks Rüdern), welche vom Bruder des Hallburger Pächters, Siegfried Trapp, betreut wird.

Auch in Schloß Pommersfelden bei Bamberg, sicher die Krone des Schönborn-Besitzes, werden Schönborn-Weine kredenzt. Der Pächter der dortigen Gaststätte bietet übrigens auch Rheingauer an.

Zu den Mächtigen im Lande gehörte auch die Abtei Münsterschwarzach, die sich ihren Zehnten größtenteils in Wein ausbezahlen ließ. Davon zeugt noch der riesige Zahnthof in Sommerach, einer der größten Weinbaugemeinden Frankens. Heute liefern die meisten

Graf von Schönborn'sche Hauptverwaltung
Wiesentheid (8714), Postfach 20
Telefon 09383/801

Graf von Schönborn'sches Domänenweingut
Eltville-Hattenheim (6229)
Telefon 06723/2007

Gaststätte Schloß Hallburg, Franz Trapp
Volkach (8712), Telefon 09381/340

Gaststätte Jagdhaus Ilmbach, Siegfried Trapp
Prichsenstadt-Kirchschönbach (8711)
Telefon 09383/471

Schloßgaststätte Pommersfelden, Georg Dorn
Pommersfelden Post Stappach (8602)
Telefon 09548/224

Preise: Qualitätswein ab 4,50; Kabinett ab 6,–; Spätlese ab 12,–; Auslese ab 17,–; Beerenauslese 45,–; Ausschankweine von 2,90 bis 3,30; Flaschenweine ab 12,–; kleine Gerichte ab 2,50; Hauptgerichte ab 6,50 (Schloßgaststätte im Winter nicht durchgehend geöffnet)

Winzer ihr Rebgut an die Genossenschaft ab. Edmund Strobel jedoch baut seine Weine noch selber aus. Unabhängig geblieben ist er wohl auch deshalb, weil er seine Weine im eigenen Gasthaus zum Weißen Lamm präsentieren kann. Zu den sechs bis sieben Ausschankweinen bietet die einfache, doch hübsch aufgemachte Speisekarte Blaue Zipfel, Winzerplatte und »Strobels Appetitbrot« an.

Gasthof Zum Weißen Lamm, Weingut Edmund Strobel
Sommerach am Main (8711), Telefon 09381/9377

Preise: Literflaschen-Qualitätswein ab 5,70; 1/1 Flasche Qualitätswein ab 6,–; Kabinett ab 8,20; Spätlese 1/2 Flasche ab 7,70; Ausschankweine von 2,– bis 3,–; Flaschenweine ab 9,–; Hauptgerichte ab 6,50; Übernachtung mit Frühstück ab 13,– (Mittwoch Ruhetag; Januar oder Februar geschlossen)

Die Mitglieder der Sommeracher Winzergenossenschaft, der ältesten Frankens, bearbeiten mit etwa 100 Hektar die Hälfte der Weinbergfläche ihrer Gemarkung. In den Genossenschaftsräumen ist der Gast allezeit willkommen. Auch seinen Schoppen kann er im Verkaufsraum trinken. Dazu stehen ihm sämtliche Literflaschenweine – etwa acht an der Zahl – zur Verfügung und, wenn gerade eine Flasche geöffnet wird, der eine oder andere Bocksbeutelwein dazu.

Speisen dürfen allerdings nicht gereicht werden; das läßt die Schankordnung nicht zu. Aber es steht jedem frei, sich seine Brotzeit mitzubringen, was an Samstagen und Sonntagmittagen weidlich genutzt wird. Dann reicht der Verkaufsraum nicht aus, um all die Schoppengäste zu fassen. Man öffnet den großen Saal, wo dann an langen Tischen ein munteres Zechen anhebt.

Auch in der Winzergenossenschaft des benachbarten Nordheim kann man sich Samstagnachmittags und am Sonntag deren Schoppen zu Gemüte führen, und zwar in den historischen Räumen des mächtigen alten Zehnthofes.

Winzergenossenschaft Sommerach
Sommerach am Main (8711), Telefon 09381/836

Preise: Literflaschen-Qualitätswein ab 6,–;
1/1 Flasche Qualitätswein ab 5,50; Kabinett ab 6,–;
Ausschankweine von 1,80 bis 2,80

Winzergenossenschaft Nordheim
Nordheim am Main (8711), Telefon 09381/345

Preise: Literflaschen Qualitätswein ab 5,80;
Kabinett 6,50; 1/1 Flasche Qualitätswein ab 4,90;
Kabinett ab 5,50; Spätlese ab 9,50; Auslese ab 20,–;
Ausschankweine von 2,– bis 3,50

---

von kann man sich im Gasthaus zum Engel überzeugen, wo Werner Blendel seine eigenen Weine ausschenkt. Dazu erwartet den Gast solide Hausmannskost, in der Saison angereichert mit Spargel oder Wild.

Drüben, auf der anderen Seite des Mains, über den uns ein freundlicher Fährmann setzt, wächst der Wein wieder am felsigen Steilhang. Escherndorfer Lump und Fürstenberg heißen die berühmten Lagen, von denen ein typischer kräftiger Frankenwein kommt. Da-

---

Weingut Werner Blendel, Gasthaus zum Engel
Escherndorf am Main (8711), Telefon 09381/447

Preise: Literflaschen-Qualitätswein ab 5,50;
1/1 Flasche Qualitätswein ab 5,50; Kabinett ab 7,50;
Spätlese ab 9,50; Ausschankweine von 3,– bis 5,–; Flaschenweine ab 9,–; Hauptgerichte ab 6,50; Übernachtung
mit Frühstück ab 13,– (im Januar geschlossen,
Donnerstag Ruhetag)

Bevor wir nach Volkach zurückkehren, wollen wir noch eine gastfreundliche Stätte besuchen, die uns zugleich einen herrlichen Rundblick über unser Wandergebiet beschert. Auf schmalem, steilem Felsenpfad steigen wir aufwärts zur Vogelsburg, über drei Jahrtausende Zufluchtsstätte und gastlicher Ort zugleich. Schon die Kelten brachten hier ihre Opfer dar, zogen sich in Zeiten der Gefahr auf den engen, vom Main in weitem Bogen umflossenen Höhenrücken zurück. Mit den Franken kamen christliche Mönche, die wohl auch die ersten Reben an den Hängen pflanzten. Damit läge hier das älteste Weingut Frankens.

Den Schutz der »Gotteszelle« übernahmen die Grafen von Castell als Herren der benachbarten Burg. Im Mittelalter wurde auch diese den Mönchen vermacht, und zwar Karmelitern, welche bis zur Säkularisation ihr Kloster durch alle Wirrnisse steuerten. Oftmals wechselten in der Folgezeit die Besitzer, bis 1957 die Würzburger Familie Walter die Vogelsburg der Schwesterngemeinschaft vom Heiligen Augustinus übergab.

Das Kloster wurde zu einem Haus der Begegnung und Besinnung umgestaltet; hier finden Bildungstage und Studienwochen, Gemeinschaftstreffen und Gesprächsrunden statt, betreut von den Schwestern, welche Haus und Küche, Kirche und Weinberg versorgen.

Ja, auch die Pflege der hauseigenen Weinberge lassen sich die Schwestern angelegen sein. Daß sie etwas davon verstehen, merkt man an den köstlichen Weinen, den Silvanern, den Müller-Thurgau und vor allem den Traminern, eine Spezialität der Vogelsburg. Verkosten kann man sie in der schlichten Gaststätte, die besonders im Sommer, wenn lange Reihen von Tischen ins Freie gestellt werden, ein vielbesuchtes Ausflugsziel darstellt.

Gemeinschaft der Augustinusschwestern, Vogelsburg
Gaststätte, Weingut
Volkach (8712), Telefon 09381/593

Preise: Literflaschen-Qualitätswein ab 6,–;
1/1 Flasche Qualitätswein ab 7,– (1/2 Flasche ab 3,50),
Kabinett ab 9,50(1/2 Flasche ab 4,20), Spätlese ab 14,–
(1/2 Flasche ab 7,–), Auslese 29,– (1/2 Flasche 14,30);
Ausschankweine von 2,20 bis 3,60; Flaschenweine ab 8,–
(1/2 Flasche ab 4,20); kleine Gerichte ab 2,50
Hauptgerichte ab 8,– (geöffnet von 9 bis 20 Uhr,
Montag Ruhetag)

Im tiefen Weinkeller zu Sulzfeld

Wie mag wohl ein fränkisches Wein- und Ackerbaustädtchen im Mittelalter ausgesehen haben? Man kann es sich vorstellen, wenn man Sulzfeld besucht. Zwar hat man auch hier im 19. und 20. Jahrhundert manches Alte durch Neues, wenig Schönes ersetzt: den Reiz des Gesamtbildes vermochten diese Bauwerke glücklicherweise nicht ernsthaft zu beeinträchtigen.

Man sollte einmal die vollständig erhaltene Stadtmauer mit ihren zahlreichen Türmen und Türmchen umwandern, dann durch die schmalen Gassen streifen, um den Zauber dieses Städtchens kennenzulernen. Auch die Würzburger Fürstbischöfe liebten diese ihre Stadt, lieferte sie ihnen doch hervorragenden Wein. Bischof Julius Echter revanchierte sich, indem er den Sulzfeldern ein prächtiges Rathaus in schönster Renaissance hinstellen ließ.

Gleich nebenan können wir unseren Wunsch, nun endlich auch die Sulzfelder Weine zu kosten, in einem wirklich originellen Weinlokal befriedigen. Der Keller, in dem es eingerichtet wurde. ist wesentlich älter als die Baulichkeiten über ihm; Wolfang Scheckenbach, der Besitzer des Michelskellers, wie er sein Lokal nennt, schätzt, daß er so um 1300 herum errichtet worden sein muß.

Der Erbe eines kleinen Weingutes zeigt hier beispielhaft, was man alles machen kann, wenn man für den Wein im allgemeinen und seinen eigenen Wein im besonderen werben will – und die entsprechenden Ideen hat. Ich meine damit nicht nur die Ausgestaltung des Kellers, sondern vor allem das persönliche, fast missionarische Engagement für den Wein. Wolfgang Scheckenbach hat zahlreiche Vorträge ausgearbeitet, über den Wein und seine diversen Aspekte, aber auch über Sulzfeld und seine Geschichte: über die berühmte Cyriakusschlacht etwa, die 1266 in der Nähe von Sulzfeld zwischen den ritterlichen Anhängern der beiden Kandidaten für den Würzburger Bischofsthron, Berthold von Henneberg und Konrad von Trimberg, ausgefochten wurde und letzterem Sieg und Bischofswürde einbrachte. Ein großes Wandgemälde im Keller illustriert den Vortrag, ein Schluck »Sulzfelder Cyriakusberg« ölt gelegentlich die Kehle.

Solche Vorträge, verbunden mit Weinproben, stehen auf der Wunschliste vieler Gesellschaften, die den Michelskeller besuchen. Aber auch für Gäste, die sich lieber in aller Stille mit dem Wein beschäftigen wollen, hat Wolfgang Scheckenbach vorgesorgt. Je eine Weinprobe mit Qualitätsweinen (sechs Weine für 6,– DM) und Prädikatsweinen (11,– DM) hat er zusammengestellt. Zu jeder Probe bekommt man ein Blatt mit ausführlicher Beschreibung der Weine und allerlei Wissenswertem.

Wem das noch nicht genügt, kann sich mit acht Schoppenweinen und etwa 30 Bocksbeuteln beschäftigen. Als Zubiß gibt es natürlich die Sulzfelder Spezialität, Meterbratwurst, von der ein halber Meter mit Kraut rund 4 Mark kostet. Das Hausrezept für »Gerupften« (reifer Camembert, verknetet mit Eigelb, Salz, Pfeffer, Zwiebeln, Knoblauch und Paprika) erlangte dank Fernsehkoch Enghofer vom Bayerischen Regionalprogramm landesweite Berühmtheit.

Kein Wunder, daß dieses Lokal sich regen Zuspruchs erfreut. Gruppen sollten sich auf jeden Fall vorher anmelden. Nicht verwunderlich auch, daß der hauseigene Wein in mageren Jahren gerade für den Lokalausschank reicht. Ab dem guten 1975er kann man sich aber wieder ein paar Flaschen einpacken lassen.

Weingut, Weinlokal Michelskeller
Wolfgang Scheckenbach
Sulzfeld am Main (8711), Telefon 09321/7545

Preise: Literflaschen-Qualitätswein ab 6,25; 1/1 Flasche Qualitätswein ab 6,–, Kabinett ab 8,–; Spätlese ab 12,70; Ausschankweine von 2,40 bis 4,–; Flaschenweine ab 8,80; kleine Gerichte ab 2,50; Hauptgerichte ab 6,– (geöffnet ab 17 Uhr, Samstag und Sonntag ab 14 Uhr)

Beiderseits Würzburg

Sulzfeld hat zwar von allen Mainorten sein mittelalterliches Gepräge am besten bewahrt, ist aber beileibe nicht der einzige, bei dem man sich in vergangene Zeiten zurückversetzt fühlt. Marktbreit, Ochsenfurt, Frickenhausen, Eibelstadt – sie alle verfügen noch über so viel alte Bausubstanz, daß sie Großstädter ihre Bauwüsten vergessen lassen können.

Sommerhausen blieb es vorbehalten, die Kunst, die in einem solchen alten Stadtbild steckt, konsequent mit anderen Künsten zu verbinden. Der 400jährige Rathaussaal bildet den festlichen Rahmen für die Solistenkonzerte des »Sommerhausen Recital«. Vor allem aber war es der große Komödiant Luigi Malipiero, der alljährlich viele Besucher von nah und fern in sein kleines Theater lockte, untergebracht in einem der Tortürme des Städtchens. 1975 hat der Tod seinem Wirken ein Ende gesetzt, und die Freunde des Torturmtheaters haben lange gebangt, ob es mit ihrem Theater gar ganz zu Ende sei. Jetzt führt Veit Relin, Schauspieler, Regisseur und Ehemann Maria Schells, die Tradition weiter.

Der Wohlstand dieser alten Mainorte gründet zumeist auf ihrem Weinbau. Die kalkigen Hänge liefern würzige, kräftige Tropfen. In zahlreichen Weinlokalen werden sie ausgeschenkt. Wir wollen uns jenen zuwenden, bei denen wir vom Eigenbau auch das eine oder andere Kistchen nach Hause nehmen können. Da wäre zum Beispiel das Gasthaus zum Goldenen Ochsen in Sommerhausen. Wer weiß, daß es viele gute Weinhäuser am Ort gibt, wird sich wundern, wie voll es im Ochsen samstags- oder sonntagsmittags sein kann. Das macht die kräftige Küche im Verein mit den hauseigenen Weinen: Müller-Thurgau, Silvaner, Scheurebe und Traminer. Krönung der Schoppenweine: eine fast durchgegorene Spätlese, bei der keine Süße das köstliche Bukett verdeckt.

Gasthaus zum Goldenen Ochsen
Familie Martin Oehler
Sommerhausen am Main (8701), Telefon 09333/203

Preise: Literflaschen-Qualitätswein und -Kabinett ab 7,–; 1/1 Flaschen Qualitätswein und Kabinett ab 6,50, Spätlese 10,–; Ausschankweine von 2,– bis 3,50; Flaschenweine ab 7,–; Hauptgerichte ab 6,50

Die Würzburger fahren gern in diese Mainorte, um sich einen Schoppen zu genehmigen. Besonders beliebt ist das nahegelegene Randersacker. Kommt man an Wochenenden gar in die Nähe des alten Bergmeisterhauses, so hört man die Stimmen der fröhlichen Würzburger bis auf die Straße hinaus. In diesem barocken Haus, draußen mit farbenprächtigen Blumen und Sträuchern, innen mit feinen stuckierten Decken geschmückt, domiziliert das Weingut König und seine Weinstube. Letztere öffnet nur samstags und sonn-

---

Weinkellerei – Weingut Gebr. König
Weinstube zum Bergmeister
Randersacker am Main (8701), Telefon 0931/708166

Preise: Literflaschen-Qualitätswein ab 5,50; 1/1 Flasche Qualitätswein ab 5,–, Kabinett ab 6,80, Spätlese ab 9,50, Auslese 19,–, Trockenbeerenauslese 90,–; Ausschankweine von 2,20 bis 3,–; Flaschenweine ab 6,20; kleine Gerichte ab 2,50 (nur Samstag u. Sonntag geöffnet)

---

tags ihre Pforten, und es will scheinen, als konzentriere sich die Besucherschar einer ganzen Woche auf diese beiden Tage. Dabei wird den fünf bis sechs Ausschankweinen genauso kräftig zugesprochen wie dem gebackenen Tartar oder den Bratwürsten.

Hauseigene Weine werden dem Gast in Randersacker auch in der »Krone« vorgesetzt. Dieses Haus war früher bekannt für seine Mainfische. Seitdem diese Seltenheitswert besitzen, rücken die Wirtsleute ihre Hausschlachtung in den Mittelpunkt der Speisekarte. Schon ab 5,– Mark wird eine Schlachtplatte gereicht, und selbstverständlich gibt es Wammerl, Knöchle und Kesselfleisch. Bratwürste, Blaue Zipfel und Haxen dürfen natürlich auch nicht fehlen.

Gasthof Krone, Randersacker am Main (8701),
Würzburger Straße 16, Telefon 0931/708377

Preise: Literflaschen-Qualitätswein ab 6,50,
andere auf Anfrage; Ausschankweine von 2,60 bis 3,80;
Flaschenweine ab 8,–; Hauptgerichte ab 5,–;
Übernachtung mit Frühstück ab 17,–
(Dienstag Ruhetag)

Mit Würzburg findet die Kette der Weinorte am Mittelmain noch nicht ihren Abschluß. Spitzenweine wachsen ebenso in Thüngersheim, dem nächsten Ort nach Veitshöchheim. Hier stoßen wir mit Volperts Weinstube auf einen Fall, der heutzutage immer häufiger wird. In der Weinstube wurde früher nur Eigenbau ausgeschenkt. Wenn aber die Familien kleiner werden, Verwandte und Freunde anderweitig beschäftigt und Arbeitskräfte teuer sind, bleibt häufig nur die Alternative, entweder den Ausbau der Weine aufzugeben oder die Gastwirtschaft. Frau Volpert hat sich für ersteres entschieden. Die Trauben gehen jetzt an die Winzergenossenschaft; nur noch ein Hausschoppen reift im eigenen Keller heran.

Winzergenossenschaft Thüngersheim
Thüngersheim (8702)
Retzbacher Straße 272a, Telefon 09364/9620

Preise: Literflaschen-Qualitätswein ab 6,10;
1/1 Flasche Qualitätswein ab 5,90, Kabinett ab 7,80,
Spätlese ab 10,50, Auslese ab 17,80, Beerenauslese ab
38,–, Trockenbeerenauslese ab 56,60

Volpert's Weinstube, Brigitte Volpert
Thüngersheim (8702)
Untere Hauptstraße 281a, Telefon 09364/9640

Preise: Ausschankweine von 1,90 bis 3,50;
Flaschenweine ab 8,50; Hauptgerichte ab 6,50

Dafür bietet Frau Volpert eine so große Zahl von Genossenschaftsweinen im Ausschank an, daß man ihre Weinstube fast als Hausausschank der Genossenschaft bezeichnen könnte, einer Genossenschaft übrigens, deren überdurchschnittliches Qualitätsstreben mit zahllosen Preisen belohnt wurde.

Frau Volpert reicht zu den Genossenschaftsweinen ein kräftiges

Essen, das in der Saison um viel Wild bereichert wird. Der Umstand, daß man auch hier dem immer häufiger zu findenden Flambierdrang nachgibt, wird kompensiert durch Frau Volperts Wurstparadies: Mehr als zehn Arten stellt sie her, vom »Rotgelegten« über weißen und roten Preßsack bis zu »Knäutele«. Und alle kann man in Dosen mitnehmen.

Weingut, Edelbrennerei, Gasthof und Restaurant vereinigt Rudolf Hart in seinem Winzerhof, der mitten in den Weinbergen an der Straße nach Würzburg liegt. Sechs Ausschankweine aus sechs verschiedenen Rebsorten dokumentieren die Reichhaltigkeit des Angebotes; wer will, kann auch Obstler, Zwetschgenwasser und Birnengeist mit nach Hause nehmen.

Weingut/Hotel Winzerhof
Thüngersheim (8702)
Veitshöchheimer Straße 285b, Telefon 09364/9637

Preise: Literflaschen-Qualitätswein ab 4,80;
1/1 Flasche Kabinett ab 5,–, Spätlese ab 8,50,
Auslese 15,–, Beerenauslese 35,–, Trockenbeerenauslese
1/2 Flasche 32,–; Ausschankweine von 2,– bis 4,50;
Flaschenweine ab 8,–; Hauptgerichte ab 6,50;
Übernachtung mit Frühstück ab 15,–, Montag Ruhetag,
Ende Dezember bis Mitte Februar geschlossen

Zum Abschluß unserer Weinfahrt um Würzburg wollen wir uns von Thüngersheim auf die andere Mainseite nach Erlabrunn begeben. Wanderer sind gut dran, denn sie können den Steg der Mainstaustufe als Übergang benutzen – Autofahrer müssen schon einen kleinen Umweg in Kauf nehmen.

Erlabrunn knüpft uns eine Brücke zu unserem Ausgangspunkt Sommerhausen jenseits von Würzburg: Die alte Erlabrunner Winzer- und Gastwirtsfamilie Flach ist schon seit vielen, vielen Jahren mit der Familie Steinmann verbunden, welche im Sommerhausener Weinbau eine führende Rolle spielt. Beide Familien haben ihren Weinbergbesitz in Erlabrunn, Sommerhausen und Eibelstadt im Weingut Schloß Sommerhausen vereinigt. Auch eine Rebschule gehört dazu; in der Vielfalt der Sorten, welche das Weingut anzubieten vermag, kommt dies zum Ausdruck.

Karl Flach ist der Gastronomie mit der gleichen Liebe zugetan wie dem Wein. Sein Erlabrunner Hotel Weinhaus Flach hat er zu einem Refugium für Leute entwickelt, die Ruhe mit gutem Essen und Trinken verbinden wollen. Flachs Gäste legen wenig Wert auf extravagante Bezeichnungen auf der Speisekarte; gute Zubereitung erscheint ihnen wichtiger. Dem trägt die Küche vor allem mit vorzüglichen Grilladen Rechnung; in Mandeln paniertes Kalbsteak ist ungefähr das Ausgefallenste. Für »Autofahrer und Diätbeflissene« gibt es alle Gerichte in halben Portionen; auch die sechs eigenen Ausschankweine aus Erlabrunn, Sommerhausen, Castell, Thüngersheim und Eibelstadt werden auf Wunsch in halben Gläsern ausgeschenkt.

Wer seinen Magen mehr, als ihm hinterher lieb ist, belastet hat, kann dies mit ausgedehnten Wanderungen zum Main, in die Wälder und Weinberge wieder ausgleichen. Und nachts ist dem Gast – Erlabrunn liegt nur an einer Nebenstraße – geruhsamer Schlaf gewiß.

Weingut Schloß Sommerhausen
Steinmann & Flach
Sommerhausen am Main (8701)
Ochsenfurter Straße 296, Telefon 09333/225

Preise: Literflaschen-Qualitätswein ab 6,50;
1/1 Flasche Qualitätswein ab 6,–, Kabinett ab 7,50,
Spätlese ab 11,–, Beerenauslese 1/2 Flasche ab 30,–

Hotel Weinhaus Flach
Erlabrunn (8702), Hauptstraße 12, Telefon 09364/319

Preise: Ausschankweine ab 2,90; Flaschenweine ab 12,40; Hauptgerichte ab 7,50; Übernachtung mit Frühstück ab 19,– (Dienstag Ruhetag, Januar geschlossen)

Fürstäbtliche Sommerfrischen

Man kann sich heute kaum vorstellen, daß früher, in vergangenen Jahrhunderten, weite Teile Frankens von Rebflächen bedeckt waren. Witterungsunbilden, Krankheiten, Schädlinge, aber auch das Streben nach besserer Qualität ließen sie im 18. und 19. Jahrhundert ständig schrumpfen. Der Wein hat sich heute auf den Westhang des Steigerwaldes und die Täler von Main und Tauber zurückgezogen. Im übrigen Frankenland finden wir nur noch kleine Inseln: im Tal der Wern etwa oder der fränkischen Saale bei Hammelburg.

Auch hier drohte der Weinbau, von schlechtem Wetter und Schädlingen bedrängt, auszusterben. Doch blüht er heute wie eh und je. Er verdankt dies neuen früherreifenden und widerstandsfähigeren Rebsorten, teils anderswo schon bewährten wie dem Müller-Thurgau, teils vom Würzburger Institut eigens neugezüchteten wie der Perle.

Wie fast überall in Deutschland wurde auch nach Hammelburg der Weinbau von Mönchen gebracht. Einem Kloster aber ist Hammelburg besonders eng verbunden: Schon erste urkundliche Zeugnisse weisen die Stadt als im fuldischen Besitz befindlich aus; bis zur Säkularisation Anfang des 19. Jahrhunderts währte die Herrschaft des Klosters, der späteren Fürstabtei.

Der Klostervogt residierte nicht in der Stadt. Auf vorgeschobenem Bergkegel wurde zwei Kilometer westlich für ihn eine Burg errichtet: Saaleck. Über die ganze Rhön reicht von hier aus der Blick. Das mag die Fuldaer Fürstäbte veranlaßt haben, die Burg zu einem Schloß umzubauen und als Sommerresidenz zu wählen. Sicher wird ihnen auch der Wein vom Schloßberg gemundet haben.

Nach wechselvollem Schicksal befindet sich das Schloß heute im Besitz der Stadt Hammelburg. Die Wirtschaftsgebäude wurden vom ehemals fürstäbtlichen, jetzt städtischen Weingut bezogen, einem musterhaft geführten Betrieb, dessen Kellermeister dem Gast gern alles zeigt. Etwas mehr als die Hälfte der rund 18 Hektar Weinberge sind mit Müller-Thurgau-Reben bepflanzt; der Rest verteilt sich auf Silvaner, Bacchus, Morio-Muskat, Ortega, Kerner und Optima.

Schloß Saaleck
Städtisches Weingut Hammelburg
Hammelburg (8783), Telefon 09732/2298 und 4054
Automatischer Telefondienst 09732/4955

Preise: Kabinett ab 6,50, Spätlese ab 9,50,
Beerenauslese 30,–

Hotel-Gaststätte Schloß Saaleck
Hammelburg (8783), Telefon 09732/2435

Preise: Ausschankweine von 3,30 bis 4,50;
Flaschenweine ab 14,50; Hauptgerichte ab 8,80;
Übernachtung mit Frühstück ab 35,–
(Mitte November bis Ende Dezember geschlossen,
Montag Ruhetag)

Die Weine des Gutes kann man im eigentlichen Schloßbau probieren, der zu einer anheimelnden Gaststätte mit einigen Hotelzimmern umgestaltet wurde. Alte Balkendecken, Rokokoschnitzereien und Barockkamine versetzen den Besucher in fürstäbtliche Zeiten zurück.

Pächter der Hotel-Gaststätte ist seit einiger Zeit ein Österreicher, was sich in der Speisekarte bereits niedergeschlagen hat: Tafelspitz und Kalbsgulasch, Österreichischem Bauernschmaus und Debrecziner Rostbraten begegnet man auf ihr genau so wie Pflaumenstrudel und Sachertorte. Daß zu beiden letzteren Frankenwein der richtige Partner ist, bezweifele ich; zu den anderen Gerichten paßt er ausgezeichnet. Mit drei Exemplaren ist er leider bei den offenen Weinen etwas dürftig vertreten. Hoffen wir, daß es demnächst mehr werden

– sonst müssen wir uns mit den Weinproben trösten, die man sich auf Saaleck zusammenstellen kann.

Im Zeitalter des Barock fühlten sich die Fürsten auf ihren hochgelegenen, zumeist aus Burgen hervorgegangenen Schlössern nicht mehr wohl; den Platz für die in Mode gekommenen weitangelegten Schloßbauten nach Versailler Muster fanden sie nur in der Ebene. So zogen die Pfälzer Kurfürsten von Heidelberg nach Mannheim, die Markgrafen von Baden-Durlach nach Karlsruhe und die von Baden-Baden nach Rastatt.

Auch den Fuldaer Fürstabt und späteren Fürstbischof Armand von Buseck gelüstete es nach einer neuen Sommerfrische. Sein Baumeister Andrea Gallasini, der ihm auch das Lustschloß Fasanerie errichtet hatte, baute sie ihm 1731 auf dem Fundament alter kräftiger Kellergewölbe unmittelbar am Stadtrand von Hammelburg: das »Rote Schloß«.

Auch in diese Sommerresidenz zieht es heute den Weinfreund. In den erwähnten Kellergewölben reiht sich nämlich Weinfaß an Weinfaß. Hier baut die Hammelburger Winzergenossenschaft ihre Weine aus. Samstag abends wird die Kellertür für Gäste geöffnet, die sich an den stets fünf bis sechs Ausschankweinen erfreuen wollen, an einfachen Tischen und auf einfachen Bänken, aber zünftig inmitten der Weinfässer.

Winzergenossenschaft Hammelburg
Hammelburg (8783)
Bahnhofstraße 16, Telefon 09732/197

Preise: Literflaschen-Qualitätswein ab 6,–;
Kabinett ab 7,50; Ausschankweine ab 1,50
(nur Samstag abends oder n. Vereinb. geöffnet)

Doppel-Anker

Rechts ein »Anker«, links ein »Anker« – eine doppelte Versuchung für den Freund des Weines und des guten Essens, wenn er durch die Hauptstraße des alten Mainstädtchens Marktheidenfeld bummelt. Auf der einen Straßenseite lockt ein Weinrestaurant, dessen Speisekarte hohe Genüsse verspricht, auf der anderen Seite zieht es uns in eine wunderschön eingerichtete Weinhandlung. Und da sich neben dieser ein freundlicher Hoteleingang öffnet, bleibt man am besten gleich da, um dies alles zu studieren. Es lohnt sich.

Seit über hundert Jahren ist der Name Deppisch ein Synonym für den Marktheidenfelder »Anker«. Man geht nicht »in den Anker« man geht »bei's Deppisch«. Über zehn Generationen dieser Familie haben schon Gäste betreut, und jede Generation bemüht sich, das von den Eltern Übernommene zu mehren. Es begann mit einer kleinen Gastwirtschaft, etwas Weinhandel und ein paar Weinbergen. Aus der Wirtschaft entwickelten die Deppischs ein erstklassiges Restaurant, aus dem kleinen Weinbaubetrieb das größte private Weingut am Untermain.

Die Weine: Aus dem »Erlenbacher Krähenschnabel« (einer Lage in einem kleinen Seitental des Mains), aus dem »Homburger Kallmuth« und der »Homburger Edelfrau« kommen Müller-Thurgau, Silvaner, Morio-Muskat, Scheurebe und Ruländer. Ihre Weine fanden solchen Anklang, daß die Deppischs den Weinhandel erweiterten und dazu übergingen, zusätzlich Trauben und Moste anderer Winzer aufzukaufen und in ihrer Kellerei auszubauen. Heute liefern an die 50 Winzer aus ganz Franken Moste nach Marktheidenfeld.

Nicht nur im Weinberg und im Keller sind Deppischs Meister, sondern auch im An-den-Mann-Bringen. Das zeigt der neue Weinladen, ein klarer, übersichtlich gegliederter Verkaufsraum, in dem das Auswählen der Weine eine wahre Freude ist. Und ganz unaufdringlich, nämlich mit allerlei Wissenswertem über den Wein, bittet das Schaufenster den Kunden einzutreten.

Mit dem 1971 errichteten Neubau, in dem der Laden untergebracht ist, konnte die Familie auch das Unterkunftsangebot wesentlich erweitern. Schon lange lange hatte sich das alte Haus, in dem auch die Kellerei untergebracht ist, als zu klein erwiesen.

Bei solch raschem Wachstum wird jede Familie einmal vor der Frage stehen, ob sie das alles noch allein bewältigen könne. So auch Familie Deppisch. Nun hatte sie das Glück, in Herrmann Kerscher in ihrem Restaurant drüben auf der anderen Straßenseite einen Küchenmeister gefunden zu haben, der nicht nur die »Anker«-Küche zu neuen Höhen führte, sondern das Haus mit seiner Frau auch organisatorisch im Griff hat. So erhielt er es in Pacht.

Anheimelnd, gemütlich, familiär ist der Rahmen, in dem sich der Gast von Kerschers Kochkunst verwöhnen läßt. Und eines fällt sofort auf: Die Kerschers sparen nicht am Personal. Freundlich beratende, flinke, prompte Bedienung umsorgt den Gast; und wenn's mal brennt, greift Frau Kerscher, die sonst von der Theke her alles überwacht, selber ein. Wenn irgend vom Herde abkömmlich, kümmert sich auch Herr Kerscher höchstpersönlich um seine Kundschaft.

Dabei kann er großes Lob ob des soeben Verspeisten einheimsen. Außerordentlich vielseitig, seine Kochkunst! Nehmen wir einen Schwerpunkt der Speisekarte, das Wild: Ein Rehragout bietet Hermann Kerscher ebenso an wie Rehmedaillons in Gänselebercremesauce, Hasenfilets, mit Pfefferminzlikör flambiert, oder Wildschweinrückensteak in Morchelcreme. Dann Geflügel: Das einfache Wiener Backhuhn etwa wird mit der gleichen Sorgfalt zubereitet wie Hühnerscheibchen »Weinhaus Anker« in Weißweinsauce oder ein junges Täubchen nach altem Familienrezept. Erstaunlich auch die Fischvielfalt: Schleie, Karpfen, Aal, Zander, Forelle (Filets mit Mandeln paniert, in Kräutersauce glaciert), in der Jahreszeit ergänzt um Hechte, Welse, Barsche.

Bei den Vorspeisen stechen hausgemachte Pasteten von Wildschwein und Fasan heraus, bei den Suppen Suppentopf von Weinbergschnecken mit Knoblauchtoast. Schwer fällt die Wahl bei den Fleischgerichten: Rostbraten Strindberg, der mit Senf und Zwiebeln bestrichen wird, bevor er in die Pfanne kommt, oder lieber ein Schweinerückensteak in Sauce aus grünem Pfeffer? Kalbsrücken à la maison, gedämpft in Morchelrahmsauce, oder Entrecotes: »Londonhouse« (mit Gänseleber gefüllt und mit Speck umwickelt), viel-

---

Josef Deppisch, Weingut – Weinkellerei
Marktheidenfeld am Main (8772)
Postfach 106, Telefon 09391/2121

Hotel Anker
Familie Deppisch, Telefon 09391/3420
Obertorstraße 6-8

Restaurant Weinhaus Anker, Pächter: Familie Kerscher
Marktheidenfeld (8772)
Obertorstraße 13, Telefon 09391/1736

Preise: Qualitätswein ab 5,–, Kabinett ab 8,–, Spätlese ab 12,–, Auslese 25,–; Ausschankweine von 2,80 bis 4,50; Flaschenweine ab 18,–; Hauptgerichte ab 9,50; Übernachtung mit Frühstück ab 24,–(Montag Ruhetag, Hotel durchgehend u. ganzj. geöffnet)

---

leicht mit Trüffeln gespickt in Cognacsauce, oder aber mit Ingwer und Gin flambiert? Zum Abschluß vielleicht Erdbeeren, am Tisch unter Verwendung von schwarzem Pfeffer zubereitet?

Solchem würdig ist die Weinkarte. Allein 16 Schoppenweine stehen zu Diensten, darunter etwa sechs bis sieben aus dem hause Deppisch. Auf der Flaschenweinkarte ist der fränkische Wein-Hochadel – Hofkellerei, Bürger- und Juliusspital – komplett vertreten. Doch: Deppischs »Bürgerliche« stehen diesen Berühmtheiten in nichts nach.

Liebliches Taubertal

Bevor die Tauber bei Wertheim in den Main mündet, hat sie drei Weinbaugebiete durchlaufen: das bayerische Franken mit den Weinbauorten Röttingen und Tauberrettersheim, dann von Weikersheim bis Bad Mergentheim einen Zipfel Württemberg und schließlich das sogenannte Badische Frankenland. Natürlich ändert der Wein, der das liebliche Flußtal begleitet, deswegen nicht abrupt seinen Charakter. Aber ein Laudenbacher aus dem Tauber-Nebental des Vorbaches, ausgebaut in der Württembergischen Genossenschafts-Zentralkellerei im fernen Möglingen, schmeckt anders als ein Tauberrettersheimer, der seine Entwicklung in der Fränkischen Gebietswinzergenossenschaft Repperndorf durchgemacht hat. Der Becksteiner wiederum, obwohl formal ein Badener, gibt sich als echter Franke, genießt auch, wie seine fränkischen Brüder, das Privileg, in Bocksbeuteln abgefüllt zu werden.

Der Taubertäler Weinbau hat schwere Zeiten durchlebt. Noch heute begleiten den das Tal Durchstreifenden aufgelassene Weinberge, die sich zum Oberlauf hin häufen. Um Weikersheim beispielsweise klafften früher ganz erhebliche Lücken in den Rebhängen. Seit den fünfziger Jahren allerdings wurden wieder einige Brachflächen unter Kultur genommen.

So auch die Rebhänge, die den Fürsten von Hohenlohe-Langenburg gehören. Hermann Lidy, ehemaliger Leiter der Württembergischen Zentralgenossenschaft, der das Weingut gepachtet hat, pflanzte auch den alten Rebhang am Karlsberg neu an. Dort gedeihen wieder Müller-Thurgau, Silvaner, Riesling, Ruländer, Perle und Traminer. Ausgebaut werden die Weine im Weikersheimer Schloß.

Dieses ist eine Sehenswürdigkeit ersten Ranges. Die Hohenlohe, die von jenseits der Tauber kommen, errichteten hier ihren ersten Stammsitz, bevor sie in alle jene Residenzen und Residenzchen expandierten, die sich die zahlreichen Herren, Grafen und späteren Fürsten im Hohenloher Land erbauen ließen. Teile der alten Wasserburg wurden um 1600 von Graf Wolfgang II. von Hohenlohe durch einen Prachtbau ersetzt, der vor allem mit seinem Festsaal zu den großen Werken deutscher Renaissance gehört.

Nach der Besichtigung kann man sich im Schloßcafé gleich einen ersten Eindruck von den Fürstlich Hohenlohischen Weinen Hermann Lidys verschaffen: Einige Weine aus dem Weingut werden immer im Ausschank geführt. Zu näherer Bekanntschaft stellt das Weingut sein Probierstübchen in den Verkaufsräumen gerne zur Verfügung.

Viele der kleinen Winzer Weikersheim schaffen ihr Traubengut in das benachbarte Markelsheim zur Genossenschaft. Dieses Markelsheim hat seinen Charakter als verträumtes altes Weingärtnerdorf nahezu unverfälscht erhalten. Still liegt es, abseits der durch das Taubertal führenden Hauptstraße, beiderseits eines kleinen Tauberzu-

Fürstlich Hohenlohe-Langenburg'sche Weingüter
Weikersheim (6992), Schloß, Telefon 07934/298

Preise: Qualitätswein und Kabinett ab 5,80,
Spätlese ab 8,–, Auslese ab 12,–, Beerenauslese ab 45,–

Burgschänke und Burggarten-Café
Weikersheim (6992), Schloß, Telefon 07934/364

Preise: Ausschankweine von 2,– bis 3,50;
Flaschenweine ab 8,–; kleine Gerichte ab 3,–
(nur im Sommer geöffnet)

flusses, an dem die mit Fachwerkhäusern gesäumte Dorfstraße entlangführt.

An dieser Dorfstraße liegen zahlreiche Stätten der Einkehr für durstige und weinbegierige Seelen. Gespeist werden diese Stätten durch die Markelsheimer Genossenschaft, die viele Weine nach alter Weise ausbaut. Wo man sie probiert, mag dem Geschmack jedes einzelnen überlassen bleiben.

Wer Fisch mag (und die relativ trocken gehaltenen Markelsheimer Weine passen ausgezeichnet zu Fisch), sollte einen Versuch in der Weinstube Lochner machen. Küchenmeister Helmut Hamberger hat sich vor allem auf Aal spezialisiert, den er mariniert, geräuchert, grün oder in Salbei anbietet. Auch seine Karpfen sind nicht zu verachten. Die sechs offenen Markelsheimer, ob Mönchsberg oder Probstberg, werden so manchen dazu verlocken, anschließend der Genossenschaft noch einen kleinen Besuch abzustatten.

Tauberabwärts, hinter Bad Mergentheim, früher Deutschordensstadt, heute Wallfahrtsort für Leberleidende, liegt gleich eine ganze

Weingärtnergenossenschaft Markelsheim
Bad Mergentheim-Markelsheim (6990)
Telefon 07931/41511

Preise: Literflaschen-Qualitätswein ab 5,05;
1/1 Flasche Kabinett ab 6,–, Spätlese ab 7,30,
Auslese ab 12,–

Gasthof Weinstube Lochner
Bad Mergentheim-Markelsheim (6990)
Hauptstraße, Telefon 07931/3211

Preise: Ausschankweine von 2,70 bis 3,50;
Flaschenweine ab 9,50; Hauptgerichte ab 8,50;
Übernachtung mit Frühstück ab 16,50 (Mittwoch Ruhetag)

Gruppe von Weinorten: Königshofen, Lauda und, an der Mündung von Seitentälern, Marbach und Gerlachsheim. Wenn die Weinlese im Gange ist, ziehen Karren mit vollen Bütten von allen Seiten zu dem verstecktesten dieser Orte, nach Beckstein, wo sich die dortige Genossenschaft der Trauben annimmt.

Die Ergebnisse dieser Bemühungen können wir in einem der prächtigsten Weinlokale des Badischen Frankenlandes begutachten: den Weinstuben Beckstein. Viel kräftiges Eichenholz schafft in den fünf geschickt unterteilten Räumen einen rustikalen Rahmen für gemütliches Speisen und herzhaftes Zechen. Dabei wird sich selbst ein geübter Weintrinker auf Stichproben beschränken müssen – nicht weniger als 15 Weine harren seiner Beurteilung.

Winzergenossenschaft Beckstein
Lauda-Beckstein (6970), Telefon 09343/1416

Weinstuben Beckstein, Karl Müller
Lauda-Beckstein (6970), Telefon 09343/8200

Preise: Literflaschen-Qualitätswein ab 5,80;
1/1 Flasche Kabinett ab 9,–, Spätlese ab 13,–,
Auslese 1/2 Fl. 11,–, Beerenauslese 1/2 Flasche 29,–;
Ausschankweine ab 2,60; Flaschenweine ab 12,50;
kleine Gerichte ab 2,90, Hauptgerichte ab 8,90
(Mittwoch Ruhetag, Januar geschlossen)

Auch die Speisekarte kann den Feinschmecker reizen. Von deftig bis fein reicht die Skala, von der gekochten Schweinshaxe mit Weinkraut zu gefüllter Kalbsbrust, Schweinerücken mit Chester überbacken und Sauce Choron, sowie Lammbraten in Rahmsauce. Doch selbst die einfache Winzervesper bietet höchste Gaumenfreuden, wenn etwa eine ganz frische, aufs feinste gewürzte Leberpastete dabei ist.

Wer sich für derartige Genüsse richtig aufschließen will, sollte sein Auto in Lauda oder Königshofen abstellen und sich den nötigen Appetit auf einem Spaziergang über den Berg durch Wald und Rebgärten holen; den Rückweg wird er sowieso benötigen, um die kräftigen Portionen abzuarbeiten, zumal wenn er vorher noch bei der Winzergenossenschaft an einer der 5-teiligen Weinproben teilgenommen hat, die bei Passantengruppen mittlerweile so beliebt geworden sind.

Rund um den Spessart

Bevor der Main, Frankens Weinfluß, in die große, sich bis zu seiner Mündung in den Rhein erstreckende Ebene eintritt, führt er in weitem Bogen um eines der großen Wanderparadiese Deutschlands, den Spessart. Ein Paradies, das jedem Wanderwunsch gerecht wird; wenn man will, kann man den ganzen Tag durch den Wald marschieren, ohne auf eine menschliche Siedlung zu stoßen – doch ist es auch nirgendwo weit zu einer gastfreundlichen Stätte.

Dabei kommt auch der Weinfreund auf seine Kosten. Von Homburg ab begleiten immer wieder Weinberge den Lauf des Mains. Erst weit im Norden, beim Austritt des Kahlgrundes, endet der Weinbau.

Die früheren Territorialherren in der Südwestecke des Spessarts, die Fürsten von Löwenstein-Wertheim-Rosenberg, besaßen von jeher ein Faible für Wein. Zu den Weinbergen auf ihrem eigenen Gebiet in Homburg, Lengfurt, Kreuzwertheim sowie Bronnbach und Reicholzheim an der Tauber erwarben sie auch ein großes Weingut in Hallgarten im Rheingau. In beiden Weingütern legt man Wert auf Ausbau gemäß alter Tradition; vor allem die Frankenweine sind durchgegoren, trocken.

Dem Spessartwanderer bietet sich die Möglichkeit, Löwenstein-Weine aus Franken und dem Rheingau miteinander zu vergleichen. Zum »Herrschaftsbereich« der Löwensteiner gehört nämlich auch das (verpachtete) Hotel-Restaurant St. Hubertus mitten im Wald. Es liegt im stillen Hafenlohrtal in der Nähe von Windheim, unmittelbar am ausgedehnten Löwensteinschen Wildpark. Im dem Hotel benachbarten Wildgehege werden Wildschweine, Damm-, Rot- und Muffelwild gehalten.

Ihnen allen begegnen wir auch auf der Speisekarte des Restaurants, in Form von Frischlingsschinken, Wildschweinhaxe oder Mufflonschlegel. An offenen Weinen gibt es dazu drei fränkische und einen Rheingauer Löwensteiner.

Mit drei Ausschankweinen aus dem fränkischen Weingut begnügt sich auch der Pächter des zweiten Löwensteiner Lokals, des Goldenen Adler in Wertheim. Allerdings stehen sie unter 18 offenen Weinen zum Vergleich bereit, die vor allem aus dem Taubertal stammen. Der Hungrige kann in diesem Alt-Wertheimer Treffpunkt eine ausgedehnte Reise in das Reich der Toasts unternehmen. Außerdem ist der Wirt vom Hobby besessen, alles mögliche wie Rippchen, Poularde, Wildschweinbraten, Kalbsmedaillon und Ochsenzunge in Aspik einzulegen. Serviert wird das auf diese Weise appetitlich Konservierte mit Zwiebeln, Essig und Öl, auf Wunsch auch mit Bratkartoffeln.

Übrigens versorgen in beiden Lokalen die Löwensteiner auch Biertrinker mit ihrem süffigen Stoff. Er stammt aus dem ehemaligen Kloster Bronnbach, das mitsamt Brauerei der Rosenbergschen Linie

Fürstlich Löwenstein-Wertheim-Rosenberg'sches Weingut
Kreuzwertheim (6983), Postfach 1223, Tel. 09342/6505

Preise: Qualitätswein ab 6,20, Kabinett ab 8,20, Spätlese ab 11,50, Beerenauslese 45,–, Trockenbeerenauslese 100,–

Fürstlich Löwenstein-Wertheim-Rosenberg'sches Weingut
Hallgarten/Rheingau (6229), Telefon 06723/3336

Preise: Qualitätswein ab 4,30, Kabinett ab 5,80, Spätlese ab 7,50, Auslese 23,50, Beerenauslese 50,–, Trockenbeerenauslese 130,–

Hotel-Pension St.Hubertus
Windheim über Hafenlohr (8771), Telefon 09393/467

Preise: Ausschankweine von 3,50 bis 4,–; Flaschenweine ab 8,50; Hauptgerichte ab 8,50; Übernachtung mit Frühstück ab 20,–

Gasthof Goldener Adler
Wertheim (6980), Mühlenstraße 8, Telefon 09342/1337

Preise: Ausschankweine von 2,50 bis 4,50; Flaschenweine ab 13,–; kleine Gerichte ab 3,50, Hauptgerichte ab 7,50 (Montag Ruhetag)

---

bei der Säkularisation anheimfiel und ihnen seither als »Residenz« dient.

Gastronomische Weinquellen sind in Unterfranken recht dünn gestreut. Eigener Wein reicht bei den Gastwirten in Bürgstadt, Miltenberg, Großheubach oder Klingenberg im allgemeinen gerade für die Gäste im Lokal, zum Mitnehmen bleibt da kaum etwas übrig. Über zwei Ausnahmen möchte ich aber nicht hinweggehen.

Da wäre einmal der Zipf in Großheubach. Wen gelegentlich auftauchende Reisegesellschaften nicht stören, wird sich im Gasthaus zum Weißen Roß bei Familie Zipf, ihren Weinen und dem kräftigen Winzeressen bestimmt wohl fühlen. Der handfeste »Leinreiterspieß« erinnert an jene Zeiten, da die Betreuer der die Schiffe flußaufwärts ziehende Pferde hier Station machten, und vom dazu verkosteten Silvaner oder Müller-Thurgau aus dem Großheubacher Bischofsberg hat sich so mancher Gast schon ein Fläschchen mitgenommen.

Gasthaus Pension Zum Weißen Roß
Großheubach (8766), Kirchstraße 25, Telefon 09371/8387

Preise: Qualitätswein ab 6,–; Ausschankweine von 2,40 bis 3,50; Flaschenweine ab 7,50; Hauptgerichte ab 7,50; Übernachtung mit Frühstück ab 15,– (Dienstag Ruhetag, Januar geschlossen)

Das benachbarte Klingenberg ist als Rotweinstadt bekannt. Den Spätburgunder, der Klingenbergs Ruf begründet, bekommt man jedoch kaum als Schoppenwein vorgesetzt, sondern nur den schlichten Portugieser. Um so freudiger die Überraschung, wenn man entdeckt, daß man im Winzerstübchen bei Herrn und Frau Adrian gelegentlich sogar einen hauseigenen Spätburgunder-Kabinettwein probieren kann. Ohnehin fühlt man sich in dem gemütlich eingerichteten Weinhaus sofort heimisch. Kräftiges Vespern schafft eine solide Grundlage für Weinproben, in denen die Adrians gerne den Nuancenreichtum Klingenberger Weine demonstrieren. Für Un-

Wein- und Gästehaus Winzerstübchen
Ludwig und Else Adrian
Klingenberg (8763)
Bergwerkstraße 8-12, Telefon 09372/2650

Preise: Qualitätswein ab 6,–, Kabinett ab 7,50; Ausschankweine von 2,30 bis 3,50; Flaschenweine ab 8,–; kleine Gerichte ab 2,40; Übernachtung mit Frühstück ab 16,– (ab 15 Uhr geöffnet, Januar geschlossen)

entwegte empfiehlt sich Vorbestellung eines Fremdenzimmers im Hause.

Bliebe noch ein Hinweis auf den Wasserloser Schloßberg, eine der nördlichsten fränkischen Weinlagen. Mitten in diesem versteckten Weinberg, unmittelbar am Wald, stand früher eine kleine Winzerklause, in welcher der Schloßberg-Wein ausgeschenkt wurde. Daraus entwickelte sich im Laufe der Zeit ein großes Hotel mit Hallenschwimmbad und vorzüglichem Restaurant. Leider wird der probierlustige Weinfreund mit zwei hauseigenen Schoppenweinen recht stiefmütterlich behandelt. Wer sich eine Flasche mit nach Hause nehmen will, muß bei einem Rabatt von nur 30 Prozent auf die an sich schon bemerkenswerten Flaschenpreise tief in die Tasche greifen. Aber für den Erholungssuchenden, der gerne wandert und schwimmt und der gutes Essen liebt, stellt dieses absolut ruhig gelegene Haus einen Geheimtip dar.

P.S.: Inzwischen gibt es am Schloßberg so viel Wein, daß ein Direktverkauf zu relativ vernünftigen Preisen möglich ist.

Schloßberg-Hotel-Restaurant im Weinberg
Wasserlos (8752), Telefon 06023/1058

Preise: Ausschankweine von 2,50 bis 3,30;
Flaschenweine ab 16,50 (außer Haus 30% Rabatt);
Hauptgerichte ab 9,–;
Übernachtung mit Frühstück ab 30,– (Januar geschlossen)

Frankenweine Becker Erben, Schloßkellerei Wasserlos
Wasserlos (8752), Schloßhof 3, Telefon 06023/1668

Preise: Qualitätswein ab 5,50, Kabinett, Spät- und
Auslesen entsprechend teurer.

Württemberg

Von Vierteles-Schlotzern, vom Faßwein und von starken Genossenschaften

Bei den Schwaben ist manches anders als in jenen Weingegenden, die wir bis jetzt kennengelernt haben. Vor allem: Sie sind große Weintrinker – darin übertreffen sie alle anderen deutschen Stämme. Daß ihre Lebenserwartung dennoch nicht kürzer ist als anderswo, spricht für die Bekömmlichkeit Württemberger Weine. Denn – auch wiederum ganz typisch – die Schwaben trinken fast ausschließlich ihre eigenen Gewächse. Lange Zeit hat die einheimische Produktion gerade ausgereicht, um den eigenen Durst zu stillen. Erst in den letzten Jahren kommen immer mehr Weinfreunde aus anderen Bundesländern auf den Geschmack der Württemberger Weine.

Weinmaß der Schwaben ist das Viertele. Es wird »geschlotzt«, daheim oder im »Wirtschäftle«. Daher wird Württemberger Wein überwiegend in Literflaschen in den Verkehr gebracht. Die 0,7-l-Flasche ist nur gehobenen Weinen vorbehalten. Der Schwabe ist aber nicht nur ein kräftiger »Vierteles-Schlotzer« – nicht zu verwechseln mit dem Quartals-Säufer –, er liebt auch Abwechslung. Jedes Restaurant, jeder Gasthof, der einheimische Weinfreunde ansprechen will, muß seine vier bis fünf Ausschankweine auf der Karte führen. Schwäbische Vierteles-Karten bringen daher dem passionierten Weinprobierer eitel Freude. Welche Schar von Rotweinen tritt allein im Gefolge des traditionellen Trollingers auf! Zum Lemberger, Spätburgunder, Schwarzriesling und Portugieser haben sich die Württemberger von ihrer Versuchsanstalt in Weinsberg noch den Helfensteiner (Frühburgunder x Trollinger), die Heroldrebe (Portugieser x Lemberger) und die Sorte Samtrot, eine Schwarzriesling-Mutation, züchten lassen. Und bei den Weißweinen hat sich zu Riesling, Silvaner, Traminer und Müller-Thurgau noch der Kerner (Trollinger x Riesling), ebenfalls eine Weinsberger Neuzüchtung, gesellt.

In den württembergischen Weingebieten betätigen sich viele Wirte noch selbst als Winzer. Im eigenen Hause gekeltert, ausgebaut und ausgeschenkt wird meist jedoch nur eine Sorte, der Faßwein. Es finden sich zwar noch einige Gastwirte mit einer größeren Palette eigener Weine, doch nur selten verkauft ein Wirt Flaschenweine außer

Haus. Allerdings habe ich den Eindruck, daß sich hierbei in letzter Zeit etwas tut; man wird wohl zunehmend auch solche Weinquellen entdecken.

Im Normalfall überläßt der schwäbische Weingärtner – auch der Gastwirt-Winzer – seine Trauben den Genossenschaften. Daher nehmen diese in Württemberg eine überaus starke Position ein – durchaus zum Wohle der Winzer, die Absatzsorgen wie die Pfälzer nicht kennen.

Die Zersplitterung des württembergischen Weinbaus und die große Zahl der Nebenerwerbswinzer veranlaßte die Weingärtner schon früh, sich zusammenzuschließen. Über 80 Prozent der Württemberger Weine werden heute über Genossenschaften abgesetzt, zu einem erheblichen Teil von der riesigen Zentralkellerei in Möglingen. Es lohnt sich, die weitläufigen Anlagen zu besichtigen und bei einer kleinen Weinprobe festzustellen, daß trotzdem individuelle sorten- und gebietstypische Weine erzeugt werden. Überhaupt sind die Genossenschaften mit Proben sehr freigebig; auch dem, der nicht gleich ein paar Flaschen mitnimmt, wird ein guter Tropfen nicht vorenthalten.

Auf die engen Bindungen auch der weinbautreibenden Gastwirte zu den Genossenschaften ist es wohl zurückzuführen, daß die Kooperative im Gegensatz zu ihren Schwesterbetrieben in der Pfalz und in Rheinhessen keine hauseigenen Gaststätten betreiben oder betreiben lassen. Was also machen, wenn man außerhalb der Öffnungszeiten Genossenschaftsweine probieren will? Man halte sich an Gaststätten, die eine besonders große Auswahl solcher Weine präsentieren. Entsprechende Hinweise werde ich in den folgenden Kapiteln geben.

Die Zahl unabhängiger und direkt an Privatkunden verkaufender Weingüter ist in Württemberg nicht gerade groß. Aber wer sucht, der findet auch solche, manche sogar in Verbindung mit Lokalen, oder selbständige Lokale, die fast ausschließlich Weine eines bestimmten Gutes ausschenken.

Und dann gibt es natürlich noch die Besenwirtschaften. Sie entsprechen jedoch mehr den fränkischen Häcker- als den rheinischen Straußwirtschaften, weil alles einen mehr improvisierten Eindruck macht. Die Weinauswahl ist gering – Flaschenweinverkauf kennt ja der schwäbische Weingärtner kaum. Immerhin regen sich hier und da etwas größere Ambitionen: In liebevoller Hobbyarbeit wird etwa ein Kelterraum zu einer kleinen Schenke ausgebaut, oder man legt sich eine Abfüllmaschine zu, damit der Besengast auch etwas nach Hause tragen kann – der württembergische Weinreigen wird zusehends bunter.

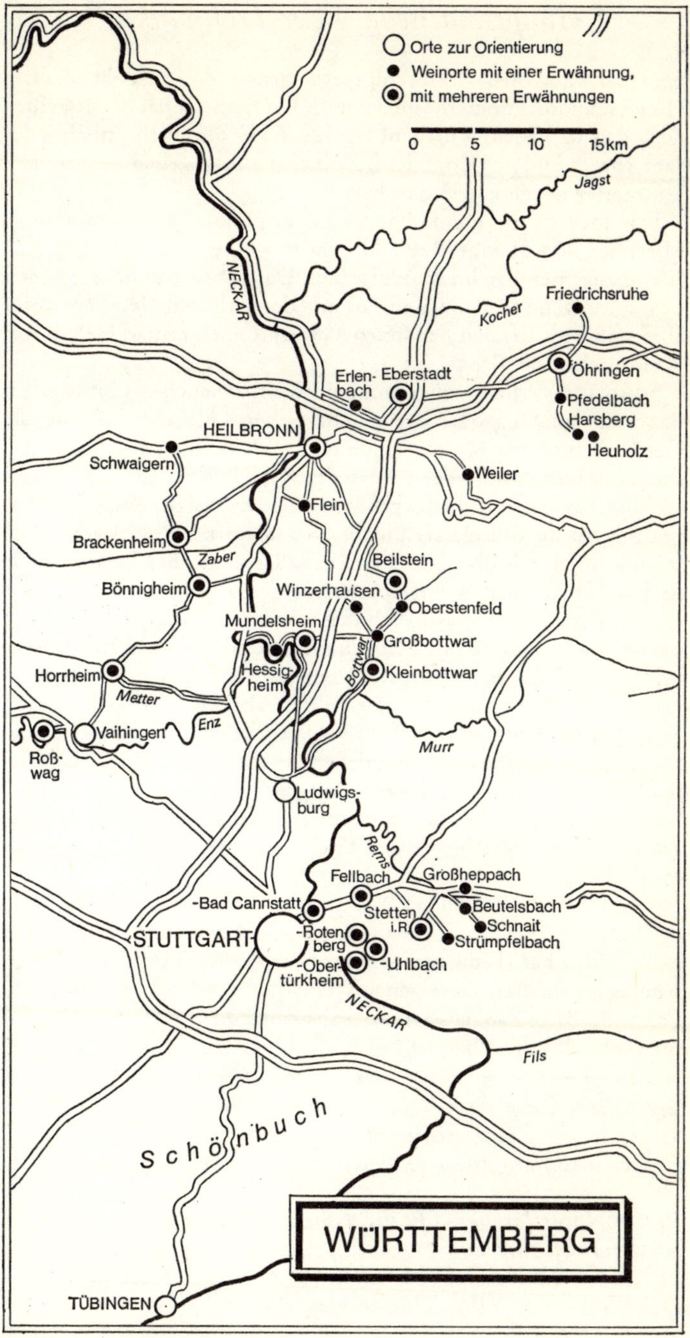
Orte zur Orientierung
Weinorte mit einer Erwähnung,
mit mehreren Erwähnungen
0 5 10 15 km
Jagst
NECKAR
Kocher
Friedrichsruhe
Öhringen
Erlen-
bach
Eberstadt
Pfedelbach
Harsberg
Heuholz
HEILBRONN
Schwaigern
Weiler
Flein
Brackenheim
Zaber
Beilstein
Bönnigheim
Winzerhausen
Oberstenfeld
Mundelsheim
Großbottwar
Hessig-
heim
Bottwar
Kleinbottwar
Horrheim
Metter
Enz
Vaihingen
Roß-
wag
Murr
Ludwigs-
burg
Rems
Fellbach
Großheppach
Bad Cannstatt
Beutelsbach
Stetten
i.R.
Schnait
STUTTGART
Roten-
berg
Strümpfelbach
Uhlbach
Ober-
türkheim
NECKAR
Fils
Schönbuch
WÜRTTEMBERG
TÜBINGEN

Hauptstädtische Wein-Treffpunkte

Den schwäbischen Weinschlotzern gehen die Bewohner ihrer Hauptstadt mit gutem Beispiel voran. Die Statistik hat herausgefunden, daß in Baden-Württemberg für Wein durchschnittlich jedes Jahr 107,57 DM pro Kopf der Bevölkerung ausgegeben werden. Die Stuttgarter liegen gewiß darüber.

Dennoch ist die Landeshauptstadt in punkto Wein fast autark. Mit über 400 Hektar Rebland gehört sie zu den bedeutendsten Weinbaugemeinden im Bundesgebiet. Das meiste davon liegt in den Gemarkungen von Bad Cannstatt und der östlichen Neckarvororte, aber selbst im Bereich der Innenstadt sind noch fast 40 Hektar mit Weinstöcken bepflanzt.

Stuttgarts Verbundenheit mit dem Wein hat auch das Messeleben der Stadt um ein großes Ereignis bereichert. Alle drei, künftig alle vier Jahre findet im Messegelände auf dem Killesberg die »Intervitis« statt: mit ihren zahlreichen Ausstellungen, Lehrschauen, Kongressen und Tagungen wohl das größte Wein-Festival der Welt. In Scharen pilgern die Stuttgarter hinaus, vor allem zur »Flüssigen Lehrschau«, auf der sie über 400 Weine aus allen Gegenden Deutschlands und vielen fremden Weingebieten probieren können.

Und der Alltag? So häuslich der Schwabe im allgemeinen ist, so gerne geht er doch ab und zu in eine kleine Weinwirtschaft. Ihre gemütliche Atmosphäre entspricht seinem Charakter mehr als Bierkneipenstimmung. Die Zerstörung der Altstadt im Zweiten Weltkrieg hat die Stuttgarter vieler alter Weinstuben beraubt; in die an Stelle der alten Häuser entstandenen Großbauten läßt sich Gemütlichkeit nur schwer einpflanzen. Ein positives Beispiel: das Zeppelin-Stüble im Hotel Graf Zeppelin (am Hauptbahnhof) mit seinen schwäbischen Spezialitäten und einer umfangreichen Vierteleswein-karte.

Reste früherer heimeliger Weintrinker-Atmosphäre haben sich in der Cannstatter Altstadt gehalten, die weit weniger unter den Bomben gelitten hat als die Stuttgarter. Hier entdeckt man auch Weinstuben mit anderen hauseigenen Weinen als nur dem obligatorischen Faßwein. Beim Zaiß etwa in der Erbsenbrunnengasse kann man unter fünf selbstausgebauten Sorten wählen. Und die schwäbischen

---

Weinstube Zaiß
Stuttgart-Bad Cannstatt (7000)
Erbsenbrunnengasse 65, Telefon 0711/563827

Preise: Literflaschen-Qualitätswein ab 6,–; Ausschankweine von 2,20 bis 3,50; Flaschenweine ab 10,50; kleine Gerichte ab 3,50, Hauptgerichte ab 6,50 (geöffnet ab 10 Uhr, Donnerstag Ruhetag)

Gerichte wie geröstete oder geschmelzte Maultaschen, warmes Käsebrot mit Rauchfleisch oder eine handfeste Metzelsuppe tragen das Ihre dazu bei, daß auch der schüchternste Fremde mit seinem Tischnachbarn ins Gespräch kommt. Notfalls hilft die Kellnerin mit einem kräftigen Scherz nach wie dem Wahlspruch des Hauses: »'s gibt nix Bessers als eppes Guats!« Das werden alle gern bestätigen, denen man ein Fläschchen vom Zaiß mitbringt.

An schwülen Sommertagen kann die Luft im Stuttgarter Talkessel unerträglich werden. Wen es da nach Cannstatter Wein dürstet, dem bietet sich eine Probiermöglichkeit in den hochgelegenen Rebhängen: die Weinstube Jägerhof. Der eigene Wein wächst direkt vor der Haustür; neben zwei Faßweinen werden vier bis fünf weitere selbstangebaute ausgeschenkt.

Weinbau und Weinstube Jägerhof, Otto Mayer
Stuttgart-Bad Cannstatt (7000)
Hallschlag 145, Telefon 0711/544304

Preise: Weine zum Mitnehmen auf Anfrage;
Ausschankweine von 2,80 bis 3,80; Flaschenweine ab 9,50;
kleine Gerichte ab 2,80, Hauptgerichte ab 6,50

Auch bei seinen Sonntagsausflügen zieht es den Stuttgarter zum Wein, vor allem in die südöstlichen Vororte jenseits des Neckars, nach Unter- und Obertürkheim, nach Uhlbach und nach Rotenberg. Und am Endpunkt eines solchen Ausflugs – vielleicht schon bei einer Zwischenstation – müssen ein kräftiges Essen und ein guter Wein stehen. Dabei kann man vor allem die Weine der Genossenschaften eingehenden Tests unterziehen. So im Lamm in Obertürkheim, wo fünf Genossenschaftsweine im Ausschank stehen. Aus der Bäckerei im Hause kommen dazu frische, knusprige Laugenbrezeln, ein herrlicher Genuß!

Wem es nach Feinerem zumute ist, kehrt in Paules Weinstube in der Augsburger Straße ein. Hier kann sich der Gast an Mandarinensteak, Mandelschnitzel oder Paules Pfännle delektieren. Im großen

---

Weingärtnergenossenschaft Obertürkheim
Stuttgart-Obertürkheim (7000),
Uhlbacher Straße, Telefon 0711/321195, 322082
und 322083

Preise: Literflaschen-Qualitätswein ab 4,60; 1/1 Flasche
Kabinett ab 5,–; Spätlese ab 8,–

Strauß der Viertelesweine finden sich auch zahlreiche der einheimischen Genossenschaft.

Gaststätte und Bäckerei Zum Lamm
Stuttgart-Obertürkheim (7000), Uhlbacher Straße 48
Telefon 0711/321190

Preise: Ausschankweine von 3,– bis 4,–;
kleine Gerichte ab 3,–

Paule's Weinstube, Ruth Aichele
Stuttgart-Obertürkheim (7000)
Augsburger Straße 643, Telefon 0711/321471

Preise: Ausschankweine von 3,60 bis 4,50;
Flaschenweine ab 14,–; Hauptgerichte ab 7,50
(Donnerstag Ruhetag u. jew. letzte So. im Monat)

Von Obertürkheim aus führt der Weg viele Spaziergänger durch ein langgestrecktes Tal hinauf in den Uhlbacher Kessel. Rundherum ist dieses Weindorf von Rebbergen umgeben. Hier wurde 1964 mit der Flurbereinigung in der Stuttgarter Gemarkung begonnen. Das weitverzweigte Wegenetz, das damit geschaffen wurde, steht auch dem Wanderer zur Verfügung. Auch ein Weinlehrpfad für den praktischen Anschauungsunterricht wurde angelegt. Falls die öffentlichen Finanzen es noch gestatten, wird man sich in Uhlbach bald besonders gründlich über den Wein informieren können: Das riesige alte Kelterhaus, Mittelpunkt des Dorfplatzes, soll zu einem Weinmuseum ausgebaut werden.

Uhlbacher Weine werden fast ausschließlich über die Genossenschaft verkauft. Wer seine Kostprobe mit kräftigem Essen verbinden will, möge sich in den Ochsen oder die Krone begeben, die – neben etlichen auswärtigen – vier bis fünf Uhlbacher Genossenschaftsweine im Ausschank führen. Der Ochsen ist mit einer Metzgerei verbunden, was sich in seiner urschwäbischen Speisekarte mit Sauren Kutteln, Rostbraten und ähnlichem niederschlägt. Gehobeneres

Weingärtnergenossenschaft Stuttgart-Uhlbach
Stuttgart-Uhlbach (7000)
Uhlbacher Straße 221, Telefon 0711/322778

Preise: Literflaschen-Qualitätswein ab 4,60;
1/1 Flasche Qualitätswein ab 4,70; Kabinett ab 5,30;
Auslese 19,–

bietet die Krone an, durch die ab und an sogar ein internationales kulinarisches Lüftchen weht.

Nun aber geht es den Weinlehrpfad hinauf in die Höhe. Hier nimmt der Ausflugsverkehr an schönen Tagen manchmal den Cha-

Gasthaus-Metzgerei Ochsen
Stuttgart-Uhlbach (7000)
Markgräfler Straße 6, Telefon 0711/322903

Preise: Ausschankweine von 2,60 bis 3,80;
Flaschenweine ab 10,50; Hauptgerichte ab 5,50

Hotel Krone, Krone-Weinstuben
Stuttgart-Uhlbach (7000)
Uhlbacher Straße 225, Telefon 0711/322735

Preise: Ausschankweine von 3,40 bis 4,50;
Flaschenweine ab 12,–; Hauptgerichte ab 8,50;
Übernachtung mit Frühstück ab 20,–
(Sonntagnachmittag und Montag Ruhetag, Ende Juli bis Mitte August geschlossen)

rakter einer Massenwallfahrt an. Ziel ist eine vorgeschobene Bergkuppe, der Wirtemberg, einst von der Stammburg der Württemberger Grafen, seit dem vorigen Jahrhundert von der klassizistischen Grabkapelle des Herrschergeschlechtes bekrönt. Nach nostalgischer Besinnung und Fernsichtgenuß zieht es viele unwiderstehlich zum Wein des auf dem Bergrücken gelegenen Dorfes Rotenberg. So

Weingärtnergenossenschaft Rotenberg
Stuttgart-Rotenberg (7000)
Telefon 0711/337610 und 338026

Preise: Literflaschen-Qualitätswein ab 4,50;
1/1 Flasche Qualitätswein ab 5,–; Kabinett ab 6,–;
Auslese ab 9,50

Gasthof Krone
Stuttgart-Rotenberg (7000)
Württemberger Straße 317, Telefon 0711/330677

Preise: Ausschankweine von 2,50 bis 4,40;
Flaschenweine ab 13,–; kleine Gerichte ab 4,20;
Hauptgerichte ab 8,50 (Montag Ruhetag,
Ende Dezember bis Anfang Januar geschlossen)

mancher bleibt gleich in der Krone beim Weinexperten Reichert sitzen. Nicht weniger als acht Weine der hiesigen Genossenschaft kann man bei ihm im Viertele miteinander vergleichen – und er bedauert, daß es nicht mehr sind.

Auch der Gourmet kommt in der Krone auf seine Kosten. Keine

hochgestochenen Sachen – aber köstlicher Zwiebelkuchen, saftige aromatische Tomaten, in der Sonnenglut zwischen Rebstöcken gereift, im Frühsommer ein Salat aus den ersten zarten winzigen Kartöffelchen . . . Kommentar überflüssig!

Mit eigenen Weinen kann in Rotenberg die Höhengaststätte Böhringer aufwarten, die, wie der Name schon sagt, außerhalb des Ortes auf einer Anhöhe liegt, von der aus man ganz Stuttgart überschauen kann. Der Name Böhringer ist in Schwaben häufig anzutreffen. Dieser Böhringer aber ist bekannter geworden als die meisten seiner Namensvettern: Er war in den fünfziger Jahren ein Begriff im Motorsport. Zahlreiche Rallyes und Sportwagenrennen stehen auf seinem Gewinnkonto. Die Erinnerung an diese Zeit halten viele Bilder im freundlichen, hellen Speisesaal wach.

Heute widmet sich der Rallyefahrer mit seiner Familie ausschließlich der Küche, dem Keller und den Gästen. Vier Eigenbauweine kann man unter den zahlreichen Viertelesangeboten heraussuchen, darunter einen Kerner, der in guten Jahren einen köstlichen Kabinettwein, eine Spätlese oder gar eine Auslese liefert. Dazu laden Briesle, Hirn und Maultaschen zu schwäbischem Schmausen ein. Aber auch für den, der sich für solche Spezialitäten nicht erwärmen kann, ist gut gesorgt. So mancher Gast läßt sich zur Erinnerung an die leiblichen Genüsse noch ein paar Fläschchen Böhringer-Wein für zu Hause einpacken.

Höhengaststätte Böhringer – Rotenberg-Hotel Böhringer
Stuttgart-Rotenberg (7000)
Stettener Straße/Neuer Berg, Telefon 0711/330068
und 331293

Preise: Literflaschen-Qualitätswein ab 6,–;
Ausschankweine von 3,50 bis 5,–; Flaschenweine ab 18,50;
Hauptgerichte ab 9,–; Übernachtung mit Frühstück ab 60,–

Ein Fellbacher Weinkeller

Lokale, die sich »Weinkeller« nennen, trifft man an vielen Orten. Echte Weinkeller allerdings, Keller, in denen einst Wein heranreifte, sind kaum darunter. Fellbach aber, die sogenannte »Weinstadt vor den Toren Stuttgarts«, hat einen: den Weinkeller Häussermann.

Der Neubau Ecke Kappelberg- und Rommelshausener Straße läßt kaum vermuten, welch altes Gemäuer er birgt. Erst in der Tiefe, die wir auf erstaunlich bequemer Treppe erreichen, entfaltet sich die alte Geschichte des Hauses. Hier, unter mächtigem breitem Gewölbe, lagerten einst die Fässer des Weingutes Paul Häussermann.

Die Winzerfamilie Häussermann ist schon sehr lange in Fellbach ansässig. Das Weingut in seiner jetzigen Form existiert seit 1680, also rund 300 Jahre. Durch die Jahrhunderte blieb es echter Familienbetrieb, dem inzwischen eine kleine Brennerei angeschlossen wurde. Dennoch wurde der alte Keller zu eng – das Gebäude darüber hatte wohl auch unter dem Krieg gelitten –, und so bezog das Weingut ein neues Domizil.

Des leerstehenden Kellergewölbes nahm sich 1969 Dr. Manfred Beck an. Ihm kam die Idee, daraus ein Schleckerlokal zu machen. Von Anfang an half ihm dabei Charlotte Horn, noch heute charmante Betreuerin der Gäste.

Wie sie den Keller verwandelt haben, ohne daß er seinen Bezug zur Wein-Vergangenheit verlor, ist sehenswert. Die anheimelnde Atmosphäre wurde durch entsprechendes Mobiliar verstärkt. Alte Faßböden schmücken die Wände, und um den ganzen Raum zieht sich ein Fries aus grünen Häussermann-Weinflaschen. Wenn ich jetzt sage, daß dieser Fries von hinten beleuchtet wird, könnte mancher zusammenzucken; doch wirkt dieser Gag keineswegs überzogen.

Gepflegt wird die gute schwäbische Küche, aber so verfeinert, daß sie sich nahtlos in den Reigen internationaler Gerichte einfügt. Von letzteren wären vor allem die köstlichen Wildgerichte zu erwähnen wie Hasenbraten, Wildschwein, Rebhuhn im Speckmantel oder Hirschkalbsteaks in Mandelsplittern. Aber auch die Filetspitzen in Estragonsaucen etwa haben es in sich. Wichtiger jedoch als solche Aufzählungen erscheint mir der Hinweis auf die Sorgfalt, mit der alles zubereitet wird, was man bereits beim präzis abgeschmeckten Salat merkt.

Das Essen im Häussermann-Weinkeller begleiten die Weine aus dem alten Weinbaubetrieb aufs beste. Ob man sich dazu die einfachen Hausschoppen »für Streßgeplagte« aussucht, ob man einen offenen Trollinger, Ruländer, Riesling oder Morio-Muskat wählt oder sich eine Flasche edler Auslese kommen läßt, die oben gerühmte

---

Paul Häussermann, Weinbaubetrieb
Fellbach (7012), Vordere Straße 21, Telefon 0711/581168

Preise: Literflaschen-Qualitätswein ab 4,30;
1/1 Flasche Qualitätswein ab 5,–; Kabinett ab 6,20;
Auslese ab 9,50

Weinkeller Häussermann
Fellbach (7012), Kappelbergstraße 1, Telefon 0711/587775

Preise: Ausschankweine von 3,50 bis 4,60;
Flaschenweine ab 21,–; Hauptgerichte ab 13,50
(sonn- und feiertags geschlossen)

Sorgfalt der Zubereitung herrscht auch im Weingärtner- und Kellereibetrieb. Davon wird man sich schnell überzeugen – und anschließend zum Weingut eilen, um sich ein paar Flaschen mitzunehmen.

Neben dem Weingut Paul Häussermann gibt es in Fellbach nur wenige Betriebe, welche ihren Wein selbst auf den Markt bringen. Die meisten der etwa 300 Fellbacher Weingärtner sind in der Genossenschaft zusammengeschlossen. Dementsprechend reichhaltig ist auch das Angebot dieses Winzervereins. Leider kann man Entsprechendes von den Fellbacher Gaststätten nicht behaupten; um unter einem größeren Angebot Fellbacher Viertele wählen zu können, muß man sich schon in den nördlichen Vorort Schmiden bemühen, in den »Hirsch« oder die »Eintracht«.

Ersterer führt drei rote und drei weiße Fellbacher als Schoppenweine. Darüber hinaus empfiehlt sich das Haus mit Hallenbad, Sauna und Trimm-dich-Raum für Besucher des Stuttgarter Raumes, die nicht in der Großstadt übernachten wollen.

Die Schmidener Eintracht bietet zwar nur fünf Weine der Fellbacher Genossenschaft im Ausschank an, gleicht aber diesen geringen »Rückstand« mit rund 15 Flaschenweinen aus Fellbach und, sage und schreibe, rund 25 Viertelesweinen aus ganz Württemberg aus. Es dauert seine Zeit, bis man sich durch diese Demonstration schwäbischer Weinqualität durchgearbeitet hat.

Weingärtnergenossenschaft Fellbach
Fellbach (7012)
Kappelbergstraße 48, Telefon 0711/581790

Preise: Literflaschen-Qualitätswein ab 4,30, Kabinett ab 5,90; 1/1 Flasche Qualitätswein ab 4,55; Kabinett ab 5,40; Spätlese ab 6,20; Auslese ab 9,20; Beerenauslese 56,–; Eiswein-Auslese 84,–

Hotel-Gasthof Hirsch
Fellbach-Schmiden (7012)
Fellbacher Straße 2, Telefon 0711/512231

Preise: Ausschankweine von 2,60 bis 3,50; Flaschenweine ab 16,–; Hauptgerichte ab 7,50; Übernachtung mit Frühstück ab 18,–

Hotel-Restaurant Schmidener Eintracht
Fellbach-Schmiden (7012)
Brunnenstraße 4, Telefon 0711/512165

Preise: Ausschankweine von 2,70 bis 3,80; Flaschenweine ab 13,–; Hauptgerichte ab 8,–; Übernachtung mit Frühstück ab 21,–(Sa. Ruhetag, Anfang Januar geschl.)

Gaumenfreuden im Remstal

Das sich zum Neckar hin weit öffnende Tal der Rems ist für den Wanderer und Naturfreund verloren. Wo sich einst Wiesen und Akkerfluren erstreckten, reiht sich heute Industrieansiedlung an Industrieansiedlung, verbunden durch ein Netz von Autostraßen, mit dem man Wanderwege rücksichtslos durchschnitten hat.

Der Wanderer wurde an die Talränder gedrängt; sehen wir es positiv: näher zum Wein. Denn den Weinbau am Talrand hat der Moloch Industrie noch nicht zu überwältigen vermocht. Weite Rebflächen, inzwischen flurbereinigt, säumen den nördlichen Talhang mit den Weinorten Neustadt, Korb, Steinreinach, Klein- und Großheppach, Grunbach, Geradstetten und Hebsack. Im Süden wird die Talbegrenzung durch mehrere kleine Bäche zerschnitten, meist in Südost-Nordwest-Richtung zur Rems eilend und folglich mit Südwesthängen, die sich für den Weinbau eignen. Stetten, Strümpfelbach und Schnait – Namen, welche den Weinfreund mit der Zunge schnalzen lassen – liegen in solchen Seitentälern.

Ungefähr im geographischen Mittelpunkt des Remstäler Weinbaugebietes liegt Beutelsbach, seit einiger Zeit gleichsam auch Weinhauptstadt des Tales. Hier nämlich domiziliert die Remstalkellerei, zu der sich 21 Genossenschaften des Remstales mit rund 800 Hektar Rebfläche und etwa 2300 Einzelwinzern zusammengeschlossen haben. Nur noch wenige Weingärtner bauen mehr als einen Faßwein selber aus; Weingüter haben sich bis auf ein paar Namen nicht gehalten. Allerdings muß der Großkellerei bescheinigt werden, daß sie sich um einen möglichst individuellen Ausbau der angelieferten Weine bemüht.

Wer Weine der Remstalkellerei außerhalb der Kellerei-Dienstzeiten probieren will, braucht sich nur in die Gaststätten zu bemühen. Ich habe jene mit der größten Auswahl herausgesucht. Daß man in ihnen auch gut essen kann, ist weiter nicht verwunderlich, da das Remstal als Ganzes sich eines ausgezeichneten kulinarischen Rufes erfreut. Beim Wandern am südlichen Talhang zwingen uns die Bergausläufer zu ständigem Auf und Ab; das wird uns helfen, Kalorien und Promille, die nun einmal mit Gaumenfreuden verbunden sind, besser zu bewältigen.

Gleich der erste Ort, Stetten, gilt als Mekka der Gourmets. Unter mehreren Zielen fällt die Wahl nicht leicht. Entscheiden wir uns nach der Weinauswahl und greifen wir zwei heraus. Da wäre zunächst der Ochsen. Ein prächtiges Barocktor deutet auf alte Tradition: Der Gasthof diente früher den Herren von Stetten als Herberge für ihre Gäste. Familie Schlegel hat sich jedoch inzwischen ihre eigene Tradition aufgebaut. Sie basiert auf einer Küche, deren Palette von den vielfach prämiierten Wurstwaren aus eigener Metzgerei bis zu internationalen Gaumenkitzeln (in der Saison Krebse!) reicht.

Mit einem eigenen Faßwein beginnt die Vierteleskarte, die nicht weniger als 30 Gewächse aufführt, darunter allein acht der Remstalkellerei: ein prächtiger Querschnitt! Und guter Rat ist nicht teuer – in der Speisekarte findet sich viel Information über Reben und Weine.

Die Weinkarte der Weinstube Zur Linde im Hotel Idler steht der des Ochsen kaum nach, an offenen Remstälern entdeckt man sogar noch ein paar mehr, auch an hauseigenen Weinen: kräftige Tropfen, bei denen man bedauert, daß es von ihnen nicht sehr viele gibt – sie reichen gerade für den Ausschank und für ein paar Flaschen zum Mitnehmen.

Mein Eindruck: Beim Idler ist es um eine Spur gemütlicher, intimer, bodenständiger als im Ochsen, was nicht ausschließt, daß auch dort neben dem auswärtigen Gast noch der einheimische Weingärtner verkehrt. Idlers haben es verstanden, der Gaststube ihren dörflichen Charakter zu bewahren; in der »besseren« Speisestube fühlt man sich wiederum ins häusliche Eßzimmer versetzt. Auch wird hier die schwäbische Küche noch bewußter gepflegt, hier bekommt man vorgeführt, zu welchen Feinheiten sie sich aufschwingen kann.

Wandern wir nun über den Berg in das nächste Seitentälchen nach Strümpfelbach. Wer Sinn für schönes Fachwerk hat, dem werden hier die Augen übergehen. Fachwerkhaus reiht sich an Fachwerkhaus, groß und kraftstrotzend, zeugend vom Reichtum der Strümpfelbacher, der ihnen nicht zuletzt aus ihren guten Weinen zufloß, die an den Hängen oberhalb des Dorfes heranreifen. Eines der schönsten Fachwerkhäuser beherbergt das Gasthaus zum Lamm. Auch hier ist die Auswahl an offenen Remstalweinen mit sechs Roten und fünf Weißen, davon je ein selbst ausgebauter Faßwein, imponierend. Strümpfelbacher dürfen natürlich nicht fehlen. Die Speisekarte verspricht schwäbische und internationale Gaumenfreuden.

Aber wir werden uns auf unserer Weinwanderung noch steigern:

Remstalkellerei
Die Weingärtnergenossenschaften des Remstals
Weinstadt-Beutelsbach (7056), Telefon 07151/68016

Preise: Literflaschen-Qualitätswein ab 3,90,
-Kabinett ab 5,10; 1/1 Flasche Kabinett ab 4,80;
Spätlese ab 6,60; Auslese ab 10,–; Beerenauslese 67,–

Gasthof Zum Ochsen (mit Gästehaus Schlegel)
Stetten (7055), Telefon 07151/42015,42016

Preise: Ausschankweine von 2,50 bis 4,60;
Flaschenweine ab 16,–; Hauptgerichte ab 10,50;
Übernachtung mit Frühstück ab 25,–
(Mittwoch Ruhetag, Mitte Februar bis Anfang März
geschlossen, Gästehaus ganzjährig geöffnet)

Hotel Idler, Weinstube Zur Linde
Stetten (7055), Telefon 07151/42018

Preise: Ausschankweine von 2,60 bis 4,80;
Flaschenweine ab 14,–(außer Haus ab 7,–);
Hauptgerichte ab 8,–; Übernachtung mit Frühstück ab 26,–
(Montag Ruhetag)

Gasthof und Metzgerei Zum Lamm
Weinstadt-Strümpfelbach (7056), Telefon 07151/62331

Preise: Ausschankweine von 2,60 bis 3,40;
Flaschenweine ab 17,20; Hauptgerichte ab 6,80;
Übernachtung mit Frühstück ab 25,– (Dienstag Ruhetag,
zwei Wochen Ende Januar und drei Wochen im August
geschlossen)

Im nächsten Seitental, in Schnait, kredenzt uns Familie Kienzle in der Krone nicht weniger als 14 Remstal-Tropfen, allein sieben aus Schnait. Darunter befinden sich Kabinettweine und sogar eine Spätlese – Herz, was willst du mehr!? Gute schwäbische Kost schafft eine

---

Gasthaus-Weinstube Zur Krone, U. Kienzle
Weinstadt-Schnait (7056), Telefon 07151/680009

Preise: Ausschankweine von 1,80 bis 4,30;
Flaschenweine ab 10,–; Hauptgerichte ab 6,50;
Übernachtung mit Frühstück ab 16,– (Montag Ruhetag)

---

handfeste Grundlage fürs Probieren. Kein Zweifel: Nach einer solchen Wanderung verfügt der Weinfreund über ausreichende Kenntnisse, um unter den Remstalweinen wählen zu können.

Am Schluß noch ein Sprung zur Nordseite des Tales, jenem riesigen Weinhang, der sich von Korb bis Hebsack erstreckt. Etwa in der Mitte zwischen diesen beiden Orten liegt Großheppach, mit seinem berühmten Roten zweifellos eines der Weinzentren des Remstales. In einem kleinen Renaissanceschlößchen hat sich die Gaisberg'sche Schloßkellerei eingerichtet, mit einem wunderschönen Probierkeller und guten Tropfen aus der Umgegend, aber leider nur für Weinkunden zugänglich.

Eine breite Palette eigener Weine bietet in Großheppach auch der Gastwirt E. Zimmerle an. Müller-Thurgau, Riesling, Ruländer, Kerner, an Rotweinsorten Trollinger und Helfensteiner – alle kann man sie als Viertelesweine in der Gaststätte probieren. Den Flaschenweinverkauf allerdings mußte der Weinwirt zeitweise zurückschrauben, da ein großer Teil seiner Weinberge in der Flurbereinigung stand. Jetzt kommen aber die ersten Neuanlagen wieder in den Ertrag.

Auch in der Küche lassen sich die Zimmerles etwas einfallen. Gewiß kriegt der Gast wie überall hier sein anständiges Schnitzel, Steak oder ein Cordon bleu; aber den Umweg wert sind hier die frischen Forellen, noch warm aus der Räucherkammer, Griebenschmalzbrote und selbstgemachte Tellersulz, und kernig wie die Weine ihre vielen Hausmacherwürste, so recht für eine zünftige Weinvesper. Zu großer Form läuft die Küche an Schlachttagen auf mit Sauren Nieren, Kutteln oder Fleischküchle. Dem Zeichen der heraushängenden Schweinsblase können sich dann nur wenige entziehen.

Gasthaus Zum Trollinger, E. Zimmerle
Weinstadt-Großheppach (7056)
Kleinheppacher Straße 62, Telefon 07151/62041

Preise: Literflaschen-Qualitätswein ab 4,50;
1/1 Flasche Kabinett ab 5,–; Spätlese ab 8,–;
Auslese 12,–; Ausschankweine von 2,– bis 3,40;
Flaschenweine ab 9,50; Hauptgerichte ab 6,50

Zwischen Neckar, Enz und Heuchelberg

Fühlt sich der Wanderer im Remstal zur Seite gedrängt, so eröffnen sich ihm jenseits des Neckars, im Weinland zwischen Enztal und Heuchelberg, nahezu unbegrenzte Wandermöglichkeiten. Offenbar nutzen die Schwaben diese Möglichkeiten viel zu wenig, denn ich fand manche Wanderwege – auch bezeichnete – von Gestrüpp überwachsen oder sonst kaum erkennbar. Sollte das vielleicht daran liegen, daß die Einheimischen nur schwer über die Wirtschäftle hinauskommen, mit ihren guten Weinen und den Vespergenüssen?

Wie abwechslungsreich ist diese Landschaft! Drei Bergzüge erstrecken sich von West nach Ost, jeweils mit Rebhängen auf ihren Südseiten: vom Burgberg zum Eselsberg, vom Hamberg zum Baiselsberg und schließlich der große Strombergrücken, der sich von Oberderdingen (das wir bereits von unserem Kraichgau-Besuch her kennen) im Westen bis zum Michaelsberg mit seiner weithin sichtbaren Kapelle im Osten hinzieht. Dann öffnet sich das Bergland wie eine große Schere zum Zabergäu, dessen nördliche Begrenzung, die andere Scherenhälfte, vom sich in Nordost-Richtung ausbreitenden Heuchelberg-Massiv gebildet wird.

Ein völliger Gegensatz zu diesen bewaldeten Bergrücken mit ihren schweren grauvioletten Keuperböden: die Flußtäler der Enz und des Neckars. Tief haben sich die Flüsse in die aus Muschelkalk bestehende Gäuebene eingesägt, urplötzlich steht der Wanderer vor dem tiefen Abfall zum sich von Talschlinge zu Talschlinge windenden Fluß, mit Wäldern an den Nord- und Weinbergen an den Südhängen.

Am großartigsten vielleicht die Neckarschlinge bei Mundelsheim, eine exakt nach Süden geöffnete Arena. Anstelle von Zuschauerbänken ist sie mit Weinbergen ausgestattet, die sich Stufe um Stufe den steilen Hang hinanziehen: ein wahrer Bratofen für die Weintrauben. Vor allem in der prallen Mittagssonne kann man sich die Kraft vorstellen, die dieser Mundelsheimer Käsberg seinen Weinen mit auf den Weg gibt.

Am besten überschaut man die riesige Wingert-Kurve vom gegenüberliegenden Neckarufer, vom Schreyerhof, dem auf halber Höhe liegenden bekannten Ausflugslokal. Dabei kann man gleich den Wein von jenem Hang verkosten, denn der Schreyerhof-Wirt

---

Weingärtnergenossenschaft Mundelsheim
Mundelsheim (7121), Telefon 07143/33496

Preise: Literflaschen-Qualitätswein ab 3,80;
1/1 Flasche Qualitätswein ab 4,50; Kabinett ab 5,–;
Spätlese ab 6,–; Auslese 9,20

Höhengaststätte Schreyerhof über
Hessigheim (7121), Telefon 07143/32341

Preise: Ausschankweine von 2,20 bis 3,50;
Flaschenweine ab 12,–; Hauptgerichte ab 8,–;
Übernachtung mit Frühstück ab 17,– (Dienstag Ruhetag)

---

besitzt selbst ein paar Parzellen im Käsberg. Zum eigenen Wein führt er eine Auswahl von Gewächsen der Mundelsheimer Genossenschaft – eine gute Einführung in deren Angebot.

Auch unter den Schwaben gibt es noch Individualisten, die sich keiner Genossenschaft anschließen mögen. So in Mundelsheim der Ochsenwirt. Ein überzeugter Genossenschaftler meinte zwar zu mir: »Wär' er in der Genossenschaft, wären seine Weine nicht so

---

Gasthof zum Ochsen
Mundelsheim (7121), Telefon 07143/33504

Preise: Literflaschen-Qualitätswein ab 5,–;
Ausschankweine von 2,– bis 3,–; Flaschenweine (nur Spitzen)ab 22,–; Hauptgerichte ab 7,60;
Übernachtung mit Frühstück ab 15,–
(Ende Dezember bis Anfang Januar geschlossen)

---

sauer.« Das besagt aber nichts anderes, als daß der Wirt den süßen Trend nicht mitmacht, daß er seine Weine alle durchgären läßt, daß er ohne Restsüße arbeitet. Herb sind seine Weine und kräftig, nach alter Württemberger Tradition, keineswegs aber sauer. Davon kann man sich anhand von fünf offenen Roten und zwei Weißen leicht überzeugen.

Auch die Enz, die bei Besigheim in den Neckar mündet, hat wie dieser große Schleifen in den Kalkfelsen genagt, wenngleich sie hier nicht ganz so mächtig ausfallen. Die prächtigsten Kurven umschlingen das Weindorf Roßwag, und die Roßwager Weine stehen den Mundelsheimern an Berühmtheit nicht nach.

Vermarktet werden sie von der Weingärtnergenossenschaft und einem unabhängigen Weingut. Als »Probierstand« empfiehlt sich das Gasthaus Krone, das etwa sieben Genossenschaftsweine im Ausschank anbietet, mit einem eigenen Faßwein als Grundlage. Dazu

---

Weingärtnergenossenschaft Roßwag-Mühlhausen
Vaihingen-Roßwag (7143), Telefon 07042/6710

Preise: Literflaschen-Qualitätswein ab 4,60;
1/1 Flasche Qualitätswein ab 5,–; Spätlese ab 7,85

---

liefert die angeschlossene Metzgerei köstliche Wurstwaren. Die Qualität des handfesten Essens hat sich weit herumgesprochen; sonntags sollte man sich einen Tisch reservieren lassen.

Gasthaus Krone
Vaihingen-Roßwag (7143), Telefon 07042/5502

Preise: Ausschankweine von 2,40 bis 3,40;
Flaschenweine ab 10,50; Hauptgerichte ab 7,50
(Montag Ruhetag, mittags außer Sonntag geschlossen)

Wie Roßwag wurden im Zuge der Verwaltungsreform zahlreiche Dörfer der Umgebung in die Stadt Vaihingen eingemeindet, die sich dadurch bis an den Fuß des Strombergs erstreckt. Von den Weindörfern, die hier liegen, liefern Ensingen und Gündelsbach ihre Trauben größtenteils an die Zentralkellerei in Möglingen ab. Horrheim besitzt jedoch noch seine eigene Genossenschaft, deren Weine zu probieren lohnt.

Den nötigen Durst kann man sich auf dem Weinlehrpfad holen, den die Horrheimer neu angelegt haben. Oder man schlendert durch den alten Ort, der einstmals sogar Stadtrechte besaß, schaut sich die Reste der früheren Befestigung an, wirft einen Blick in die Pfarrkirche und entdeckt manch sehenswertes Haus.

Das breiteste Spektrum Horrheimer Genossenschaftsweine bieten die Krone und der Rebstock. Es wird in beiden Gaststätten noch durch eigene Faßweine ergänzt. Als Entscheidungshilfe für den Besuch mag der Hinweis dienen, daß zur Krone eine eigene Metzgerei gehört, während der Rebstock Wildspezialitäten auf seiner Speisekarte führt.

Weingärtnergenossenschaft Horrheim
Vaihingen-Horrheim (7143), Telefon 07042/33697

Preise: Literflaschen-Qualitätswein ab 4,10;
1/1 Flasche Qualitätswein ab 4,50; Kabinett ab 5,15;
Spätlese ab 8,–

Gasthaus und Metzgerei Krone, R. Seyb
Vaihingen-Horrheim (7143), Klosterbergstraße 95,
Telefon 07042/5356

Preise: Ausschankweine von 2,– bis 3,30; Flaschenweine ab 11,–; Hauptgerichte ab 6,50 (Montag Ruhetag)

Gaststätte Rebstock
Vaihingen-Horrheim (7143), Klosterbergstraße 201,
Telefon 07042/5620

Preise: Ausschankweine von 2,– bis 2,50; Flaschenweine ab 10,50; Hauptgerichte ab 6,50 (Dienstag Ruhetag)

Als Ausgangspunkt für Wanderungen in den Stromberg bietet sich das Weinstädtchen Bönnigheim an, dessen wechselvolle Geschichte sich in den Resten der Ganerbenburg (die Stadt hatte teilweise vier Herren gleichzeitig), im Stadionschen Barockschlößchen und in den Kostbarkeiten der Pfarrkirche spiegelt. Der Weinfreund wird sich im Rößle niederlassen, wo er nicht nur einen guten Faßwein, sondern auch eine Auswahl von Weinen der hiesigen Strom-

---

Strombergkellerei
Bönnigheim (7124), Telefon 07143 1/5265 und 5263

Preise: Literflaschen-Qualitätswein ab 4,10;
Kabinett ab 5,45; 1/1 Flasche Qualitätswein ab 4,35;
Kabinett ab 4,90; Spätlese ab 7,80; Auslese 0,5l 11,10

Gasthof Zum Rößle, Rolf Kachel
Bönnigheim (7124), Telefon 07143/5780

Preise: Ausschankweine von 2,20 bis 3,40;
Flaschenweine ab 12,–; Hauptgerichte ab 6,–;
Übernachtung mit Frühstück ab 19,– (Montag Ruhetag)

---

bergkellerei vorgesetzt bekommt, die durch einen Zusammenschluß mehrerer Genossenschaften der Umgebung entstand.

Wie das Stromberg-Städtchen Bönnigheim besitzt auch die Heuchelberg-Stadt Brackenheim ihre große Genossenschaftskellerei. Am Platze des neuen Kelterhauses stand einst das Geburtshaus von Theodor Heuss. Nichts kennzeichnet dessen Verhältnis zum Wein besser als seine Antwort auf die Bitte der Stadt um Genehmigung, das Haus abbrechen zu lassen: »Reißt das alte Haus nur ab; eine Stätte zur Pflege des guten Brackenheimer Weines scheint mir wichtiger zu sein als romantischer Ruhm auf Vorrat.«

Der gute Brackenheimer Wein: Wenn man einen Einheimischen fragt, wo man ihn in seiner ganzen Vielseitigkeit kennenlernen könne, so bekommt man eine überraschende Auskunft. Nicht eine der großen Gaststätten wird genannt, sondern ein kleines Wirtschäftle im Stadtkern: der Ochsen. Und wirklich, zwanzig Weine harren dort des Weinfreundes, darunter vielleicht noch der eine oder andere 71er, Brackenheimer, Neipperger und Haberschlachter; denn die dortigen Genossenschaften haben sich vor einiger Zeit mit der Brakkenheimer vereinigt.

Weingärtner-Genossenschaft Brackenheim-Neipperg-Haberschlacht
Brackenheim (7129), Telefon 07135/5219

Preise: Literflaschen-Qualitätswein ab 4,–;
Kabinett ab 5,55; 1/1 Flasche Kabinett ab 5,–;
Spätlese ab 7,80; Auslese 16,70

Gasthaus zum Ochsen
Brackenheim (7129) Marktstraße 2, Telefon 07135/5201

Preise: Ausschankweine von 2,– bis 4,80;
Flaschenweine ab 12,–; kleine Gerichte ab 2,50
(Samstag und Sonntag bis 17 Uhr geschlossen)

Zu Schwaigern im Alten Rentamt

Wer tüchtig über Stromberg und Heuchelberg gewandert ist, dem wird eine behäbig-ruhige Rast willkommen sein. Wein sollte natürlich nicht fehlen, gutes Essen dazu und eine gemütliche Schlafgelegenheit. Das alles bietet der Gräfliche von Neipperg'sche Gasthof Zum alten Rentamt in Schwaigern, ein Haus mit alter Tradition.

Alte Tradition: In Schwaigern am Nordrand und Neipperg am Südrand des Heuchelberges war der Wein neben dem Obstbau schon eine wichtige Lebensgrundlage, als beide Orte noch Zentren der kleinen reichsunmittelbaren Herrschaft der Herren und späteren Grafen von Neipperg waren. Zeugen jener Zeit: die prächtige Stadtkirche mit dem Ratgeb-Altar und eben das »Alte Rentamt«, der ehemalige Amtshof, von dem aus die Grafschaft verwaltet wurde.

Als 1806 das Ländchen unter seine großen Nachbarn Württemberg und Baden aufgeteilt wurde, verlor das Amtshaus seine Hauptaufgabe. Was den Neippergs verblieb, war die wirtschaftliche Verwaltung ihrer Ländereien, ihrer Obstgärten, der Wälder und vor allem der Weinberge. Ihre gastronomischen Fähigkeiten testeten die Grafen 1946 auf ihrem Stammsitz, der Ruine Neipperg, wo sie eine kleine Besenwirtschaft einrichteten, die heute allerdings nicht mehr existiert.

Bereits zwei Jahre später wurde das Amtshaus in Schwaigern zum Gasthof umgebaut. Dank tüchtiger Pächter-Köche erwarb sich vor allem die Küche bald einen hervorragenden Ruf. Ihm versuchen auch die derzeitigen Pächter, das Ehepaar Schmeling, gerecht zu werden. Mit der Standard-Speisekarte, zu breit angelegt und ein wenig profillos, gelingt es ihnen nicht ganz. Deswegen sollte man sich auf jeden Fall informieren, welche »Spezialaktion« gerade läuft. Diese Aktionen richten sich entweder nach der Saison – »Wildgerichte«, »Krusten- und Schalentiere«, »Sommerliche Cocktails«, zu Ostern »Lammgerichte« – oder es gibt »Internationale Geflügelspezialitäten«, dazwischen einmal »Schwäbisches«.

All dieses lasse man sich von den Neippergschen Weinen umkränzen, die auf rund 5 Hektar Rebland am Neipperger Schloßberg, an der Schwaigerner Ruthe und am Klingenberger Schloßberg heranreifen. Sie werden von sechs bis sieben Ausschankweinen im Restaurant gut repräsentiert. Auf der Flaschenweinkarte gesellt sich zu ihnen ein Unikum: ein St. Emilion aus deutschem Besitz. Vor einiger Zeit erwarb nämlich der jetzige Graf das Château Canon la Gaffelière, dessen Weine zu den Grand Crus der Region zählen. Für eine größere Gesellschaft, die es sich erlauben kann, an einem Abend mehrere Flaschen zu »köpfen«, eröffnen sich damit interessante Vergleichsmöglichkeiten zwischen schwäbischen Lembergern, Schwarzrieslingen und Spätburgundern einerseits und einem Spitzen-Bordeaux auf der anderen Seite.

Seine Weine stehen auch auf der Neippergschen Weinpreisliste. Auf dieser tobt sich im übrigen der kauzige Humor des Grafen aus, wenn er die Weine mit – zwar nicht sehr informativen, aber um so anreizenderen – Charakteristika versieht wie etwa: »Traurig der Korken, der nur mit dem Hintern diesem Weine zugewandt«, »Ein köstlicher See, an dessen blühenden Ufern Träume zu Leben werden«, »Ein Dauer-Berieseling« bei einem Riesling, und schließlich bei einem Eiswein: »Der Gipfel über allen Bergen, eisig aus den Wolken ragend – sonnenverklärt«. Auch in der Weinkarte des Lokals liest man die Handschrift des Grafen, wenn es von den Weinen heißt, sie würden ausgeschenkt, »sofern sie nicht dem unersättlichen Durst des Besitzers zum Opfer fallen«.

Altes Neippergsches Mobiliar versetzt den Gast im Alten Rentamt in vergangene Zeiten. Die (wenigen) Gästezimmer wurden mit alten Biedermeiermöbeln ausgestattet. Wer hier übernachtet, kann sich wie ein vornehmer Reisender der Goethezeit fühlen. Ein wohnliches Museum, durch dessen Räume, sofern sie nicht belegt sind, Frau Schmeling auch den Tischgast gerne führen wird.

Die Gaststube steht den Zimmern in nichts nach. Man werfe nur ein Auge auf die Einlegearbeiten der Tische! Und Genealogen wird das Herz im Leibe lachen ob des großen Neippergischen Stammbaumes, der die Wand schmückt.

Für das, was hier im Alten Rentamt geboten wird, ist es nicht teuer, zumal eingedenk des gräflichen Hinweises: »In unseren Preisen ist das gewünschte Wirken unserer Bedienung ebenso enthalten wie Ihre Verpflichtung, die weniger erwünschte staatliche Fürsorge mit 11 Prozent zu honorieren.«

Weingüter und Schloßkellerei Graf von Neipperg
Schwaigern (7103), Schloß, Telefon 07138/5081

Zum Alten Rentamt, Gräflich von Neipperg'scher Gasthof
Schwaigern (7103), Telefon 07138/5258

Preise: Literflaschen-Qualitätswein ab 6,–;
1/1 Flasche Kabinett ab 6,50; Spätlese ab 7,–;
Auslese ab 13,–; Beerenauslese Eiswein 29,–;
Ausschankweine von 3,50 bis 5,30; Flaschenweine ab 15,50; Hauptgerichte ab 12,50;
Übernachtung mit Frühstück ab 30,–
(Montag Ruhetag, Januar geschlossen)

Wunnenstein und Falknerburg

Östlich vom Neckar wird das württembergische Weinland vom großen Waldgebiet der Löwensteiner Berge begrenzt. Die Erosion in Form zahlreicher kleiner Bäche franste ihren Westrand aus; hier und da schieben sich Bergformationen bis weit in die Ebene hinein, mit Süd- und Südwesthängen, wie geschaffen für den Weinbau. Sie umschließen das Tal der Bottwar, die bei Steinheim in den Neckarnebenfluß Murr mündet.

Die am weitesten vorgeschobene Berggruppe gipfelt im sagenumwobenen Wunnenstein. Wie manche der Bottwartäler Bergnasen krönte auch ihn im Mittelalter eine Burg, bewohnt von einem Geschlecht, dessen bekanntester Vertreter der »Gleißende Wolf« war. Seine Abenteuer und Fehden mit dem württembergischen Grafen Eberhard dem Greiner hat Ludwig Uhland in mehreren Balladen besungen.

Am breiten Südhang des Wunnensteins gedeiht ein prächtiger Wein. Sein Ruf und der einprägsame Name waren wohl Ursache dafür, daß »Wunnenstein« zur Großlagenbezeichnung für das ganze Bottwartal erhoben wurde. Allerdings können sich die verbliebenen Einzellagen sehr wohl neben diesem Namen behaupten. Für ein ausgewogenes Verhältnis sorgt schon die Bottwartal-Kellerei, gemeinschaftliche Genossenschaftskellerei des Tales von Kleinbottwar bis Beilstein. Im modernen Kellereigebäude in Großbottwar wird der Kunde freigebig mit den »Bottwartälern« bekanntgemacht.

Der Wochenendausflügler, der hier verschlossene Türen findet, mag sich gleich zum Wunnenstein weiterbegeben. Vom Aussichtsturm auf dem Gipfel, wo einst die Burg stand, genießt er an schönen Tagen eine herrliche Fernsicht. Und etwas weiter unterhalb kann er die Bottwartäler Weine genießen. Familie Fink stellt nämlich in ihrer Berggaststätte Wunnenstein eine ganze Reihe Genossenschaftsweine im Pokal vor, dazu zwei hauseigene Tropfen, die sozusagen vor der Türe gewachsen sind. Mit kräftiger Kost – darunter ein Wengerter-Vesperteller als Spezialität – kann sich der Gast für weitere Spaziergänge stärken.

Eine dieser Wanderungen wird vielleicht zum zweiten vielbesuchten Ausflugsziel des Bottwartales führen: Nach Beilstein mit seiner Burg Hohenbeilstein. Das malerische Städtchen voller Fachwerkhäuser ist allein schon einen Aufenthalt wert. Der Spazierweg hinauf zur Burg, durch sorgsam angelegte Rebgärten, führt uns kurz vor dem Burgtor über einen Schauwingert, der uns nicht nur mit allen in Deutschland vorkommenden Rebsorten bekanntmacht, sondern auch einheimische und fremde Reberziehungsarten (Arten, wie das Rebenwachstum geführt wird) demonstriert.

Die meisten Besucher des Hohenbeilsteins kommen jedoch zur Burgfalknerei. Sie wurde 1961 vom Ornithologen Claus Fentzloff – der heute auf Burg Guttenberg am Neckar wirkt – eingerichtet und von seinen Nachfolgern gewaltig ausgebaut. Über zweihundert Greifvögel – Falken, Habichte, Milane, Eulen, Adler, Geier usw. – werden hier gezeigt und ein- bis zweimal täglich im Fluge vorgeführt. Faszinierend, diese edlen Vögel in Aktion zu erleben. Man kann sich gut vorstellen, daß die Herren Ritter des Mittelalters solches Tun für einen angemessenen Zeitvertreib erachteten.

Doch zurück zum Wein. Er kommt auf dem Hohenbeilstein nicht zu kurz. Im Gegenteil: Auf den zünftigen Weinprobierer dürfte die Burggaststätte mindestens so anziehend wirken wie die Falknerei. An die 30 offene Weine zählt die Weinkarte auf. Rund die Hälfte stammt aus der Bottwartal-Kellerei – eine komplette Übersicht über die Weine des Bottwartales. Doch ist auch der Burghang selbst, der

Schloßwingert, mit je zwei roten und weißen Weinen würdig vertreten. Der größte Teil davon gehört zum Schloßgut Dippon, das auf halber Höhe des Burgbergs, nahe der alten Magdalenenkirche, liegt. So kann man sich beim Abstieg von der Burg gleich ein paar Flaschen einpacken lassen.

Bottwartal-Kellerei
Großbottwar (7141), Telefon 07184/381

Preise: Literflaschen-Qualitätsweine ab 4,–;
Kabinett ab 5,80; 1/1 Flaschen Qualitätswein ab 4,–;
Kabinett ab 4,70; Spätlese ab 8,70; Auslese ab 10,60

Schloßgut Hohenbeilstein, Eberhard Dippon
Beilstein (7141), Telefon 07062/4303

Preise: Literflaschen-Qualitätswein ab 4,40;
Kabinett ab 5,80; 1/1 Flasche Qualitätswein ab 5,80;
Kabinett ab 5,80; Spätlese ab 6,–;

Berggaststätte Wunnenstein, Erwin Fink
Winzerhausen (7141), Telefon 07148/471

Preise: Ausschankweine von 2,20 bis 3,30;
Flaschenweine ab 9,50; Hauptgerichte ab 6,80
(im August 2 Wochen geschlossen)

Burggaststätte Hohenbeilstein, Familie Rampmeier
Beilstein (7141), Telefon 07062/5770

Preise: Ausschankweine von 2,10 bis 4,20;
Flaschenweine ab 16,–; Hauptgerichte ab 7,–
(Montag Ruhetag)

Und noch ein Aussichtspunkt über dem Bottwartal: Bei Oberstenfeld, dessen beide romanische Kirchen – die des ehemaligen Frauenstiftes und das Peterskirchlein – allein schon einen Abstecher wert sind, thront auf vorspringender Bergnase Burg Lichtenberg. Fast unzerstört hat sie die Zeitläufe überstanden und bietet so ein authentisches Beispiel mittelalterlichen Burgenbaus.

Die Südflanke des langgezogenen Burgberges ist ein riesiger Wingert. Der größte Teil wird von den Winzern des am Fuß des Hanges liegenden Dorfes Hof und Lembach bewirtschaftet, welches mittlerweile zu Großbottwar gehört. Die Bottwartal-Kellerei baut die Weine aus. Einige gute Stücke gehören jedoch den Burgherren, den Freiherren von und zu Weiler. Auch an ihrem Stamm- und Wohnsitz Weiler bei Weinsberg treiben sie Weinbau. Alle Weine werden von der Kellerei im Renaissanceschlößchen Weiler betreut. Probieren kann man sie aber auf Burg Lichtenberg in der Burggaststätte. Zu den etwa acht Ausschankweinen gibt es Hausgemachtes: Wurst aus eigener Schlachtung, Brot und Kuchen aus eigener Bäckerei.

Schloßkellerei Freiherr von und zu Weiler
Obersulm-Weiler (7104), Telefon 07130/416

Burggaststätte Lichtenberg
Oberstenfeld (7141), Telefon 07062/4017

Preise: Literflaschen-Qualitätswein ab 5,–;
1/1 Flasche Qualitätswein ab 9,–; Kabinett und
Spätlese ab 11,–; Ausschankweine von 2,20 bis 3,80;
Flaschenweine ab 16,–; kleine Gerichte ab 2,–

Wie man sieht, haben sich im Bottwartal neben der großen Genossenschaftskellerei noch einige Weingüter erhalten. Leider betreibt das bekannteste von ihnen, das des Grafen Adelmann, keinen Gutsausschank.

Daß sich der Bottwartäler ohne zusätzlichen Aufwand verkauft, erklärte mir auch der Wirt vom Hirsch in Kleinbottwar, als ich ihm von diesem Buch erzählte: »Mer brauchet Se net, mer bringet den Wei scho unter!« Trotzdem seien der Hirsch und die Rose in Kleinbottwar als Beispiele dafür angeführt, wie gut sich auch hier kleine Winzer behaupten können, wenn sie ihre Weine in der eigenen Gaststätte feilbieten.

Die Schoppenauswahl beim Hirschwirt Vehling ist mit zehn Roten und fünf Weißen geradezu phantastisch: Trollinger, Spätburgunder, Lemberger und Helfensteiner, Riesling, Ruländer und Traminer geben sich hier ein süffiges Stelldichein. Bei Familie Waldbüsser in der Rose ist die Weintafel nicht ganz so reich gedeckt, dafür ist der Außer-Hausverkauf großzügiger.

Gaststätte Hirsch, Karl Vehling
Steinheim-Kleinbottwar (7141)

Preise: Literflaschen-Qualitätswein ab 4,50,
Kabinett ab 6,–; Ausschankweine von 1,80 bis 3,–;
Flaschenweine ab 8,50; Hauptgerichte ab 6,20

Gaststätte Rose, Familie Waldbüsser
Steinheim-Kleinbottwar (7141), Telefon 07148/238

Preise: Literflaschen-Qualitätswein ab 4,50;
Ausschankweine von 1,80 bis 2,50; Flaschenweine ab 7,–;
Hauptgerichte ab 6,50

In Heilbronn und drumherum

Die Verbundenheit von Theodor Heuss mit seinen Württemberger Weinen haben wir im vorigen Kapitel schon erwähnt. Schriftlich niedergeschlagen hat sie sich bereits in seiner Doktorarbeit. Sie trägt den Titel »Weinbau und Weingärtnerstand in Heilbronn«.

Seit dem Jahre 1905, als Heuss promovierte, hat sich natürlich vieles geändert. Immer mehr Winzer traten den Genossenschaften bei, und nur ganz wenige unabhängige Weingüter konnten sich in Heilbronn und Umgebung halten. Der Konzentrationsprozeß erfaßte aber auch die Genossenschaften selbst. Erst vor wenigen Jahren vereinigten sich in einem letzten Akt die Heilbronner, Weinsberger und Erlenbacher zu einer Supergenossenschaft. Fortschritt auch in der Kellerei: Im neuen Kellereigebäude nahe Erlenbach werden – erstmals für die Bundesrepublik – Traubenannahme, Traubenerfassung und Verteilung der Maischen auf die einzelnen Fässer durch einen Computer gesteuert.

So viel Technik hat dem Geschmack der Weine keinesfalls Abbruch getan, wovon man sich in vielen Gaststätten und Restaurants in Heilbronn und Umgebung leicht überzeugen kann. Leider ist in keinem Lokal die Auswahl speziell dieser Genossenschaftsweine so groß, daß ich es hervorheben könnte.

Besondere Aufmerksamkeit verdient hingegen eine Heilbronner Weinstube, die praktisch die Rolle eines Gutsausschankes für ein Heilbronner Weingut spielt. Das Lokal: die Weinstube Weingand in der Weinsberger Straße; das Weingut: Gerhard Kießling in der Wilhelmstraße. Abgesehen von ein paar Weinen aus Lauffen, führt Manfred Strohmaier, Besitzer der Weinstube, nur Kießling-Gewächse auf seiner Weinkarte. Fünf Weiße und vier Rote gibt es allein im Viertelesglas: Riesling, Kerner, Scheurebe, Schwarzriesling, Trollinger.

Weingut Gerhard Kießling
Heilbronn (7100), Wilhelmstraße 16,
Telefon 07131/86929

Preise: Literflaschen-Qualitätswein ab 4,–;
Kabinett ab 5,20; 1/1 Flasche Qualitätswein ab 4,80;
Kabinett ab 5,10; Spätlese ab 5,90; Auslese 9,40

Weinstube Weingand, Manfred Strohmaier
Heilbronn (7100), Weinsberger Straße 41
Telefon 07131/75130

Preise: Ausschankweine von 2,50 bis 4,20;
Flaschenweine ab 13,–; Hauptgerichte ab 7,50
(Mo. Ruhetag, Mitte Juli bis Mitte Aug. geschlossen)

In diesem Weinlokal trifft sich mittags, zum Vespern, und abends halb Heilbronn, vom Teenager über die Bürgerfamilie bis zum gestandenen Vierteles-Opa. Entsprechend auch die Speisekarte, die von schwäbischen Hausmacher-Spezialitäten über gutbürgerliche Gerichte bis zu leckeren Steaks und Toasts reicht.

Hier und da stößt man in der Heilbronner Gegend noch auf kleinere Weingüter, deren Besitzer für einige Zeit im Jahr eine Besenwirtschaft unterhalten. So können wir in Eberstadt, unmittelbar an den Weinbergen, Familie Wolf besuchen, die ihre Stube so lange offenhält, bis der Faßwein und der zum Ausschank bestimmte Wein alle sind. Unter drei bis vier Weinen und unter ein paar kräftigen Vespergerichten kann der Gast immer wählen.

Besenwirtschaft Gerhard Wolf
Eberstadt (7101), Telefon 07134/8480

Preise: Literflaschen-Qualitätswein ab 3,80;
1/1 Flasche Qualitätswein ab 4,–; Kabinett ab 5,–;
Ausschankweine von 1,50 bis 2,–; kleine Gerichte ab 1,80
(geöffnet 6 bis 8 Wochen im Sommer)

Den Schritt von der Besenwirtschaft zur Gutsschänke, die das ganze Jahr über geöffnet ist, wagte Paul Keicher in Erlenbach. Weit außerhalb des Dorfes, nahe den Weinbergen, liegt sein Aussiedlerhof, dessen Kelterhalle bislang sommers in eine Besenwirtschaft umgewandelt wurde. Da sie sich bei Einheimischen, Heilbronnern und Weinsbergern wachsender Beliebtheit erfreute, wurde eine Vergrößerung dringend nötig. Guter Wein – bis zur Auslese im Ausschank! – und kräftige Vesperkost (wie vorzügliches Salzfleisch) werden sicherlich auch weiterhin für lebhaften Betrieb sorgen.

Weingut Keicher, Gutsschänke
Erlenbach (7101), Aussiedlung im Geisberg 1,
Telefon 07132/2731

Preise: Literflaschen-Qualitätswein ab 4,20;
1/1 Flasche Qualitätswein ab 4,20; Kabinett ab 5,20;
Ausschankweine von 1,80 bis 4,–; Flaschenweine ab 6,–;
kleine Gerichte ab 2,50

Zum Schluß unseres Streifzuges um Heilbronn wollen wir ein Lokal besuchen, das ein wenig aus dem gewohnten schwäbischen Rahmen fällt. Es liegt in der großen Weinbaugemeinde Flein, südlich von Heilbronn, die im Heilbronner Verkehrsverbund zu erreichen ist. Genauer: das »Gasthaus wo der Hahn kräht« liegt etwas außerhalb Fleins in den Wiesen. Hier kann man sich nicht nur durch sieben offene Weine der Weingärtnergenossenschaft Flein-Talheim hindurchprobieren, sondern auch gleich einige Flaschen mitnehmen.

Dabei hat das Lokal gar nichts von den gemütlichen schwäbischen Weinstuben an sich. Der helle Raum mit den großen Tischen erweckt mehr den Eindruck eines volkstümlichen Ausflugslokals. Sicher kann man hier auch »schwäbisch« essen, etwa Zwiebelrostbraten oder Leberkäse. Aber das ist nicht der eigentliche Anziehungspunkt des Lokals. Wie schon der Name andeutet, werden vielmehr in großen Mengen Hähnchen gebraten. Übrigens ganz vorzügliche. Und wer Abwechslung liebt, kann sich an Geflügelschnitzel, -leber oder -magen delektieren. Alles sehr preiswert und zum Mitnehmen. Kein Wunder, daß sich sonntagmittags auch manche Gastarbeiterfamilie ihr kleines Festessen leistet. Da werden dann mit Kindern, Freunden und Verwandten ganze Berge von Hähnchen vertilgt und mit gutem Fleiner Wein hinuntergespült. Eine solche Stimmung mag in der fernen Heimat bei großen Familienfesten herrschen.

Natürlich sind die einheimischen Schmauser und Trinker in der Überzahl, Heilbronner Hähnchenfreunde und einheimische Viertelesschlotzer. Friedlich und vergnügt hockt alles beisammen – Ansätze von Integration rund um den Wein.

Weingärtnergenossenschaft Flein-Talheim
Flein (7101), Telefon 07131/52033

Preise: Literflaschen-Qualitätswein ab 5,15,
1/1 Flasche Kabinett ab 5,40, Spätlese ab 7,85;
Auslese ab 13,45; Beerenauslese (0,5 Liter) 20,15

Gasthaus Wo der Hahn kräht
Flein (7101), Telefon 07131/52869

Preise: Ausschankweine von 2,20 bis 3,20;
Flaschenweine ab 8,50; Hauptgerichte ab 5,–

Adlig, bürgerlich, bäuerlich – Weinschänken im Hohenlohischen

Das württembergische Weinland erstreckt sich weit nach Norden, tief in jene Landschaft, die den früheren Machtbereich der Herren, Grafen und späteren Fürsten von Hohenlohe umfaßt. Zahlreiche Residenzen mit Schlössern und Schlößchen von der Gotik bis zum Barock zeugen von der Fruchtbarkeit und den vielen Teilungen des Geschlechtes.

Seinen westlichsten Vorposten bildet das reizvolle Kreisstädtchen

Öhringen, das zu Hohenlohe-Neuenstein gehörte, bevor es Residenz einer eigenen Linie wurde. Schon im 14. Jahrhundert besaßen die Neuensteiner Weingärten am Verrenberg östlich des Städtchens. Eigentümer der Kelter am Ort Verrenberg war jedoch die Linie Hohenlohe-Bartenstein – so verzwickt waren damals die Verhältnisse.

Bis ins vorige Jahrhundert wurde fast nur für den herrschaftlichen Hausbedarf und für Deputatzwecke – Lohn in Naturalienform – produziert. Inzwischen ist jedoch das Weingut – nunmehr im Besitz der Hohenlohe-Öhringen – systematisch vergrößert worden. Und seit dem letzten Krieg werden Verrenberger Weine nur direkt an die Konsumenten verkauft – im Öhringer Schloß.

Ein Teil allerdings wandert zu diesem Zweck in den wohl feudalsten Gutsausschank Deutschlands: das Jagdschloß Friedrichsruhe bei Öhringen. Das dortige Restaurant kann auf eine lange Tradition zurückblicken. Im Ökonomiegebäude des 1717 erbauten Schlößchens wurde bereits 1842 eine Gastwirtschaft eingerichtet. Daran erinnert heute freilich nurmehr die rustikale Ausstattung des Restaurants und ein letzter Hauch schwäbischer Küche auf der Speisekarte. Aber schon mit der »Hohenloher Geflügelpfanne« verabschiedet sich die Küche endgültig aus den Gefilden der traditionellen schweren Regionalspeisen. Gleich mit seinem ersten Küchenchef Sorg, Schüler des Ettlinger »Erbprinz«-Altmeisters Helmuth Gietz wie er selber, krempelte Friedrichsruhe-Direktor Lothar Eiermann den Speisezettel völlig um: Er gehört zu den Pionieren der »nouvelle cuisine«, der neuen leichten Küche, in Deutschland.

Inzwischen kommt man nach Friedrichsruhe dieser Küche wegen, und so konnten Eiermann und sein jetziger Küchen-Meister Werner Fuchß, ebenfalls Erbprinz-Eleve, die neue Linie konsequent weiterführen: nur frische Produkte der Saison als Grundlage, jede Speise, jede Sauce, jede Suppe »à la minute« zubereitet, sparsamer Umgang mit Butter, fast völliger Ausschluß von Mehl. Die Speisekarte wechselt täglich; so kann der folgende kleine Streifzug nur eine Momentaufnahme bieten: Feiner Salat »Gourmet« (Prinzeßböhnchen, Champignons, warme Gänsestopfleber, Krebse) – Hausgemachtes Parfait von Fasanenleber – Lachssuppe mit feinen Klößchen – Soufflé von Krebsen in leichter Dillsauce – Lotte (Seeteufel), in Sauerampfer gedünstet – Junges Perlhuhn in Morchelrahm mit Selleriemus – Kalbshirn und -bries mit Kerbelrahmsauce – Fasanenbrust mit Gänseleber gefüllt – Früchte nach Art des Hauses oder Sorbets.

Es ist erstaunlich, wie gut der Verrenberger Verrenberg zu diesen leichten Köstlichkeiten paßt. Allerdings scheint sich auch die Hohenloher Schloßkellerei dem neuen Trend angepaßt zu haben; denn die Flaschenweinkarte verzeichnet nicht weniger als acht »Trockene« vom Verrenberg! Aber auch bei den offenen Weinen ist die Lage mit fünf Vertretern gut repräsentiert.

»Nouvelle cuisine«, Küche, bei der kaum vorgearbeitet wird, kann nicht billig sein. Im Vergleich zu französischen Spitzenrestaurants, mit denen Eiermanns Haus durchaus konkurrieren kann, sind aber die Genüsse auch für Durchschnittsbürger erschwinglich, die ihren Ausflug zum Jagdschloß oder einen Spaziergang durch Feld und Wald mit gutem Essen krönen wollen. Tiefer in die Tasche greifen muß allerdings, wer einen längeren Aufenthalt auf Friedrichsruhe plant. Ein erster Hoteltrakt wurde nach dem Krieg im Anschluß an das Wirtschaftsgebäude des Jagschlosses errichtet. Dieses war damals völlig verfallen – für über hundert Jahre hatte das Öhringer Fürstenhaus sich auf seine schlesischen Besitztümer konzentriert. Es nahm sich des Jagdschlosses erst wieder an, nachdem es das Öhringer Schloß verkauft und sich nach Neuenstein zurückgezogen hatte.

Aus dem Erlös wurde die Restauration des Jagdschlosses finanziert. Mehr noch: Alle Möbel und Kunstgegenstände, die nicht nach

---

Fürst zu Hohenlohe-Oehringen'sche Schloßkellerei
Weingut Verrenberg
Öhringen (7110), Im Schloß, Telefon 07941/7081

Preise: Literflaschen-Qualitätswein ab 5,50; 1/1 Flasche Kabinett ab 6,–; Spätlese ab 8,–; Auslese ab 17,–

Waldhotel Friedrichsruhe
Friedrichsruhe (7111), Telefon 07941/7078

Preise: Ausschankweine von 4,50 bis 5,20;
Flaschenweine ab 24,–; Hauptgerichte ab 25,–;
Übernachtung mit Frühstück ab 85,–

Neuenstein kamen, dienen jetzt als Ausstattung der neuen Hotel- und Konferenzzimmer im Jagdschloß. Allein sie zu bewundern vermag den Gast auf Friedrichsruhe auszufüllen.

Dazu kommen Freischwimmbecken, Sauna und Hallenbad, Anlagen für Volleyball und Tennis und vor allem ein malerisch in die Landschaft eingebetteter Golfplatz. Absolute Ruhe und ein 50köpfiger perfekter Service tragen das ihre dazu bei, um Gestreßte wieder aufzumöbeln – sofern die Brieftasche gut genug gefüllt ist.

Hohenloher Wein wächst nicht nur am Verrenberg. Im weiten Umkreis von Öhringen werden Süd- und Südwesthänge mit Reben bepflanzt. Längst haben sich die vielen kleinen Winzer zu Genossenschaften zusammengeschlossen. Zwölf dieser Weingärtnergenossenschaften vereinigten sich vor einiger Zeit zur Weinkellerei Hohenlohe. Auch sie domiziliert in einer ehemaligen Hohenlohe-Residenz, in Pfedelbach, dessen Renaissanceschloß – noch gotischen Formen verhaftet – einen Abstecher lohnt.

Aber bereits in Öhringen findet der Weinfreund Gelegenheit, sich mit den Hohenlohe-Weinen vertraut zu machen. Zwei Öhringer

Gaststätten tun sich mit ihrer reichhaltigen Auswahl von Viertelesweinen hervor. Dabei hat der Gast die Wahl zwischen Barock und Fachwerk. Wer letzteres vorzieht, begebe sich in die Marktstraße zur Krone, die mit ihrem weit in die Straße hinausragenden Wirtshausschild nicht zu übersehen ist. An die zehn Weine aus der Pfedelbacher Kellerei, weiße und rote, kann er hier versuchen. Schwäbisches mit »Herz und Lunge« bildet eine gute Basis.

Gleich hinter dem originellen Kolonnadentor, das die barocke Karlsvorstadt von der Altstadt trennt, steht der Württemberger Hof, dessen zweite Bezeichnung »Post« eigentlich noch typischer für das Haus ist. Es diente nämlich einst tatsächlich als Posthalterei, und der Wirt konnte manches Stück aus jener Zeit bewahren. So kann der Gast sich über die Fahrpläne der »Diligencen« (Eilposten)

Weinkellerei Hohenlohe
Pfedelbach (7114), Telefon 07941/8223

Preise: Literflaschen-Qualitätswein ab 3,90;
Kabinett ab 5,–, 1/1 Flasche Kabinett ab 4,50;
Spätlese ab 6,10; Auslese ab 10,80

Gasthof Krone, Heide Weinstock
Öhringen (7110), Marktstraße 24, Telefon 07941/7278

Preise: Ausschankweine von 2,60 bis 3,80;
Flaschenweine ab 16,–; Hauptgerichte ab 7,–;
Übernachtung mit Frühstück ab 21,–
(Donnerstag Ruhetag)

---

nach ferneren Zielen und der (recht rationellen) sechs- bis siebensitzigen Chaisen in die Nachbarorte informieren, er kann die »Taxen« studieren und sich an alten Wappenschildern erfreuen. Vielleicht läßt er sich dazu ein Öhringer Pfannengericht mit Spätzle munden – und natürlich einen Wein aus der näheren und weiteren Umgebung, von denen es nahezu 30 im Ausschank gibt.

Hotel Post, Württemberger Hof, Hans von Kamp
Öhringen (7110), Karlsvorstadt 4, Telefon 07941/2407

Preise: Ausschankweine von 2,90 bis 4,60;
Flaschenweine ab 16,50; Hauptgerichte ab 9,50;
Übernachtung mit Frühstück ab 24,–

Mit Weinfreuden können im Hohenlohischen nicht nur das adlige Friedrichsruhe und die Gaststätte der Bürger aufwarten. Wer es vorzieht, das liebliche Weinland gemächlich zu durchwandern, statt mit dem Auto zu durcheilen, wird noch manche versteckte Bauernschenke entdecken können, die sich mit besonderer Liebe des Weines annimmt. So stößt er in Harsberg, einem Dörfchen südlich von Öhringen, auf die Gastwirtschaft Dreher, ein kleines »Wirtschäftle«, dessen gute Stube nur über eine ausgetretene Stiege zu erreichen ist. Aber welche Überraschung, wenn der Gast die Weinkarte aufschlägt: Neben einem hauseigenen Faßwein stellen sich acht weitere offene Weine vor: Kerner, Ruländer, Silvaner, Riesling und ein alter Traminer! Sie stammen aus dem benachbarten Heuholz, dessen Weingärtnergenossenschaft sich nicht der Pfedelbacher Kellerei angeschlossen hat – kein Wunder bei solch köstlichen Weißwein-Spezialitäten!

Weingärtnergenossenschaft Heuholz
Pfedelbach-Heuholz (7114), Telefon 07949/571

Preise: Literflaschen-Qualitätswein ab 3,90;
1/1 Flasche Qualitätswein ab 5,–; Kabinett ab 5,–;
Spätlese ab 7,80, Auslese ab 10,50

Gastwirtschaft Werner Dreher
Pfedelbach-Harsberg (7114)

Preise: Ausschankweine von 1,80 bis 2,50;
Flaschenweine ab 12,–; kleine Gerichte ab 2,50

Baden

Südliches Rebland – Dorado für Feinschmecker

Über den Unterschied zwischen Württembergern und Badenern ist schon viel Tinte verspritzt worden. Solchem Tun will ich mich nicht anschließen. Vor allem wage ich nicht zu entscheiden, welches dieser beiden Völkchen geschäftstüchtiger ist. Im speziellen Fall des Weines allerdings haben sich die Badener einen deutlichen Vorsprung herausgearbeitet. In dichten Schauern regnet seit geraumer Zeit Werbung für den badischen Wein auf die Verbraucher nieder – mit Erfolg, wie rasch steigende Absatzziffern beweisen.

Dieser Erfolg ist nicht zuletzt der Zentralkellerei Badischer Winzergenossenschaften in Breisach zu verdanken, die bei der Vermarktung badischer Weine eine fast noch stärkere Position einnimmt als ihre württembergische Genossin in Möglingen. Deswegen geben manche Freunde badischen Weines auch ihr die Hauptschuld an einer – wie sie meinen, schädlichen – Entwicklung, die mit dem Absatzerfolg einhergegangen ist: der zunehmenden »Versüßung« des Weines, praktiziert wohl aus der Überlegung, daß der Konsument vom südlichsten deutschen Wein auch mehr Süße erwartet.

Wie dem auch sei – ein Besuch der Breisacher Kellerei ist jedem Weinfreund zu empfehlen. Gerne zeigt man ihm die gewaltigen Anlagen, und offen werden alle Probleme mit ihm diskutiert – auch die heiklen.

Und badischer Wein wird noch längst nicht allein durch Breisach repräsentiert. Viele tüchtige Genossenschaften bieten unabhängig von der Zentralkellerei ihre Erzeugnisse an. Einige große Weingüter beleben den Markt mit ihren Qualitätsprodukten. Und wer sucht, wird noch so manche Winzer finden – auch solche mit hauseigener Gaststätte – die ihren Wein direkt an treue Kunden versenden. Sie alle sorgen dafür, daß badischer Wein kein Einheitswein wird.

Diese Gefahr besteht oft unter südlicher Sonne, wo die Schwere der Weine viele Geschmacksnuancen zu erdrücken droht. Obwohl badische Reben mehr Sonne abbekommen als Trauben anderer deutscher Weingegenden, haben die Winzer jene Charaktervielfalt, die in den deutschen Weinen steckt, zu bewahren gewußt, wenngleich hier der Ruländer wuchtiger, der Spätburgunder schwerer wird als anderswo in Deutschland. Für eine breite Geschmackspalette sorgt schon die Sortenvielfalt, in Baden alte Tradition, wohingegen sie in manchen anderen Weinlandschaften erst mit den Neuzüchtungen erreicht wurde.

Es gibt Schwerpunkte. Die Gutedel-Rebe dominiert im Markgräflerland, Riesling und Traminer liefern in der Ortenau Spitzenweine. Zugleich treffen wir in allen badischen Bereichen eigentlich nur Ruländer, Müller-Thurgau und Spätburgunder. »Gesamtbadische« Spezialität ist vor allem der aus letzterem gewonnene Weißherbst, eine bräunlichrosa schillernde Köstlichkeit, bei der Most roter Trauben ohne die farbstoffspendende Schale vergoren wird.

Vielfalt liefern auch die einzelnen Landschaften durch ihre unterschiedlichen Böden: verwittertes Vulkangestein und Löß am Kaiserstuhl und am Tuniberg, Urgestein an den Schwarzwaldhängen, wärmespeichernd wie das Wasser des Bodensees. Diese Vielfalt der Weine mit der Vielfalt ihrer Landschaft zu erfahren: das ist etwas für Feinschmecker und solche, die es werden wollen.

Unkundige werden bei solchem Bemühen nicht allein gelassen. In allen Teilen des badischen Weinlandes – auch in jenen, die wir schon kennen (Badische Bergstraße, Kraichgau, Badisches Frankenland) – werden an verlängerten Wochenenden »Weinkollegs« veranstaltet, und zwar vom Badischen Weinbauverband, 7800 Freiburg, Merzhauser Straße 115, Telefon 07 61/4 09 47. Einwöchige »Oberbadische Weinreisen« im Kaiserstuhl und im Markgräflerland (in letzterem sogar unter dem Motto »Wein und Gesundheit« mit Badegelegenheiten in den Thermalbädern Bellingen, Krozingen und Badenweiler) veranstaltet das Referat Fremdenverkehr der Industrie- und Handelskammer Südlicher Oberrhein in 7800 Freiburg, Wilhelmstraße 26, Telefon 07 61/3 13 77.

Auch Wanderer, die allein durch das Land ziehen, können sich leicht zu Wein-Feinschmeckern heranbilden. Winzer, Wirte und Stammtisch-Gäste in den vielen gemütlichen badischen Gasthöfen werden gerne dabei helfen. An Anschauungsmaterial mangelt es nicht; denn der Badener liebt sein Viertele genauso wie der Württemberger. Die Wirte berücksichtigen dies mit einem reichen Angebot von Schoppenweinen, eigenen oder solchen der örtlichen Genossenschaften. Und man bringt auch Verständnis für den auf, der seine Leber schonen muß: Ihm wird man den Wein im »Achtele« kredenzen. Gourmet, nicht Gourmand, lautet auch beim Wein die Übersetzung für Feinschmecker.

Apropos Feinschmecker: Diese zieht es schon seit langem in badische Gefilde. Sie sind sich darüber einig, daß nirgendwo in Deutschland das kulinarische Niveau so hoch liegt wie gerade im Badischen, in der Spitze sowohl wie im Durchschnitt. Das mag an der Nähe Frankreichs und der Schweiz liegen; Kochlust und Essensfreude sind aber wohl auch gemeinsames alemannisches Erbe. Wer gutes Essen für eine Kulturleistung hält, wird sich daran erfreuen, wie im

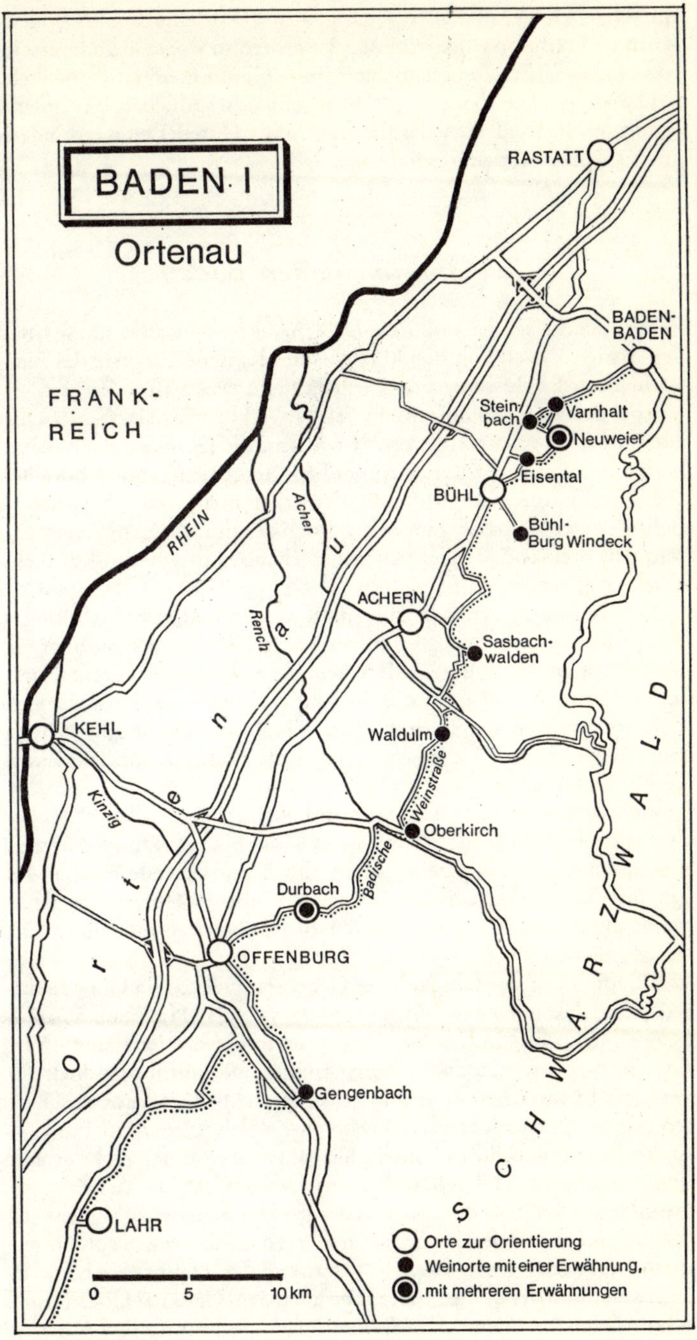
BADEN I
Ortenau
FRANK-
REICH
RASTATT
BADEN-
BADEN
Stein-
bach
Varnhalt
Neuweier
Eisental
BÜHL
Bühl-
Burg Windeck
RHEIN
Acher
Rench
ACHERN
Sasbach-
walden
KEHL
Waldulm
Kinzig
Weinstraße
Badische
Oberkirch
Durbach
OFFENBURG
Gengenbach
O r t e n a u
S C H W A R Z W A L D
LAHR
Orte zur Orientierung
Weinorte mit einer Erwähnung,
,mit mehreren Erwähnungen
0
5
10 km

einfachen Dorfgasthaus Anregungen der Haute cuisine in bodenständige Tradition eingeschmolzen werden, so wie man andererseits alte Hausgerichte zu geschmacklicher Vollkommenheit entwickelt.

Dem, der eine Reise durch Deutschlands südlichstes Weinland unternimmt, muß man darum nicht nur »Guten Durst«, sondern auch »Guten Appetit« wünschen.

Rebland um Baden-Baden

Es hat schon seinen fashionablen Charakter bewahrt, dieses Baden-Baden. Noch konnten Massen- und Kassen-Kurgäste das Flair vornehmer Exklusivität und Eleganz nicht ernsthaft ankratzen.

Von der Ausstrahlungskraft des Nobelkurortes sind ein wenig auch die kleinen Weinorte erfaßt worden, die jenseits des Fremersberges wie ein Kranz um die auf hohem Berge thronende Yburg liegen. Viele gutbetuchte Ruheständler haben hier ihren Alterssitz errichtet, und der Spaziergänger kann sich des Eindrucks nicht erwehren, daß dreizackige Sterne auf Kühlerhauben hier besonders dicht gesät sind.

Kein Wunder, daß sich über diese Gegend auch ein sehr enges Netz kulinarischer Stützpunkte ausbreitet. Allerdings verdient bei weitem nicht jedes der zahlreichen Spezialitätenrestaurants zwischen Varnhalt und Bühl die Würdigung, die sie in einschlägigen Führern erfahren – stolz sind oft nur die Preise. Dafür gibt es noch manchen einfachen Landgasthof zu entdecken, mit solidem Essen und gutem Wein.

Viele dieser Häuser – bekannte und unbekannte – pflegten früher ihre eigenen Weinberge. Damit ist es leider bis auf wenige Ausnahmen vorbei; die Genossenschaften haben mittlerweile nahezu das gesamte Rebland erfaßt. Und so werden überall Genossenschaftsweine ausgeschenkt – gute Tropfen zwar, doch halt im ganzen Ort die gleichen.

Wer die Leistungsfähigkeit der Genossenschaften im Glase testen will, mag dies in jenen Häusern tun, die sich als »Hauptausschank« bezeichnen. »Des isch e alter Huet«, meinte zwar der Lamm-Wirt Graf in Neuweier zu dieser Bezeichnung, aber mit ihr ist doch ein gewisses historisches Verdienst verknüpft: Als die Genossenschaften gegründet wurden, waren Gastwirte, welche ihre starke Position den Winzern gegenüber schwinden sahen, davon gar nicht erbaut und boykottierten die Kooperative vielfach. Wirte, die zu den Neugründungen hielten, durften sich dafür »Hauptausschank« nennen.

Doch nicht nur dieses historischen Verdienstes wegen sollten wir diesen Häusern einen Besuch abstatten; der Hauptausschank in Neuweier und der in Varnhalt haben auch dem Gaumen Überdurchschnittliches zu bieten. Das Lamm in Neuweier und der Adler in

Varnhalt kursieren als kulinarische Geheimtips in ganz Deutschland und sogar im benachbarten Frankreich.

Familie Graf gehört zu den Gründern der Neuweierer Winzergenossenschaft; und die zwölf Ausschankweine, die es im Lamm gibt, vermögen den Gast schon zu einem anschließenden Besuch in der Genossenschaft zu verleiten. Vorher wird man aber gewiß die Künste der Lamm-Küche würdigen. Ob man ein Gericht aus der Standard- (was heißt hier schon Standard!) oder aus der Tageskarte wählt, stets wird der Gast Köstlichkeiten bekommen, aufs Beste zubereitet und präzise ausgewürzt. Keinesfalls sollte man sich das Lendchen Badische Art mit einer köstlichen Fülle entgehen lassen, vielleicht auch zuvor die hausgeräucherte, noch kammerwarme Forelle kosten, zu welcher Neuweierer Riesling besonders gut mundet.

Winzergenossenschaft Neuweier-Bühlertal
Baden-Baden-Neuweier (7570), Telefon 07223/57247

Preise: Literflaschen-Qualitätswein ab 4,50;
1/1 Flasche Qualitätswein ab 5,–; Kabinett ab 5,50;
Spätlese ab 10,–; Auslese ab 15,60

Gasthof Zum Lamm, Familie Graf
Baden-Baden-Neuweier (7570), Hauptstraße 30
Telefon 07223/57212

Preise: Ausschankweine von 3,60 bis 4,80;
Flaschenweine ab 15,–; Hauptgerichte ab 12,–;
Übernachtung mit Frühstück ab 24,– (Montag Ruhetag,
Mitte Januar bis Mitte Februar geschlossen)

Varnhalter Riesling ist gleichfalls ein idealer Essensbegleiter. In allein fünf Variationen findet er sich unter den rund 10 offenen Weinen des Adlers. Auch unter seinen 25 Flaschenweinen bildet er die Mehrheit. Und er paßt zu Bodenseefelchen wie zu Schwarzwaldforellen, zu Lammniere wie zu Kalbsbrieschen, zu Wild wie zu Wachteln. Im Adler versteht man dies eindrucksvoll zu demonstrieren.

Hier habe ich auch wieder gezeigt bekommen, wie köstlich eine Salatplatte sein kann, wenn man sich ihrer mit Sorgfalt und Phantasie annimmt. Auch den anderen »S«-Test besteht die Adler-Küche mit Bravour: Die Pfeffer-Sauce beispielsweise, zu zarter Wildente gereicht, ist ein Muster an Feinabstimmung.

Was den Varnhalter Adler jedoch vor anderen Feinschmeckerzielen auszeichnet, ist das Gefühl, hier willkommener Gast einer Familie zu sein. Tatsächlich sorgen im Adler gleich mehrere Generationen der Familie Klenk für das leibliche Wohl. Die Seele des Ganzen, Senior Gottlieb Klenk, läßt es sich nicht nehmen, jeden Gast, wenn irgend möglich, selbst zu begrüßen und sich persönlich um ihn zu kümmern.

Winzergenossenschaft Varnhalt
Baden-Baden-Varnhalt (7570), Telefon 07223/5359

Preise: Literflaschen-Qualitätswein ab 4,90;
1/1 Flasche Kabinett ab 5,10; Spätlese ab 7,60;
Auslese ab 12,40

Gasthaus Adler, Gottlieb Klenk und Söhne
Baden-Baden-Varnhalt (7570), Yburgstraße 15,
Telefon 07223/57241

Preise: Ausschankweine von 2,80 bis 4,50;
Flaschenweine ab 12,–; Hauptgerichte ab 10,–;
Übernachtung mit Frühstück ab 20,–
(Januar geschlossen, Donnerstag Ruhetag)

Schlicht »Ausschank der Winzergenossenschaft« nennt sich die »Traube« in Eisental, wo das Baden-Badener ins Bühler Rebland übergeht. In der Genossenschaft – gleich um die Ecke – sind jetzt Winzer aus Eisental, Affental, Bühl und Altschweier vereinigt. Zum feinherben Riesling gesellt sich kräftiger Affentaler Spätburgunder.

Acht offene Weine der Traube laden dazu ein, mit beiden Freundschaft zu schließen. Frisches Brot reicht die hauseigene Bäckerei, und die Speisekarte überrascht mit manchem Gericht aus Mutters Küche wie eingemachtem Kalbfleisch und Butterreis.

Affentaler Winzergenossenschaft Bühl
Bühl-Eisental (7580), Telefon 07223/24376

Preise: Literflaschen-Qualitätswein ab 4,70;
1/1 Flasche Kabinett ab 5,30; Spätlese ab 7,80,
Auslese ab 16,50

Gaststätte-Pension Zur Traube, Bäckerei-Konditorei,
L. Fröhlich
Bühl-Eisental (7580), Telefon 07223/23705

Preise: Ausschankweine von 2,30 bis 3,–;
Flaschenweine ab 11,–; Hauptgerichte ab 9,50;
Übernachtung mit Frühstück ab 15,–

Zurück nach Neuweier. Die beste Weinlage des Ortes, der Mauerberg, erinnert mit seinen nach Süden sich abstufenden Terrassen an Weinberge am Main, wie auch der kräftige Rieslingwein, welcher hier wächst. Daher haben die Varnhalter, Steinbacher, Umweger und Neuweierer wohl auch das Recht erhalten, die Weine aus ihren jeweils besten Lagen in Bocksbeutel abzufüllen.

Großes Verdienst um Erhaltung und Ausbau des Mauerberges haben sich von alters her die Bewohner des kraftvollen Neuweierer Renaissanceschlosses erworben. Überlieferungen berichten, daß die Edelreben, vielleicht sogar schon der Riesling, von den Dalbergs hierhergebracht wurden, als ein Zweig dieses alten rheinischen Rittergeschlechtes Mitte des 16. Jahrhunderts die ehemalige Wasserburg durch Einheirat von den Rittern von Bach erbte. Auch ihre späteren Besitzer, die Freiherren Knebel von Katzenelnbogen und die Familie Rößler, ließen sich die Pflege des Weines angelegen sein, und heute führt Frau Jacoba Stoltenberg-Rößler diese Tradition fort.

Ihr ist es auch zu verdanken, daß einige alte Schloßräume in ein Restaurant verwandelt wurden, wo man die hauseigenen Weine einer gründlichen Probe unterziehen kann. Sie wird sicher positiv ausfallen.

Weingut Schloß Neuweier – Gutsausschank – Restaurant
Baden-Baden-Neuweier (7570), Telefon 07223/5340

Preise: Qualitätswein ab 7,50; Kabinett ab 8,80;
Spätlese ab 10,–; Ausschankweine von 3,– bis 4,–;
Flaschenweine ab 12,–; Hauptgerichte ab 12,–
(Dienstag Ruhetag)

Außer dem Schloß hat in Neuweier auch der rührige Wirt zum »Engel« sich gegen die übermächtigen Genossenschaften zu behaupten gewußt. Daß Familie Fröhlich am eigenen Wein, seinem Ausbau und seinem Verkauf Freude hat, zeigt schon das lustige geschnitzte, buntbemalte Straßenschild, das den Weinfreund ins Haus lockt. Die Wirtsstube mit ihrer niedrigen Decke und einem alles beherrschenden Kamin hat dem »Engel« seinen Charakter als Dorfwirtshaus erhalten – wohltuende Abwechslung bei den vielen Nobel-Restaurants dieser Gegend.

Auch die Speisenkarte entspricht einem einfachen ländlichen Gasthof. Dafür ist die Weinkarte mit sechs offenen Weißweinen – Müller-Thurgau, Ruländer, Riesling – und einem Spätburgunder

---

Max Fröhlich, Inh. Eduard Fröhlich
Gasthaus zum Engel – Weinbau – Weinkellerei
Baden-Baden-Neuweier (7570), Mauerbergstraße 62
Telefon 07223/57243

Preise: Literflaschen-Qualitätswein ab 5,–,
1/1 Flasche Qualitätswein ab 5,50; Kabinett ab 6,50;
Spätlese ab 12,–; Auslese 20,–; Ausschankweine
von 2,50 bis 5,–; Flaschenweine ab 12,–;
Hauptgerichte ab 10,–; Übernachtung mit Frühstück
ab 18,– (Ende Februar geschlossen, Dienstag Ruhetag)

---

reich bestückt. Selbst wer sich einen Mauerberg kommen lassen will, muß nicht gleich zur großen Flasche greifen; es gibt ihn auch im Viertelliter-Bocksbeutel.

Auch im benachbarten Steinbach, dem Geburtsort des Straßburger Münsterbaumeisters Erwin, baut ein Gastwirt noch seine Weine selber aus. Familie Droll betreibt sogar eine kleine Brennerei. All die vielen Obstschnäpse und Weine kann man in der Bacchus-Weinstube verkosten. Sie erfreut sich so regen Zuspruchs, daß in mengenmäßig mageren Weinjahren kaum Flaschen für den Außer-Haus-Verkauf übrigbleiben. Vielleicht tröstet man sich dann mit einem Mirabellengeist.

Bacchus-Weinstube, Helmut Droll
Baden-Baden-Steinbach (7570), Hauptstraße 72,
Telefon 07223/57296

Preise: Literflaschen-Qualitätswein ab 4,70;
1/1 Flasche Qualitätswein ab 6,–; Ausschankweine von 2,10 bis 2,80; Flaschenweine ab 10,–; kleine Gerichte ab 3,30; Hauptgerichte ab 8,30;
Übernachtung mit Frühstück ab 15,– (Mittwoch Ruhetag)

Auf Weinpfaden durch die Ortenau

Wirklich ein gesegneter Landstrich, diese Ortenau, das Weinland südlich von Baden-Baden! Teils steil, teils sanft stufen sich die Vorberge von den Höhen an der Schwarzwald-Hochstraße hinab zur Rheinebene. Bachtäler zergliedern sie, Acher, Rench und Kinzig schaffen größere Zäsuren. Überall an den Hängen wachsen Riesling, Traminer, Ruländer und Spätburgunder.

Es empfiehlt sich, diese Tropfen auf Schusters Rappen zu erkunden, ganz gemächlich, und das nicht nur wegen der Promille. Ein gut bezeichnetes Wegenetz leitet den Wanderer sicher von Wein zu Wein; der Nord-Süd-Wanderweg wurde sogar offiziell als »Ortenauer Weinpfad« deklariert. Benutzen wir das Wegzeichen mit der Traube hin und wieder als Leitstern auf unserer Weintour!

Wir können sie ganz festlich beginnen, mit Abendessen und Übernachtung auf Burg Windeck, hoch über Bühl. Von der Burg selbst stehen nur noch zwei Bergfriede; davor hat der Eigentümer, Senator Dr. Manfred Fischer, früherer Besitzer der Uhu-Werke, einen Restaurantbau hinsetzen lassen, der wie eine Aussichtskanzel über den Rebbergen hängt.

Sie liefern zarte Müller-Thurgau-, Riesling- und Traminerweine sowie einen unglaublich samtigen Spätburgunder. Von jeder Rebsorte kann das Restaurant einen offenen Wein als Beispiel anbieten. Zahlreiche halbe Flaschen aus den Jahren 1967, 1966 und 1964 erlauben uns sogar eine reizvolle nostalgische Reise.

Wenn – bei einem funkelnden Glas Wein – die Rheinebene unter der Burg in der Dämmerung versinkt, wird dem Gast gar romantisch ums Herz. Mit einem guten Essen kommt dann auch der Leib zu seinem Recht. Die Speisekarte ist zwar nicht umfangreich, aber sorgsam zusammengestellt. Wild- und Fischgerichte setzen Schwer-

---

Weingut Burg Windeck,
Bühl (7580), Telefon 07223/21219

Preise: Literflaschen-Qualitätswein ab 5,50;
1/1 Flasche Qualitätswein ab 6,50

Burg Windeck, Hotel und Burggaststätte, Klaus Schwab
Bühl (7580), Postfach 1107, Telefon 07223/23671

Preise: Ausschankweine von 4,20 bis 4,50;
Flaschenweine ab 15,50; Hauptgerichte ab 11,–;
Übernachtung mit Frühstück ab 34,– (Januar und
Februar geschlossen, Dienstag Ruhetag)

---

punkte, wobei auch die Küche mit dem hauseigenen Wein nicht spart, so bei Kalbfleischbällchen in Rieslingsauce oder Forelle in Rieslingsud.

Frisch ausgeruht können wir am nächsten Morgen unsere Wanderung beginnen. Als nächstes Etappenziel mögen wir Sasbachwalden wählen, das wir in einem großen Bogen (hinauf auf die Schwarzwald-Hochstraße, den Wanderweg an dieser entlang und wieder hinab ins Tal) erreichen. Hier verlohnt das Klostergut Schelzberg, ein früherer Weinhof des Klosters Schwarzach, einen Besuch. Leider hält Hans Hockenberger, der jetzige Besitzer, seine Trinkstube, die er mit viel Faß- und Büttenholz zünftig ausgebaut hat, nicht ständig geöffnet. Zu den vier bis sechs Ausschankweinen kann man sich kleine leckere Vespergerichte bestellen.

Klostergut Schelzberg, Hans Hockenberger
Sasbachwalden (7595), Telefon 07841/21218

Preise: Literflaschen-Qualitätswein ab 5,80;
1/1 Flasche Kabinett ab 6,–; Spätlese ab 8,80; Auslese
16,–; Schnäpse aus eigener Brennerei ab 15,–;
Ausschankweine von 2,50 bis 3,–; Flaschenweine ab 9,50;
kleine Gerichte ab 3,50 (Dezember bis Februar
geschlossen; geöffnet Dienstag bis Freitag ab 18 Uhr,
Samstag ab 16 Uhr)

Nun geht es südwärts, über einen kleinen Paßrücken, ins Achertal nach Kappelrodeck und weiter in ein Seitentälchen nach Waldulm; die Etappen kann sich jeder seinen Kräften entsprechend einteilen. In Waldulm kehren wir im »Rebstock« ein, dem schönen alten Fachwerk-Gasthaus abseits der Durchgangsstraße, das daher eine ruhige Nachtrast verspricht. Dort können wir die Weine der hiesi-

---

Winzergenossenschaft Waldulm
Kappelrodeck-Waldulm (7594), Telefon 07842/466

Preise: Literflaschen-Qualitätswein ab 5,20,
1/1 Flasche Qualitätswein ab 4,70; Kabinett ab 5,40;
Spätlese ab 8,20; Auslese 15,15

Gasthaus zum Rebstock
Kappelrodeck-Waldulm (7594), Telefon 07842/2485

Preise: Ausschankweine von 2,80 bis 3,50;
Flaschenweine ab 10,–; Hauptgerichte ab 6,–;
Übernachtung mit Frühstück ab 17,– (Montag Ruhetag)

---

gen Winzergenossenschaft probieren, neben denen sich zwei hauseigene, selbst ausgebaute Schoppenweine nicht zu verstecken brauchen.

Jetzt haben wir die nötige Kraft getankt, um unsere nächste Etappe in Angriff zu nehmen: den Übergang ins Renchtal. Tüchtiger Anstieg durch die Weinberge wird oben auf der Paßhöhe mit einem weiten Blick über Renchtal und Rheinebene belohnt. Schon bald ist man in Gaisbach, wo es den Weinfreund wie den Feinschmecker gleichermaßen hinziehen sollte.

Längst hat Otto Ruf, Gastwirt im Lamm, seinen Weinen, die an den Hängen rund um das unterhalb der Ruine Schauenburg gelegene, zu Oberkirch gehörende Dorf gewachsen sind, weitreichenden Ruf verschafft. Sein kräftiger Ruländer wird ebenso geschätzt wie der duftige Gewürztraminer, der hier »Klingelberger« genannte Riesling oder der volle Spätburgunder.

Mit dem Einzug von Schwiegersohn Bruno Graf aus Basel tat die (auch vorher durchaus solide) Küche einen gewaltigen Qualitätssprung. Der Koch aus Leidenschaft, der sich schon vor allem mit seinen Wild- und Geflügelgerichten bei den Kulinarischen Salons der Straßburger Europamessen auszeichnen konnte, nimmt sich einfacher Gerichte mit gleicher Brillanz an wie einer »Kalbstasche indisch«, eines gefüllten Kalbsrückensteaks »Schloß Schauenburg« oder eines mit Rieslingsauce servierten Heilbutts.

Diese Genüsse werden in einem hellen, großzügigen Restaurantsaal serviert, der bei der jüngsten Renovierung vom übergroßen Festsaal abgeteilt wurde. Und daß man nach Grafs Kochkünsten,

Rufs Weinen und einem Verdauungsspaziergang in der reinen Luft des ruhigen Dorfes tief und erholsam schläft, braucht wohl nicht weiter betont zu werden.

Gasthaus und Pension Lamm, Weinbau,
Familie Graf, vorm. Otto Ruf
Oberkirch-Gaisbach (7602), Telefon 07802/3346

Preise: Literflaschen-Qualitätswein ab 4,40; Kabinett ab 5,60; 1/1 Flasche Qualitätswein ab 5,50; Kabinett ab 5,50; Ausschankweine von 2,50 bis 3,50; Flaschenweine ab 9,–; Hauptgerichte ab 8,80; Übernachtung mit Frühstück ab 19,– (Januar geschlossen, Dienstag Ruhetag)

Das Wegzeichen mit der Traube führt uns jetzt zu einem der bekanntesten Weinorte ganz Badens: nach Durbach, berühmt vor allem wegen seines Klingelbergers und Traminers, hier Clevner genannt (von Chiavenna = Cleven, woher diese Traube entstammen soll). Hier haben sich neben der Winzergenossenschaft, auf die in letzter Zeit ein warmer Regen von Weinpreisen niedergegangen ist, noch zahlreiche unabhängige Weingüter gehalten, bürgerlich-bäuerliche wie die der Männles, Laibles, Hubers und Schwabs, staatliche des Freiburger Weinbauinstitutes und adelige wie jene der Grafen Wolff-Metternich, der Freiherren von Neveu oder der Markgrafen von Baden.

Das Gut der letzteren liegt hoch oben über Durbach im Schloß Staufenberg, einer alten Ganerbenburg, die im vorigen Jahrhundert von den Markgrafen erworben und teilweise wiederaufgebaut wurde. Ausgeschenkt wird hier nicht, aber das Büro steht zwischen März und November auch samstags und sonntags offen, so daß sich der Besucher, vor allem der Wanderer, jederzeit eine Probeflasche kaufen und mit genießerischem Blick auf Durbach leeren kann.

Markgräflich Badisches Weingut Schloß Staufenberg
Durbach (7601), Telefon 0781/2778

Preise: Qualitätswein ab 4,50; Kabinett ab 5,30; Spätlese ab 8,–; Auslese ab 12,–; Beerenauslese ab 27,–; Trockenbeerenauslese ab 50,–

Wer die Weine der Durbacher Genossenschaft kennenlernen will, findet dazu gleich neben dem Genossenschaftsbüro in der Linde Gelegenheit. An die acht offenen Weine kommt man allerdings nur samstags, sonntags oder an Feiertagen heran, wenn die Restauration öffnet. Dem Übernachtungsgast wird jedoch sein Schlaftrunk wohl kaum vorenthalten werden.

Die gleiche Auswahl an Genossenschaftsweinen bietet aber auch der Ritter, mit dem wir wieder eines jener badischen Gasthäuser betreten, welche alle Freunde guten Essens so magisch anziehen. Die Wahl fällt schwer, wenn schon auf der Tageskarte Köstlichkeiten wie Salm in Wurzelsud, Wildschweinpfeffer Ortenauer Art oder gefüllte Täuble stehen. Die Spezialitätenkarte läßt den Gast beispielsweise zwischen einem überbackenen Schneckensüpple und Hechtklößle (hauchzart!), einem Lachsfilet »Alexandra« mit gefüllter Krebsnase sowie Kalbsröllchen am Holzspießle schwanken. Wer vorbestellt, kann sich schließlich für Salm oder Kalbsfilet im Blätterteig, vielleicht auch für Entenpfeffer nach Art des Hauses entscheiden. Beschließen mag er sein kulinarisches Fest mit Krokantparfait nach Ritter-Art oder heißen Kognak-Aprikosen mit Vanilleeis.

Winzergenossenschaft Durbach
Durbach (7601), Telefon 0781/70044 und 70045

Preise: Literflaschen-Qualitätswein ab 5,50;
1/1 Flasche Qualitätswein ab 5,–; Kabinett ab 6,70;
Spätlese ab 10,60; Auslese ab 15,60;
Trockenbeerenauslese 1/2 Flasche 30,–

Alle Durbacher Weine, die offenen aus der Genossenschaft wie die Flaschen der verschiedenen Weingüter, können sich neben solchen Genüssen durchaus behaupten.

Gasthaus Linde
Durbach (7601), Telefon 0781/5409

Preise: Ausschankweine von 2,50 bis 3,50;
Flaschenweine ab 10,–; Hauptgerichte ab 9,–;
Übernachtung mit Frühstück ab 18,– (Restaurant nur Samstag, Sonntag und feiertags geöffnet, Januar und Februar geschlossen)

Ritter Durbach, Gasthaus, Weinstuben und Spezialitätenküche
Durbach (7601), Telefon 0781/74975

Preise: Ausschankweine von 3,– bis 4,50;
Flaschenweine ab 13,50; Hauptgerichte ab 10,–;
Übernachtung mit Frühstück ab 24,– (Januar und Februar geschlossen)

Wer konsequent dem Ortenauer Weinpfad folgt, kommt schließlich bei den Offenburger Wein-Vororten Rammersweier, Zell-Weiersbach oder Fessenbach heraus, wo ihn gewiß gepflegte Weine, gutes Essen und ruhige Unterkünfte empfangen werden. Wer jedoch auf dieser Wanderung neben den Weinen auch den Schwarzwald richtig kennenlernen will, dem empfehle ich den Übergang in das Kinzigtal nach Gengenbach. Zunächst das Durbach-Tal aufwärts: Immer enger wird es und einsamer, bis am Talschluß der hohe Mooskopf auftaucht. Steil und in Serpentinen windet sich unser Weg zum Späneplatz hinauf, wo sich zahlreiche Wanderpfade kreuzen. Besonders Tüchtige werden den Mooskopfgipfel samt Aussichtsturm besteigen, wo eine prächtige Aussicht über die Schwarzwaldhöhen die Anstrengungen reich belohnt.

Auf sanft abschwingendem Grat erreicht man vom Späneplatz aus in zwei bis drei Stunden die ehemals Freie Reichsstadt Gengenbach. Hier ist die Vergangenheit noch lebendig: in der romanischen Kirche der früheren Benediktinerabtei samt barockem Turm und Abteibauten, im prunkvollen Rathausbau und in zahlreichen behäbigen Bürgerhäusern. Eines der schönsten wurde 1951 von der Winzergenossenschaft »Vorderes Kinzigtal« erworben: das Haus der Patrizierfamilie Bender, die im Laufe der Geschichte mehrere »Reichsschultheißen«, Äbte von St. Blasien und Schuttern, ja sogar einen veritablen kaiserlichen Feldmarschall stellte.

Einen Teil des Gebäudes hat die Genossenschaft zum Winzerstüble umgewandelt, wo man ihre Weine nach Herzenslust probieren kann. Offen ausgeschenkt werden zwar nur fünf, doch werden nicht weniger als 15 Weine in halben Flaschen angeboten – außerordentlich preiswert übrigens. Das Stüble wird als reiner Ausschank, nicht als Speiselokal geführt; beim Zubiß zum Wein beschränkt man sich bewußt auf Schwarzwälderisches wie Bauernbratwurst, Bauernspeck und »Bibiliskäs« (Weißkäse).

Winzergenossenschaft Vorderes Kinzigtal, Winzerstüble Gengenbach (7641), Hauptstraße 37, Telefon 07803/3320

Preise: Literflaschen-Qualitätswein ab 4,80;
1/1 Flasche Qualitätswein ab 3,90; Kabinett ab 5,30;
Spätlese ab 6,70; Ausschankweine von 2,20 bis 3,–;
Flaschenweine ab 6,50; 1/2 Flasche ab 3,50;
kleine Gerichte ab 3,–

Kaiserstühler Winzerstuben

Sonnenreichtum, vulkanischer Boden und fruchtbarer Löß haben aus dem Kaiserstuhl ein rechtes Rebengebirge werden lassen. Nicht überall zu seinem Vorteil. Naturschützer beklagen, daß der Weinbau die seltene Flora und Fauna immer mehr zurückdrängt, zumal die radikale Flurbereinigung der letzten Jahre das Antlitz dieser einzigartigen Landschaft keineswegs verschönerte. Aus den natürlichen Hängen wurden riesige geradlinige Terrassenstufen herausgeschnitten, Hügel und Täler gleichsam kubisiert. Von oben, den Gipfeln, mag man diesem Bild noch einiges abgewinnen; von unten jedoch fällt der Blick oft nur auf gewaltige Böschungen, die vor allem in der kalten Jahreszeit wie Abraumhalden wirken können.

Terrassen sind notwendig, um den leicht abschwemmbaren Löß zu halten. Vernünftige haben jedoch inzwischen erkannt, daß bei künftigen Terrassenbauten mehr auf die natürliche Landschaftsform eingegangen werden muß.

Was die Kaiserstühler Winzer in letzter Zeit aber vor allem bewegt, ist der geplante Bau eines Kernkraftwerkes bei dem ganz in der Nähe liegenden Wyhl. Man muß die Sorgen der Weinbauern verstehen: Auch jene, die wissen, daß ein Kernkraftwerk kaum objektive Gefahren für den Weinbau mit sich bringt, befürchten, daß ferne Weinkunden Kaiserstühler Weine mit dem Begriff »radioaktiv« verbinden könnten – sie fürchten einfach um ihren Absatz.

Man sieht: Am Kaiserstuhl gehen die Gesprächsthemen nicht aus. Und man kommt in den Kaiserstühler Winzerstuben schnell ins Gespräch, zumal wenn man auf einen so kernigen Partner stößt wie Josef Probst, Weingutsbesitzer und Bürgermeister in Achkarren. In seiner schmucken Weinstube schenkt er nicht nur eigene Weine vom Achkarrer Schloßberg aus, sondern auch Gutedel und Müller-Thurgau von seinen Lagen bei Grunern im Markgräflerland.

Probst kann wochentags erst am Abend öffnen, denn er betreibt auch noch etwas Landwirtschaft. Dafür wird zweimal in der Woche geschlachtet, so daß stets alles frisch ist. Davon können sich auch Übernachtungsgäste überzeugen, die bereits zum Frühstück mit Speck, Wurst und Käse gar angenehm traktiert werden.

Weingut Josef Probst, Probst's Weinstube
Vogtsburg-Achkarren (7818), Haus 142, Telefon 07662/329

Preise: Literflaschen-Qualitätswein ab 4,50;
1/1 Flasche Qualitätswein ab 7,–; Kabinett ab 8,50;
Ausschankweine von 2,– bis 2,60; Flaschenweine ab 9,50;
Hauptgerichte ab 6,–; kleine Gerichte ab 3,50;
Übernachtung mit Frühstück 14,– (Sonntag ab 12, sonst ab 18 Uhr geöffnet, Dienstag Ruhetag)

Eine dem Weingut angeschlossene Weinstube habe ich außer in Achkarren nur noch in Burkheim entdeckt (sieht man vom Sonderfall des Weinmannes und Gastronomen Franz Keller in Oberbergen ab; ihm gebührt ein eigenes Kapitel). Burkheim konnte seinen mittelalterlichen Charakter als verträumtes Weinstädtchen fast völlig bewahren. Besonders die breite Marktstraße mit ihren malerischen Fachwerkhäusern und dem stattlichen Renaissancerathaus wird jeden verzaubern.

Eines dieser Häuser beherbergt das renommierte Weingut Franz C. Bercher & Söhne. Gleich schräg gegenüber liegt die kleine Weinstube »Zur alten Schmiede«, in der seine Weine ausgeschenkt werden. Großzügig ausgeschenkt; denn der Gast kann nicht nur alle Schoppenweine im Viertelesglas probieren, ihm werden auch Spitzenweine bis zur Spätlese im Zehntel angeboten. An einer richtigen kleinen Probierbar gibt es außerdem noch eine Probe von fünf Weinen im »Faßriegel« zu 10,– DM.

Weingut Franz C. Bercher & Söhne
Vogtsburg-Burkheim (7818), Telefon 07662/212

Preise: Qualitätswein ab 4,80; Kabinett ab 5,40;
Spätlese ab 7,50; Auslese ab 12,–; Beerenauslese ab 18,–

Weinstube Zur alten Schmiede, M. Jäger
Vogtsburg-Burkheim (7818), Mittelstadt 12,
Telefon 07662/6444

Preise: Ausschankweine von 2,20 bis 2,60;
(Spitzenweine 1/10 Liter von 1,50 bis 3,–);
Flaschenweine ab 7,50; kleine Gerichte ab 3,–
Mittwoch Ruhetag

Ansonsten dominieren auch am Kaiserstuhl die Winzergenossenschaften. Wo ein Gastwirt noch selbst Weinbau betreibt, liefert er sein Lesegut an den Winzerverein ab und erhält von ihm dessen Weine. So auch Gustav Gut in Bahlingen, der auch ein hervorragender Metzgermeister ist, wovon man sich im Gasthaus Zum Hecht

---

Weinbau- und Vertriebsgenossenschaft Bahlingen
Bahlingen (7836), Telefon 07663/1225

Preise: Literflaschen-Qualitätswein ab 4,40;
1/1 Flasche Kabinett ab 5,50; Spätlese ab 6,60; Auslese ab 16,–

Gasthaus und Metzgerei Zum Hecht, Familie Gut
Bahlingen (7836), Telefon 07663/1633

Preise: Ausschankweine von 2,50 bis 3,–;
Flaschenweine ab 10,–; Hauptgerichte ab 6,50;
Übernachtung mit Frühstück ab 15,–

überzeugen kann. Neun Ausschankweine, vor allem der Genossenschaft, verführen zu ausgiebigem Umtrunk. In der urgemütlichen Gaststube kommt man schnell ins Gespräch. Vor allem das Schwätzchen mit dem Chef lohnt sich immer; Gustav Gut ist nicht nur Experte im Metzger- und Gastgewerbe, sondern auch ein Weinfachmann, von dem man viel lernen kann.

Auch Winzerwirt Ernst Gehr aus Burkheim hat sich an die örtliche Genossenschaft angeschlossen. Breit und behägig liegt sein alter Landgasthof »Kreuz-Post« an der Landstraße nach Breisach, einladend hängt das alte Wirtshausschild mit dem Posthorn am Hause. Wer hier Station macht, wird nicht nur ein gutes Essen, sondern auch eine schöne Auswahl offener Weine finden, die vielleicht zum Besuch der Genossenschaft oben im Ort verlocken.

Einige der zahlreichen bekannten Kaiserstühler Wirtschaften sind besonders eng mit ihren örtlichen Genossenschaften verbunden, sei es, daß sie ihnen gehören und in Pacht betrieben werden, sei es, daß sie den Titel »Haupt-« oder »Spezialausschank« führen. Hier wird man stets eine große Anzahl offener Genossenschaftsweine vorfinden.

Winzergenossenschaft Burkheim
Vogtsburg-Burkheim (7818), Telefon 07662/725

Preise: Literflaschen-Qualitätswein ab 4,80;
1/1 Flasche Kabinett ab 5,10, Spätlese ab 7,50;
Auslese ab 11,40; Beerenauslese 33,–; Trockenbeerenauslese 1/2 Flasche ab 34,90; Eiswein-Auslese 1/2 Flasche 21,90; Eiswein-Beerenauslese 1/2 Fl. 24,80

Gasthaus Kreuz-Post, Ernst Gehr
Vogtsburg-Burkheim (7818), Telefon 07662/596

Preise: Ausschankweine von 2,30 bis 2,80;
Flaschenweine ab 9,80; Hauptgerichte ab 7,80;
Übernachtung mit Frühstück ab 18,–

Daß man in einigen auch hervorragend essen kann, möchte ich nicht vergessen zu erwähnen. So erfreut in der Ihringer Winzerstube Küchenmeister Sprengmann mit ausgesuchten Köstlichkeiten, angefangen von hausgemachter Wildpastete und Schneckensuppe (in der Pilzsaison auch Steinpilzsüppchen) über Forellenmousseline auf Blattspinat und Seezungenfilet Elsässer Art bis zu Lammedaillons mit Flageolets und einem wirklich zart-aromatischen Boeuf Stroganoff. Zahlreiche offene und Flaschenweine aus der Ihringer Genossenschaft machen die Wahl des richtigen Begleiters nicht eben leicht. Eine Entscheidungshilfe: Versuchen Sie die »Weinsonne«, eine Probe fünf verschiedener Weine zu 7,50 DM.

Kaiserstühler Winzergenossenschaft
Ihringen (7811), Telefon 07668/622

Preise: Literflaschen-Qualitätswein ab 5,–;
1/1 Flasche Kabinett ab 5,15; Spätlese ab 6,85;
Auslese ab 10,30; Beerenauslese 29,50

Hotel und Restaurant Winzerstube, Ihringen
Familie Sprengmann
Ihringen (7811), Telefon 07668/5051

Preise: Ausschankweine von 2,50 bis 4,50;
Flaschenweine ab 11,50; Hauptgerichte ab 8,50;
Übernachtung mit Frühstück ab 24,– (Dienstag Ruhetag)

Auch in der Oberrotweiler Winzerstube bewirtet mit Rudolf Rainer ein Koch seine Gäste, der schon viele Auszeichnungen auf Kochkunstaustellungen erworben hat. Die frühere Bahnhofsrestauration blickt auf alte Tradition zurück: Einst herrschte hier Mutter Brem, eine Wirtin, weit über den Kaiserstuhl hinaus bekannt, bei der schon viele berühmte Geologen und Zoologen abgestiegen sind. Im Jahre 1969 erwarb die Oberrotweiler Genossenschaft das Anwesen. Im Keller lagern jedoch noch einige ältere Flaschen. Wer sich beeilt, kann sich vielleicht zu einem durchaus erschwinglichen Preis 59er, 61er oder 64er Spätburgunder anlachen oder einen 64er Ruländer zu Gemüte führen.

Kaiserstühler Winzerverein Oberrotweil
Vogtsburg-Oberrotweil (7818), Telefon 07662/706 und 707

Preise: Literflaschen-Qualitätswein ab 5,–;
1/1 Flasche Kabinett ab 5,20; Spätlese ab 8,50;
Beerenauslese 1/2 Flasche ab 15,–;
Trockenbeerenauslese 1/2 Flasche ab 25,–

Landgasthof Winzerstube,
Vogtsburg-Oberrotweil (7818), Telefon 07662/300

Preise: Ausschankweine von 2,30 bis 3,20;
Flaschenweine ab 11,–; Hauptgerichte ab 9,–;
Übernachtung mit Frühstück ab 22,– (Ende Dezember bis Anfang Januar geschlossen, Donnerstag Ruhetag)

Auch die Flaschenweinkarte im Bickensohler Rebstock enthält einige Raritäten zu erschwinglichen Preisen, darunter eine 71er Ruländer Trockenbeerenauslese. Und wer von den acht bis zehn Ausschankweinen probiert hat, kann gleich gegenüber bei der Genossenschaft seine Bestellung aufgeben.

In dem geschmackvoll erweiterten Bau hält Familie Koch auch für den Essensgast ein paar Besonderheiten bereit: eine Hauspastete in der Teigkruste, Entrecotes und Steaks. Unter der Rubrik »Beliebtes aus fremden Ländern« findet sich neben mexikanischem »Tarra fritta«, Pußtafilet und Piccata merkwürdigerweise auch ein Badisches Rahmtöpfle . . .

Winzergenossenschaft Bickensohl
Vogtsburg-Bickensohl (7818), Telefon 07662/213 und 373

Preise: Qualitätswein ab 4,60; Kabinett ab 5,20; Spätlese ab 7,50; Auslese 10,50; Beerenauslese 1/2 Flasche ab 16,–

Rebstock, Hotel und Weinstuben, Familie Koch
Vogtsburg-Bickensohl (7818), Telefon 07662/773

Preise: Ausschankweine von 2,70 bis 3,60; Flaschenweine ab 10,–; Hauptgerichte ab 8,50; Übernachtung mit Frühstück ab 26,– (Januar geschlossen, Dienstag Ruhetag)

Die ganz neue Weinstube Steinbuck, mitten in den Weinbergen, bietet einen ansprechenden Rahmen, um die Weine aus Bischoffingen kennenzulernen. Neun Gewächse der dortigen Genossenschaft werden hier ausgeschenkt. Wen Wein und schöne Aussicht zu längerem Verweilen anregen, der mag sich im zugehörigen Gästehaus einquartieren.

Winzergenossenschaft Bischoffingen
Vogtsburg-Bischoffingen (7818), Telefon 07662/756

Preise: Literflaschen-Qualitätswein ab 4,65; 1/1 Flasche Kabinett ab 4,90; Spätlese ab 7,90; Auslese 9,70; Beerenauslese 1/2 Flasche 26,60

Weinstube Steinbuck, Hotel-Restaurant,
Gerhard Gutekunst
Vogtsburg-Bischoffingen (7818),
Steinbuckstraße 20, Telefon 07662/771

Preise: Ausschankweine von 2,30 bis 2,70; Flaschenweine ab 9,50; Hauptgerichte ab 9,– Übernachtung mit Frühstück ab 22,– (Dienstag Ruhetag)

Schwarzer Adler: Brückenschlag Baden-Frankreich

Auf den ersten Blick scheint der Schwarze Adler im alten Weindorf Oberbergen inmitten des Kaiserstuhls nichts Besonderes zu sein: ein behäbiges altes Haus mit dem Adlerschild, das auf Zeiten österreichischer Herrschaft hinweist. Doch die meisten von denen, die hier einkehren, wissen bereits, daß Außergewöhnliches sie erwartet. Und die anderen werden es schnell merken, spätestens wenn sie das Restaurant ausgebucht finden – es ist ratsam, sich einen Tisch reservieren zu lassen.

Schon die Schoppenweinkarte (während der Essenszeiten nur in der Eingangsstube ausliegend) versetzt den Weinfreund in Entzükken: mit einer langen, langen Reihe, in der die Oberbergener dominieren. »Eigenes Wachstum« steht dabei, und auffallend viele Weine werden als »trocken« bezeichnet. Jeder Schluck bestätigt: Franz Keller, der Chef des Hauses, ist ein Weinnarr, der noch die traditionelle gute alte Art des badischen Weines pflegt. Mit Erfolg, wie der schwungvolle Weinversand nach überallhin beweist. Dennoch bemüht man sich, den gesamten Bedarf im eigenen Keller auszubauen; zum eigenen Lesegut kommt lediglich dasjenige einiger Vertragswinzer, die ihre ganze Ernte an die Adler-Kellerei abliefern.

Als nächste Überraschung die Flaschenweinkarte! Daß sie über 50 »Kaiserstühler« enthält, meist aus eigenem Hause, aber auch viele Weine führender Kaiserstuhl-Weingüter, war fast schon zu erwarten. Aber die Augen gehen dem Weinfreund über, wenn er sich fast 60 Burgunder- und Bordeaux-Kreszenzen gegenübersieht, die mit Kellers eigenen Weinen in ritterlichen Wettbewerb treten – die Creme der Côte-d'Or-Lagen und Bordeaux-Châteaux gibt sich hier ein Stelldichein mit ihren badischen Vettern.

Der Brückenschlag zu den Nachbarn jenseits des Rheines – das ist ein weiteres Anliegen des Weinmannes Franz Keller. Französische Kriegsgefangene brachten erste Kontakte. Und als man wieder »hinüber« konnte, machte sich der Adlerwirt auf und klapperte mit der Wanderkarte einen Weinort Burgunds nach dem anderen ab, auf der Suche nach gleichgesinnten soliden, bodenständigen Winzern. Er fand sie, und mit den meisten steht er noch heute in enger Beziehung. Davon profitieren viele deutsche Burgunder- und Bordeaux-Fans, denen der Adler-Weinversand ihre Lieblinge noch zu halbwegs erschwinglichen Preisen anbieten kann.

Bei der Gründlichkeit eines Franz Keller verwundert es nicht, daß nun auch die Küche des Schwarzen Adlers einen kräftigen Hauch Frankreich abbekam. Und das ist die dritte große Überraschung des Kaiserstühler Gasthofs: die Verheißungen der Speisekarte. Sie wird etwa sechsmal im Jahr den Saisonschwerpunkten angepaßt und ist darum kein dickes Buch, sondern ein simples Faltblatt; man bleibt beweglich.

Eine Momentaufnahme: »Feines aus dem Wasser« in Kräutersauce – Leichte Suppe von marinierten Krebsen – Seeteufel á l'Ail – Froschschenkel in Riesling – Filet vom Wolfsbarsch auf Lachs und Trüffelmousse in der Kruste – Entenschlegel Confit – Rehcivet ohne Knochen – Poulet au Vinaigre – Getrüffelte Poularde aus dem Ofen – Kleines Entenragout mit der Leber. Und zum Nachtisch: Sorbet von Kaiserstühler Beeren bzw. schwarzen Johannisbeeren oder Eis von Schwarzwälder Tannenhonig.

Daß die Küche hält, was die Speisekarte verspricht, dafür bürgt Kellers Konsequenz, mit der er auch die kulinarischen Beziehungen mit Frankreich pflegt: mit keinem Geringeren nämlich als dem Drei-Sterne-Koch Paul Bocuse. In dessen Küche erhielt Keller junior seinen Schliff, und ständig werden die Commis ausgetauscht. So kann man sich im Schwarzen Adler Gerichte »nach Paul Bocuse« bestellen: Getrüffelten Wolfsbarsch im Blätterteig etwa oder Getrüffelte Poularde in der Schweinsblase »Renaissance«.

Derartige Köstlichkeiten haben natürlich ihren Preis. Aber – und das zeichnet den Schwarzen Adler gegenüber so manchem hochdekorierten Nobellokal aus – man kann hier auch schlemmen, ohne ein tiefes Loch in die Urlaubskasse zu reißen. Nur ein Beispiel: Das fünfgängige Menu, bestehend aus Salat der Saison (und schon ein Keller-Salat ist etwas Besonderes!) – Consommèe – Steinbutt in leichter Sauce – Lammnavarin – Dessert, zusammengestellt aus Gerichten der Karte und vom Hause empfohlen, kostete 29 Mark.

Der Schwarze Adler hat sich mittlerweile einen legendären Ruf als Protagonist der »nouvelle cuisine« erworben. Dennoch: Die Kellers bleiben auf solidem Boden. Der Restaurantraum bewahrt bürgerliche Behäbigkeit, und die Eingangsstube bleibt immer noch ein wenig »Wirtschäftle«, in der man Kellers Schoppen probieren und »veschpere« kann, wenngleich auch die Skala der Vesperkarte von kräftigen Schwarzwald-Spezialitäten bis zu feiner hausgemachter Gänseleberpastete reicht.

Gasthof und Weingut Schwarzer Adler,
Familie Franz Keller
Vogtsburg-Oberbergen (7818), Telefon 07662/715

Preise: Literflaschen-Qualitätswein ab 5,–;
1/1 Flasche Qualitätswein ab 4,90; Kabinett ab 5,55;
Spätlese ab 6,65; Auslese ab 13,30; Elsässer ab 6,65;
Beaujolais ab 5,–; weiße Burgunder ab 10,55; rote
Burgunder (Côte d'Or) ab 9,70; Bordeaux ab 8,30

Ausschankweine von 2,50 bis 3,20; Flaschenweine ab 12,–;
Hauptgerichte ab 14,50; Übernachtung mit Frühstück
ab 24,– (Februar geschlossen, Mittwoch Ruhetag,
Donnerstag bis 18 Uhr geschlossen)

Diese Bindung zum Einheimischen, Hergebrachten macht es wohl, daß die Kellers trotz ihres hohen Niveaus nicht in die exquisiten Regionen der Nobel-Gastronomie entschwebt sind, sicher aber auch die feste Verwurzelung im eigenen Weinbau.

»Kaiserstühler« in Freiburg: Oberkirch und Ihringer

Die Freiburger haben es gut: Auch wenn sie keine Lust zu einem Ausflug in den schönen Kaiserstuhl verspüren, brauchen sie auf ihre Weinprobe nicht zu verzichten. Kaiserstühler Weingüter breiten ihre Schätze in Freiburg selbst aus. Und nicht nur irgendwie – mit Weingütern im Kaiserstuhl sind zwei der stimmungsvollsten Lokale Deutschlands verbunden.

Im Herzen der Stadt, sozusagen im Schatten des Münsters, liegen Oberkirchs Weinstuben, seit langem eine Institution in Freiburg. Einheimische und Fremde, Bürger und Studenten bevölkern von früh bis spät die gemütlichen Räume. Münsterbesuch und Einkaufsbummel werden hier bei Wein und gutem Essen beschlossen. Man nimmt Platz, wo man ihn gerade noch findet; Gesellschaften sollten sich einen Tisch vorbestellen.

Das Weinangebot läßt Kennern wie Laien das Herz höher schlagen, ist die Wahl doch unter rund 20 Ausschankweinen zu treffen, vom einfachen Gutedel-Qualitätswein bis zur Gewürztraminer Spätlese! Das Kernstück bilden Oberrotweiler und Burkheimer Weine aus dem alten Oberkirchschen Weingut im Kaiserstuhl. Die Kellerei baut auch hinzugekauftes Traubengut der Umgegend aus und ergänzt es um Kreszenzen führender badischer Weingüter (Spezialität: trockene Weine).

Alle Weine des Hauses Johner-Oberkirch lagern in einem der ehrwürdigsten Keller Freiburgs, dem des ehemaligen Petershofes, Stadtquartier des reichen Klosters St. Peter im Schwarzwald. Vom Peterhof, der nach der Säkularisation zeitweise auch die badische Domänenverwaltung und das Weinbauinstitut beherbergte, blieben nach dem letzten Krieg nur die zauberhafte Kapelle aus dem Übergang von der Gotik zur Renaissance und eben jene Kellergewölbe übrig.

Die Versandpreisliste, auch ein paar Flaschen, kann der zufriedene Gast gleich an der Theke erhalten. Und falls er seine Prüfung zu gründlich betrieben hat: Vielleicht ist eines der schönen Hotelzimmer frei, in dem er sich nach geruhsamem Schlaf morgens von den Glocken des Münsters wecken lassen kann.

Wie die Oberkirchs hat es auch die Familie Ihringer verstanden, aus ihrem Freiburger Haus einen festen Bestandteil des örtlichen Bürgerlebens zu machen. Wer mit Stolz Freiburger ist – was die

Weinbau-Weinkellerei Oberkirch
Hotel Oberkirchs Weinstuben
Freiburg (7800), Freiburg, Münsterplatz
Telefon 0761/273 1011

Preise: Literflaschen-Qualitätswein ab 5,–; 1/1 Flasche Qualitätswein ab 5,50; Kabinett ab 6,–; Spätlese ab 7,50; Ausschankweine von 3,30 bis 6,–; Flaschenweine ab 13,–; Hauptgerichte ab 11,–; Übernachtung mit Frühstück ab 30,– (Sonntag Ruhetag, Ende Dezember bis Anfang Januar geschlossen)

Liebe zu gutem Essen und zum Wein fast unabdingbar einschließt –, hat es sich sicher schon mal in Ihringers Weinstuben im Hotel Falken wohlsein lassen. Und von weit her wallfahrtete und wallfahrtet der Gourmet zu den Schülern weltberühmter Küchenmeister.

Kein Geringerer als der legendäre Escoffier war der Lehrer Hermann Ihringers, eines rührigen Mannes, der sich nicht mit der Betreuung seines ererbten Weingutes im Kaiserstuhl begnügte. Was er erlernt hatte, zelebrierte er in seinem Freiburger Weinhaus – nicht ohne den Gästen seine Kaiserstühler Weine zu empfehlen.

Es ist schon eine Weile her, daß Schwiegersohn Fred Haas in die Fußstapfen des alten Ihringer getreten ist. Ein würdiger Nachfolger: auch er Schüler eines der Großen der Kochkunst, des alten Walterspiel. Was seine Speisekarte an Köstlichkeiten verspricht, vermag seine Küche in wunderbare Gaumenfreuden umzusetzen, ob es nun »Meine Fasanenpastete« ist oder ein Sauté gourmandise, ob man sich Lammkoteletten »Turbigo« oder Schottischen Rostbraten bestellt, ob man sich für Wildbällchen in Steinpilzsauce entscheidet oder (falls vorhanden) frischen Waller (Wels), ganz zu schweigen von Desserts wie »Ballon Claude« mit Sabayon, Crêpes Suzettes d'Anvers oder Eierpfannkuchen »Flamingo«.

Ein solches Gemälde von Köstlichkeiten verlangt seinen würdigen Weinrahmen. Ihn liefert die inzwischen bedeutend gewachsene Weinkellerei Ihringer. Das eigene Kaiserstuhl-Weingut mit den Lagen Achkarrer Schloßberg und Oberrotweiler Henkenberg wurde zwar inzwischen verkauft, doch gelangen die Weine aus diesen Lagen immer noch in den Falken-Keller. Sie werden umkränzt von zahlreichen Markgräflern, Ortenauern, Glottertälern und anderen Kaiserstühlern, alle in eigener Kellerei ausgebaut und gepflegt.

Allein 16 offene Weine finden sich auf der Tisch-Weinkarte, und die Flaschenweinkarte ist schon eines intensiven Studiums wert: Die Skala der Jahrgänge reicht zurück über 59er, 58er, 48er bis zu einem 1934er! Wen es, durch solchen Exkurs und eifriges Probieren angeregt, nach Weinen für zu Hause verlangt, braucht sich nicht weit bemühen: Gleich nebenan unterhält die Kellerei noch einen kleinen Weinladen, der ein breites Sortiment vorrätig hat.

Die Rathausgasse, in der das Haas-Ihringersche Anwesen liegt, gehört seit geraumer Zeit zur Fußgängerzone der Freiburger Altstadt. So ist dem Gast im kleinen gemütlichen Hotel Falken vom Verkehrslärm ungetrübte Nachtruhe gewiß.

Weinhaus Ihringer – Weinkellerei Falken,
Hotel Falken, F. E. Haas-Ihringer
Freiburg (7800), Rathausgasse 30-32,
Telefon 0761/36984

Preise: Literflaschen-Qualitätswein ab 6,–;
1/1 Flasche Qualitätswein und Kabinett ab 6,50;
Spätlese ab 9,50; Auslese ab 20,–; Beerenauslese 1/2 Flasche ab 30,–; Trockenbeerenauslese 1/2 Flasche 95,–;
Ausschankweine von 3,20 bis 4,50; Flaschenweine ab 16,50;
Hauptgerichte ab 12,– (Tellergerichte ab 7,50);
Übernachtung mit Frühstück ab 30,– (Sonntag Ruhetag, im August geschlossen)

Glottertal und Batzenberg

Oberkirchs und Ihringers Weinkeller wären nicht komplett, wenn sie ihren Kunden nicht auch den berühmten Glottertäler – vor allem den Spätburgunder – anbieten könnten. Dennoch holen sich die Freiburger ihren Glottertal-Wein gern an der Quelle. Das nahegelegene Tal inmitten bewaldeter Gipfel lädt nicht nur zum Wandern und Spazierengehen ein; unter den Freiburgern gilt auch das Motto: »Ins Glottertal des Essens wegen!«

Leider hat sich die Ehe zwischen der vielgelobten Gastronomie und dem Glottertäler Wein in den letzten Jahren etwas gelockert. Genossenschaftswein hat den hauseigenen verdrängt, und wo solcher noch ausgeschenkt wird, reicht er nicht, um auch noch den häuslichen Bedarf der Gäste zu befriedigen.

Eine Ausnahme gilt es zu rühmen: Hermann Strecker und seine Frau, Wirtsleute im »Hirschen«, treiben zwar keinen ausgesprochenen Versand; für den Hausgast werden jedoch immer mehrere Sorten Wein zur Auswahl und zum Mitnehmen bereitstehen. Dazu wird leicht angeregt, wer die Streckerschen Faßweine probiert hat. Ruländer und Spätburgunder-Weißherbst, nur als Tafelwein deklariert (weil die amtliche Qualitätsprüfung Flaschenweinen vorbehalten ist), stellen sich als viel, viel besser heraus, als diese Bezeichnung gemeinhin erwarten läßt. Und der offene Spätburgunder, voller Kraft und Saft, rangiert ganz vorne unter seinen badischen Brüdern.

Die Küche des Hirschen braucht ebenfalls keine Konkurrenz zu scheuen, selbst nicht bei Spezialitäten internationalen Flairs: Kalbssteak »Kongo«, Kalbsröllchen »italienne«, ganzes Schweinelendchen »orientalisch« oder Rinderlende »Pariser Art«, in zwei verschiedenen Folgen am Tisch zubereitet. Nahezu unschlagbar ist sie jedoch in den aus der einheimischen Tradition entwickelten Gerichten von paniertem Kalbshirn über Schäufele, Kalbszüngle, Leber und Kalbshaxenfleisch bis zu Briesle, in Ei gebraten mit Schinken und Spargel, oder Schwarzwälder Schweinefilet, geräuchert und gebraten, mit Champignons, Rahmsauce und Rotkraut.

Im »Hirschen« kann es sich nicht nur der Gaumen wohl sein lassen. Streckers haben den alten Schwarzwaldgasthof in ein bequemes modernes Hotel verwandelt, dem die traditionelle Gemütlichkeit deswegen nicht abgeht. Die Gäste honorieren dies: Ab 1977 trägt ein neuer Gästebau allen Unterkunftswünschen Rechnung.

Gasthof und Hotel Hirschen, Weinbau
Familie Hermann Strecker
Glottertal (7804), Telefon 07684/215 und 396

Preise: Literflaschen-Qualitätswein ab 6,–;
1/1 Flasche Kabinett ab 9,–; Spätlese ab 12,–;
Ausschankweine von 3,– bis 4,–; Flaschenweine ab 15,–;
Hauptgerichte ab 9,50;
Übernachtung mit Frühstück ab 25,– (im Januar
3 Wochen geschlossen, Montag Ruhetag)

Die Freiburger, denen am Schloßberg ihre Weine sozusagen in den Mund wachsen, haben es auch in südlicher Richtung nicht weit. Hier fällt ein vorgeschobenes Schwarzwaldmassiv vom über 600 m hohen Schönberg in mehreren Wellen ab in das Rheintal, mit West- und Südwesthängen, ideal für den Weinbau. Die letzte Welle besteht aus einem langgestreckten Rücken, von Reben über und über bedeckt: dem Batzenberg.

Am schönsten wandert es sich hier im Frühjahr, wenn man noch nicht vollends im Laub der Rebstöcke verschwindet. Westlich der Lößklotz des Tuniberges, der wie ein Schiffsbug vor dem Kaiserstuhl liegt, dahinter am Horizont die Vogesen; ostwärts, jenseits der Rebhänge, sich höher und höher türmend, die waldbestandenen Kuppen des Schwarzwaldes. Wanderpause zwischendurch: ein Schwätzchen mit einem Winzer, der gerade seine Reben schneidet. Die Menschen hier schließen sich leicht auf, wenn man ihrer Arbeit Interesse entgegenbringt.

Hier beginnt das Markgräflerland und damit die Region der Gutedel-Traube. Selten liefert sie absolute Spitzenweine, aber gerade an den einfachen Gutedel-Qualitätsweinen kann man studieren, wie viele Nuancen in einer einzigen Rebsorte stecken können. Ein solches Studium läßt sich zum Beispiel in Eckert's Weinstube in

Bad Krozingen absolvieren, in der mehr als ein Dutzend Ausschankweine vom Batzenberg, vom Tuniberg und aus Markgräfler Weinorten vorgestellt werden, alle in eigener Kellerei abgefüllt. Im dazugehörigen Weinladen kann man sich gleich welche mitnehmen.

Karl Eckert, Weinkellerei, Weinstube
Bad Krozingen (7812), Mittelstraße
Telefon 07633/3368

Preise: Literflaschen-Qualitätswein ab 4,60;
1/1 Flasche Qualitätswein ab 5,20, Kabinett ab 5,50;
Ausschankweine von 2,40 bis 3,20, kleine Gerichte ab 2,–

Auch auf der Bad Krozinger Gemarkung, sonst ziemlich flach, wird an einem Hügelgelände jenseits der Eisenbahn Weinbau betrieben. In der Lage »Steingrüble« gedeihen außer Gutedel noch Ruländer, Nobling und Spätburgunder. Alle kann man in Glöcklers Weinstube im Zentrum des Badeortes versuchen. Wem die Wahl schwerfällt, der greife entweder zur »kleinen Weinprobe« mit fünf Qualitätsweinen zu 6,– DM oder zur »großen« mit fünf Kabinettweinen und Spätlesen zu 8,– DM. Auch ihre Spitzenweine hält Familie Glöckler nicht zurück: Solange vorhanden, Spät- und sogar Auslesen im Viertele ausgeschenkt – vorbildlich für ganz Baden.

Schon seit dem 18. Jahrhundert wird in der Familie Weinbau betrieben. Zum Weingut kam inzwischen eine Weinkellerei, zur Weinstube ein modernes Gästehaus. Dennoch blieb die »Familiengröße« erhalten, so daß Erholungssuchende keinen Massenbetrieb zu befürchten brauchen.

Weingut – Weinkellerei Hugo Glöckler, Glöckler-Stüble
mit Gästehaus Klara
Bad Krozingen (7812), Lammplatz 12
Telefon 07633/3345

Preise: Literflaschen-Qualitätswein ab 4,–;
1/1 Flasche Qualitätswein ab 4,50; Kabinett ab 5,20;
Spätlese ab 7,–; Ausschankweine von 2,50 bis 3,20;
Flaschenweine ab 9,–; kleine Gerichte ab 2,–;
Übernachtung mit Frühstück ab 19,– (Mittwoch Ruhetag)

Zwischen Bad Krozingen und Kirchhofen liegt der kleine Ort Unterambringen. Familie Schlecht-Ehret, die dort das Gasthaus Zum Bad führt, betreibt ihren Weinbau allerdings am Ballrechter-Dottinger Castellberg. Im benachbarten Sulzburg wird er ausgebaut, und abfüllen läßt man sich ihn von einer fahrbaren Anlage der Breisacher Zentralkellerei. Verkauft wird aber wieder im Gasthaus. Zwei bis drei Weine sind stets vorrätig.

Diese kann man (neben zahlreichen anderen) im Schoppen probieren. Übrigens lohnt sich auch ein Blick auf die Speisekarte. Neben dem Üblichen wartet sie mit einem Braunschweiger Heringstopf, mit Kreolenreis und mit Geflügelgerichten wie Huhn indisch, Hähnchen auf portugiesische Art und Hahn kreolisch auf.

Gasthaus – Weinstube Zum Bad, Weinbau
Familie Schlecht-Ehret
Kirchhofen-Unterambringen (7801)
Telefon 07633/5381

Preise: Literflaschen-Qualitätswein ab 5,–;
1/1 Flasche Qualitätswein ab 5,20; Ausschankweine von 2,30 bis 3,–; Flaschenweine ab 8,50;
Hauptgerichte ab 7,50;
Übernachtung mit Frühstück ab 16,– (Ende Dezember bis Anfang Januar geschlossen, Donnerstag Ruhetag)

Zwei Kronen, ein Rebstock und andere

Im Herzen des Markgräflerlandes hat sich hier und da die traditionelle Verbindung zwischen Weinbau und Gastronomie über den obligatorischen Faßwein hinaus erhalten. Wer sucht, der findet noch Gasthöfe, aus deren hauseigenen Weingütern er seinen Bedarf dekken kann.

Daß man sein Weinproben-Schöppchen mit einem Schmaus verbinden sollte, versteht sich bei dem hohen kulinarischen Standard dieser Region fast von selbst. Bestimmt empfiehlt sich die Einkehr zur Essenszeit in der »Krone« zu Auggen. Den Hungrigen erwarten Genüsse wie gefüllte Wildenten, gespickte Wildhasenrücken, Hirschpfeffer oder ein knuspriges Schweinerückensteak in Madeira. Vespern kann man Hausgemachtes wie Wurst, Schwartenmagen, Speck und Schinken. Zu allem wird sich ein passender Ausschankwein aus dem eigenen Gut finden. Die Vorauswahl erleichert ein »Weinlogele«, mit dem sieben Weine in 1/10-l-Proben zu 7,– DM vorgestellt werden. Dazu gibt es Bauernbrot gratis.

Gasträume im großzügig-behäbigen Stil der Gründerjahre wahren die Tradition des Hauses. Seine Weine wurden 1908 erstmals prämiert, wie verschnörkelte Urkunden an den Wänden zeigen. Überhaupt war die Familie in allem, was sie tat, auf Spitzenleistungen bedacht. So erhielt ein Kronenwirt, gemäß dem Zeugnis anderer Urkunden, sogar Preise für seine Zuchtpferde.

Auch die »Krone« im nicht weit entfernten Heitersheim ist einen Weinschmaus-Abstecher wert. Im prächtigen spätbarocken Bür-

Weingut, Gasthaus und Gästehaus Zur Krone,
Familie Wilhelm Krumm-Deutschmann
Auggen (7841), Telefon 07631/2556 (Gästehaus 6075)

Preise: Literflaschen-Qualitätswein und Kabinett ab 5,20; 1/1 Flasche Qualitätswein ab 5,60; Kabinett ab 6,60; Spätlese ab 9,50; Ausschankweine von 2,40 bis 4,50; Flaschenweine ab 12,–; Hauptgerichte ab 11,–; Übernachtung mit Frühstück ab 25,– (Februar geschlossen, Mittwoch Ruhetag)

gerbau mit kunstvoll geschmiedetem Wirtshausschild und Wappen über der Tür werden Gäste vom jungen Ehepaar Thoma so liebevoll betreut, als gehörten sie zur Familie. Thoma hat seiner soliden badischen Kochkunst ein paar internationale Lichter aufgesetzt. Die letzten kulinarischen Kniffe, den letzten Schliff, holte sich das Ehepaar auf seiner Hochzeitsreise in die Schweiz und das Elsaß. Und so finden sich auf der Kronen-Speisekarte sowohl Zwiebelsuppe als auch Bündnertoast, Schnecken wie Froschschenkel. Ein Meisterwerk: Ente bigarade mit Orangensauce und Grand Marnier.

Hauseigener Wein kommt dabei nicht zu kurz. Aus der »Britzinger Sonnhole« und dem »Heitersheimer Maltesergarten« stammen die acht Ausschankweine, darunter ein kräftiger Faßwein, solange der Vorrat reicht. Hat man sich durchprobiert, sollte man am besten gleich über Nacht bleiben, wozu die gemütliche Atmosphäre des Hauses mit dickem Kachelofen und hölzerner Barocktreppe sowieso verführt. Man wird sich am nächsten Tag wohl auch kaum verabschieden, ohne ein paar Flaschen von Thomas Weinen erworben zu haben.

Gasthof Krone, Weinbau, Familie Thoma
Heitersheim (7843), Telefon 07634/2811

Preise: Literflaschen-Qualitätswein ab 5,50; Ausschankweine von 1,90 bis 3,–; Flaschenweine ab 10,–; Hauptgerichte ab 9,–; Übernachtung mit Frühstück ab 18,50 (November geschlossen, Dienstag Ruhetag)

Inzwischen haben wir im Markgräflerland eine dritte »Wein-Krone« entdeckt. Mit ihr wollen wir das Buch beschließen (S. 342).

Von Heitersheim, einem früheren Sitz des Malteserordens, wieder zurück nach Auggen. Auch das größte dortige Weingut hat sich aus und mit einer Weinwirtschaft entwickelt. Wer im Rebstock in Auggen einkehrt, wird auf dem großen Kachelofen aus dem Jahre 1925 neben Weinsprüchen und dem verblüffenden Hinweis »Mr cha au us Truwe Wi mache« auch die Namen Fritz und Margarete Bolanz entdecken. Als Ausschank des Weingutes Bolanz fungiert der Gasthof noch heute, wenngleich die Wirtschaft inzwischen verpachtet wurde.

Unter den neun offenen Weinen aus dem Hause Bolanz, die man im Rebstock vorgesetzt bekommt, gibt es selbstverständlich einen Gutedel, aber auch Müller-Thurgau, Traminer, Muskat-Ottonel, Ruländer, Weißburgunder und Spätburgunder. Eine sechsteilige Probe zu 8,40 DM führt durch die Palette. Auch der Hunger läßt sich hier recht angenehm durch allerlei Alemannisches stillen.

Weingut Fritz Bolanz
Auggen (7841), Telefon 07631/2640

Preise: Literflaschen-Qualitätswein ab 4,90,
Kabinett ab 5,–; 1/1 Flasche Kabinett ab 5,75,
Spätlese ab 6,–, Auslese ab 11,–; Beerenauslese ab 25,50

Gasthof Rebstock, Familie K. Schächtele
Auggen (7841), Telefon 07631/2559

Preise: Ausschankweine von 2,50 bis 3,40;
Flaschenweine ab 12,90; Hauptgerichte ab 7,80
(Montag Ruhetag)

Im »Schlüssel« zu Schliengen kann man ebenfalls Flaschenweine aus der eigenen Produktion erwerben. Dazu stehen sechs Ausschankweine, darunter ein Faßwein, zur Probe an. Weitere vier offene Weine stammen aus dem benachbarten Weingut Blankenhorn. Es unterhält ein Verkaufsstübchen, in dem man ausgezeichnet beraten wird.

Gasthof Schlüssel
Schliengen (7846), Telefon 07635/395

Preise: Literflaschen-Qualitätswein ab 5,50;
Ausschankwein von 2,20 bis 3,–; Flaschenweine ab 13,50;
Hauptfertiggerichte ab 7,50;
Übernachtung mit Frühstück ab 20,–
(Februar geschlossen, Dienstag Ruhetag)

Weingut Fritz Blankenhorn
Schliengen (7846), Telefon 07635/1092

Preise: Literflaschen-Qualitätswein ab 5,10;
1/1 Flasche Qualitätswein ab 4,30, Kabinett ab 6,20,
Spätlese ab 9,30, Auslese 20,–

Schließlich können sich auch die Kurgäste des Thermalbadeortes Bellingen zur Erinnerung einen Original Bad Bellinger Gutedel, Müller-Thurgau oder sogar Ruländer Kabinett mitnehmen. Zum Landgasthof Schwanen im Zentrum des Ortes gehört auch etwas Weinbau: Drei bis vier eigene Weine werden zum Probieren oder Zechen immer im Ausschank geführt.

Landgasthof Schwanen, Franz Fräulin-Heitz
Bad Bellingen (7841), Telefon 07635/1314

Preise: Literflaschen-Qualitätswein 7,50;
1/1 Flasche Kabinett 7,50; Ausschankweine von 2,80 bis 3,80; Flaschenweine ab 11,–; Hauptgerichte ab 9,50; Pensionspreis ab 30,– (Freitag Ruhetag, Mitte Dezember bis Mitte Januar geschlossen)

Winzervereins-Weine zwischen Freiburg und Basel

Wollten wir uns im Markgräflerland nur an jene Häuser halten, bei denen der Wein im eigenen Keller ausgebaut wird, so müßten wir nicht nur auf manchen guten Wein verzichten. Wir täten auch den zahlreichen Gaststätten unrecht, die sich manchmal in fast missionarischer Weise der Genossenschaftsweine annehmen, ja geradezu sich als Probierstube der Winzergenossenschaft anbieten. Zudem wird hier zumeist ein Essen vorgesetzt, das einen Abstecher lohnt. Das wissen Freiburger wie Basler, und die am Wochenende dicht geparkten Wagen mit den Kennzeichen FR, BS oder BL sind sichere Wegweiser zu solchen Häusern.

Auch stößt man mitunter auf »Extras«. So bewirtet Familie Jenne im Ebringer »Rebstock« ihre Gäste mit selbstgebrannten Wässerchen, einem eigenen Faßwein und, wenn man Glück hat, mit einem alten Flaschenwein aus eigenem Rebbau. Ansonsten präsentiert die Familie ein breites Angebot der hiesigen Genossenschaft, die ihre Weine im Keller des schönen Barockschlosses lagert, einer ehemaligen Prälatur des Klosters St. Gallen, dem Ebringen zeitweise gehörte.

Winzergenossenschaft Ebringen
Ebringen (7801), Telefon 07664/350

Preise: Literflaschen-Qualitätswein ab 4,40;
1/1 Flasche Qualitätswein ab 4,50, Kabinett ab 5,–; Spätlese ab 5,60; Auslese 7,20

Max Jenne, Weinbau, Gasthaus Rebstock
Ebringen (7801), Telefon 07664/480

Preise: Ausschankweine von 1,80 bis 3,–; Flaschenweine ab 11,–; Hauptgerichte ab 7,–; Übernachtung mit Frühstück 15,– (Mittwoch Ruhetag)

Damit haben wir uns bereits auf eine kleine Reise begeben, die von Freiburg aus südwärts führen soll. Nächste Station ist Wolfenweiler am Batzenberg, wo uns direkt an der Hauptstraße ein großes Haus mit spätgotischem Staffelgiebel auffällt. Das Gebäude, mit einem schönen Erkerturm ausgestattet, beherbergt den Gasthof zum Ochsen, wo man sich der Wolfenweiler Genossenschaftsweine von Batzenberg gründlich annimmt. Die hauseigene Metzgerei bietet Gewähr für gute Fleischspeisen, und wer auf komfortables Übernachten Wert legt, braucht keine gotische Zimmerenge zu fürchten: Gastwirt und Metzgermeister Albert Jörg hat den alten Bau unauffällig und ohne ihn zu verschandeln um einen neuen Wohntrakt ergänzt.

Winzergenossenschaft Wolfenweiler
Wolfenweiler (7801), Telefon 07664/541

Preise: Literflaschen-Qualitätswein ab 4,50; 1/1 Flasche Kabinett ab 6,20, Spätlese ab 9,–, Auslese ab 16,50

Gasthof zum Ochsen, Albert Jörg
Wolfenweiler (7801), Telefon 07664/6511

Preise: Ausschankweine von 2,50 bis 3,40; Flaschenweine ab 13,80; Hauptgerichte ab 7,80; Übernachtung mit Frühstück ab 19,50 (Montag Ruhetag)

Konkurrenz scheint nicht nur das Geschäft, sondern auch die Qualität zu heben. Glücklich kann sich daher die Winzergenossenschaft im südlich des Batzenbergs gelegenen Kirchhofen schätzen, daß sich für ihre Weine gleich zwei Gasthöfe vehement einsetzen, die mit ihren Küchen weit über das Markgräfler Land hinaus bekannt geworden sind: die »Sonne« und die »Krone«.

Allein elf Kirchhofener Genossenschaftsweine werden in den Sonne-Winzerstuben offen ausgeschenkt (dazu viele andere), bis zu einem alten Gewürztraminer-Kabinettwein! Die Flaschenweinkarte bietet ein komplettes Kompendium des Kirchhofener Weins. Und die Speisenkarte kündet von Gaumenfreuden wie geschnetzelten Rehnüßchen in Kognak-Rahmsauce, einem »Alemannischen Hirtengericht«, von Coq au Riesling oder Rumpsteak »Bercy«, von

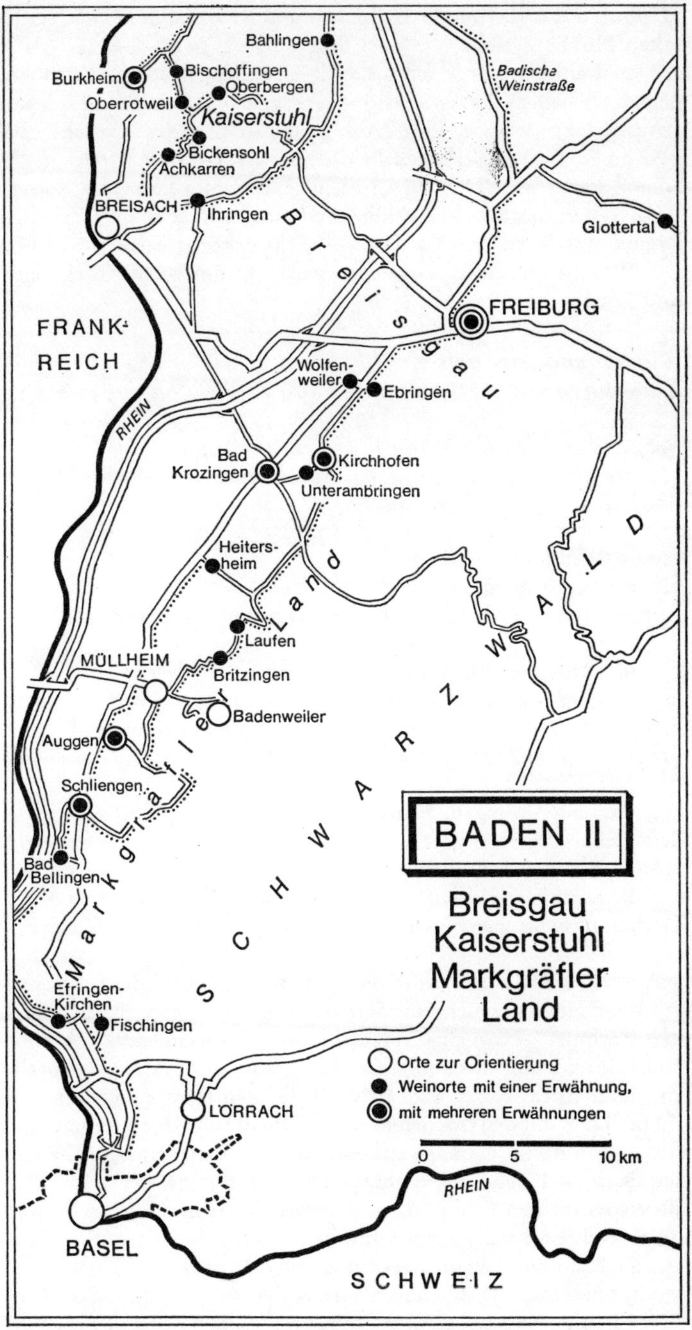

Bahlingen
Burkheim
Bischoffingen
Oberbergen
Oberrotweil
Kaiserstuhl
Bickensohl
Achkarren
Badische Weinstraße
BREISACH
Ihringen
Glottertal
Breisgau
FREIBURG
FRANKREICH
Wolfenweiler
Ebringen
RHEIN
Bad Krozingen
Kirchhofen
Unterambringen
Heitersheim
Laufen
MÜLLHEIM
Britzingen
Badenweiler
Auggen
Schliengen
Bad Bellingen
Markgräfler Land
SCHWARZWALD
BADEN II
Breisgau
Kaiserstuhl
Markgräfler
Land
Efringen-Kirchen
Fischingen
Orte zur Orientierung
Weinorte mit einer Erwähnung,
mit mehreren Erwähnungen
LÖRRACH
0
5
10 km
RHEIN
BASEL
SCHWEIZ

Heilbutt à la Orla (mit Artischocken und Kaviar) oder einem serbischen Hühnergericht.

Den Rahmen würde ich als »Alt-Großbürgerlich« bezeichnen; gemalte Scheiben und eine schöne Kredenz weisen auf das Ende des vorigen Jahrhunderts. Eine große Stube ist Lazarus von Schwendi gewidmet, dem kaiserlichen Feldherrn, der 1583 im Kirchhofener Schloß starb. Seine Dienste waren mit Gütern im Elsaß, am Kaiserstuhl (wo er sich Schloß Burkheim erbaute) und eben im Markgräflerland, das damals zu »Vorderösterreich« gehörte, belohnt worden. Der Weinbau in diesen Gegenden verdankt ihm viele Anregungen und Förderungen.

Winzergenossenschaft Kirchhofen
Ehrenkirchen (7801), Herrenstraße 11, Telefon 07633/7027

Preise: Literflaschen-Qualitätswein ab 4,40,
1/1 Flasche Kabinett ab 4,50; Spätlese ab 6,–;
Auslese ab 12,–; Beerenauslese 1/2 Fl. 12,50

Sonne Winzerstuben
Lazarus-Schwendi-Stube Kirchhofen
Ehrenkirchen (7801), Telefon 07633/7070 und 6060

Preise: Ausschankweine von 2,50 bis 4,–; Flaschenweine ab 12,–; Hauptgerichte ab 8,–; Übernachtung mit Frühstück ab 20,– (Geschlossen Mitte Dezember bis Mitte Januar, Freitag Ruhetag)

Die »Krone«, in einem Haus aus dem Jahre 1747 und seit dieser Zeit auch in der Familie des jetzigen Küchenchefs Karl Kiefer, wirkt etwas schlichter, bäuerlicher: ein weiß-blauer Kachelofen, viel Zinn und Bauernmalerei. Blau- und rot-weißkarierte Deckchen auf den Tischen unterstreichen den Charakter einer altdeutschen Zunftstube.

Auch hier läßt sich's gut schmausen: Kalbszüngle oder Schweinegeschnetzeltes, geräuchertes Schweinesteak in Rotweinsauce oder Riz Casimir, Tournedos »Helder« oder Schweinesteak »Adlon« (mit Rührei und Kalbsniere), ein Markgräfler Topf oder eine Forelle im Mandelrock – alles wird liebevoll für den Gast zubereitet.

Die Karte mit den offenen Weinen – allein zehn der Kirchhofener Genossenschaft – verlangt ein ebenso gründliches Studium wie in der »Sonne«. Doch Karl Kiefer tut ein übriges: er gehört zu den Pionieren der kleinen Weinproben. Als viele andere noch gar nicht an so etwas dachten, kredenzte er schon sein »Leiterchen« mit sechs Proben Kirchhofener Weine (derzeit 6,50 DM).

Auf hölzernem Traubenblatt wird in der Winzerstube »Drei Lilien« in Laufen eine sechsteilige Probe von Weinen der dortigen Win-

---

Gasthof Krone Kirchhofen
Ehrenstetten (7801), Telefon 07633/5213

Preise: Ausschankweine von 2,30 bis 3,20;
Flaschenweine ab 11,50; Hauptgerichte ab 7,50;
Übernachtung mit Frühstück ab 16,–
(Mitte Dezember bis Mitte Januar geschlossen,
Dienstag Ruhetag)

---

zergenossenschaft präsentiert (6,50 DM). Sollte jemand in dieser Probe nicht »seinen« Wein finden: 13 offene Laufener, darunter zehn der Genossenschaft, erweitern die Auswahl. Die unabhängigen Laufener Weingüter Schlumberger, Tschudin und Güntert sind dafür bei den Flaschenweinen ausreichend vertreten.

Familie Engler empfiehlt zum Wein natürlich Laufener Schnekken, eine »Veschper« aus eigener Schlachtung oder ihren »Ratsherrentopf«. Weitgerühmt wird die Fondue Bourgignonne. Man kann sich aber auch gekochtes Huhn »Geisha«, Kalbsrückensteak »Dubarry« oder Schweinelendchen in Mandelhülle zu Gemüte führen. Die gemütliche Weinstube mit ihren originellen Wandfresken trägt das ihre zum Wohlbefinden bei.

Winzergenossenschaft Laufen
Sulzburg-Laufen (7811), Telefon 07634/8262

Preise: Literflaschen-Qualitätswein ab 4,80;
1/1 Flasche Kabinett ab 4,80, Spätlese ab 7,50,
Auslese ab 12,–

Winzerstube Drei Lilien
Sulzburg-Laufen (7811), Telefon 07634/8327

Preise: Ausschankweine von 2,40 bis 4,40;
Flaschenweine ab 11,–; Hauptgerichte ab 8,–;
Übernachtung mit Frühstück ab 15,– (Dienstag Ruhetag)

Da im benachbarten Britzingen schon die nächste Weinprobe auf uns wartet, wird uns ein wenig körperliche Bewegung nicht schaden. Dabei können wir einiges über den Wein lernen; denn die Britzinger haben kreuz und quer durch ihre Lage »Sonnhole« einen Weinlehrpfad angelegt, der sich in einem Waldlehrpfad fortsetzt.

Das Gelernte können wir gleich in der »Krone« durch praktische Übungen ergänzen, indem wir uns eine »Faßriegel-Weinprobe« bestellen: sechs Gläser in einem mit entsprechenden Vertiefungen versehenen Weinfaß-Riegel (7,50 DM). Dazu bietet Kronen-Wirt Hermann Lacher Hausmacherwurst, Schwarzwälder-Speck und Alemannischen Burechäs an. Seine Küche erprobt sich aber auch an Feinerem wie Scampi Fra Diavolo oder Forelle in Mandelpanade.

Winzergenossenschaft Britzingen
Müllheim-Britzingen (7840)
Markgräflerstraße 25-27, Telefon 07631/4011 und 4012

Preise: Literflaschen-Qualitätswein ab 4,60,
1/1 Flasche Kabinett ab 5,20, Spätlese 7,50, Auslese ab 10,50;
Beerenauslese 1/2 Flasche 25,–; Trockenbeerenauslese
1/2 Fl. 36,–

Gasthof Krone, Hermann Lacher
Müllheim-Britzingen (7840)
Markgräflerstraße 32, Telefon 07631/2046

Preise: Ausschankweine von 2,20 bis 3,40; Flaschenweine ab 13,50; Hauptgerichte ab 8,–; Übernachtung mit Frühstück ab 15,– (Jan. geschlossen, Donnerstag Ruhetag)

Auch in Schliengen kann man sich auf einen Weinlehrpfad begeben. Zuvor sollte man jedoch in der »Sonne« einkehren, wo man gründlichst auf den Lehrweg vorbereitet wird. Familie Meyer hat nämlich ihre Speisekarte zu einem kleinen Unterrichtswerk ausgebaut. Sie informiert nicht nur über Rebsorten und Weine, über die Winzergenossenschaft – die erste im Markgräflerland – und den Weinlehrpfad, sie erzählt auch von der Geschichte des Ortes und der »Sonne«, von der stolz berichtet wird, daß es den Wirtsleuten als einzigen weit und breit gelang, ihr Haus während des gesamten Dreißigjährigen Krieges offenzuhalten.

Auch fürs Praktikum ist die »Sonne« bestens gerüstet: Acht Genossenschaftsweine und sieben vom bereits erwähnten Weingut Blankenhorn werden im Schoppen kredenzt. Gleichsam für Fortgeschrittene werden dazu noch gesondert Weine in 1/10-l-Gläschen angeboten, auch zu Dreier- (7,80 DM) und Sechserproben (9,– DM) mit Brot zusammengefaßt.

Meine Frau, die darin kompetent ist, empfiehlt, hier unbedingt Schnecken zu essen, die nirgendwo so fein ausgewürzt seien wie in der Schlienger »Sonne«. Auch Pfeffersteak, Rinderfilet und die Wildgerichte erfreuen sich eines guten Rufes. Die Speisekarte enthält sogar spezielle Menüvorschläge einschließlich Weinempfehlung zum Pauschalpreis. Nicht vergessen sollten wir Schwarzwälder Speck und Schäufele. Wie letzteres hergestellt und zubereitet wird – auch darüber informiert diese Fundgrube von einer Speisekarte.

Zur Schlienger Genossenschaft gehören auch die Winzer in Bad Bellingen, Mauchen und Liel. Die meisten übrigen Orte des südlichen Markgräflerlandes schicken ihre Trauben zur Bezirkskellerei nach Efringen-Kirchen. Wie gut deren Weine sind, davon kann man sich am besten ein Bild in der Fischinger »Tanne« machen, wo zu-

Erste Markgräfler Winzergenossenschaft
Schliengen (7846), Telefon 07635/1094

Preise: Literflaschen-Qualitätswein ab 4,–, 1/1 Flasche Qualitätswein und Kabinett ab 4,–; Spätlese ab 5,80; Auslese 10,80; Beerenauslese 1/2 Fl. ab 16,20

Gasthaus »Sonne«, Familie Siegfried Meyer
Schliengen (7846), Telefon 07635/1262

Preise: Ausschankweine von 2,– bis 3,40; (Spitzenweine 1/10 Liter ab 2,10); Flaschenweine ab 9,80; Hauptgerichte ab 8,–; Übernachtung mit Frühstück ab 15,– (Ende November bis 24. Dezember geschlossen, Montag Ruhetag)

---

dem noch ein eigener Faßwein ausgeschenkt wird. Er konkurriert mit sechs offenen Weinen der Bezirkskellerei und sechs anderen Tropfen.

Stolz der Familie Bürgin ist aber deren Küche. Zu Eglifilets in Bierteig oder »Fischinger Schnitzel« (gefüllt mit Paprika, Käse und Speck) kommen Gäste aus dem nahen Basel und von weit her. Für sein Spanferkel »Gärtnerin Art« mit »Chrazete«, Gemüse und Kroketten erhielt Hermann Bürgin auf dem Straßburger Salon Culinaire eine Goldmedaille, und sein Masthahn »Burgunder Art« nach einem aus Burgund mitgebrachten Rezept wurde auf einer Karlsruher Hotel- und Gaststätten-Ausstellung prämiert. Wichtig dabei: Die Masthähnchen stammen aus dem Dorf und werden frisch geschlachtet.

Bezirkskellerei Markgräflerland
Efringen-Kirchen (7859),
Egringer Straße 45, Telefon 07628/373

Preise: Literflaschen-Qualitätswein ab 4,40; Kabinett ab 4,80, 1/1 Flaschen Qualitätswein ab 4,40; Kabinett ab 5,–, Spätlese ab 9,50, Auslese 12,50

Gasthaus zur Tanne, Familie Hermann Bürgin
Fischingen (7851), Telefon 07628/363

Preise: Ausschankweine von 2,– bis 4,–; Flaschenweine ab 10,40; Hauptgerichte ab 12,–; Übernachtung mit Frühstück ab 36,– (Januar geschlossen, Mittwoch und Donnerstag Ruhetage)

Seewein

Gründlich, allzu gründlich, hat sich der Fremdenverkehr des Bodensee-Ufers bemächtigt. Vor allem am nördlichen, dem deutschen Ufer wachsen die Orte immer mehr zusammen, die sie verbindende Kette von Villen, Sommerhäusern, Pensionen, Hotels wird ständig dichter, lückenloser. Diese Expansion ging auch zu Lasten des Weinbaus; bis auf wenige Rebfelder um das Barock-Kleinod Birnau, um Meersburg und Hagnau sowie – etwas landeinwärts – um Bermatingen wurde er zurückgedrängt.

So ist der »Seewein« heute eine Rarität, die es außerhalb des Anbaugebietes kaum zu trinken und noch weniger zu kaufen gibt. Der alljährlich wiederkehrende Fremdenstrom befreit die Produzenten weitgehend von Absatzproblemen, obwohl die Saison kurz ist; man spricht von einer »100-Tage-Saison«. In der übrigen Zeit ist es recht still am Bodensee. Viele Häuser schließen, bis die ersten Segler und sonstigen Wasserfans ihre Boote wieder zu Wasser lassen. Alle nachstehend aufgeführten Häuser sind jedoch spätestens ab März geöffnet.

Wer des Weines wegen an den Bodensee kommt, dem sei die stille Jahreszeit, etwa der Vorfrühling, empfohlen; denn Ruhe benötigt man, damit sich alle Feinheiten des »Seeweins« erschließen: Zarte Duft- und Geschmacksnoten bereichern den Müller-Thurgau; nicht so wuchtig wie im Markgräflerland erscheint hier der Ruländer; leicht geben sich auch Spätburgunder und sein Weißherbst. Damit wären im wesentlichen schon die Rebsorten am See aufgezählt. Hier und da trifft man noch auf einen Traminer oder einen Muskat-Ottonel.

Nur wenige Sorten also, und damit hätten wir bereits den einen Grund, weswegen es mit Schoppenweinen am Bodensee nicht gerade zum besten bestellt ist. Hinzu kommt, daß flotter Flaschenweinverkauf die Erzeuger nicht gerade ermuntert, ihren Wein in Literflaschen abzufüllen, und daß Gastwirte vielfach meinen, Schoppen könnten nur aus Literflaschen gefüllt werden.

Winzerverein Hagnau
Hagnau (7759), Telefon 07532/6217

Preise: Qualitätswein ab 4,70, Kabinett ab 5,80; Spätlese ab 8,50

Weinstube und Pension zum Guten Tropfen
Karl Göggel-Bläsi
Hagnau (7759), Telefon 07532/6245

Preise: Ausschankweine von 2,70 bis 3,40; Hauptgerichte ab 6,50; Übernachtung mit Frühstück ab 18,–

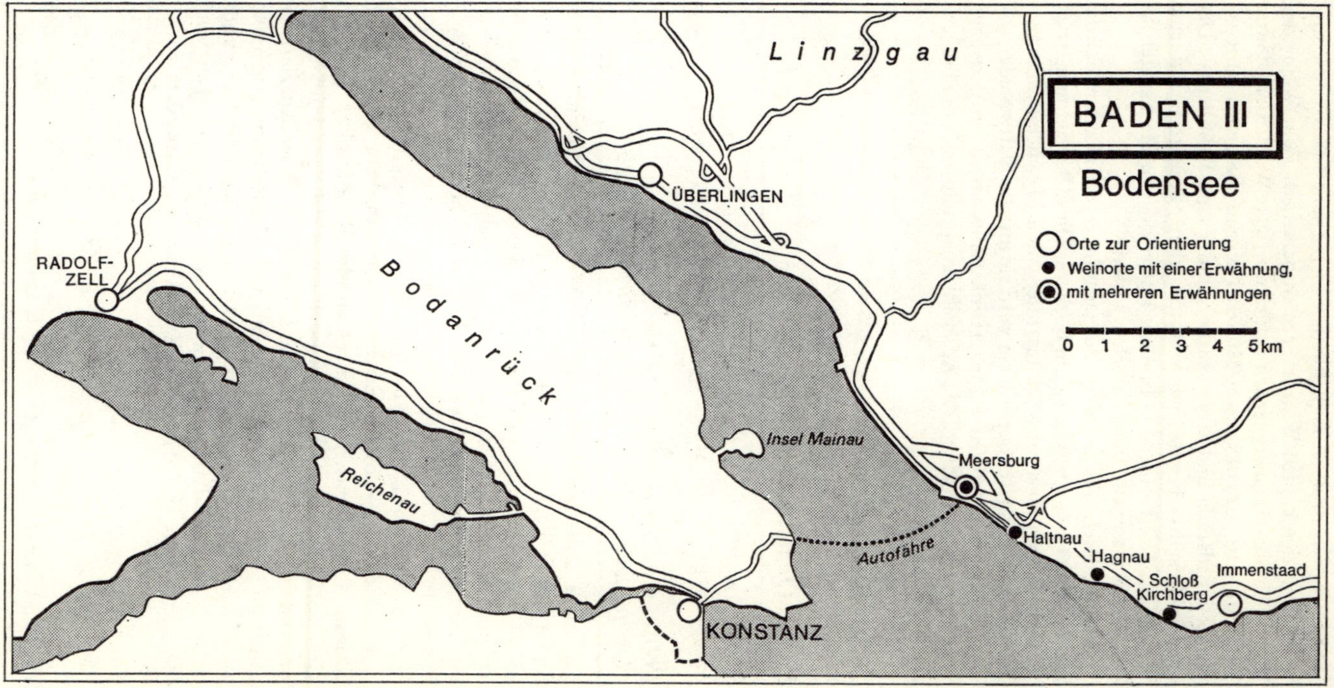
BADEN III
Bodensee
Orte zur Orientierung
Weinorte mit einer Erwähnung,
mit mehreren Erwähnungen
0 1 2 3 4 5 km
Linzgau
ÜBERLINGEN
RADOLF-ZELL
Bodanrück
Insel Mainau
Reichenau
Meersburg
Haltnau
Hagnau
Schloß Kirchberg
Immenstaad
Autofähre
KONSTANZ

Die größten Probiermöglichkeiten bieten jene Häuser, die ihre Weine von den beiden Winzervereinen beziehen. Fünf Weine des Winzervereins Hagnau werden in der dortigen Weinstube »Guter Tropfen« ausgeschenkt: zwei Müller-Thurgau (lieblich und trokken), ein Ruländer und je ein Spätburgunder samt Weißherbst. Der Chef kocht selbst; Fische – wie könnte es hier anders sein – sind seine Spezialität. Kretzerfilets, in brauner Butter oder in Bierteig gebakken, sollte man sich nicht entgehen lassen.

»Hauptausschank« des Meersburger Winzervereins nennt sich die altrenommierte Weinstube »Zum Becher«. Diese Bezeichnung trägt sie wohl wegen ihrer wirklich faszinierenden Flaschenweinkarte – beim Meersburger Schoppenwein wird sie mit 2:5 glatt von der wesentlich unscheinbareren »Winzertrinkstube« an der malerischen Steigstraße ausgestochen. Die Auswahl entspricht etwa der bei Hagnau erwähnten.

Winzerverein Meersburg
Meersburg (7758), Telefon 07532/6008

Preise: Qualitätswein ab 5,50

Winzertrinkstube
Meersburg (7758), Steigstraße, Telefon 07532/6484

Preise: Ausschankweine von 2,40 bis 3,50;
Flaschenweine ab 14,–; Hauptgerichte ab 6,80

Ein nicht unbeträchtlicher Teil der Meersburger Weinberge befindet sich in Staatsbesitz. Das Staatsweingut Meersburg füllt überhaupt keine Weine auf Literflaschen ab. So ist es erfreulich, daß im »Hauptausschank«, dem »Löwen«, wenigstens zwei »Staatsweine« im Schoppen angeboten werden. Um so reicher ist die Flaschenweinkarte bestückt. Sie reicht bis in den Jahrgang 1964 zurück und hält für Einzelgänger ein paar halbe Flaschen bereit.

Was bietet die »Löwen«-Küche? Fische natürlich, aber auch ein Kalbsteak normannisch (mit einer Calvados-Rahmtunke), Wild und Geflügel (wo findet man sonst noch einen richtigen Hühnersuppentopf auf der Karte?). Ein anschließender Abendspaziergang hinab und hinauf durch Meersburgs steile Gassen, zum Alten und zum Neuen Schloß, zum Känzele mit dem herrlichen Bodenseeblick tut nicht nur nach Essen und Wein gut, er bereitet den Gast auch auf eine geruhsame Nacht im alten Barockhaus am Marktplatz vor.

Staatsweingut Meersburg
Meersburg (7758), Seminarstraße 6, Telefon 07532/6085

Preise: Qualitätswein ab 5,80, Kabinett ab 6,50

Hotel Weinstube Löwen
Meersburg (7758), Marktplatz 2, Telefon 07532/6013

Preise: Ausschankweine von 3,20 bis 4,50;
Flaschenweine ab 13,50; Hauptgerichte ab 9,50;
Übernachtung mit Frühstück ab 24,–
(Januar geschlossen, Freitag Ruhetag)

Es ist schön, an einem stillen Märztag am Seeufer entlangzuschlendern, wenn leichter Dunst über dem Wasser liegt und die Rufe der Wasservögel noch nicht vom Lärm geballter Menschenmassen übertönt werden. Nach etwa anderthalb Kilometern in Richtung Hagnau erblickt man mitten in den Weinbergen am Uferhang ein prächtiges Gebäude, geradezu ein Muster repräsentativen Fachwerkbaus der Gotik. Von hier aus wird das Rebgut Haltnau der Spitalstiftung Konstanz bewirtschaftet.

Die Stiftung des Spitals zum Heiligen Geist in Konstanz war im Mittelalter eine der wohlhabendsten im Deutschen Reich. Schon bei seiner Gründung wurden ihm wohl Weinberge übereignet; denn der Wein gehörte damals zur täglichen Kost der Spitalbewohner, was wir auch von den berühmten Würzburger Spitälern wissen. Die halbe Stadt zinste dem Spital, ganze Dörfer gehörten ihm, rund um den Bodensee war es begütert. In den Kellern der alten Konstanzer Häuser »Zur Inful« und »Zur Rheinmühle« lagern die Weine aus den verbliebenen Rebflächen, besonders die aus Haltnau. Man kann sie in Haltnau probieren. Die früher offene Laube des Hauses wurde verglast und auf diese Weise ein schöner lichter Raum für eine Weinstube gewonnen. Vier Weine gibt es im Schoppen, und für 8 Mark bekommt man ein Körbchen mit sechs Proben.

Spital-Kellerei Konstanz
Konstanz (7750), Brückengasse
Verkaufsladen:
Wessenbergstraße 41, Telefon 07531/284-317

Preise: Qualitätswein ab 6,30, Kabinett ab 7,–

Weinstube Haltnau
Meersburg-Haltnau (7758), Telefon 07532/9732

Preise: Ausschankweine von 2,80 bis 3,40;
Flaschenweine ab 12,–; Hauptgerichte ab 7,–,
kleine Gerichte ab 2,80) Donnerstag Ruhetag)

Ein großer Rebbergbesitzer am Bodensee ist die Familie der früheren badischen Großherzöge. »Markgräflichen« Weinen sind wir schon bei unserer Ortenau-Wanderung auf Schloß Staufenberg begegnet. Die Bodensee-Weine verteilen sich auf vier Weingüter: Bermatingen (Leopoldsberg), Birnau (Kirchhalde), Meersburg (Chorherrenhalde) und Schloß Kirchberg.

Verwaltet werden sie von Salem aus. Jenes einst am Bodensee so mächtige Zisterzienserkloster gelangte mit der Säkularisation in den Besitz der markgräflichen Familie; hier nahm diese nach dem Ersten Weltkrieg ihren Wohnsitz, hier gründete Prinz Max von Baden die berühmte Schule, von hier aus wird der weitläufige Besitz der Familie betreut.

Dazu gehört auch ein kleines gastronomisches Imperium: das Hofgut Maxau bei Karlsruhe, 1835 von Markgraf Maximilian erworben, heute (im ehemaligen Verwalterhaus) zu einem ländlichen Restaurant mit Fisch- und Wildspezialitäten ausgebaut; Schloß Eberstein über dem Murgtal, an dessen Burghang Müller-Thurgau und ein kräftiger Spätburgunder wachsen, die man, ausgebaut auf Burg Staufenberg, sich in der Ebersteiner Terrassen-Gaststätte munden lassen kann; der Gasthof Schwanen in Salem selbst, ehemalige Klosterschenke und Posthalterei, heute gemütliche Station für Salem-Besucher und Rastsuchende; und schließlich Schloß Kirchberg, unmittelbar am See zwischen Hagnau und Immenstaad.

Dieses Schloß inmitten der gleichnamigen Weinbergslage, ehemaliges Kameralgut des Klosters Salem, gelangte mit dem Kloster in markgräflichen Besitz. Im Wirtschaftsgebäude, einem schönen spätgotischen Giebelhaus, wurden schon im Mittelalter Gäste mit Kirchberger Wein bewirtet. In der jetzigen »Markgräflichen Badischen Gaststätte« wird leider nur ein einziger »Schloß Kirchberger« offen ausgeschenkt, ein zartfruchtiger Müller-Thurgau, der gut zu den Bodenseefelchen, den Trüschen und Forellen paßt. Aus dem Weingut Birnau kommt ein Weißherbst-Schoppenwein, den ich zu Putenbrüstchen in Morchelrahm vorschlagen würde, und aus den badischen Weingütern ein Spätburgunder, der Hasenfilet in Apfelsahne begleiten könnte.

Für mich zählen die markgräflichen Bodensee-Weine zu den feinsten Gewächsen Badens. Leider wurden früher in den zu diesem »Reich« gehörenden Häusern nur drei bis vier offen ausgeschenkt.

Markgräflich Badische Weingüter
Markgräflich Badische Verwaltung
Abteilung Landwirtschaft
Salem (7777), Telefon 07553/81271

Preise: Qualitätswein ab 4,50, Kabinett ab 5,–,
Spätlese ab 12,50

Markgräflich Badisches Weingut Schloß Staufenberg
(siehe »Auf Weinpfaden durch die Ortenau«, Seite 321)

Markgräflich Badische Gaststätte Schloß Kirchberg
Immenstaad (7559), Telefon 07545/6236

Preise: Ausschankweine von 3,70 bis 4,20;
Flaschenweine ab 13,90; Hauptgerichte ab 9,–
(Dezember und Januar geschlossen, Dienstag Ruhetag)

Entsprechende Preise in den anderen Häusern:

Markgräflich Badischer Gasthof »Schwanen«
Salem (7777), Telefon 07553/283

Übernachtung mit Frühstück ab 30,–
(Januar und Februar geschlossen, Mittwoch Ruhetag)

Markgräflich Badische Gaststätte Hofgut Maxau
Karlsruhe-Maxau (7500), Am Rhein 24,
Telefon 0721/553333
(Dienstag Ruhetag)

Terrassen-Gaststätte Schloß Eberstein
Gernsbach-Obertsberg (7565), Telefon 07224/2150
(Dezember bis Februar geschlossen)

Das mag damit zusammenhängen, daß weder bei den Bodenseegütern noch auf Schloß Staufenberg Literflaschen gefüllt werden. Inzwischen jedoch wurde das Karaffenwein-Angebot erweitert. Das ist sehr zu begrüßen, umschließt doch der Kranz markgräflicher Weine fast das gesamte badische Rebland.

Von den Markgrafen zum Abschluß nochmals zurück ins Markgräflerland. Hier habe ich als postscriptum noch ein Kleinod anzubieten, so versteckt, daß ich es erst jetzt, kurz vor der Neubearbeitung, gefunden habe (wozu kommt, daß die meisten Gäste, welche das Haus kennen, es als Geheimtip behandeln). Ich meine die Krone in Mauchen, das in einem kleinen Seitental bei Schliengen liegt, schöner aber über den Schlienger Weinlehrpfad zu erreichen ist. Seit über hundert Jahren ist der Landgasthof mit dem Weingut Lämmlin-Schindler verbunden, einem der letzten noch unabhängigen Qualitätsweingüter des Markgräflerlandes. Eine Fülle von Auszeichnungen lohnt die Bemühungen Gerhard Schindlers, Spitzenweine zu erzeugen.

Und im Gasthof nehmen seine beiden Schwägerinnen Hedwig und Annemarie Lämmlin die Gäste in ihre mütterliche Obhut. Hausgebackenes Brot bildet die Grundlage einer Vesperplatte mit selbstgemachten Würsten. Noch berühmter sind die Schäufele, die man sich tunlichst vorher bestellen sollte. Die Schoppenkarte stellt nicht weniger als zehn Vertreter aus dem Weingut vor – man sollte sich also Zeit und Muße für eine gründliche Probe nehmen. Ein riesiger Kachelofen trägt noch zur Gemütlichkeit bei – kurzum ein Ort, an dem man so recht badische Gastfreundschaft kennenlernen kann.

Weingut Lämmlin-Schindler, Bes. Gerhard Schindler
Landgasthof zur Krone, Bes. Hedwig Lämmlin
Schliengen-Mauchen (7846), Telefon 07635/440

Preise: Qualitätswein ab 4,–, Kabinett ab 5,40, Spätlese ab 6,40, Auslese ab 13,–; Ausschankweine von 2,– bis 4,50; Flaschenweine ab 11,–; Hauptgerichte ab 6,– (Dienstags Ruhetag)

Ortsregister

Namensregister